有两位艺术家提出问题，艺术家的艺术境界看世间上的一切都是美的，而修白骨观、不净观，看世界都是丑陋的，对不对？这两方面怎么去调和呢？

其实这是人们第六意识思想所起的观念，一切的美和丑都是思想分别的意识，这是见地的问题。现在先答复你在逻辑上的一个总论，为什么要修白骨观、不净观这个法门才能求得真善美？因为我们这个欲界人的生死来去，最后就是白骨，是不净，地大最后化空，艺术家及我们人类认为的美，只是以我们这个世界上人自己的观感来说的。

佛法告诉我们，生命有真美，那是超越了肉体，超越了这个物质世界。怎么去求呢？方法的第一步，先要把现在对身体的执著打破，把这个物质打破，才求出一个真的身体来。所以《禅秘要法》中修白骨观，到最后是佛的三身成就，是神光的生命，那才叫真的美。所以白骨观、不净观，是要先打破对身体的执著，目的是追求真正的至善至美。

南怀瑾

瑜伽师地论·声闻地讲录

人民东方出版传媒
東方出版社

图书在版编目(CIP)数据

《瑜伽师地论·声闻地》讲录/南怀瑾讲述.—北京:东方出版社,2014.3

ISBN 978-7-5060-7320-2

Ⅰ.①瑜…　Ⅱ.①南…　Ⅲ.①佛学—人生哲学—通俗读物　Ⅳ.①B948—49

中国版本图书馆 CIP 数据核字(2014)第 040284 号

《瑜伽师地论·声闻地》讲录
南怀瑾　讲述

责任编辑: 胡喜云
出　　版: 东方出版社
发　　行: 人民东方出版传媒有限公司
地　　址: 北京市东城区朝阳门内大街 166 号
邮　　编: 100706
印　　刷: 环球印刷(北京)有限公司
版　　次: 2014 年 11 月第 1 版
印　　次: 2015 年 3 月第 3 次印刷
开　　本: 640 毫米×960 毫米　1/16
印　　张: 29.25
字　　数: 340 千字
书　　号: ISBN 978-7-5060-7320-2
定　　价: 66.00 元
发行电话: (010)64258117　64258115　64258112

编者的话

南怀瑾先生是多年来享誉国内外，特别是华人读者中的文化大师、国学大家。先生出身于世代书香门第，自幼饱读诗书，遍览经史子集，为其终身学业打下了扎实的基础；而其一生从军、执教、经商、游历、考察、讲学的人生经历又是不可复制的特殊经验，使得先生对国学钻研精深，体认深刻，于中华传统文化之儒、道、佛皆有造诣，更兼通诸子百家、诗词曲赋、天文历法、医学养生等等，对西方文化亦有深刻认识，在中西文化界均为人敬重，堪称“一代宗师”。书剑飘零大半生后，先生终于回到故国，建立学堂，亲自讲解传授，为弘扬、传承和复兴民族文化精华和人文精神不遗余力，其情可感，其心可佩。

本书是南怀瑾先生一九八〇年在台北十方书院讲解学佛修持首要必读典籍《瑜伽师地论》的文稿。作为印度戒贤大师专为玄奘大师传授的佛法精髓，《瑜伽师地论》分一百卷、十七地，从五趣杂居地到天人之际，再到声闻地、缘觉地，直到十位菩萨地的五乘道，由人的生命讲到物理、物质世界乃至整个宇宙，再讲一个人如何修持身心而证得无上的道，包括了从开始学佛修行直到成佛的全部过程和修持方法，是佛学要典。但因玄奘大师翻译时采用印度文直译的方式，与中国传统文化习俗颇有距离，故而令人感觉艰涩难懂，更引起诸多歧义和误读。真正能讲解该经的人，不仅应通晓佛法的真实义理，修法有证量、有果位，而且也应具备古文的学养基础和上师教化的能力。可惜后世解经者多无此等见地与修证，讲解该经时仅限于解释其中文字。因缘机遇之下，南先生在上个世纪八十年代开始讲解该经，重点讲述声闻地部分，偏重于修持做工夫修定方面，尤其偏重于世间法和出世间法的共法方面，以人我的实际经历加以说明，并配合义理讲解，目的在于领引修行者入正修行之路。三十多年后，经弟子友人整理，南师再度斟酌审定，这部众人期待已久的著作终得与读者见面。今经南先生独家授权，由我社以全一册的形式，首次出版横排简体字本，以飨广大热爱中国传统文化的读者。

本书由南先生亲自定名为《瑜伽师地论　声闻地讲录》，注重声闻乘出家众的修证。他开篇即有针对性地分析了修行者二十种不能得定的原因和修定中的四种障碍，启发学人警惕，以避免修持路上误入歧途。他强调，学佛修持的道理最初的就是最后的，最基本的就是最高深的；不论是修哪一种宗教哪一门派，都应先通晓教理，理解其中真义，但又不能仅把教理当做知识学术去研究，而是应注重真修实证，随时随地用功勤修观行，通过修定做工夫将所学佛理证到实际理地。他指出，《瑜伽师地论》非常注重因明（逻辑），告诫修行者在学习时要运用逻辑思维加以分析归纳。他在具体讲述时尤其注意旁征博引，以明白晓畅的语言和生动鲜活的事例来说明深奥的佛理。例如说慈悲心，他认为爱掉眼泪并不代表慈悲心重，这有可能是泪腺有毛病、爱哭而已，真正的慈悲是要使一切众生得安乐。

我社与南怀瑾先生结缘于太湖大学堂。出于对中华优秀传统文化的共同认识和传扬中华文明的强烈社会责任感、紧迫感，承蒙南怀瑾先生的信任和厚爱，独家授权，我社将陆续推出南怀瑾先生作品的简体字版，其中既包括世已有公论的著述，更有令人期待的新说。作为一代国学宗师，南怀瑾先生“通古今之变，成一家之言”，毕生致力于民族振兴和改善社会人心。我社深感于南先生的大爱之心，谨遵学术文化“百花齐放，百家争鸣”之原则，牢记出版人的立场和使命，尽力将大师思想和著述如实呈现读者。其妙法得失，还望读者自己领会。

需要特别说明的是，就在本书进入制作的最后阶段之际，南师仙逝。我们在最初的悲痛和忙乱过后，更明白自己应该做的事——逝者长已矣，生者如斯夫。南先生一生从发愿到功德圆满于壬辰年中秋，殚精竭虑，矢志不移；辛苦操劳，无怨无悔。诚如他的秘书马先生所说，南师是一个点灯的人，他来这个世上，是希望点亮越来越多人的心灯。而我们要做的就是点亮自己这盏灯，自然会照亮周围。这才是对他最好的怀念和祭奠！

太湖茫茫，雁荡苍苍，大师云逝，百代留芳。书剑飘零，道德文章，惠泽后世，桃李芬芳。

谨以此作为对大师的致敬！

东方出版社

二〇一二年十一月

目　录

出版说明

唐代的玄奘大师，对中华文化的贡献尽人皆知。在他西行留学取经的过程中，最令世人震惊的，是他以超越的、不可思议的意志力，克服了种种的艰难困苦。

尤为奇特者，在玄奘大师携回的诸多经典中，这本《瑜伽师地论》最为殊胜，因为那是印度一百多岁的戒贤大师专为东土大唐的玄奘大师传授的佛法精髓。

《瑜伽师地论》共分十七地，内容是从五趣杂居地，到天人之际，到声闻地、缘觉地，直到十位菩萨地的五乘道。包括了从开始学佛修行，直到成佛的全部过程和方法。这也是公认为学佛修持首要必读的典籍，不了解的话，则修法如瞎子摸象，难获佛法的全貌。

唐贞观二十二年（西元六四八年），《瑜伽师地论》翻译完成。那是一千四百多年前的古文时代，玄奘大师的翻译又是由古印度文直译的方式，文气与中华文化的传统习俗颇有距离，故而令人有艰涩难懂之叹。

一千多年来，讲解这本论著的亦不乏人，但多以解释文字为主，因为能够真正讲解《瑜伽师地论》的，必须具备下列的几个条件：一、通晓佛法的真实义理；二、修法有证量、有果位；三、具备古文的学养基础；四、具备上师教化的能力。

从玄奘大师时代到现在，学佛证果者有之，精通佛法义理者有之，古文练达者有之，具备上师教化能力者亦有之；但是，集全部条件于一身者，据一般所知，迄未出现，也未听说。

一九八〇年，台湾有一群学佛的幸运儿，有机缘聆听南师怀瑾先生讲解《瑜伽师地论》的课程。由于南师曾得禅宗大师袁焕仙先生的印证，并受贡噶呼图克图印证为密教各宗派的上师，所以肩负了传法的重任。多年来，期待高明行者出台讲授未果，后于十方书院的机缘，才开设这门课程。

此次的课程重点，是挑选声闻地修定的部分，希望对真正修定的行者有所帮助。所注重的，是声闻乘出家众的修证方面。为此之故，南师常以人我的实际经历来加以说明，并配合义理讲解。

在讲课中最启发学人之处，是警惕出家众自我认识，以避免修持路上误入歧途。修行人为什么会入歧途？曾有人说，认岔道为正道，就是入魔境，原因是不自知之故。但是为什么不自知呢？原因是理不明之故。所以先要明理，才能认清歧路，舍歧路才可进入正途。《瑜伽师地论》的逻辑清晰，条理分明，列举各种歧途岔路，指引行者，甚为可贵。

本书古印度文原来的叙述方式，是先说明内容，再逐项解释，读者不免会误以为是重复；有时两句中只有一字之差，很容易被忽略，所以特别提醒读者注意。又此次讲课用书，系采用真善美出版社的版本。

这本书的原始讲课录音，先是张振熔为学习故，于每晚工余后，辛劳努力，转记成文字。宏忍师及编者等，竞相传阅，深感其重要性，不出版太可惜，故而随即开始整理工作，时在二

○一一年三月。

特别要说明的是，在南师审定这本书稿时，有增添，有删减，也有修正。因为讲话常有口误，又多重复且不太严谨。再者，耳识与眼识接受资讯的效果是非常不同的，所以把讲演转变为文字时，必须加以整理。更重要的是，必须经过原讲人核定认可，才不致有误。

放眼网络，多年来，太多未经许可而将南师所讲整理成文者，而且又广为流通。其用心虽善，但对原讲人毫无尊重，对文字内容亦不负责，实可悲可叹之至。

编者在整理的过程中，幸得宏忍师协助，查对经典、参考资料等，且细心校对。另多次修改的草稿皆由彭敬打字，最后再经南师逐字逐句审定修正才得出版。又书中小标题为编者所加，书名则为南师所定。

刘雨虹　记

二○一二年二月于庙港

第一讲

关于这本书

今天开始，我们改变方向，来讲有关教理方面的问题，首先要研究的就是《瑜伽师地论》。站在佛学的立场来讲，一个真正学佛的人，有四本重要的佛学论著要读。其中有两部是印度的，就是《大智度论》和《瑜伽师地论》；两部是中国的，就是智者大师的《摩诃止观》和永明寿禅师的《宗镜录》。近几十年来所写的许多佛学概论，都是概论的概论的概论了。可惜你们诸位现代青年，学佛学都从现代化的概论的概论入手，那是有问题的。所以，我们今天研究的佛学概论，就是玄奘法师翻译的《瑜伽师地论》，共有一百卷之多。

我们如果以一般学术性的立场来讲，佛学的学术思想可分成四个范围。所有的经典，分为大乘经典、小乘经典两种。大乘的佛学思想，包括它的学术与修证；又分为两个范围，一个是龙树菩萨的般若佛学系统，属于释迦牟尼佛涅槃以后的前期佛学；另一个是无著、世亲两兄弟菩萨的唯识法相的佛学系统，属于后期的佛学。我们现在手里拿到的《瑜伽师地论》，在学术的范围属于后期的佛学。如果以佛学严正的立场来讲，也许可以说后胜于前，越是后面的越是精细周到，包罗的也越多。

像西藏密宗黄教宗喀巴大师的系统，就是《瑜伽师地论》的系统。宗喀巴大师有名的《菩提道次第广论》，是依据印度阿底峡尊者的《菩提道炬论》加以扩充的著作；而《菩提道炬论》，就是从《瑜伽师地论》体系中来的。

无著、世亲两兄弟都是出家人，世亲菩萨年轻时专攻小乘佛教的经典及修持，非常反对大乘佛教，后来受了哥哥无著的影响而学大乘。学了大乘以后悟道了，却想自裁，因为惭愧忏悔自己小乘的著作太多，毁谤了大乘，这个罪业无法消灭，只有一死了之。无著菩萨对他说：你太没有出息，一个人走路"因地而倒，因地而起"，你既然以笔毁谤大乘，你不会反过来以这支笔来弘扬大乘吗？后来世亲菩萨就再重新开始，造了唯识法相系统的论著。

他们两兄弟约好，都发愿往生欲界的兜率天，去亲近弥勒菩萨。无著菩萨要涅槃了，弟弟世亲就对他说：你往生那里后，要给我一个消息。无著说：好，好，一定给你消息。无著涅槃后，世亲不但打坐入定看不到哥哥，连梦也没梦到过，一连三年都没消息，心中有些怀疑了。又经过好几年，无著菩萨现身了。"哥哥你究竟去哪里了？""我就在兜率内院啊！""那你怎么到现在才来呢？""我刚刚到弥勒内院，弥勒菩萨正在说法，我在那里听了一下，心里牵挂你，等弥勒菩萨讲完，我就赶紧来告诉你了！""人世间已经过了好几年了啊！""几年吗？我觉得只是一下而已。"

据说《瑜伽师地论》是弥勒菩萨讲的，无著菩萨记录的，属于法相唯识部分。相传无著菩萨夜里入定，上到弥勒内院听弥勒菩萨讲法，白天出定把它记录下来。后世一般学者不相信，说这是无著菩萨自己撰写的，怕后人不相信，故意说是弥勒菩萨讲的。我们后世的人，因为根本没有得过定，也没有出过定，连入定出定的影子都没有，更不了解什么是入定，所以不会相信。

瑜伽师 心瑜珈 五乘道

印度现在还有瑜珈学派，瑜珈有三种，身瑜珈、心瑜珈、音声瑜珈。但印度只剩下身瑜珈，也就是身体方面的修炼，菁华部分已经变成密宗的金刚亥母拳，一套有四十多式，是打坐起来打的拳。音声瑜珈就是咒语，心瑜珈是心地法门，这两种印度已经没有了，只留传在中国这一部《瑜伽师地论》中，所以《瑜伽师地论》是印度真正宗教的心瑜珈。现在这里翻译为“瑜伽”，不是“瑜珈”；瑜伽是修心瑜珈有所成就的人，所以称为瑜伽师。就如中国人讲的，修行人叫修道，修道成功的人叫做有道之士；修炼瑜珈的人叫瑜伽士，修成就了的人叫瑜伽师。

什么叫“地论”？地就是范围，《瑜伽师地论》共分十七地，就是分成十七个范围来说明。由人的生命讲到物理、物质世界，整个宇宙；再讲一个人如何修持身心，而证得这个无上的道。其中又分小乘、大乘的修持方法，一直到成佛，总共有一百卷。

玄奘法师以最大的功力翻译这部书，所以研究唯识的叫这部书为“大论”，要想学佛，如果不了解《瑜伽师地论》的话，就好像是瞎子摸象，这样乱搞是不行的。《瑜伽师地论》包括了一切修证，先从做人的人道修起，上去是天道，再上去声闻道、缘觉道、菩萨道，这五乘道的修证，都包括在内。宗喀巴大师的《菩提道次第广论》也是讲五乘道，五乘道才是真正的学佛之路。

要想学佛先学做人，人道没有修好连天道的资格都不够，哪里能谈修佛道？所以人天乘修好，才有资格修小乘道，有了小乘道的资格，才够得上修菩萨道，才是大乘道。

中国唐宋以后的佛教、佛法，都说自己是大乘佛法。大个什么？大的影子都没有，只有牛吹得大。大是从小而来的，一点小善都做不到能够做大善吗？一个人小事情不肯牺牲，大事情会牺牲吗？那只是吹牛罢了。说小钱舍不得花，要花一定花大钱，那也是吹牛给人家听的。同样道理，人乘道都没有修好，就不要说学佛成佛了，绝不可能。所以《瑜伽师地论》严肃告诉我们这个修持的道理。

《瑜伽师地论》有一百卷，专讲这个书大概要五年的时间。或者每天两个钟头，三年能不能讲完还不知道。我也很想有时间详细地发挥，当然也可以简单地讲，带你们念过去，那很快就讲完了。

今天我们先选与你们相关的开始，刚好有位同学提出来，过去我曾给"大乘学舍"的同学讲过一个题目："为什么你们修行打坐不能得定"。因为这个原因，先选卷二十《本地分中修所成地第十二》(五百零一至五百零二页，真善美版)这一段。

"云何世间一切种清净，当知略有三种：一得三摩地、二三摩地圆满、三三摩地自在。此中最初有二十种得三摩地所对治法，能令不得胜三摩地。何等二十。"

现在我们讲这几句的大意，就是说我们怎么样才能修持到心性、心地方面，一切种子清净呢？如何在这个世间，起心动念的每个念头都在清净中呢？弥勒菩萨说，简单地说有三种。也就是说，这三个条件做到了，才是"世间一切种清净"。

哪三个条件呢？第一是"得三摩地"，就是定，没有得定以前你想修行清净，那是吹牛的。定分很多种，本论中说得很详细。但是光得定还不行，第二要"三摩地圆满"，这是进一步了，得到定的圆满。如何是圆满？这部经典里都有。所以你们在家出家要学佛，不管显教密宗，各种法门的修持原理，这一本经典里都有了。第三是"三摩地自在"，定境界达到了圆满，就会具足了六种神通。但是三摩地境界自在了没有？没有，因为那是最高境界。也就是说，要进入出世间定，就可以进入出世间定；要入世间定，就可以入世间定。换句话说，禅、净、密，无一法不通，任何的境界都能够“三摩地自在”。像你们现在在十一楼打坐，自在不自在啊？当然不自在，自己坐在这里，说腿酸了叫它不酸，办不到，所以很不自在，因为做不了主。所以真正的自在，拿现在世间法来讲，除非成了佛，才能真自在。

“此中最初有二十种得三摩地所对治法，能令不得胜三摩地。”这是玄奘法师的翻译，非常忠实，文章都是倒装的句子。后世一般人学这种文章的很多，像熊十力就学得怪里怪气的，然后大家都不懂，认为这个人学问好，因为他写的文章别人看不懂。

这句话是说，不能入三摩地有二十种对治方法。为什么你不能入定呢？心有病，有烦恼，医治这个烦恼病的方法，叫做对治法。中国文字与外国文字的文法不同，外国人叫“先生南”，我们叫“南先生”，我们一听“先生南”很别扭，一听“南先生”很顺口，玄奘法师翻译的方式都是“先生南”。

这二十种方法，如果搞不清楚，或搞反了，就永远不能得到好的定境界。念佛也好，打坐也好，都不能入定。“不得胜”，就是不能得到最好的定境，所以要先认识清楚。“何等二十”，哪二十种啊？玄奘法师的译法忠实，这一句多问的话也加进来。中国人的文章喜欢简化，外国人喜欢啰唆；中国人喜欢归纳，外国人喜欢分析，各有各的长处与习惯。

无道伴　无明师　心散乱

“一有不乐断同梵行者为伴过失。”你看，一个人想修行成道多难啊！一看条件，第一就是修行同伴或同住的道友最难，尤其是出家众僧伽。在修道僧伽团体中有十个肯修行，如果有一个不修行，这一个就妨碍大家了。譬如我们这个团体，此时此地，这一秒钟大家都很清净，如果有一个神经病的在这里大吼大叫的话，你们还清净不清净呢？当然不清净了。所以修行第一是道伴难。

与那些不喜欢断除世间杂念、不乐意修梵行的人为伴，是“为伴过失”，一种过失。我要求清净修行，可是他喜欢看小说，他看到好看的时候，“啪”一下，“哎呀！那个贾宝玉真妙。”这时你正好在打坐，坐到无念，或者你正在专心参话头的时候，给他一拍，正好你也看过《红楼梦》，接着也想到贾宝玉，就这样妨碍了自己的修持。这是人事上的过失，不是犯戒律。

“二伴虽有德，然能宣说修定方便师有过失，谓颠倒说修定方便。”同伴的师兄弟，都有修行的好德性，结果碰到教人的师父没有修定的方便方法，也没有智慧，这老师指导得不对。

你们在座的诸位，辞亲出家，都是为了求道而出家，结果到现在家是出了，但没有入到法王家。为什么？也许是同伴不合适的过失，也许是师父有颠倒的过失，所以没有明师指导是很麻烦的。

“三师虽有德，然于所说修定方便，其能听者欲乐羸劣，心散乱故，不能领受过失。”有好同伴，明师也碰上了，但是老师给你说的修行修定的方法，你听不进去，因为福德智慧不足，接受不了。“欲乐羸劣”就是不乐意，想求道的欲望心没有。尽管是出家修行，或在家学佛，总是三天打鱼两天晒网，听到有人讲经时，每讲必到，每到必困。有时虽然听了，但其心羸劣，没有力量，听了一辈子的经也没有用。

永明寿禅师读《法华经》时，一群羊都跪着来听，但它们还是羊。以前大陆上有位法师一上堂讲经，牛就来堂边一跪，经讲完，它就醒了，走了，但它还是牛。这些话不是骂人，是要自己反省，你尽管学佛修行，但依然在散乱昏沉中，这样不但没有成就智慧，也没有成就功德，没得用。

所以你有了好的同伴，也有明师指导修定的方法，你又真能接受，真能依此而修才有用，如果是羸劣之心则无用。道心要如男女谈恋爱一样，硬要有把对方追到的决心，要这个样子才能修行。也就是你要我修我也修，不要我修我也要修，这个心坚定了，可以谈修行了。如果每天心都在散乱中，当然不能得定。就算得了定也不过是世间成就，没有超出世间，这个大家要知道。

只会听　喜供养　不知足

“四其能听者虽有乐欲，属耳而听，然暗钝故，觉慧劣故，不能领受过失。”第四种毛病是虽有同伴、有明师、也有道心，天天想修道，恨不得明天就大彻大悟，后天就在虚空放光动地。虽有这个祈求，但是“属耳而听”，只是耳朵听而已，没有融会于心，右耳听进来，左耳出去了，没有真听进去。问你这句话出于哪本经上，记得吗？“哎哟！我忘了，老师对不起。”

为什么只是耳听，而心里不能领受呢？因为你的智慧暗钝，不明利，觉性的智慧、智能不够，也是福德不够。拜佛不肯拜，念经也不肯念，认为这是小法，自认为是修大法的。所以上殿、过堂都不愿学，一点小善也不肯做，看不起小法，说自己是读书人。小善都不能做，何况大善呢？这就是心暗钝，“觉慧劣故”。因此耳朵听进去了，心不能领受。如果是利根智慧的，听到善知识说法或看到经中一句话，汗毛就竖立起来了，所以一看经就开悟了，那是利根。

学佛那么久，佛学院也上过了，自己要反省，为什么自己智慧会暗钝呢？由于福德不足之故。为什么福德不足呢？因为一点善行都没有，起心动念处处都犯过。这是弥勒菩萨骂你们的，不是我骂的，不要把账记到我头上，光说老师会骂人，我从来没有骂过人啊！

“五虽有智德，然是爱行，多求利养恭敬过失。”看吧！一些研究世间法心理行为的同学，你们听了佛经有什么好处啊？你们将来当了领导，当了主管，管理大众时，就可以发现，有些人也有智慧聪明。“智德”是讲智慧之德，智慧很高，但智慧高的人欲望就大。“爱行”就是喜欢追求利养恭敬，看看哪里有好吃的、好穿的，多赚两个钱吧！贪图名闻利养，很可怕，与贪图恭敬一样的可怕。又要人家看得起我，心想“格老子，你看不起我，我还看不起你呢”。你们有没有这个心理啊？（同学答：有。）那就有救了。不要说我们人，你看即使狗、猫这些动物，都有这个心理，你踢它一脚，它就叫，对你也起了敌意，生气了。如果你逗它一下，它对你就友善，因为它要人爱它，就是恭敬它。

所以我们要检查自己。什么叫恭敬呢？就是希望人家重视自己，大家叫这个是“自尊心”。哪里需要什么自尊心？我们需要的是谦虚的心，连“我”都空了，看得起我或看不起我都一样，还要人家看得起才修行吗？如果看不起你，你就自尊心受伤害，不修行了，那你就是混蛋，还学什么佛？这就是犯了贪求恭敬的毛病。有些人说自己不贪求利养，也不贪求恭敬，但有位居士来，对你恭敬顶礼，你表面上说不要客气，心里还舒服得很，像冰淇淋吃到肚子里，蛮凉快的呀！有这么一点心理念头就完了。所以有些人智慧不错，讲也会讲，想也会想，也有一点所得，“然是爱行，多求利养恭敬”，因此绝对不能得定，因为有这个过失。

“六多分忧愁，难养难满，不知喜足过失。”有些天生内向的人，多愁善感，不能说他不对，如果问他：“你在大乘学舍有吃、有住、一切方便，哪样不好？”他说：“好是好，不晓得下学期还办不办。”他明天在床上爬不爬得起来还不知道，他还愁到明年去了，这就是“多分忧愁”。

嫌大乘学舍的素菜营养不够，明天加了营养，又说维他命C好像少一点，很难养。“难满”，认为功课太多，好像电视没办法看，反正永远不满足。

你们经典都会看，对不对？但是你们眼睛没有我的眼睛深入，你们带了八只眼睛也看不进去，懂了吗？所以我们看到这些经典是冷汗直流，自己都不好意思，感觉自己每一条毛病都犯了。你们自己看看，没有一个字不是打我们的。我们是怎么学佛的啊？没有一样德行够的，对不对？“多分忧愁，难养难满”，头陀行要满足，是知足常乐，“不知喜足”是不满于现实，不安于现实，由于这个过失，因此不能得定。

不如意　又懒惰　闲事多

“七即由如是增上力故，多诸事务过失。”由于上面的这些心理行为不对，心中愈想愈不对，本来这里还马马虎虎可以住，后来越看越不对，都不合我的意思，这个环境不好，还是到山上找个茅棚吧！再不然找个图书馆吧！想象另一个地方都比这里好，“此山看到那山高，到了那山又心焦”，人是永远不会满足的。所以“增上力故”，自己错误的观念愈困愈厉害，因此修行的时间少，想世间事情的时间多。本来自己一个人住茅棚，衣服自己洗，自己煮饭自己吃，已经够累了。到了这里有洗衣机，不必自己洗了，但是这洗衣机好像不太好，好像有新牌子的，打电话问问看，问不到，再问别人，如此这般，增加了很多事务，事务越来越多，心里不能平静，所以不能定。

“八虽无此失，然有懈怠懒惰故，弃舍加行过失。”虽然没有上面七条过失，但是人有一个天生的毛病，就是懈怠懒惰。

懈怠与懒惰大不相同，懒惰是身懒惰，贪吃贪睡，懒得动，叫他做点事都不干的，做起来有气无力。懈怠是马虎，做事情马马虎虎的。说每天念个经吧、打个坐吧，念经也马马虎虎，心里头很急，想赶快念过去，然后想自己空闲时间多一点，实际上这是懈怠的心理。你说人生留了很多空闲时间干什么？就是坐在那里呆想，呆想的果报是智慧越来越暗钝，他生来世的果报变成呆头鹅、猪啊！你不要认为猪吃饱了坐在那里没有思想，它也有思想，也有境界，是昏沉睡觉的境界。

因“懈怠懒惰”弃舍了加行，何谓加行？加行就是加工厂的加工。我们所有修行方法都只是加行而已，为什么要拜佛念经修定？因为这些是加行，把无始劫来那些坏的习气，拿这个加行的法门，把它们磨掉，这是广义的加行。

狭义的加行就是四加行：煖、顶、忍、世第一法。煖是静坐达到密宗所讲的拙火发起，气脉通了，浑身得煖，得三昧真火之力。顶是气脉打通了。忍是妄念自然切断了，这个样子只不过是世第一法。包括显教、密宗，一切气脉工夫，都不过是四加行的修持。达到了世间第一等，然后才可以修出世法。

所以不可以“懈怠懒惰”，应该精勤地修四加行。四加行是大原则，念佛也可以念到四加行成就，修止观、数息，都是一样。可是一般人修持不会干的，因为懒惰。自己原谅自己就是懈怠，原谅以后又很惭愧后悔，觉得自己没有出息。但过了几分钟，又找出许多理由来支持自己的没出息，觉得是很对的。人就是那么搞，所以修行永远不能成就。

“九虽无此失，然有为他种种障碍生起过失。”假定没有上面这些过错，但是有时候为了外界的事而障碍自己。所以我说“好猫管七家”，家里的好猫，捉了家里的老鼠，也跑去捉别人家里的老鼠。别人的事与他虽不相干，他也乱在心里，热心得让人讨厌。世界上这种人多得是，“为他”这个“他”，不只是为别人的事，是为外面不相干的事瞎忙，忙得一塌糊涂，障碍了自己，生起了一切的过失。

爱挑剔　不受教　种种毛病

“十虽无此失，然有于寒热等苦，不能堪忍过失。”修行菩萨道，要难行能行，难忍能忍。到了太冷的地方，没有电炉、暖气，不好打坐；太热的地方，没有冷气也不能打坐。这里风水不好，那里湿气太重，又怕冷，又怕热，没有头陀行的坚忍不拔的心理不能修定。如果说要环境好才来修定，把释迦牟尼佛那个座位让给你好不好？你真到了那里，恐怕也坐不住，你定不了的。电灯开亮一点，嫌灯光太强；关暗时，嫌不够亮。反正人都有种种毛病，就是不能堪忍之过失。

“十一虽无此失，然有慢恚过故，不能领受教诲过失。”虽然没有这种错误，但有我慢，憍慢。恚是脾气特别大，不是瞋心；瞋心是真动气就杀人，那是真瞋心。你们哪里有瞋心？比你们脾气大的就把你们吓住了，你只是恚心，气大，毛病大，看不惯气就来了。实际上是肝病，肝火旺。因为有慢心、恚心，不能接受别人好的教诲，故而不能得定。

“十二虽无此失，然有于教，颠倒思维过失。”思想不清明，对教理搞不清楚，解释不对，颠倒思维。同样地看佛经、学佛学，认为他讲的不对，自己有新的思想叫做新潮派，跟着时代潮流走，就被冲得迷失自己了。所以我一生从不跟着时代潮流走，结果现在我的旧东西反而变成最吃香了。何以能如此呢？因为我不肯跟着潮流走，潮流滚来滚去，我站在这里不动，它又滚回来了。所以信而好古，老老实实去修行。

“十三虽无此失，然于所受教有忘念过失。”听了就忘掉了，这有什么用啊？这是“忘念过失”，有则要改。你说脑袋是父母给我的，本来就不太好呀！老实说吧，没有什么脑袋好不好的，是肯用心与不肯用心之故。你把我这句话仔细研究，聪明的人一听就会，就记住了，我笨，我多念一百遍，也成功了。所以“勤能补拙”这四个字要记住。

“十四虽无此失，然有在家出家杂住过失。”像我们这个楼上一样，在家、出家住在一起，有时候想想，自己的头发剃了实在可惜，看别人留了头发蛮漂亮的。这是“在家出家杂住”的过失，实际上还不是形相上的，而是心的原故，这个过失最严重。

“十五虽无此失，然有受用五失相应卧具过失，五失相应卧具应知，如声闻地当说。”这是说，嫌打坐垫子不好，棉花不够厚，枕头睡得不舒服，被子不好，这衣服穿来打坐不方便等这些毛病，是与卧具有关的五种过失。这里先不讲，将来讲到声闻地中有关出家人、真正修行的人时，我再讲。

“十六虽无此失，然于远离处，不守护诸根故，有不正寻思过失。”虽然没有这些过失，但应该与世间隔离，应该远远地放下世间那些事情，结果没有真正放下。“不守护诸根”，六根没有守戒，喜欢看电视，眼睛贪图世间色相；耳根没有守护，喜欢听音乐，喜欢听笑话，心里一面念佛，一面想黄色的杂念，这时你头上的光就变黑了。明眼人看得清清楚楚，这都是不守护根门，尤其意根之根门，因为妄想烦恼太多。

“十七虽无此失，然由食不平等故，有身沉重，无所堪能过失。”贪吃、而且乱吃，或肚子饿了的时候又不吃，熬出胃病来了，也是犯戒的。看到素菜新鲜好吃，香菇多，多夹两口吃，结果肠胃吃坏了，妨碍了修定，所以饮食调节第一难。吃坏了，饮食不平等，“身沉重”，打起坐来不舒服，这里发酸，那里发胀发麻，因为肠胃里不干净，种种毛病就来了。再不然上打嗝下放屁，肠胃不通的打嗝与气脉打通的声音是不同的。

“十八虽无此失，然性多睡眠，有多睡眠随烦恼现行过失。”贪睡，爱昏沉，睡多了容易起随烦恼。随烦恼：忿，恨，覆，恼，嫉，悭，诳，谄，害，憍，无惭，无愧，掉举，散乱，昏沉，不信，懈怠，放逸，失念，不正知。譬如睡多了容易漏丹，容易做梦，种种毛病都来了。多睡伤气，气不容易通；坐久了容易伤肉，不是指打坐，是椅子上坐久了；走路走久了不休息，容易伤筋。我们这个四大的身体太难弄了，要四大调和了才能得定。你以为学佛成道这个学问是简单的吗？光是跑到庙子三皈依，你就皈依了吗？哪有那么简单！要研究学理才知道，这些学问《瑜伽师地论》里都有了。

“十九虽无此失，然不先修行奢摩他品故，于内心寂止远离中，有不欣乐过失。”虽没有这些过失，但先不好好打坐修定，没有得止，内心的心念都不能止，不能系心一缘，所以内心不能清净寂灭，内心不能得止，对于打坐修定不喜欢，看书还喜欢。为什么？因为你的业习果报，是由于无始以来散乱心重，爱看书是散乱心重。有些人看书看不进去，一看就昏头，那是昏沉习气重。如果看书也不讨厌，也不喜欢，不过看书时不是昏沉就是呆呆的，一天没事做，坐在那里发呆，这是多生累劫无记业重，所以堕在无记果报里。问他在想什么呢？他说没有想，他是真的没有想。没想是入定吗？没有，昏昏呆呆的，落在无记业里。要注意的是，无记业久了，他生来世的果报变猪差不多。

“二十虽无此失，然不先修行毗钵舍那品故，于增上慧法毗钵舍那如实观中，有不欣乐过失。”因为开始对于修止观的方法不清楚，所以慧始终发不起来，修止观修成了也不算三摩地，三摩地是得正定。像你们白骨观也观不起来是不是？修观修好了,慧力才发得起来。白骨观都观不起来,你们的习气多暗钝啊！就要多念佛,多念咒子,多求忏悔,知道吗？不要灰心,勤能补拙,我一年观不起来,二十年一定把它观起来,大丈夫学佛就要下这个决心。这二十条是过失,因为犯了这些过失,所以修行不能得定。

无善巧方便 加行慢又错

"如是二十种法,是奢摩他毗钵舍那品,证得心一境性之所对治。又此二十种所对治法,略由四相,于所生起三摩地中,堪能为障。何等为四。"这二十条讲起来多可怕啊！我们没有一样是对的,就像一个人全身都是病,怎么医呢？他说不要紧,放心,有一个办法,就是"心一境性",一念专一,这二十种病都可以去掉。念佛真念到一心不乱,止观双修之间真能达到"心一境性",这二十种毛病都可以消除了。

讲了二十种不能得定的原因,归纳再归纳,有四种现象在修定当中是大障碍。

"一于三摩地方便不善巧故。"第一,你对修定的方法没有弄清楚,譬如修念佛,念佛方便你都没有懂;又像修密宗各种的观想,但你观想方法没有弄清楚;修白骨观的方法方便也没有懂,那当然不能得定,因为有障碍,而你又懒得研究。不是你懒得研究,是你那无记与昏沉来了,呆鹅的习气就现行,呈现出来了;不能善巧运用方便,善巧是很难的。

"有时且念十方佛,无事闲观一片心",有时候念佛,念到烦恼妄想都没有了,佛也不想念了,空了,既不昏沉亦不散乱,那就定了。方法是要懂得善巧方便。有时候晓得身体不对,或者吃多了定不下去,就下来运动一下;再不然找个朋友聊聊天,调剂一下。但不要妨碍别人修行。或者另用其他方法,随你了，此身此心最难调伏，要懂得善巧方便，调伏自己。

所以小乘道的比丘戒，唱歌跳舞说笑话都不准的；大乘菩萨戒，戏鬘歌舞都是许可的，因为可以调心。心不能不调，当此心活起来，像猴子一样跳时怎么办？如果是学密宗的，在想发脾气时，他有一个地方把你推进去，里头有很多人，老幼男女都有，都是影子，你就一个一个指着骂，甚至于打，打了半天也没事。打完了，你也没得气了。师父就问："你好了吧？""师父，我好了，我忏悔。""好吧！打坐去。"你想唱歌跳舞，他也有个地方给你去唱，让你去跳。在没有得定以前，身心很难调适，人就是那么麻烦，吃饱了就想拉，拉完了又想吃，就是一个那么讨厌的东西。所以必须善于调整，要懂得善巧，如果不懂善巧，修行就有妨碍。

"二于一切修定方便全无加行故。"修定方法是有了，还要加行。比如要你们修白骨观，本来你们都观不起来，因为现在没有尸陀林，白骨都没看过，所以我就花了很大的心血金钱，买了白骨的模型来让你们看。这是方便，方法，也是加行。加行在上面我们已经讲了，此处不再多讲。

"三颠倒加行故，四加行慢缓故。""慢缓"就是慢慢的，马马虎虎，得过且过。知道是错了，现在很惭愧、后悔，但下次依旧，照样慢。也知道不应该这样，但都是事后再后悔，那有什么用？一辈子有多少后悔？"慢缓"就是这样。

"此三摩地所对治法，有二十种白法对治，与此相违，应知其相，由此能断所对治法，多所作故，疾疾能得正住其心证三摩地。"白就是善念，黑就是恶念，这是修定的二十种白法对治。但是这样一听修行多难啊！几时才能做得到啊？算了，我不干了。不难，有一条路可以对治这些毛病，就是多做善行，增延白法，念兹在兹为善的人，很容易得定。所以为什么我们不能得定？恶业太重了。所以哪一种是心理的关系？哪一种是生理的关系？都要搞清楚。“疾疾”就是很快，能得“正住”，就是定境，心住三摩地，不只身能证到，心也能悟到。

“又得此三摩地，当知即是得初静虑近分定，未至位所摄。”初得到这个三摩地，现在告诉你这个定的境界是初禅定的前奏。所以说修定想成就，初禅定就那么困难。“近分定”是接近初禅的定境。“未至位所摄”是还没有得到初禅的果位。

“又此得三摩地相违法，及得三摩地随顺法，广圣教义，当知唯有此二十种。”这二十种在一切经典上都有，不过是散开的，在这里把它们归纳起来。

“除此，更无若过若增，由此因缘，依初世间一切种清净。”得到了这个定境，则世间定，就是世间一切种的清净都达到了，也就是我们一开始的经文所说的，这时才可以起步修行。但是这并没有到达初禅的境界，只是初禅的近分定，接近初禅而已。

“于此正法补特伽罗得三摩地，已善宣说，已善开示。”补特伽罗就是众生，也代表修道的人。因为含义多，不翻义，只翻音。就是说，能这样修行的修行人，才可以得三摩地，才够得上给人说法了。他还不是罗汉、菩萨，但能修行到此，讲佛法比较不会错了，所以可以给人开示。

修定是这样子，害怕了吧？这条路太难走了。现在翻到第二十一卷，“本地分中声闻地第十三，初瑜伽处种性地品第一”（五百二十一页）。

在《瑜伽师地论》一百卷中，前五十卷是“本地分”，就是每一地的义理。后五十卷，分别为摄抉择分、摄释分、摄异门分、摄事分，是分开来讲修行的次序，共有那么多次第。现在本地分中先讲声闻地第十三，这是超过了人天乘而专门讲修行的。开始第一段“初瑜伽处种性地品第一”，是说修瑜伽、禅定的修行人，首先要了解他的根器种性，也就是看他前生阿赖耶识的种性如何，检讨他的成分。

什么是声闻地

“如是已说修所成地，云何声闻地，一切声闻地，总嗢柁南曰：若略说此地，性等数取趣，如应而安立，世间出世间。此地略有三，谓种性趣入，及出离想地，是说为声闻。”

二十一卷以前是讲由人乘、天乘到达闻、思、修等，到修所成地，前面已经讲过了。现在开始讲声闻地，如何是声闻地？“一切声闻地，总嗢柁南曰”，一切声闻地之总颂、纲要。

这样念看得懂吗？（同学答：不懂。）你们讲不懂是老实话。你们要发心看经，有许多人说“我要闭关看藏经”，看藏经？看到你自己都藏起来了。所以我们这里的书院，开始叫你们中文基础要打好。看！这经文不是中文吗？你们都是中国人，看是看了，但是不懂，怎么办？下面再逐一解说。

“若略说此地，性等数取趣”，这个是偈颂之纲要，是简单地讲声闻地的范围。一切众生，死了又生，生了又死，在六道轮回叫“数取趣”。中阴身变牛、变马、变狗，都有他的种性。为什么这个人死后会变成狗、会变成猪呢？这是什么道理呢？这是个人业力因缘，有些人上天堂，有些人下地狱，因各人的种性不同。我们每个人都是人，为什么有男有女，每人个性、脾气、思想全都不同呢？因为每人阿赖耶识带来的前生习气、业力、种性不同。

“如应而安立”，现在弥勒菩萨为了后世一般修行人，把这个道理，指出来跟我们讲。

“世间出世间”，声闻众并不一定都是出家众，在家也有声闻众。所以声闻众有世间的，也有出世间的。

“此地略有三”，这个声闻地包括了三大成分。

“谓种性趣入”，哪一种根器的人才容易证入声闻地、阿罗汉、大阿罗汉果呢？根性不够的，就没有办法，等于我们教学生及用人一样。譬如我们在座好几位将官，他们都带过兵，做过长官的。有些部下很好，想把他提升二三级，但想尽办法总是提不上来，像是扶不起的阿斗，又像是豆花，一倒地下就散了，捧都捧不起来，没得办法，他的根性是如此，想提拔他也没办法。像我一生世间出世间的经验，都是一样，有些人想捧他一下，捧到一半，他在里头翻筋斗了，不捧他还蛮好的，一捧他就出问题，只好放下。所以哪一种人才可以得这个果，这是根性的问题。

“及出离想地”，出离世间的心没有发起来，是无法谈学佛修道的，不管在家、出家，厌离心没有发，学佛谈不上。你们在座很多居士，说自己是学佛的，你们哪里发过厌离心呢？对世间还喜欢得很呢！儿子管了，还要管孙子，孙子管了，还有曾孙子。发烦时说“我再也不管了”，气消了，又管起来了。前两天有一个朋友，以前曾告诉我，儿女成家了，他再也不管了，现在还拼命管孙子。我就说他，他就说：“不管了，绝不管。”我说你不要吹牛了，孙子长大再娶个太太，生了曾孙子，一样抱的。我已经见了他家四代了，他还是要再管下去。

没有发起出离心，学佛都是空谈。今天讲的是真话，所以平常我对你们马虎，你们说自己是学佛的，我虽然赞叹，其实你们出离心的影子都没有，你们对世间还喜欢得很呢！所以禅宗祖师骂人“汝心正闹在”，你们心里头还热闹得很呢！你们还来学佛，学个什么佛？你们在世间得意自喜，自认为还“前途无量，后途无穷”地搞着，不晓得“前途有量，后患无穷”。所以在种性里包括出离心，出离心真发了，才可以谈学佛。学佛第一步先发出离心，离一切妄想，全放下，这样才够得上是学声闻道。

种性是什么

“云何种性，嗢柁南曰：若略说一切，种性地应知，谓自性安立，诸相数取趣。”

初步声闻之根基，是要知道修行人的种性。总颂说：简单告诉你声闻地的一切种性，是自己晓得检查自己属于什么种性；一个善知识或当老师的人，在教化人的时候，应该知道这个人的种性。下面再解释重点。

“谓自性安立”，说你是成佛的根基，你就成佛了吗？威音王佛以前或者有无师自通的，威音王佛以后都要明师教化，但都不离开自性之道。这个根基是谁给他的范围呢？没有人给他范围，无主宰，非自然，是“自性安立”。可是人的个性不同，因为他的业力种子不同。

“诸相数取趣”，这是指生命的轮回，这个生命，前生多做了几生的猴子，这一辈子生来就有猴相，有猴子的习气。有些人多做了几生的女人，这一生变成男子，但他一举一动就像个女人，有女人习气，一看就晓得是女人刚变男人的。有的男人做久了，这一生来做女人，动不动就像要打架的样子。这是根性不同，在他言谈举止上，每一个细胞都可以看得出来，乃至人体的气味都可以晓得。有些人从畜生道中来，这一生刚刚变人身，那个味道还在；有些人是仙佛道中来的。这些要靠你修定，工夫到了都会知道。不要问老师怎么会知道，我也没办法帮助你知道；要说也是有办法的，就是好好依教而修，工夫到了，自然就知道了。

第二讲

修行的善缘与劣缘
你的人身是善得的吗
正出家该如何做
饮食是个大问题
醒梦一如的人
修行人最需注意的事
你出家的动机是什么
四种静虑 八种解脱
定慧等持

这部经论实在是佛法的宝藏，其中修行需要的重要东西太多了。上次讲到第二十一卷声闻地，对出家专修的方面来讲，首先要了解种性，当然最需要的是修持，了解种性才能知道适合修行的方便法门；至于如何证得三昧的问题，则是更为重要。

现在大家对今天要讲的，都有准备、看过了吗？（同学答：看过，但是看不懂。）看不懂，这倒是老实话，现在为了争取时间，先了解声闻地中的种性地，这在修持方面来说，非常重要。所谓种性，就是我们普通讲的根器，每人都有他的根器。种性地是讨论以前多生累劫以来的根器，也就是种子，是由阿赖耶识习气染污带来的，在这一生所起的现行。“种子现行”这个名词应该懂吧？不懂的就请问懂的人，因为怕花太多时间再从头讲起。

《瑜伽师地论》讲到声闻地的种性地，尤其是出家专门修行的人，这个种性更重要，乃至在家要想真正学佛的人，如果没有这个种性，是没有办法培养的。这一生你的许多修行，只能说是种一点善根，拿这一生的行为熏习充实，培养他生来世的种性。所谓“种瓜得瓜，种豆得豆”，就是阿赖耶识的种子生起现行。

修行的善缘与劣缘

“问：何等名为涅槃法缘，而言阙故，无故，不会遇故，不般涅槃。答：有二种缘。何等为二，一胜二劣。”首先他讲佛的种性，由佛的种性再讲菩萨乘、二乘的种性，然后再说到人天乘，等等。种性的道理在《楞伽经》里讲得也很清楚。换句话说，出家法师们今后收弟子，尤其是收出家弟子，不能随便，非观察他的根器不可，因为种性太重要了。有了前生的种性，还要今生得胜缘，各种条件具备才能修行。

“云何胜缘，谓正法增上他音，及内如理作意。”什么是胜缘？就是说有了很好的根器，这一生还要遇到佛法的正法住世。有了种子，有了正法住世，有善知识明师培养的增上缘，这个种子才能长大，这是外缘。内缘是“内如理作意”，内心合理的正思维。“作意”就是意识熏习佛法，要造成意识的境界，譬如念佛、观想等，乃至研究教理，修行禅定，都属于“如理作意”。相反的，不如理作意就是凡夫的妄想，一天到晚嘻嘻哈哈的，或发脾气，要要花样，这些都是非如理作意。非如理作意的现行累积起来，他生来世的种子更可怕。

“云何劣缘，谓此劣缘乃有多种。”什么是劣缘？就是不好的因缘，有很多种。

“谓若自圆满，若他圆满，若善法欲，若正出家，若戒律仪，若根律仪，若于食知量，若初夜后夜常勤修习悎寤瑜伽，若正知而住，若乐远离，若清净诸盖，若依三摩地。”

与这些相反的叫劣缘，表面看起来都是好的，就是说，如果我们要修行，做不到这些就是障碍，使你不能成功，内容包括了很多。下面再逐句加以解说。

“若自圆满”，我们自己不圆满，六根有欠缺，耳聋、眼盲、头脑白痴啊，或者是麻痹了，这是身根不圆满，就是劣缘。现在常说人生最难是“暇满之身”，暇是闲暇，又有圆满的身体，又年轻，又有清闲的时间，可以在这个地方听经又打坐。人生清闲难得，尤其这个工业社会，谁不为生活忙碌啊！你们出了家，如果没有事情还坐在那里自生烦恼，他看你鼻子不对，你看他眼睛歪了，真是浪费这个生命。

“若他圆满”，依报、环境等一切都很如意圆满，无障碍。

“若善法欲”，欲就是欲望，欲望分两种，广义的欲，一切都是欲；狭义的欲，是男女之间淫欲之欲。佛经上的欲是广义的欲。什么是欲呢？你说自己是吃素的所以没有什么欲望，但是看到这个素菜，从乡下刚带来的很新鲜，筷子多去夹两口，这就是欲。这个山水多美丽呀！也是欲。世界上能做到完全离欲，难啊！“皈依法，离欲尊”，真正能够离欲吗？贪爱清净也是欲，要一切欲皆远离才行。出家是要远离这些广义的欲，但在没有完全离欲以前，要有善法欲，就是做善事的欲望。你们都说要学佛，对于做善事，有没有欲望呢？没有，都是被逼才做的，绝不是发心欢喜去做，不是有这个欲而去做的。可是看电视就有欲了，到时间不打开看，心里头都发痒。看电视是眼耳视听之欲，但修善法有没有像看电视电影这样热心呢？有问题，所以要发起善法之欲，没有发起就是劣缘。

“若正出家”，不是歪出家，正出家的理由后面有，声闻地里有些人因灰心而出家，有些人被环境所逼而出家，下面都有，都是非如理出家。为求了生死，为求得菩提，为求证果，这才是“正出家”。如果不是这个目的出家的，就是劣缘。

“若戒律仪”，戒行律仪是真正的清净，而且懂得戒律，戒律不仅是条文。像在座有当法官的，判案时先是背法律条文，有时会判错了，所以要懂得法律的精神和运用，戒律也是这样。

“若根律仪”，广义的根就是种性，是前生的因果；狭义的根，是指六根等。

“若于食知量”，你们经常生病，那都是饮食不知量，看到好吃的就多吃，肠胃就出毛病了。肠胃生病就容易感冒，凡是要感冒胃先出问题，中西医一样的道理。肠胃没有问题的话，即使感冒，细菌进来可以把它控制得了，这是自己本身的生命功能。有时因感冒来了，肠胃就出问题。出家修行人食不知量，该吃时饿着，该饿的时候拼命吃，连饮食都不能知时知量，如何去修行？这是佛所说的，因为饮食的障碍是很重的，应该学会调整。

“若初夜后夜常勤修习悎寤瑜伽”，初夜是上半夜，后夜是下半夜，随时都在定境中。比丘戒律，在睡眠时观日轮在心中，右胁而卧，这是戒律，你们做得到吗？没有做到。睡觉打呼，也是违反律仪，所以真讲律仪戒，就有这样严重。受过三坛大戒的比丘，应该如理而眠，就是身体睡着了，但心意识很清明，就是因为常勤修习“悎寤瑜伽”的原故，所以守戒律就有如此之难。

“若正知而住”，妄念一大堆是邪知而住，没有正知正觉，三菩提就是正知正觉。

“若乐远离”，要远离愦闹，凡夫喜欢热闹，但真正的声闻是要远离愦闹，不能远离愦闹是劣缘。

“若清净诸盖”，一切五盖及贪、瞋、痴、慢、疑都要清净，但是我们半样都没有清净，所以是劣缘。

“若依三摩地”，随时随地都要在正定中，而我们都在散乱、漏失中。

你的人身是善得的吗

“云何自圆满，谓善得人身，生于圣处，诸根无缺，胜处净信，离诸业障。”先说什么是恶得人身。有些人修外道法的，可以抢别人的身体。有婴儿刚出生时，修外道法有功力的人，可以把那个婴儿的灵魂挤走，自己硬抢这个身体住进去，这叫夺舍法。那就是恶得人身，那是犯杀戒的。

夺舍法是有特别教授法的，修到有了定力，因为自己年龄到了，这一生没有修成功，不想再经过投胎，赶紧修夺舍法。自己灵魂出窍，也不生天，也不下地狱，就飘呀、飘呀！看到有年轻刚死掉的人，这人身体没有坏，这房子还可以用，就强夺进去侵占了。有些连刚刚出生的婴儿都可以侵占，但这就犯了杀盗之戒，照理不会修道修成的，因为犯了佛戒，这都不是“善得人身”。要生在有圣人的地方，六根暇满，又是正法住世之处，能生净信，更没有恶业障碍。一般人身心内外都是业障，有人的头脑鬼聪明，但是看《瑜伽师地论》，头脑用于正知正见上，就看不懂，所以“善得人身”很难。

“云何名为善得人身，谓如有一生人同分，得丈夫身，男根成就，或得女身，如是名为善得人身。”什么是“善得人身”？这人一生下来得丈夫身，男根成就，女根圆满。

“云何名为生于圣处，谓如有一生于中国，广说如前，乃至善士皆往游涉，如是名为生于圣处。”所谓“生于中国”，不是讲我们中华民族的中国，当时佛在印度说法，“中国”是指世界文化的中心，有文化、有教育的地方。前面已经讲过了，你投生下来的这个地方，有很多修行人，有大智慧的善知识很多，这就是“生于圣处”。

“云何名为诸根无缺，谓如有一性不愚钝，亦不顽騃，又不瘖哑，乃至广说，支节无减。”生下来没有缺陷，个性不是愚笨的，如果智商不够就是“愚钝”。“顽”是调皮，三天两天就变一个花样玩；“骇”是傻。

“彼由如是支节无缺，耳无缺等，能于善品精勤修集，如是名为诸根无缺。”尤其声闻地，注重耳根，能够听懂话，听不进去有什么用？要看得懂修行的经典。你们大家“诸根无缺”，“善得人身”，怎么看不懂经典呢？非不能也，是不为也，是自己不真正用心之故。关于这里声闻地之种性，大家要特别注意。

现在再看五百二十六页，这是挑重点来讲，其余大家只要用心看，就会看得懂。

正出家该如何做

“云何名为法住随转，谓即如是证正法者，了知有力能证如是正法众生，即如所证，随转随顺教授教诫，如是名为法住随转。”实际上无所谓正法、像法、末法，就是你到了“了知有力能证”，自己认为这一生非证到不可，这就是“正法众生”。现在拿我们一堂人来做比喻，平常你们一讲话，就说我骂你们，我为什么骂你们？因为你们不能“随转随顺教授教诫”。“教”是教你，“授”是传授给你，我说这件事你应该如何做，你没有这样做；如果能够依照所教授的去做，才算是“法住随转”。这就等于正法住世，因为经典都在呀，你可以不听我的讲解，但是你应该听经典的教化啊！所以你没有看经，没有研究论，就没有做到“法住随转”。

“云何名为他所哀愍，他谓施主。”这是专对出家人说的，既然出了家，“上报四重恩，下济三涂苦”，佛恩，父母恩，国家恩，众生恩，都是对我们有恩的施主。广义地说，世界上一切众生都是我们的施主。譬如我们一堂人坐在这里，肩不需挑，手不要提，坐在这里饭就拿来了，或敲敲木鱼就可以去吃饭了，所以我们都在接受别人的供养。这个样子还不满意吗？一切众生都是我们的施主，这个就是施主的道理。

“彼于行者起哀愍心，惠施随顺净命资具，所谓如法衣服饮食，诸坐卧具，病缘医药，如是名为他所哀愍。”声闻众比丘，随时要想到，自己的修行是有赖于众生的布施。譬如我们穿的衣服、饮食、卧具以及生病的药物，都是他们的哀愍而布施给的。

“云何善法欲，谓如有一或从佛所，或弟子所，闻正法已，获得净信，得净信已，应如是学。”修行人第一要发起善法之欲望。在我们没有证道以前，都会有欲望，但是修行的欲，是发起善法之欲，善行善思维，是成佛功德的根本，所以善法欲要发起。善法的欲一天一天要增加。厌离心也要发起，世间法一天一天要厌离，这是三十七道品四正勤的道理。

假使有一个人，或者跟随佛，或者跟随佛的弟子们，或者跟随佛后世的弟子们，如果听过正法没有起信，也没有用；要生起净信，有了净信则应依教奉行，才是真正的学佛。不是像你们一般青年，听了一点佛学的理论，四大、五蕴、十二根尘，谈得头头是道，行为上样样皆错，这不是学佛，这是学吹牛，那有什么用？所以要以正法行，以净信行，“应如是学”。

“在家烦扰，若居尘宇，出家闲旷，犹处虚空。”重点在这里，出家为了修行，在家烦恼困扰，就像居住在灰尘滚滚的房子里。像现在到街上走三个钟头回来，鼻孔一洗，黑的。过去是红尘滚滚，现在工业时代是黑尘滚滚。出了家则清净，也是另一个生活形式，出家以后人像住在半空中一样空旷。

“是故我今应舍一切妻子眷属，财谷珍宝，于善说法毗奈耶中，正舍家法，趣于非家。”因此一个声闻众，学佛出家的人，舍掉妻子眷属，一切金银财宝等，于善法行中精进修学，就是“正舍家法”，到法王家，不是世间的烦恼之家。

“既出家已，勤修正行，令得圆满，于善法中生如是欲，名善法欲。”出家之后，勤修正法，要这样才是生善法欲。

“云何正出家，谓即由此胜善法欲增上力故，白四羯摩，受具足戒，或受劳策所学尸罗，是名正出家。”发了厌离心，生起求道之心而出家。“白四羯摩”就是戒律的形式，“受具足戒”是比丘受的三坛大戒。所谓“受劳策”是受沙弥的戒，也就是担任劳力的事务，所以《指月录》中记载，多少大禅师，都在大众中做饭头的。“劳”是劳务。“策”是如鞭子，是用最苦的劳役工作鞭策自己。像你们呢？擦窗子也懒得擦，擦地板也懒得擦，你们是会分配给别人做，自己不肯做劳力的事，更没有拿勤劳事务来鞭策自己。“尸罗”是戒律，出家不是贪舒服，出家要“劳策”，以苦行为师，这叫“正出家”。底下的文字自己研究。

再看第二栏，因为我们的重点是要大家入正修行之路，你们不要跟我这样跳过去不看，自己下去要仔细地研究。修行的方法都包括在内了，显教密宗统统都有。一般人不看这几本，只看现代人写的佛学概论，那我也可以写一百部佛学概论，手边抓到的渣子一编就是了。再不然就是拿一瓶糨糊，一把剪刀，把别人的书剪剪贴贴，逗拢来又是一部佛学概论。

大学里头现在专门念概论，都是念人家的渣子，现在的大学哪里是高等教育！不但中国，外国也如此。所以我常说那些教授们都在欺骗人，欺骗别人的子弟，来生果报不得了。年羹尧给自己的儿子请家庭教师，他对老师十分恭敬。据说，他挂在书房门口一副对子，上联是“不敬师尊，天诛地灭”，下联是“误人子弟，男盗女娼”。所以为人师很难，教育是不能随便的。

这本论是最好的佛学概论，我现在带领你们只是讲修持重点，为什么有些文字跳过去？因为来不及，好东西太多了。你们不能跟我一样跳过去，否则就犯了不接受教授教诫的过错。其实只要用心，也是很容易看的，买一本书不看，对不起书啊！如果说没有时间看，你是人，我也是人，为什么我能看那么多？因为我肯勤劳，我要求道呀！为求正法故，生命都要舍，哪里没有时间？哪里没有精神？都是在原谅自己，自己想想看对不对？所以不能跳过去省略不看。

"依于意根修律仪行，是名根律仪。"什么叫戒律？戒律的重点在"意"，你表面的行为都没有犯戒，岂知你意识里都在犯戒。说过午不食，下午尽在想吃东西。尽管你是吃素不吃荤，烧菜时想这个是素鸭子、素鱼，就是意根上犯了戒。依于"意根"修持戒行才对，才是修行有根；表面修行没有用，修行是要转第八阿赖耶识的种子，实际的根根转了，才是真修行。

饮食是个大问题

"云何于食知量"，弥勒菩萨教诫我们多清楚啊！上面提了一句话，下面再三地给你解释。出家修行人饮食要知量。我经常发现你们饮食不知量，所以多病，修行人吃多了不好，对修行不利。饮食知量很难，今天自己修持的工夫到什么程度，自己要注意到，譬如打坐腿容易发麻是肠胃不清之故，血液也不干净，所以发麻，百病皆是从饮食来。《百丈丛林清规》二十条，其中一条是"疾病以减食为汤药"。你们没有减食，菜好吃就拼命吃，吃得多多的，一大碗、一大碗装下去，那是给身上的寄生虫吃了。所以饮食要知量，也是修行第一步。

"谓彼如是守诸根已，以正思择食于所食，不为倡荡，不为憍逸，不为饰好，不为端严，食于所食。然食所食，为身安住，为暂支持，为除饥渴，为摄梵行，为断故受，为令新受当不更生，为当存养力乐无罪安隐而住，如是名为于食知量。”

你们不是要学佛吗？学佛就要根据佛学、依佛的教诫去做才对吧？吃饭要有学问。怎么叫“食知量”？什么年龄该吃多少？什么样的身体该吃多少？乃至于营养的配合问题。营养不要过分，现在的人都是营养过分，反而吃出病来。有一些老前辈来跟我说：奇怪，大陆不是没得吃吗？我们的父母在大陆的，都长寿啊，我的老妈妈已经九十几了。我说活得那么长是因为吃得少呀！文明社会多数是吃死的，营养过分。我在贵州西南边界的时候，那山中没有什么好吃的，辣椒沾盐是好菜，哪里看得到肉啊？豆腐就是非常难得的上品菜。但是那里的人活得很长寿，子孙满堂。西藏、四川西南部吃糌粑，吃苦荞麦、青稞，等于我们吃饭，一个个身体都蛮好的。

什么是“食知量”？修行第一步要守根门，六根不放逸，吃东西要有头脑，要以正思维心来选择饮食，不是指营养好的。众生没有成佛以前，每个人体质不同，病不同，要明白自己需要的是什么。“食于所食”，吃我应该吃的食物，第一个“食”是动词，后面的“食”是名词。“不为倡荡”，吃东西不是为了表示阔气。你看我吃东西多讲究，我做的菜多讲究呀！那是指饮食的丰富，也是犯细的戒。“不为憍逸”，不是摆个架子，像我们现在的伙食，比一些庙上都好，如果对人说：我们伙食比你们好吧！这就是犯憍慢心、放逸心，这就不对。“不为饰好”，不为装饰、好看，或出风头。“不为端严”，也不是为了吃得让身体发光，脸色发红。不是为这些而吃，是吃我们应该吃的。“为身安住，为暂支持”，身体四大本来是假的，可是我们未修成以前，还要住在这个肉体中，所以要补充照顾它，慢一点死，慢一点倒下去。

机器靠能源，肉身靠饮食，戒律要我们饮食时要有一个观念，做吃药观，像吃药一样，使这个身体暂时活着，是为了免除饥渴而饮食，保留住身体性命才能修梵行。为了断一切烦恼，为了修清净的梵行，使烦恼“当不更生”，不再生烦恼了，保身体无病，得安稳快乐，而不去犯罪，也不犯戒，起心动念都要清净，这才是“于食知量”。

听了这些道理要记得啊，看了佛经不记得是罪过。我说话也要花气力的，我的身体也是暂住在这里，多给你们讲一分钟，我的生命体力也多消耗一分钟，你要对得起你自己，也要对得起别人啊！

醒梦一如的人

“云何初夜后夜常勤修习悎寤瑜伽”，出家后，戒律规定，睡时右胁而卧要作光明想，观太阳日轮，身睡而心没有睡，很清明，这才是修“悎寤瑜伽”，也是声闻乘的戒。初夜是上半夜，后夜是下半夜。真讲到修行，说个故事给你们听吧，是有关身熟睡休息、打鼾，但心意识一切清醒的境界。心清明就是“悎寤瑜伽”，比丘声闻道依戒律必须如此，但是菩萨境界又不同。

据说玄奘法师的弟子，三车和尚窥基法师，他前生是迦叶佛末劫时代的比丘，在雪山打坐。末法时代没有善知识，他就入定等释迦牟尼佛出世。玄奘法师到印度取经经过，看到山上都有雪，只有一处没有雪，慢慢挖出一个人，原来是一位入定比丘，就用引磬请他出定。他就说是迦叶佛末法时代的比丘，在这里入定等释迦牟尼佛下生。玄奘法师说释迦牟尼佛已出生又涅槃了，比丘说：那我再入定等弥勒佛出世再说吧！

玄奘法师说：弥勒佛出世谁来通知你呀？我是释迦牟尼佛像法时期的比丘，要到印度去取经，二十年一定回来，你赶快到东土投生，等我回来度你。你由此向东走，看到红色大宫殿的人家去投生。玄奘的意思是要他投生为太子，他于是就去投生了。

玄奘法师十七年后回来与唐太宗见面问起这件事，得知当时皇宫没有太子出生。玄奘法师不死心，再查一遍，终于查到了他生在大臣的府第。把他找来，他看到玄奘法师好像似曾相识，因为罗汉都有隔阴之迷，所以忘了。唐太宗就要他代表皇帝出家，给玄奘法师做弟子，他说：要我出家有三个条件：一不吃素，出门要带酒肉；二我要读书，出门要带书；三还要美女宫女服侍我。唐太宗和玄奘法师一概答应他，所以他叫三车法师，出门带了三辆车，酒肉、书、美女。

当时终南山有一位道宣律师，也是了不起的戒律师，心想要把他找来教训一下。道宣律师的道行，能感召天人每天送食。有一次他约了三车法师上山，请他一齐接受天人供养，岂知不但午时没有天人送食来，到了晚上也没有来。窥基法师说你害我没饭吃，下山又太晚了，只好打坐。窥基法师很胖，打鼾打呼地大睡。次日道宣律师就批评他是犯戒比丘，既然出家就是比丘，虽代表皇帝出家，总要有威仪啊！出家人睡觉要右胁而卧并要作光明想，你打呼打得那么厉害，害得我一夜都不清净。窥基法师说：是你吵得我一夜都没有睡好！你打坐到了半夜，有只虱子咬你，你用手轻轻把它抓出来，想把它弄死，又怕犯了杀戒，你只好往地上一丢。虱子的一只脚跌断了，腿痛叫了一夜，害得我一夜都没有睡好。道宣律师一听吓住了，因为那是实情。所以真入定的时候，闻蚁斗如雷鸣。道宣律师只好送他下山。中午天人来送食，道宣律师问天人，昨天怎么不见你们送食呢？天人说：昨天你这个茅棚外，看见四大金刚、天龙八部都在这里护法，我们是欲界天的小天人，进不来。道宣律师一听又傻了。

你们听故事，不要光觉得好听，夜里睡眠时要勤修习“悎寤瑜伽”，这与饮食有关了，过午不食则不容易昏沉，这是对专修的人而言。那会不会因睡眠不够而有问题呢？不会的，没有一个修行人因睡不够而死的。修行要断除五盖，就是财、色、名、食、睡，睡眠也是一盖，修“悎寤瑜伽”就是为了要断除睡眠。饮食知量也很重要，因为肠胃太满才昏沉，所以中国人骂人“脑满肠肥”，脑子满满的没得思想，如果脑子像水泥一样的，肠又太肥了，还会悟到空吗？所以饮食要知量。

“谓彼如是食知量已，于昼日分经行宴坐，二种威仪，从顺障法，净修其心。”声闻地的行者，白天应该经常经行宴坐，而经行与打坐的时间要相等，夜里也是这样修。

“过此分已，出住处外，洗濯其足，右胁而卧，重累其足，住光明想。”到了中夜，把脚洗好，右腿在下，左腿在上伸直，心中观日轮住光明想。

“正念正知，思维起想，于夜后分，速疾悎寤，经行宴坐，二种威仪，从顺障法，净修其心，如是名为初夜后夜常勤修习悎寤瑜伽。”这叫做修行，这才是真为修道而出家。“从顺障法”，一是把障碍转过来，变成通顺无障碍，像一堆书本很乱，把它们顺一顺，意思就是把它们整理好。

因为资料太多，没有办法一一讲，现在跳到卷廿二（五百五十六至五百五十七页），告诉你们修行、修定的道理。

修行人最需注意的事

“复有异门，谓佛世尊，此中略显三种戒性：一受持戒性，二出离戒性，三修习戒性。”这是讲戒律与修行的重要，佛告诉我们，声闻地有三种戒性。“一受持戒性”，这是戒律上的心念的行为，以现代的学问来讲是心理行为。其实我们一切凡夫起心动念的心理行为都与戒有关，尤其是一个学佛的人，心理行为要先转，这叫做接受忆持戒性。“二出离戒性”，就是跳出三界。“三修习戒性”，慢慢练习转成善根，而修成佛。

“谓若说言安住具戒，由此显示受持戒性。”出家男女二众真正接受了具足戒，就是受了戒，声闻地暂时不谈菩萨戒。

“若复说言，能善守护，别解律仪，由此显示出离戒性。”别解脱戒是一个特别的戒，一个本来的普通人，现在穿了如来衣，出离了世间，所以叫做别解脱戒，这与凡夫法菩萨道是有差别的，这也就是“出离戒”。守护修别解脱戒，意思是为了快速出离世间。

“所以者何，别解律仪所摄净戒，当知说名增上戒学，即依如是增上戒学，修增上心，增上慧学。”别解脱戒是一种增上戒、增上缘，使你起心动念，起善行，依戒而行，念念不敢乱来，而都学善法之学，能很快地成就。这样你心就在转了，心转了自然得定；虽不谈定，定就在其中了。有了定自然得慧，所以这个里头没有讲到定，知道了吧？否则你会奇怪，怎么少一个定呢？在什么地方定啊？定是心定，修“增上心”学，定就在其中了。

“由此能得一切苦尽，究竟出离。”为什么出家？出家可以跳出三界之苦缚，离苦得涅槃之乐，所以能得一切苦尽的解脱，毕竟跳出三界。

“如是出离，用增上戒以为前行，所依止处，是故说此别解律仪，名出离戒性。”要想真离苦得乐，跳出三界，只有用增上戒，增上就是加工，有加工就快了。以增上戒做前锋部队，然后才能跳出三界，所以说别解脱戒，就是出离三界之戒律。

“若复说言，轨则所行皆悉圆满，于微小罪见大怖畏，受学学处。”再说修比丘、比丘尼戒，内在与外表行为，以及做人的标准，初步就算上了圆满成就的轨道。受了别解脱戒会有什么结果呢？注意！真正受了戒的人是真懂得戒，自己心里动一点小错误念头，就知道害怕因果，怕犯大罪。永明寿禅师说“隔墙闻钗钏声”，已经犯了淫戒。隔着墙壁，听到高跟皮鞋声，想到这是女的，走路很轻，三围一定很好，你早就犯淫戒了。有分别心就犯戒了，贪瞋痴慢疑都是如此。

譬如你问，你们这里有赠送的佛书吗？给我一本。这是犯了贪戒，严格地讲是如此。所以真正心行之戒，不只出家人要这样，真正学佛的人都必须如此。平常于起心动念处，“于微小罪见大怖畏”，要在这个地方学，才是真正学佛修行。“由此显示修习戒性”，为什么要受戒、守戒、修戒呢？是要转这个业根，这也是属于种性地的内容。

“所以者何，若由如是所说诸相别解律仪，修习净戒，名善修习，极善修习，如是一种尸罗律仪，现前宣说，当知六种。”尸罗就是戒律，以大乘菩萨来讲，只要守好一个戒律，包括六度等都在内了。

“又即如是尸罗律仪，由十因缘，当知亏损，即此相违十因缘故，当知圆满。云何十种亏损因缘。”讲到戒律，心理的行为，有十种因缘是有亏损的，那样就不是修行人。如果没有这十种过失，而且心行戒律圆满，才是真修行人。这一段要特别注意。

“一者最初恶受尸罗律仪”，“恶”是厌恶的恶，“恶受”，受戒不是真心去受，心中讨厌戒，可是既然要想出家当和尚，当住持，当当家，不能不受戒；有人为了想当居士，不能不去受三皈五戒。如果是这样的动因来受戒的，基本上这一念的错误，三大阿僧祇劫都转不过来。虽是微小的一念，但因果太大了。

“二者太极沉下”，整天昏头昏脑的，在昏沉中，“终日昏昏醉梦间”，昏沉散漫，光想睡觉，书也读不会，教他也教不会，一天到晚莫名其妙，虽不像猪老兄一样，已经与孙悟空的师弟差不多了。不好的，要注意。

“三者太极浮散”，心太散乱，东想西想，偶尔有一下清净，多半都在散乱中，或发脾气，贪、瞋、痴、慢、疑一齐来，我们大家自己检查一下吧。

“四者放逸懈怠所摄”，“放逸”就是任性。年轻人很任性，说什么民主时代，我爱怎么样就怎么样，说这个是解脱，其实是任性。“懈怠”是马虎，做人做事绝不可马虎。有人虽在佛学院学习，但是放逸又懈怠，满口佛话，一脸佛气，其实似是而非，糊里糊涂，只是把佛学名词记住，有什么用？如果你经常很任性，很马虎，那根本不要谈戒了，对于戒行已经有所亏损了。

“五者发起邪愿”，现代有一位禅师，发愿要带领多少比丘到龙宫，向龙王那里取宝，要救济这个世界的贫穷众生。我当时看了这个语录，当然不是虚构，他还是当代大禅师，他发这个愿不是笑话吗？这叫做邪愿。所以有些人修持想修到神通，能十八变，把卫生纸一变可成钞票，然后盖个大禅堂，这也是邪愿。你们同学当中有人看到老师没钱，就发愿要去弄点钱来给老师做事。我如果要钱的话多得很，我为什么不要？注意！你们要参话头，我由头到脚底心全身都是话头，你们好好参一参吧！关于邪愿，钱是一个问题，其他你们的邪愿多得很，有些人还想放光动地给人看的。有一个密宗行者，他自己说在印度著作一本密宗的书，写书时常放光，大地六种震动。

我也告诉他，我在台湾写书也是六种震动，也放光！这些都是邪见、邪愿，大家一定要知道。

“六者轨则亏损所摄”，不规规矩矩地做人，不规规矩矩守戒。

“七者净命亏损所摄”，不是净命活着的，譬如有些出家人挂牌算命看相，看风水，这不是净命，而是邪命。除非是在家或出家大菩萨，可以作为方便外，其他修行人都不可以。中国庙子的抽签都是勉强用的。所以邪命活着就是净命的亏损。

“八者堕在二边”，空是一边，有也是一边，不落空就落有，结果落入二边了，空也空不了，有也有不来，堕二边已经是过错了，我们凡夫甚至有堕三边四边的。

“九者不能出离”，真要修行，真要了生死，跳出三界外的，心没有发起的话，就是犯戒。

“十者所受失坏”，所受的戒都没有守，整个戒都没有了。

你出家的动机是什么

“云何名为最初恶受尸罗律仪，谓如有一王所逼迫，而求出家，或为狂贼之所逼迫，或为债主之所逼迫，或为怖畏之所逼迫，或不活畏之所逼迫，而求出家。不为沙门性，不为婆罗门性，不为自调伏，不为自寂静，不为自涅槃而求出家，如是名为最初恶受尸罗律仪。”

弥勒菩萨有解释，他说出家的时候第一个动机不对，就是犯戒。譬如刚才提到的窥基法师，是唐太宗要他代自己出家；又小说《济公传》中，说秦桧要济公活佛代表他出家。另有人是环境所逼而出家；有些是被强盗捉去，说你出家就不杀你。

又如《禅宗语录》上记载张献忠作乱，杀人不眨眼。那时女人缠小脚，他把女人的脚都砍下来，建一个高塔，然后又感叹说，这个塔很漂亮，可惜没有塔顶。这时他最爱的那个最漂亮的第九姨太太，把她自己的腿一翘，撒娇说：你看我的脚可以吗？可以。没想到他真把她杀了，张献忠是这样杀人的。四川人都被杀得差不多光了，所以现在的四川人大都是张献忠以后湖南湖北移民过去的。四川一省比台湾大好多倍，在张献忠杀到重庆时，那位女将军秦良玉，把师父破山明禅师接来重庆。破山明禅师要人告诉张献忠，不要杀了，这样不好的。张献忠说：好，老和尚吃肉我就不杀。和尚说：一言为定，我吃。和尚真吃肉，张献忠也真下命令不杀了。你说这个和尚犯不犯戒？当然不犯戒，破山明禅师就有这样的气魄，把这样的魔王就度化了，这是学佛的出家人要效法的。

有人出家是被债主逼的，欠了人家的债，欠债不一定是欠钱，青年男女讲恋爱失败灰心了，这也是债主所逼，情债也是债。有人是为了怕病死，或者怕其他威胁的事而出家。有些人是怕活不长想出家，要佛菩萨保佑多活几年，这不是为“了生死”，是怕死。这样的人也不是出家的本分，这种出家不是沙门性，不是婆罗门性。换句话说，真正的出家，是为了调伏自己，为了修行证道，为求寂静，为求涅槃；如果不是的话，则叫做“最初恶受尸罗律仪”。

下面的九个因缘，重点告诉你修定。现在翻回来，看第十一卷，“本地分中三摩呬多地第六之一”，二百三十一页。

“已说有寻有伺等三，云何三摩呬多地，嗢柁南曰：总标与安立，作意相差别，摄诸经宗要，最后众杂义。若略说三摩呬多地，当知由总标故，安立故，作意差别故，相差别故，略摄诸经宗要等故。”你们在这里静坐一两个月，为什么坐不好？为什么不能得定？我们看这段经文，把修定、修慧到成佛的诸宗要点都告诉你了。三摩呬多地以“总标”、“安立”、“作意差别”、“相差别”四点来讲，是说明诸宗的要点，最后把修行一切“杂义”，就是把修行用功有关身心，生理、心理各方面，都加以解说。

“云何总标，谓此地中略有四种，一者静虑，二者解脱，三者等持，四者等至。”总标就是总纲。所谓修三摩地，其中包括了四种意义和四种境界。得定是解脱，修道学佛要得解脱，要解脱必须要得定。不过，光有定没有得慧是外道禅，必须定慧等持，也就是定慧都到了，福德智慧也成就了。现在先看总纲，其中包括静虑、解脱、等持、等至，共有四项。

四种静虑　八种解脱

“静虑者，谓四静虑，一从离生有寻有伺静虑。”四静虑就是四禅定。离生喜乐是初禅，想离开这个现实的生活世界，心里想解脱，就是寻伺地。玄奘法师用这两个字翻译，一定是用尽了苦心；唐朝以前的翻译是“有觉有观”。玄奘法师认为，“有觉有观”翻译得不妥当，应该翻为“有寻有伺”。“寻”是寻找，假如地下有个东西，拿手电筒去找，就是“寻”的境界。再说“伺”，当你寻找东西时，兼带有观察等待的作用，这叫“伺”。我们的心理就是“有寻有伺”，打起坐来，不是找一个空的境界，就是呆呆坐着，等着，想得定，所以整天都在“有寻有伺”的境界中。进一步就是“无寻有伺”，心不找了，呆呆地坐着，心有点像昏昏迷迷的，这是“无寻有伺”了。这心理现状讲得多好啊！下一步才到“无寻无伺”。

什么是寻伺地的境界？本论的卷九、卷十有说明，分为三地，一是有寻有伺地（初禅），二是无寻有伺地（中间禅），三是无寻无伺地（二禅、三禅、四禅），然后再到有心地，再到无心地。《瑜伽师地论》把修行法门统统告诉我们了，这是弥勒菩萨的大慈悲。

“二从定生无寻无伺静虑，三离喜静虑，四舍念清净静虑。”现在讲初禅的“离生喜乐”，是属于有寻有伺地，再到达二禅“定生喜乐”的阶段，就是无寻无伺地了，一切妄念不起，定境界来了，所以是无寻无伺了。第三禅是“离喜妙乐”，第四禅是“舍念清净”，都属于“无寻无伺”地。出家修行求道，不得四禅定则免谈证果。拜佛、念经、打坐，那是修加行，是修行的边缘阶段工夫。得了定，戒定慧皆在其中了，一念不生处，戒体清净，声闻乘的道业就有基础了。所以唯有得定，慧才能发起来，所以告诉你们要真修禅定。

“解脱者，谓八解脱，一（内）有色观诸色解脱”，在教理上，原始翻译叫做八背舍。不用佛学名词的解释，以世俗的话来讲，就是在现实世界的欲界生命，色身的内在（五脏六腑），观一切物质，如修不净观、白骨观，达到空净而得解脱，也可以说进入初禅了。

“二内无色想观外诸色解脱”，这是说色身的内在、色法的障碍清净了。“色”指四大，在定境中四大空净了；“想”是没有妄想了，也空掉了；再观外面的物质世界，也相等的清净，得到解脱，也可以说进到二禅了。

“三净解脱身作证具足住解脱”，身心内外都明净、都空灵了，即身从三禅达到四禅的境界了。学佛不是吹牛，不是只讲理论。不过你们出去讲经讲教理，可不能这样讲，最好还是拿些佛学名词来注解；我这里教育方法不同，是要培养你们真修实证。你们如果也照我这样讲，人家问你身心变化的真实问题，你答不出来，身体也不能作证，就有问题了。这三个解脱偏重色身解脱。

“四空无边处解脱”，过了四禅定，证到了空无边处。

"五识无边处解脱，六无所有处解脱，七非想非非想处解脱，八想受灭身作证具足住解脱。"这是偏重于心念的解脱，超越了八解脱之后，就进入灭尽定。

定慧等持

"等持者，谓三三摩地：一空，二无愿，三无相。"在一静虑、二解脱之后第三是"等持"，有人说这是大乘的三法印，就是定慧等持（小乘说法不同）。"空"，《金刚经》讲三心不可得，譬如布施，如果住相就不对了。大乘一切经典、一切法门之法印，就是空、无愿、无相。无愿也叫无作、无住。所谓无住，是一切无住。譬如六祖悟到"应无所住而生其心"，他是由无住的法门进入的，但他当时还没有彻悟，只是初悟，悟了一点点，所以他作了一个偈子：

菩提本无树　明镜亦非台
本来无一物　何处惹尘埃

他的偈子是好，但是属于半调子，只悟到空；至于由真空起妙有的功用，是五祖夜半以袈裟围着，再给他讲一道《金刚经》，他才大彻大悟，悟到一切万法不离自性。所以他就讲："何期自性本自清净，何期自性本自具足，何期自性本不生灭，何期自性本无动摇，何期自性能生万法。"到了何期自性本自具足及能生万法时，空有双融，非空非有，即空即有，就是大彻大悟。现在讲禅的，抓到鸡毛当令箭，只讲本来无一物，也就是只讲空的一面。所以后来有一个祖师悟了道，作个偈子幽默六祖说：

六祖当年不丈夫　请人书壁已糊涂
分明有偈言无物　却受他家衣钵盂

“复有三种，谓有寻有伺，无寻唯伺，无寻无伺。”这三种境界是我们的心理，我们都在“有寻有伺”的境界上，我们像狗找食物一样，到处找；栖栖遑遑如丧家之犬，想找个空或有的境界，坐在那里找，空境界找不到，有境界也找不到。对不对？都在“有寻有伺”中，好烦恼啊！真正大彻大悟以后，烦恼不烦恼呢？完全“无寻无伺”吗？你们看禅宗林酒仙的偈子：

扬子江头浪最深　行人到此尽沉吟
他时若到无波处　还似有波时用心

懂了吧？这几句已经把“等持”法门都包括了，从“有寻有伺”到“无寻无伺”，“等持”的境界已经都在其中了。“扬子江头浪最深，行人到此尽沉吟”是“有寻有伺”的境界，“他时若到无波处”是“无寻无伺”的境界，“还似有波时用心”是还要参究观照清楚。所以真得定以后，在凡夫境界里也是定，乃至唱歌跳舞、跑马打球都在定中，那才叫如来大定，真得了解脱。你以为光打坐才叫定吗？那是初步让你练习定的。

“复有二种，谓一分修，具分修。”定境界，从某一个法门就到达了般若一切法门，像六祖当年听了一句“应无所住而生其心”，就入般若法门，就是“一分修，具分修”。像《指月录》上有些祖师，从教下戒定慧，几十年慢慢修而大彻大悟，所以各有因缘，不一定。

“复有三种，谓喜俱行，乐俱行，舍俱行。”修定境界又有三种相，就是“喜”、“乐”、“舍”。有些人根器不同，一学佛，一修行，哈哈一笑，一欢喜就得定了。而且他总是喜相，不像我们打坐起来，满堂死相。有些人一修定，生理上就得乐，有些人一修定就入舍相，一上来就空，这些都可以进入定境，无论修显修密，任何宗派都是一样的。密宗后来叫做乐、明、无念。“喜”、“乐”、“舍”又叫空、乐、明。

第三讲

圣人的定境界
等引地——入定需领引
初静虑——先消除五种心理
什么是入魔
因喜因忧而造的恶业
清净欢喜 安乐轻安
修定的初步
修定与解脱的先后

圣人的定境界

你们是不是真的要修行求证？如果不在真实求证，我认为你们听这个课，是对自己的一个虐待，也是浪费时间；如果真在修证上有追求，要真正实验的，则要特别注意这几段，这是提起大家的注意。

"复有四种，谓四修定。复有五种，谓五圣智三摩地。复有五种，谓圣五支三摩地。复有有因有具，圣正三摩地。复有金刚喻三摩地。复有有学、无学、非学、非无学等三摩地。"

这是圣人的境界，证得道的三昧。三摩地这个名词，历来习惯性解释为定境界，实际上是一种定慧的境界，说它是定就太笼统了，要注意。现在讲的五种四种，还是归纳起来的定境，都在上次所讲"等持"的范围中。下面再逐条解释这几种定。

"五圣智三摩地"是悟了道的定，有五种，以后会说到，这里只是提纲要。所谓"圣"，是已经悟了道的，到了圣人的境界。悟了道并不是说不修了，悟道以后正好修道，所以禅宗的五祖告诉六祖说，"不见本性，修法无益"。怎么叫修法无益呢？譬如拜佛念经都是修行呀！这些严格地讲，只不过是修加行位的初步。正修行是由戒到定到慧，而定在中心，所以三摩地是定慧之中心。

"圣五支三摩地"，初禅圣五支是寻、伺、喜、乐、心一境性；三禅也另有五支，这五支就是定境的五个状态。

“复有有因有具，圣正三摩地”，圣正是佛法的正知见，“有因”是说前生已经修过，有根性了，这一生又悟了道，具备了圣人的资格，是这种人所修的定境界。

“复有金刚喻三摩地”，这是十地以上菩萨的境界，是说到了十地菩萨以后，得金刚喻定，是永远颠扑不破的。“喻”是比喻，比喻像金刚一样，破掉了最后一品无明才是成佛。依显教道理，要经三大阿僧祇劫才能成佛。最后一品无明是哪一品？最初的就是最后的，这个以后再说。身相是最初要破的，未入定就要先破除身相。譬如你们打起坐来，已经没有身体感觉了，那还是最初的，那连金刚喻定的边缘都还摸不到。

“复有有学无学”定，像你们现在这一支香坐得好，好像自己还蛮用功的样子，那是瞎猫碰到死老鼠，是那个境界来碰你。这是声闻地的有学地的定，还正在学。到了无学地，已经快到小乘阿罗汉境界，就不要再学了，但是还不是果位，还没有证果。还有一种“非学非无学等三摩地”，算不上定，可是不能说他没有定境，是有定境的。

“等至者，谓五现见三摩钵底，八胜处三摩钵底，十遍处三摩钵底，四无色三摩钵底，无想三摩钵底，灭尽定等三摩钵底。”

有些真成就的人，每一个定境都知道，且都经历过，而且自己要入什么定就入什么定，要入凡夫定，就可以进入凡夫定，就是“等至”。“三摩钵底”是定慧等持。“五现见”是现量境界，“八胜处”（八解脱）乃至大阿罗汉“灭尽定”等的定慧等持。

下面这一篇的内容都是讲这些，这些是属本论“声闻地本地分”当中的三摩呬多地第六项的一部分，本题目要记得。前面所讲的都在“总标”内容内，下面是三摩地第二项“安立”。

什么叫做定境？定是怎么建立的？譬如现在一般人打坐，或守个肚脐，或眼对着光啦，或者注意呼吸，坐在那里当会计，一、二、三……数呼吸，像会计数钱一样，然后数了半天，又掉了，又抓回来，这叫做数息观。或者修身体的气脉啦，或者是念些咒子啦！根本谈不到定。再不然搞气脉，什么河车通了，背部又轰一下，都是在那里搞感觉，浪费时间。不修气脉还好，一修却修了一身病，不是精神旺盛起来，就是什么地方出毛病，可叹又可怜。

在台湾以及其他地区，几十年来，你们统计一下，从大陆来的密宗、道家，当时都是风行一时，不到三年都销声匿迹了。什么大师，什么神仙教主，不是高血压、脑溢血，就是精神分裂，不少都是这样死的。当然我什么都不是，既不是教主，也不是神仙，我只算是一个凡人，所以可以随便乱讲。但是你们要注意，都以为打坐就是修定，打坐只是练习修定的基本，属于必要的阶段而已，连心念都不能清净，还能谈定吗？

等引地——入定需领引

“云何安立，谓唯此等，名等引地”，为什么佛法讲必须要修定？定叫三摩地，在逻辑的理论上，所谓安立，是如何建立这个定。上面所讲的这些，叫做修定的“等引地”，平等引导的意思。譬如一个轮船进港的时候，要领港的技士前来开这条船，因每个港口码头的形势不同，所以要领港的引进。当我们要进入定的境界时，也需要引领，非走这一条路不可，没有第二条可走，这就是“等引地”。

“非于欲界心一境性”，但是我们大家都还在欲界中，欲界最重视饮食男女，所谓你爱我，我爱你，爱呀，情呀！我在大学里讲课时，有同学站起来问：老师，什么叫做爱的哲学？我说：

什么是爱？那是荷尔蒙作怪，爱是自私主义，我爱你就爱你，我不爱你就不爱你，都是因为一个“我”。我为什么会产生爱呢？是身上荷尔蒙在作怪。当一个人病得要死，荷尔蒙都衰退了，他还爱不爱？欲界不只男女之欲，一切好看、好听、好吃、喜欢的，都是欲。

要想得定，“非于欲界”，不是在欲界能得定的，必须跳开了欲界，要“心一境性”才能得定。你们自己衡量一下，看自己有没有跳出欲界；不要认为自己在这里学佛，或者已经出家，就是跳出欲界了。不要做梦了，欲界哪有那么容易跳出来啊！看到一个苹果带香蕉味的，口水直流，食欲就来了，这就是欲界。看到床，心想躺一下一定舒服的，是触的欲界来了。环境不好，空气不流通呀！这个也是欲，色声香味触法都是欲。要等到好空气才能打坐，那叫什么定？鬼定！不要自欺欺人了。故“非于欲界心一境性”，定不是这样的，要“皈依法，离欲尊”，所以得定者，不是在欲界里头心一境性。

“由此定等，无悔欢喜安乐所引”，由于这些定的关系，心中是无悔又欢喜的。你们打起坐来有没有后悔呀？有没有后悔出家，后悔到这里来听课？今天做一点事后悔，明天做一点事后悔，做人做事随时在后悔中，在错误中，就是“悔”。你们打坐有没有“欢喜”？有没有喜欢？欢喜与喜欢有差别，中文要搞清楚。喜欢打坐是好偷懒，因为别的事可以不做了；欢喜是打起坐来，心境上有无比的快乐。人到了欢喜境界，看到仇人都是欢喜慈悲的，只有慈祥、爱护，这叫欢喜心。你们打坐有“安乐”吗？双腿又麻又痛，身体上不舒服，随时后悔、不欢喜、不安乐。如果心理上没有真正达到“无悔”、“欢喜”、“安乐”的境界，就说已经引发了定境，那是在做梦，不管修哪一宗都修不成的。为什么心理上没有这个境界呢？因为你福德智慧资粮不够，道德行为没有成就。偶然打坐坐得很好，俨然像个修道学佛的人，那都是装模作样。所以定境界是“无悔”、“欢喜”、“安乐”所引发的。

“欲界不尔”，欲界里是不令人欢喜的。你们现在的欲界是喜欢听《瑜伽师地论》，这也是一种欲。外面的跳舞场、歌厅，你去看看，他们外表欢喜得很，实际上一点都不欢喜，不信的话你到欢场去调查一下。

像这里这位法师，他在国外长大，他有经验，越到欢场，人的心境越痛苦，这是欲界。所以欲界里做不到“无悔”、“欢喜”、“安乐”。在欲界认为欢喜高兴的事，都是自欺的心理，没有真正的快乐；真正的快乐幸福，只有出离三界，究竟涅槃。所以涅槃是常、乐、我、净，是极乐世界；欲界里不是极乐世界，所以“欲界不尔”，欲界中没有这些境界。

“非欲界中，于法全无审正观察。”在非欲界中，对于道的了解仍不究竟彻底。这样说的话，跳出欲界就成佛了吗？不对。到无色界也不能成佛，因为没有欲的刺激，产生不了正面的智慧，就连在无色界也是不能成佛的。中国人有句话，“生个孩子没有三灾八难”，这句话是从佛学来的，唐朝以后才有的。小三灾是刀兵、瘟疫、水火；大三灾是风灾、水灾、火灾，这是讲物理世界的灾难。至于八难，长寿就是一难，人活得长寿是苦难，尤其老人家活到九十多、一百多岁，儿女子孙也许都不在了，如果没有修道，没有道的话，那比孤儿还苦，所以长寿是一难。生在天道中也是一难，因为太享福了，没有苦的一面来刺激，不会想要修道。所以无色界中也不能成道。

刚才一位同学说他看佛经看不懂，我说我也一样看佛经呀！因为你们没用脑筋，“全无审正观察”，所以看不懂。

初静虑——先消除五种心理

“复次，初静虑中，说离生喜，由证住此，断除五法，谓欲所引喜，欲所引忧，不善所引喜，不善所引忧，不善所引舍。”

你们研究心理学哲学的，研究心理行为、政治行为、教育、经济、军事，一旦融会贯通，样样就都会懂了。下面再详细解释这几句话。

“初静虑中，说离生喜”，第一步，初禅静虑定的果得到了，初禅是心一境性，发起了出离心，离开这个欲界，升华了，内心无比的欢喜来了。喜是心理作用，你们打坐心里喜不喜呀？一点都不喜，尤其这里规定打坐时间，初初来的第一个月，你们一定后悔不已，现在慢慢习惯了，当初有没有后悔？（同学有人答：有。）说有是老实话，当初是“早知如此，悔不当初”，怎么上了这个当啊！所以不但没有喜，还有苦恼，甚至还怨恨。像某教授当年学打坐一样，心想大家真是一批无用的东西，吃饱了盘腿坐在这里。但是当他有一点定境感受的时候，才生出离心，生出了喜悦。这个喜悦不只是打坐的时候才生出来，随时随地心里都是喜悦的，一看这个人的脸，也都是喜悦的。再看社会上的人，都是一脸讨债的面孔，好像欠你多还你少的那个样子；我们一堂人也是一样，一脸讨债相，没有一点喜容。所以真讲学佛，一切日常生活行为，都要注意慈悲喜舍。你们还自称学佛呢！你们脸上的细胞，慈悲喜舍都找不出半分，一望而知，都是没有修持的人。

“由证住此，断除五法，谓欲所引喜”，这五种不健全的心理，得了初禅定就可以解脱了。我这样一解释经文就可以看懂了吧！先说欲界所引起的喜，如爱喝酒的人，一看到酒就眉开眼笑，就是“欲所引喜”。

“欲所引忧”，这是心理上的，请问你们想不想发财？（同学答:想。)想就是欲啊！但发不了财,烦死了,这是欲所引起的忧愁。你们想不想学问好？文章写得好,什么学问都懂？(同学答:想。)这也是欲啊！结果你做不到,烦呀！就是"欲所引忧"。

"不善所引喜",如按摩,按摩与揍人是一样的,人的身体,轻轻拍打,好欢喜,叫做按摩,重了叫做受伤害。如拍小孩子是爱的表现,如果拍打重一点,就不舒服了。我们所喜欢的事都是不善所引的,如香港脚痒了,把它一边捏,越捏越有味道,这是"不善所引喜"。所以哪个是善法、哪个是不善法很难讲。心理学上说,人有被虐待的病,其实我们每一个人都喜欢被人家虐待,这就是"不善所引喜";相反的就是"不善所引忧"。

"不善所引舍",恶法所引舍,是碰到万事不如意时,只好丢开了,"唉！我看空了"。这不是看空了,是不善所引起的舍,只好丢下。如果你得意了,你会丢下吗？你会看空吗？你会把头发剃掉吗？恐怕不会吧！这是真话。

这五法都是属于世间的,严格讲都是非善,也是欲界中的普通心理行为。这五法还是原则,真学心理学的,就可以写一部专书,举例找很多资料。这些心理状况要得到初禅才能断除,不得初禅定的人,都在这五法里头转,所以你要深入地了解,观察自己心理行为,这也是戒。但是守戒律有些是压制性的,非究竟的,除非得了初禅定,这些心理行为才可以转得过来。如果这五法解脱不了,不能进入初禅。

"又于五法修习圆满,谓欢、喜、安、乐及三摩地。"因为修习五法,得初禅定,"欢"、"喜"是心理的,"安"、"乐"是生理的,要弄清楚。我们大家活到现在,自己想想看,每天心里欢喜吗？都不欢喜,身体也不安乐。要想使身心欢喜安乐,除非得初禅定。但是得定是"修习圆满"来的,并且要达到三昧境界。

如果没有细心观察，一定找了半天五法，看看只有三法，没有五法，所以要仔细观察。

什么是入魔

“欲所引喜者，于妙五欲，若初得时，若已证得，正受用时，或见，或闻，或曾领受，由此诸缘，忆念欢喜。”人在世界上妙的五欲，就是色声香味触。修定时要注意，打坐修禅定的时候会碰到“欲所引喜”，普通叫做魔障，入魔了，就是走火入魔。武侠小说中就有走火入魔的例子。有一部武侠小说，写浪子回头去修神仙，修到快要成仙时，师父拿境界试验他，结果入魔了，也就是阿赖耶识的业识种子爆发了。

你们打坐为什么有几天好，几天又不好？像你说，今天坐得很好耶！下一句不要说，我已经知道，你明天就糟得很。其实那正是要进步的一个过程境界，是你自己阿赖耶识的习气种子本身变成魔障诱惑你。魔境的出现，有时是在刚刚要进入定境时；有时是在已经进入定境界，正在定境中，忽然看见或者忽然听见的一个境界，感觉好舒服，像小时候妈妈抱我一样舒服。然后越想越欢喜，本来是在定中，结果慢慢走入那个欢喜境界，也就是魔境界里了。

“欲所引忧者，于妙五欲，若求不遂，若已受用，更不复得，或得已便失，由此诸缘，多生忧恼。”不修定还好，一修定就想起当年许多事，引起许多烦恼忧愁。想爸爸，想妈妈，想小时候，想当初我如能跟那人结婚，现在也免得在这里打坐，越想越苦恼，然后坐不住了。这都是在你快要入定时呈现出来的。那就是魔障，是你的自心魔自己，是阿赖耶识的种性业力所引发的。

其实你真懂了，世间法做人也是一样，一个做事业的人，当事业快要成功的时候，魔障就来了。就在你最后一分钟，忍得过去就成功了，忍不过去就失败了。所以出世法、世间法都是一样，事情常在要成功的那一刹那间，与学佛一样，那相缠的魔境界就来了。你要看清楚才行，要以大智慧认得清，咔嚓一个劫数就过去了，不然就全垮了。等于你打球、开车、跑步，最后一秒钟过去，失败就失败了，前功尽弃，学佛也是如此，甚至更难。这不是理论，不是光在那里搞佛学，有什么用？这个地方要注意。

因喜因忧而造的恶业

“不善所引喜者，谓如有一与喜乐俱而行杀业，乃至邪见。”弥勒菩萨说得多详细呀，每一个心理，每一个修行行为，一点一点都说到了，无比的慈悲，生怕后人不清楚。举个例子，假定有一个人，喜欢、快乐同时来，结果犯了杀生戒，乃至邪见，这就叫做“不善所引喜”。大家想想自己有没有犯？讲两个故事给你们听。

五戒里头有一戒不饮酒，原始佛陀没有规定不喝酒，有一位受戒的居士喝醉了，就偷了隔壁的鸡，用鸡肉下酒，越喝越有味道，更醉了。这时隔壁太太跑来找鸡，这个喝醉的人就把她奸淫了。因酒而犯了戒，杀、盗、淫、妄，都来了，佛因此就制了酒戒。中国道家和密宗不戒酒，但是有个限制，喝醉了才是犯戒，不喝醉不算犯戒。中国文人有些很高明，如郑板桥等，“酒能养性，仙家饮之。酒能乱性，佛家戒之。我则有酒学仙，无酒学佛”。所以一个酒戒可以引犯四个性戒，这就是不善之“喜乐俱而行杀业，乃至邪见”。

佛经很难读，也很难懂，佛的很多东西都在戒律中。在戒律里，把结婚叫做“聚头作淫杀”，以现代话来说，公开的淫杀就叫结婚，秘密的偷情叫做犯邪淫戒。公开的奸淫，大家都同意，还盖了图章，大家举杯恭喜，然后杀生，鸡、鸭、鱼、牛、羊、猪都遭了殃，所以佛家叫它“聚头作淫杀”。大家聚在一起犯杀戒、淫戒，然后认为这是人道，这也是“喜乐俱而行杀业”，属不善所引起的喜。看起来这件事是喜事，实际上是极不善之行，这就是佛法。

有些人的思想，认为人超过四十都该死，人死后的埋葬会障碍农业土地之生产，烧成骨灰做肥料比较好等之类的。这也成一种理论，这些则属于“邪见”。

“不善所引忧者，谓如有一与忧苦俱，而行杀业，乃至邪见。”一个人有忧又有苦，如为报仇而杀人；历史上也有人吃人的，历史的正面上看不到，反面这种记录太多了。碰到天下大乱或大荒年，父亲老了，自己自杀给家人吃，以维持大家的生命。所以人类社会的正面非常好看；反面一看，人的思想整个会变，很可怕的。中国人有的认为，吃脑补脑，吃腰子补腰子，吃人肉补人体。像我小时候看到，犯人拉出去杀头，有些人怀里揣着馒头，等到犯人砍头，血一冒出来，用馒头一沾就吃下去，据说很补。怎么补法？不知道。古代的小说上也有，这也是“邪见”。

“不善所引舍者，谓如有一或王王等，或余宰官，或尊尊等，自不乐为杀等恶业，然其仆使作恶业时，忍而不制，亦不安处毗奈耶中，由纵舍故，遂造恶业。”

“王”指帝王，“王”亦可作动词。“王等”，指帝王下面的诸侯、诸大臣。他们为了治理国家天下而杀人，舍除了善法，一边杀人，心里很不愿意，是不得已而杀；一边也要看空。做官的有权在手，譬如像军阀，随便杀人。

第一个“尊”字是尊贵，“尊等”这个尊是尊重上面的命令，是动词，尊重的意思。这些人自己不乐于杀业等恶业，但是下面的人造恶业杀了人。当领导的人虽然不忍心杀人，可是看到下面的人为了自己而杀人，觉得大概该杀吧！否则自己的政权就不稳固了，只好叹口气，好吧！你既然这样做了，就算了吧！也不阻止他，因为部下是对他忠心而杀人的。领导人如果不指正他、教育他，也就是放纵自己的部下杀人。

以前有位军阀是土匪出身，他的部下也都是土匪出身，后来投降了官府做军长。他带兵要打仗时，站在前面讲：格老子，现在要打仗了，谁打了败仗就是龟儿子。他的训话那么简单，没有什么主义、什么拥护，大家一听，就去打了。平常部下乱七八糟，没有纪律，又赌钱，叫他大哥，钱赌输了向他要钱，他也会给；但是有时候舍不得，就说：你当军人，我给你一把枪，有枪怎么会没有钱？意思是说，你去抢嘛！他就是这样，放纵部下去造恶业。

"彼于此业，现前领解，非不现前。"他明知道杀人抢人是坏事，但是又不得不纵容部下为他去杀人。打仗的时候，谁不造恶业呀？他并不是不知道这是坏事。譬如有一个地方攻打不下来，领导者就要想办法引发士气，说：你们给我打下来，放你们半个月假。打下来了，司令官要守信用，只好放半个月假，随部下自由了。战场上的人，战争一起，都变成一群野兽一样，所以你们在这里是好人，在这里"南无南无"的；我是"无南"出身的，善法、恶法我都清楚得很。你看做坏事的领导人，他对恶法不清楚吗？他非常清楚，因为形势所逼，这就是"现前领解，非不现前"。

"又住于舍，寻求伺察，为恶方便。"他虽然非常清楚这是坏事，但他舍弃善法了，反而给造恶业的人方便。等于有些小心眼的人，有人得罪了他，他要报复不可，就是能瞪人家一眼也好，要使人家生气。你们有没有这种心理？尤其女孩子，男孩子也差不多，只不过变个花样而已。人就有这一种坏心理，尤其是越聪明、越调皮的人，这些花样越多，所以造的业就越重。

“又于诸恶，耽着不断，引发于舍。”“耽着”就是贪恋，明知道是恶法、恶事，但觉得很好玩。“唉！明天再做一次就不干了。”一直有个贪恋。“舍”包括两种，一种是恶事做绝了，一种是不肯放弃恶的习气。

“又于不善现前转时，发起中庸非苦乐受。”对于恶业，哲学理论就来了，认为天下的善恶没有一定，苦与乐是相对的。学哲学最容易搞这一套，说善恶是没有一定标准的，所以做一点恶也没有关系。中庸之道认为非苦非乐，一切皆是感受，所以有时候学问越高的人，做起坏事越大，因为“学则足以济其奸”，他们会找许多理由来支持自己的不善行为。

清净欢喜 安乐轻安

“欢者，谓从本来清净行者，观资粮地所修净行，无悔为先，慰意适悦，心欣踊性。”“欢”与喜是不同的，是两种心理状况，“欢”是表面化，外发的、发挥性的。一个学佛修定做工夫的人，如何发起“欢”的心境呢？心念里不思善、不思恶，此心在绝对清净的行为里。在资粮地，就是准备修行证果的前沿，要智慧观察自己的心行，随时起心动念，都在不思善也不思恶的境界上。日常生活之间，不做令人后悔的事，所以无悔根之心。也就是无喜无憎，一天到晚平平静静地生活，没有错误的行为。“慰意适悦”，自己意境上很愉快，由意识上的平安愉悦，引发心理深处的欢喜、快乐，这叫“欢”。

人逢喜事精神爽，中国人讲欢喜境界有四句话：

久旱逢甘雨　他乡遇故知
洞房花烛夜　金榜题名时

夏天好久没有雨，突然来了豪雨，大家都欢喜。在外流浪十几年，碰到同乡很欢喜。结婚的时候当然欢喜，功名考上了更欢喜。不过，有人后面加吊脚诗：

久旱逢甘雨——光打雷
他乡遇故知——是冤家
洞房花烛夜——是石女
金榜题名时——是候补

本来是欢喜的，都变成不欢喜了。

“喜者，谓正修习，方便为先，深庆适悦，心欣踊性。”你们禅堂打坐，在那里又搞气脉，观想又观不起来，都不是“正修习”。“修”是修行，“习”是练习，是要有真正的方便来修习。所谓方便就是方法，没有方法当然不能得定。因为得了方便，又与自己非常相合，就容易得定，修行就上路了，心里头很高兴。八万四千法门，得了一个法门，又得了方便，很欢喜，这是“喜”。

“安者，谓离粗重，身心调适性。”你们现在打坐，身体都在粗重难受的境界。工夫到了，身体轻盈了，离了粗重，心里安详，也没有什么杂念，调适得非常舒服，这样叫做“安”，是轻安境界，还不是定。一般人得了轻安，已经非常了不起了，常常以为自己得了定，不是的，这只是轻安而已。不过，由此可以入定，得正三昧，所以你们修行先要把教理搞通才来修行。不然打起坐来在睡觉，以为自己得定了，那样他生来世的果报，可能是畜生道的猪。

“乐者，谓由如是心调适故，便得身心无损害乐，及解脱乐。”什么是“乐”？究竟的快乐，由于身心调适好了，离开了粗重，一身轻，坐在那里柔若无骨，身忘了，心中也无妄想杂念了，心理、生理得到了“无损害乐”。你们现在坐起来是有损害苦，腿压得气血不通，不是受了损害吗？身心处处都受损害，所以没有得乐。如果得到“无损害乐”，进而也得了“解脱乐”，解脱了身心障碍烦恼，才叫做得安乐。

“以离彼品粗重性故，于诸烦恼而得解脱。”由于身心都得到了解脱，离开生理上的粗重障碍、心理上的妄念、烦恼，所以得到了真正解脱。得了解脱才成为一个真比丘，一个真正进入声闻地的出家人。

修定的初步

“三摩地者，谓于所缘审正观察，心一境性。世尊于无漏方便中，先说三摩地，后说解脱。由三摩地善成满力，于诸烦恼心永解脱故。于有漏方便中，先说解脱，后说三摩地，由证方便究竟作意果烦恼断已，方得根本三摩地故。或有俱时说三摩地及与解脱，谓即于此方便究竟作意，及余无间道三摩地中，由三摩地与彼解脱俱时有故。”

这一段你们千万要抄下来，既然学佛出家，这是正修行之路，不管你们修哪一宗，不照这条路修，皆是魔说；照此道修者，名为佛说。我郑重地告诉你们：“此为法王法，法王法如是！”听到没有？这些话如果是有业障、有魔障的人，就听不进去，或者听不懂，或是失念没有听到。这一段非常重要，下面逐句再加解释。

“三摩地者，谓于所缘审正观察，心一境性。”我讲累了，你们哪位代我讲讲看，讲错了没有关系，当学生谁不错？到了无学地才可以说少错，在有学地是会有错的，何况你们有学地都谈不上。初果罗汉到三果罗汉还是有学地，到了四果大阿罗汉得了灭尽定，才是无学地，所以你们尽管讲，讲错不要紧。

（有几位同学起来讲，讲后老师总结。）

讲不出来的同学更要注意，就可知你们本来就是糊涂，修的什么啊！注意！你们为什么修定不能得定？我平常要你们注意教理，不管修止观、参禅、念佛，或是数息或密宗观想，修定必须以所缘来修。如念佛，这一声佛号就是你修定的所缘。又如修白骨观，从脚趾头白骨观起，这个白点就是所缘。假使修密宗任何本尊的修法，观菩萨像，或观一只手或一只眼，就是所缘。

所谓修定，是意识境界先要有一个所缘，或缘境而修，或缘影而修。虽然有经论上说，六尘缘影都不是，那只是讲见本性的事，不是讲修定做工夫；如果讲做工夫，必须意识上先起一个缘来修。如果基本上错了，一路就全错下去了。譬如你们，有几位是一部分对，一部分不对，因为逻辑因明不清楚，也就是整个理没有清楚之故。所谓"于所缘审正观察"，就是意识的注意力，要定在所缘上。

所以念佛一声，就是意识所缘在这一声佛号上；观想时，意识起修在观想上；看光时，眼根起修，意识配合在光上。在这个所缘境"审正观察"，这个时候是作意修；修行的初步本来就需要作意，作意要使它成功才是。譬如我观想阿弥陀佛的像，三十二相，八十种好，或者观白毫眉间光相好，或者观胸部"梵"字"卍"字轮相，只观这一点，注意力于所缘的这个境要"审正"。譬如有些修准提法受过灌顶的人，要你观心月轮，"唵"字就是所缘境，行住坐卧都要在这个所缘的"唵"字上，不要乱，要清明自在，要“审正观察”，心专一在这个境界上，这叫止。

有同学讲所缘者，眼缘于色，耳缘于声。如果仔细观察自己，这只是行为，是作意，但不是修定。譬如观空为所缘时，念念观空，空也是一缘，打起坐来万念丢开，万缘放下，就是观空；永远住在空上，万念不起，这个所缘是在空。但是空也是一个境界，如果万念不起，身心都丢开，连空也丢开，则所缘是在无相，无相也是所缘。所以八万四千法门，大小乘修法，无一不是所缘境。

再说所缘，缘到什么时候叫做定呢？不昏沉，不散乱，“审正观察”，正思维修，就是思维所缘。心住一缘，专一了，“心一境性”，这才是修定的起点。

你们打起坐来，所缘的是散乱。缘散乱心而修，有没有功德呢？有功德，他生来世好一点的是人中再来，差一点的就变傍生了，所以要正思维修，否则业果是很严重的。所谓种善因而得恶果者，不少的修行中人就这样地误入了歧途。这个于所缘境的修法，包括了显教、密宗的正法修持之路，“以此说者为佛说，非此说者皆是魔说”，大家要注意。

修定与解脱的先后

“世尊于无漏方便中，先说三摩地，后说解脱。”一切的佛经，都是教我们修行之路。世尊释迦牟尼佛，是教我们声闻道中的修行人修到无漏果，无漏果即大阿罗汉。修无漏果的方法，“先说三摩地”，必须先要修定，不修定不叫做修行，也不叫做出家学佛。“后说解脱”，得定以后才谈解脱，定都不能得，解脱个什么？身躯粗重，烦恼皆在，能解脱吗？所以这一段你们必须要抄来，贴在心头，贴在鼻头，这就是真学佛了。

“由三摩地善成满力，于诸烦恼心永解脱故。”佛教育我们的修行之路，大小乘的经典，全部是教我们先修定，得定以后才能得解脱。三摩地定境才是至善，烦恼妄想不起，既不作恶，也不行善，无善无恶是名至善。所以六祖说“不思善，不思恶”，就是这个境界。“善成满力”，善成就圆满了，而对一切烦恼境，此心永远是解脱的。

“于有漏方便中，先说解脱，后说三摩地。”佛在欲界中说法，告诉我们，这欲界世间都是有漏之因，六根都在渗漏，有漏当中则是先说解脱。也就是说，方法、方便改变了。佛所说的先解脱，这个解脱是方便，先看空，解脱了世间欲界，解脱后要去修定。光求解脱不修定，他生来世果报是外道，或者是哲学家、思想家、诗人、艺术家。这类人思想学问高，很多人是文学好，像苏东坡的境界：

人生到处知何似　应似飞鸿踏雪泥
雪上偶然留爪印　鸿飞那复计东西

这首诗看起来非常解脱，但没有真工夫，所以才有“八风吹不动，一屁打过江”的趣事。这就是虽有解脱，但没有修定，不得定没有用，只是理解上的解脱，见解对了，定境没有，不能“心一境性”。佛先说解脱，后说三摩地，是因为环境不同，对象不同。

“由证方便究竟作意果烦恼断已，方便根本三摩地故。”为什么有时候先说解脱呢？是一个方便教育，解脱以后要你们开始来修，也就是先悟到这个理再来修。先是心意识起观，心缘一境的修法，仍是方便方法，是一条过河的船而已。过了河，这个船要丢，但是如果还没有过河，这个船不能先丢。“方便究竟作意”，是说修行起心动念是作意修，不是不作意。

譬如念佛净土法门，为何叫你念“南无阿弥陀佛”，心观想西方极乐世界呢？就是作意修，把意识业力转成那个境界，也就是唯识学讲的“转识”。作意成就了，世间烦恼就能断，断了以后才得到根本的定境界，是根本定，不是方便定。例如《八识规矩颂》中“六转呼为染净依”，就是从第六意识开始修作意，把染污转为净。

自心本定，“何期自性本自清净”，如果理论上知道清净，那是理论，只是知见上的解脱，没有工夫上的解脱。没有得定就不是真清净。所以一般学佛的，不管出家在家，口口谈空，步步行有。虽都讲空，脾气一来，心念就动，这是个什么空啊？一碰到境界，既不能解脱又空不了。为什么这样呢？因为没有定境界，所以没有用。佛说法就有这些种种的方便，不过重点还是要你修定。

“或有俱时说三摩地及与解脱，谓即于此方便究竟作意，及余无间道三摩地中，由三摩地与彼解脱俱时有故。”

佛经教育我们的方法，在修持上，有时候同时说定的境界以及解脱的方法，也就是解脱、三摩地同时。总而言之，佛告诉我们一切修行方法都是方便；“方便究竟作意”的修法，是另起一个意境。譬如修净土，就作意在净土境界上，是你意识造作出来的，天堂、地狱、人间都是意识作意的。以无间断的心，行住坐卧随时在定中，在解脱中，这是得“无间道”。如果入定时才解脱烦恼，不入定时烦恼又来了，也不解脱，这就是有间断。凡是有间歇性的都不是“无间道”，只有昼夜六时，一念万年，万年一念，没有间断，才是在“无间道”的定境里。由于进入这个定境界，烦恼当然得解脱，“俱时有”，定和解脱是同时存在的。这就是佛法修声闻道的正修行之路。

这一段抄起来，至少要背来，能够修到、做到，就可以毕业了；做不到的，虽在这里读，一万年也读不成功。这是我所要求的教育目标。老实讲，我测验你们一个学期，如果做不到，我就不干了，不干就关门大吉。今天世界上没有第二个人肯干这件事，我就是吹这个牛。所以你们千万要注意，辞亲出家，所为何事？不就是为这个事吗？

这一段是非常重要的东西，要像牛吃草一样，好好反刍几次吧！先听进去，再吐出来慢慢嚼。一切修行之路皆是这个法门，所以你们上座静坐，于所缘审正观察，达到心一境性，就是止观双运。审正观察是观所缘，作意无间是止。一切佛法，禅宗也好，密宗、净土也好，不离止观；乃至成佛之路，成佛之果，也是止观而已，千万注意这一段。

第四讲

五盖的严重性

检查自己的贪欲心

你也有瞋恚心吗

谁不烦恼不昏沉

睡眠 昏沉 烦恼

掉举 恶作

（同学先上来练习讲课）

要你们练习讲解，有两个原因，一者，非逼自己读书不可；二者，使大家观摩学习，将来年纪大一点，有所成就时，知道如何弘法。

刚才他们两位的报告都很好，都很对，但是问题在哪里呢？我们为了培养大家未来弘法，关于自己的修持及利他的关系，他们两位讲法都对了，但是没有分量。为什么呢？他们是文字禅，只是用文字讲出来，不能发挥，因为欠缺修证的经验。其实平常的生活，就是做人做事方面的行为，都与修持有关，道理也是一样。讲到这一段，要你们大家注意去看，对修行方面有很大的关系。

这一段是《瑜伽师地论》的重点，为弘法的需要，不但要研究了解经意，而且要会讲，最重要的是为自己的修持。你们要注意，出家做法师的，在弘法的时候就要了解，这个时代讲经说法，不能走从前的路子，那会使人听了睡觉。你们两位讲的，比从前已经很进步了，但是你们不敢发挥，因为有两个原因，一者我坐在这里，二者听的是同学，所以你们心理上有障碍。可是你们要注意，将来如果没有这两个障碍时，讲经说法的目的是利他，是为他人得利益，不是为让听众对自己有好的反应，所以这个观念一定要清楚。我们把身心投入佛法，投入听众之中，使人家得利益。即使你们办教育，讲课也是同样的道理，站在台上做老师，不是表演，教育是为了使学生得利益，那是你上台讲课的目的。现在看原文。

五盖的严重性

“复次，于诸静虑等至障中，略有五盖。”其次，我们在修禅定、修止观的时候，有许多的障碍，不是一个一个来的，是“等至”，就是平等随时会来的。也就是说，不是昏沉过了再散乱，散乱过了再昏沉，而是昏沉与散乱同时存在。其实昏沉时一定散乱，这个时候好像没有念头，而有许多的幻影境界，同时也非常散乱。其实昏沉的本身就是散乱，因为不能得定；换句话说，散乱的本身就是昏沉。如果一念觉性清明，万缘不起，哪里有散乱呢？既然散乱，已经落入无明中了，只是自己不知道罢了。散乱心来不知所来，去不知所去，它本身就是昏沉。所以昏沉散乱是这一念之间，这一切障碍是“等至”来的。

读经、读书要会意，尤其读经典，因为翻译经典，每一个字都是用尽了心思，不是乱下笔的。所以我们看古人的经典不可大意，略略看过就说看懂了，其实是青蛙跳井，不通。修定时的障碍“略有五盖”，归纳起来大概有五种，仔细分析还不止那么多。因为表面是一句，它暗中还有一句，要这样了解才叫读经。读经或读书能够做到这样，我就替你们高兴了。

“将证彼时，能为障碍。”这是说人随时可以入定，可以证道，问题在哪里呢？譬如说双腿一盘上座，这一刹那，好像自己蛮好的；等到你坐好，眼睛一闭，不好了，对不对？这一刹那变了。所以在你快要证入定境界的那一刹那，就可能有障碍起来了。古人的文字写得多好！所以我说你们懒，不读书，你们还不服气，因为你们一个字也没有看懂；要像我讲的这样，才是看经、读经。在将入定时，这些心理作用起来，就是障碍了。

“何等为五，一贪欲盖，二瞋恚盖，三惛沉睡眠盖，四掉举恶作盖，五疑盖。”这是修行的大五盖，睡眠是五盖之一，愈爱睡愈不能得定。久睡伤气，像胖子喜欢睡，一睡就打呼，为什么打呼？因为气不顺，坐在那里也会睡，所以睡眠是障碍。修行的小五盖是财色名食睡，金钱、男女关系、饮食的问题、好名好胜、好睡眠，心理生理都有。比如有人说，“你看，你们做不到的，我做到了”，虽然不要人家恭维，但那个自叹自荣，就是好名的心。人为何好胜？因为好名。所以我们怎么能够得定呢？都被五盖盖住了，盖住就是捆住了，冲不开，闷住了。上面是纲要，下面再加以分析。

检查自己的贪欲心

“贪欲者，谓于妙五欲，随逐净相，欲见，欲闻，乃至欲触。”贪色声香味触的是妙五欲，不妙的色你不愿意看，不喜欢看。那人对你发脾气是冤家，你看都不看他的，因为他不是“妙五欲”；你看到好看的，喜欢看的，为了戒律的关系不敢看，但站在那里多瞄他一下，那就是“妙五欲”了。声也是如此，好听的声音，一定想听，有的声音听不到，还干脆打坐，心静了好听见。所以“妙五欲”的“妙”，是没有标准的，没有定相的，你认为妙的，我可能认为是不妙的。

追随着五欲“净相”跑，那是你喜欢的那个。像一个艺术家，看到他喜欢画的好风景，“唉！好美呀”，然后手一放，与大自然融合了，那就是艺术家的“净相”。一个音乐家，听到好听的音乐，自然双脚就打起拍子来，手也拍起来了，那是声音的“净相”；听不喜欢的声音就不拍了，因为那不是他的“净相”。所以我们众生总在随逐“净相”，这个“净相”是唯心而定的，是随唯识而转，唯你心意识而转。色、声、香、味、触这“妙五欲”，众生于此“欲见，欲闻”，很想去多看一眼，多听一下，所以难以得定。

以后你们出去弘法要这样讲，而且不能这个、那个，口头、口尾的说话习气和声音，都要注意。

“或随忆念，先所领受，寻伺追恋。”真正的佛法，是大心理学，我们有时候打起坐来，在接近静定的时候，就会恍恍惚惚的，好像做梦一样，看到山呀，水呀，浮起了影像，这是过去生的种子起现行，都是“妙五欲”境。“随忆念”，不是有意去回忆它，是阿赖耶识的种子所呈现。所以有许多人打坐，坐到好的时候，不管是外道还是学佛的，看到光，看到菩萨，自己认为有了神通，实际上是自己阿赖耶识中种子起的现行。如果自以为是眼通境界，那就是入魔了，是魔通，与鬼打交道。这是阿赖耶识中的五欲盖，过去生到现在生的种性，形成习气的影像，这也就是唯识的道理。

譬如夜里快要进入睡眠时，眼前迷迷糊糊有些境界，有吧？（同学答：有。）每个人都有这个经验的，这个时候你不是故意想的，因为你已经想睡了，并没有故意去想，这个境界是在将睡未睡之间来的，这个就是“忆念”。了解了这个道理，在打坐快要入定时就要注意了，这个“忆念”不是有主的，说没有主吗？也有主，是过去生阿赖耶识的种性，也就是我们众生欲念的串习所造成的，是阿赖耶识种子起的念。所以有时候静坐，坐到无念，这无念里头正是有念，只是你没有检查出来而已。

定力越高的人，境界来得越奇怪，就是“或随忆念，先所领受”，这一生未去过的地方、未经验过的事都现前了。你懂了这个教理，就晓得这是过去某一生经过的事，不是你这一生经历过的。每人都有上过天堂、下过地狱的经验，过去生的种子在这个时候呈现了，就是现行。“领受”是受蕴，以现在话来讲，是过去经验过的，是我们过去身心长时间领受过的那个境界，所以自己的意识，也就是阿赖耶识，由于追念寻伺而呈现出来的。

有一个打坐的笑话。老太太跟老公学打坐以后说：哎呀！打坐真好，三十年前人家欠我十块钱，一打坐我就想起来了。这就是打坐静极时，阿赖耶识中种子的呈现。

透过这个笑话想想看，这是什么力量呢？因为静极了，阿赖耶识的种子翻出来了。有些人本来脾气蛮好的，坐，坐，坐，脾气反而变大，过去的瞋心压制在里面的，一坐一静，都爆发出来了，那个毒发出来了。所以有时候，坐，坐，坐，会哭起来，不是神经，是过去生的那个慈悲心，乃至多生累劫的堕落，现在到了静极时，自己会伤心起来，好像说，唉！我怎么会堕落成这个样子呢？这是阿赖耶识的种子被挑动之故。这个“寻伺追恋”不只是这一生的现行行为，还包括了种性里人事上的追恋。

这是讲广义的“贪欲盖”，包括现生及过去生阿赖耶识中的种子。狭义地来讲更严重，多半都是现生现行里的。什么叫现行？譬如第六代达赖喇嘛的情歌：

动时修止静修观　历历情人挂眼前
若把此心移修道　即生成佛有何难

入定修观法眼开　启求三宝降灵台
观中诸圣何曾见　不请情人却自来

这就是现行的“贪欲盖”，这个力量比种性里的粗浅较为容易去除。可是如果没有经过修持，现行的力量就把你障住了，在不知不觉中就入了魔障。就如想念父母，当然没有错，但以修定来讲，这一念眷属之念就障碍了修持，所以要特别注意。现在讲的是广义的“贪欲盖”，对于狭义的更要注意。

你也有瞋恚心吗

“瞋恚者”，有些人向来脾气好，像说血型 O 型的人脾气大，A 型人脾气好，其实不一定，每一个人内在都有瞋恚心。脾气好的人就不发脾气吗？他生闷气，闷在心里面；脾气坏的人，面孔上每一个细胞都讨人厌。有许多人在笑的时候，都是一脸横肉，苦恼相。换句话说，他细胞里都是瞋恚，没有转化过来。如果转过来的话，哪怕你金刚怒目的时候，看起来都是慈祥的，那才是转了习气。“瞋”是外表，是粗的；“恚”是内在，是细的。瞋恚是脾气大，你们里头脾气大的太多了，一个比一个大，将来都成了气大佛，八十八佛以外的。瞋恚是怎么来的呢？你们检查自己，看下面的许多原因就知道了。

“谓或因同梵行等，举其所犯。”一群人在一起修行，就是同梵行，别人的错误你看不惯，脾气就大了。你们有没有这个经验？（同学答：有。）不止有，而且太多了，看人家的错误，看得透彻得很，自己的错误都忘了，这就是瞋恚。然后气得呀，自己打坐都坐不好，对不对？这就是障碍，就把自己盖住了。你们检查看看，你们不只要脸红，要红得发紫才是。

“或因忆念昔所曾经不饶益事，瞋恚之相，心生恚怒。”或者想起过去受了人家一句话的气，现在打坐想起来了，越想越气，有没有？（同学答：有。）看！修行多难啊。

“或欲当作不饶益事，于当所为瞋恚之相，多随寻伺，心生恚怒。”或者在打坐的时候，就像某教授当年一样，二十几岁跟我学打坐，腿子痛得受不了，看到满堂都是有地位的老头子，他越看越气，想找一颗炸弹，把大家都炸死。这就是“欲当作不饶益事”，当场的瞋恚脾气越来越大，然后联想更多愈加火大的事。寻伺就是现在心理学所谓的联想，今天害得我腿子痛，前天叫我念佛，刚刚还叫我跑香……越想越气，这叫“多随寻伺”。接着多方面的联想都起来了，“心生恚怒”，心里头更气，这是广义的瞋恚相。

狭义的瞋恚相是自己讨厌自己，打起坐来，唉！为什么不得定呢？已经坐了三个月了，双腿怎么不帮忙呢？人生常常会对自己不满意，个个都有这个经验的。早上起来照照镜子，化妆一下蛮好看的，有时候又很讨厌自己，这就是狭义的瞋恚相。所以自己修行为什么不上路呢？不是因为打坐工夫不上路，而是理不透；如果把自己的心理检查清楚透彻，没有不得定的。所以要思维修，要参通这个理。同样的，《瑜伽师地论》你们也会讲，我也会讲，为什么我讲的比你们卖座呀？就是因为我会说。你们为什么不会说呢？因为你们没有把自己身心投进去，懂了吧！自利利他是很困难的事，不是容易的。

谁不烦恼不昏沉

现在开始要讲昏沉，要注意，你们每人昼夜都在昏沉中，《千家诗》上面有：

镇日昏昏醉梦间　忽闻春尽强登山
偶过竹院逢僧话　偷得浮生半日闲

这首诗很好，很有名。结果到了元朝，有一个读书人很有文才名气，到山上去玩，经过一个寺庙，有一个和尚尽拉住他讲话，他很烦。和尚知道他是有文名的人，就请他题诗，他把这首诗头尾颠倒了一下，平仄押韵都对：

偷得浮生半日闲　忽闻春尽强登山
偶过竹院逢僧话　镇日昏昏醉梦间

他把这个和尚骂了，说他一天到晚昏昏沉沉，糊里糊涂，文人文思敏捷，骂人不带脏字。

“惛沉者，谓或因毁坏净尸罗等随一善行。”犯了戒的人容易昏沉。“尸罗”是戒律，男孩子手淫漏丹的，就不是“净尸罗”了。女孩子经期要来啦，昏昏的，脾气也大，又烦恼。另外如果犯了杀盗妄淫戒，容易昏沉，马上定境界就差了。有些朋友一进门，我眼睛一看，他们昨晚干的事我都知道了。我说感冒了吃药去，他不承认，不吃。第二天来，流鼻涕，咳嗽，感冒现象出来他才信。因为他脸色已经显现出来了，犯了“毁坏净尸罗”的毛病。

所以善知识有那么容易吗？大慧杲禅师说：“你们在我前面走三步路，我已经知道你的命根在什么地方了。”这句话就是说，逃不过他的眼睛的。所以，随便毁坏哪一点净戒，随便毁坏任何一点善行，就会使你昏沉。善的心理行为与生理有很大的关系，为什么古今中外一切宗教都赞叹善行呢？善能生阳，阳气就来了，所以为善最乐。这不止是教育上的话，因为阳气来了人也会快乐，如果都是阴气，就烦恼忧虑了。阴者就是五阴、五盖，所以任随哪一种善行被破坏，都容易落入昏沉，头脑就昏聩了。譬如杀了人的，最后都被抓住了，因他东逃西逃，头脑昏聩就被抓住了。因果也是这个道理，这一句话是很重要的话，读经，一句话都不能疏忽。

“不守根门”，眼、耳、鼻、舌、身、意六根之门护持不住。看电视看多了，打起坐来，就昏迷了，因为不守眼根门。听人讲话，听歌，听多了，打起坐来昏沉，不守耳根门。天天练气功，练多了也容易昏沉。呼吸太用力，久了，气不够也容易昏沉，不守鼻根门。有个故事，说有一个比丘，打坐就昏沉，来问世尊，佛说山中有草（烟草）可以解倦。昏沉就有一个昏沉相，等于一个人要死就有死相，瞒不过人的。一打坐就昏沉，净尸罗都有问题，就是“不守根门”的问题。

但是你们可不能抽烟！抽了烟就散乱，除非你有定力，随时可以入定；你偶然可以用茶叶、咖啡去减少一点昏沉，可是这些也是会引起散乱的。为什么受戒不准吃五荤？因为五荤是有刺激性的，刺激神经，增加荷尔蒙的活动，不容易得定，所以要戒五荤。像葱蒜吃多了，振奋你的神经；但是太昏沉时把五荤当药吃，不犯戒，要懂这个道理。但不能藉我的话学抽烟呀！如果你真的太昏沉，或者可以喝浓茶，像我一天浓的铁观音茶要三四杯，你们程度不到不要乱来，否则会出毛病的。这些不要学，当个话头来参可以。

另外，吃东西贪好味，吃多了就昏沉。所以佛的戒律过午不食，就是为了少昏沉。肠胃清了以后，脑子就清明；肠胃不清，脑子就不清，所以过午不食是有科学的道理。身根就是男女性器官，男性犯手淫遗精的，身根破坏了容易昏沉。女性两乳房也是生命身根之一，所以要守根门，现在跟你们讲明了，否则你们学佛一辈子也不知道身根是什么。

“食不知量”，或者贪嘴乱吃，吃得太多了；或者什么都不吃，十二指肠溃疡、胃出血，饿出毛病来了，都是“食不知量”。做劳动工作的更不能饿，否则一脸乌气，胃要开刀的，所以饮食一定要知时知量，以避免昏沉。

“不勤精进，减省睡眠”，心理方面，不勤精进，心理懒惰，睡眠不够，打起坐容易昏沉。这句经文如果看错了，会认为要精进，不要睡眠，那就错了。睡眠的需要量和年龄有关，要知时知量。如婴儿则要十八到二十个小时，十岁左右的孩子需睡十个钟头。现在的小孩子读书，每天六点钟起床赶公共汽车，很晚才睡，从小都在毁坏自己。我非常反对这种家庭教育的生活习性，睡眠已经不够了，加上营养不对，然后又望子成龙、望女成凤，结果什么都成不了，有什么用？所以我经常大声呼吁，现在所有的父母全要重新受教育，这是一个很严重的问题。少年人要多睡眠，老年人一夜睡三五个钟头已经多了，老年人老而能睡并不坏，大多数老年人睡不着的，愈老愈睡得少。少年人可以多睡，但是人太胖而爱睡，那是病，所以饮食与睡眠都要知时知量。

“不正知住，而有所作”，你的知识范围不正，习惯性地在一个不正、不好的境界上修。做工夫可以断睡眠，但是断除睡眠是有方法的。像练瑜珈气功，佛法中也有特殊的气功方法。道家说“精满不思淫，气满不思食，神满不思睡”，精气神充实，脑的神充足，那就不需要睡眠了。这个四大的身体，精气神修炼成功，一身业力习气转化了以后，“夜睡无梦”，睡时绝对没有梦，一觉可以睡多少年，也可以多少年不睡；“身轻如叶”，可以在空中飘；“昼夜常明”，日日夜夜此心都是光明的。记住道家这三句话。

“于所修断，不勤加行，随顺生起一切烦恼。”睡眠这个习气是可以断的，要修持做工夫，才能断得了，工夫不到断不了的。医学上也晓得睡眠是一种习惯，譬如我几十年练习睡眠，可长睡，可不睡，昼夜也可以不受影响。如果觉得夜里必须睡，白天不能睡，这只是习气的观念，并不是一定要如此。现在是夜里，到了美国现在是白天，所以在美国住了几个月回台湾，会好几天睡不着，因日夜时间颠倒。其实你把日夜的时间观念忘掉，要睡就睡，没有什么颠倒的，颠倒不颠倒是心理上的意识习气观念。所以睡眠、饮食，这些都是要修持做工夫才能断的，因为随顺这些习气，不免常有烦恼，有烦恼就不免昏沉了。

可是你们不要乱搞，睡眠不够，首先是眼睛吃不消，弄不好会瞎的。这些都要懂得加行的方法，加行修法不是那么简单的。所以像你们如果真修得好，近视就会恢复，老花眼也可以改进。但年纪真的太大时，眼睛总是比较吃力，配个最轻度的眼镜来戴，可轻松一点。

“身心惛昧，无堪任性”，由于生起一切的烦恼，以致身心都昏昏的，不清爽。其实昏沉本身就是一个烦恼，身体整天重重的，不舒服，不轻松，头发胀，脑子昏昏的，双眼干干的，这不烦恼吗？因为大家烦恼惯了，所以不觉得烦恼。如果碰到这些情形，我就烦死了，一定做工夫，绝不让身心留一点点这些东西；不然我就找一些药，把这些病解决掉，这些都是障碍修行的。所以大烦恼就是“惛昧”，一天到晚脑子不清明，糊里糊涂，这是身烦恼；心烦恼是智慧开不了，所以昏沉能够使你生起一切的烦恼。换句话说，大昏沉的人，贪、瞋、痴、慢、疑都来了，爱睡眠的人，一定好吃懒做，酒色财气都喜欢。尤其欲界中一切众生，犯罪行为都在晚上或夜间，这事研究清楚了，就晓得昏昧生起一切烦恼，一切烦恼都是跟着昏沉来的。

譬如跳舞厅，里头是昏暗的，只看到鬼影憧憧，那是地狱的画面，大家在昏昧的境界里。为什么要灯光暗才舒服呢？因为昏昧与黑暗是同一个境界，一切众生都以身心进入昏昧为快乐，这就是佛说的“众生颠倒，是为可怜悯者”。所以修持成功要进入大光明定，不在昏昧境界中了，道理就是如此。“堪”是可能，“任”是担这个任务，由于“身心惛昧”，所以担不起正修行的功力。这只是昏沉，还没有讲睡眠，重昏沉就是睡眠。

睡眠 昏沉 烦恼

“睡眠者，谓心极昧略，又顺生烦恼，坏断加行，是惛沉性。”睡眠比昏沉还厉害，睡眠多了容易生起一切烦恼，睡眠中最容易遗精——漏丹，就是顺生的烦恼。不睡也不会漏的，男孩子的经验最多，少数女孩子也有，女孩子也会漏丹，只是自己很糊涂不知道，也都是在睡眠中。因为睡眠的关系，广义的四加行——煖、顶、忍、世第一法，没有一样做到。狭义地来说，睡眠时什么工夫都不做。

所以人生活到六十岁，你把这个账算一算，十五岁以前不懂事不谈了，年老有十几年没有用，去掉二十几年了。还有一半赖在床上睡觉，加上三餐饭、大小便的时间，还剩有几年呀？有位朋友失眠了三十几年，很痛苦，来找我。我说，你失眠了三十几年，现在六十几岁了，一般人活六十年等于只活三十年，你活六十年等于我们活一百二十年，有什么不好？这太划算了。其实失眠本身不是病，感觉失眠痛苦是心理病。所以说睡眠是“顺生烦恼，坏断加行”，睡眠是大昏沉，越笨越爱睡。世界上有位猪老兄吃了就睡，醒了就吃，所以睡眠习气一旦有了，就变成这位老兄了。

“心极昧略，是睡眠性，是故此二，合说一盖。”不用心，头脑不清楚，是睡眠性，小睡眠叫昏沉，大昏沉叫睡眠，这两种合起来是一盖，是修行上的一盖，把你盖住了。

“又惛昧无堪任性，名惛沉；惛昧心极略性，名睡眠。”当你昏昧时，什么事都做不成，如果你写文章，拿着笔在那里发呆，看书看不到两页就困了，全与孙悟空的师弟猪八戒一样，闷住了，全在昏昧中。虽然有时看你眼睛是睁开的，但是人在昏昧中。佛教的念经为什么敲木鱼？是睡觉时要像鱼一样不闭眼睛。敲木鱼有警觉性，要修行人昼夜长明。如果头脑终日昏昏，一天到晚在细昏沉中，他生来世的果报是白痴，是笨人；变猪则是笨猪，变狗、变鸟则是笨狗、笨鸟。昏沉有这样可怕，不能担当任何事。

俗话说“事业看精神”，一个真做事业的人，有学问的人，是有超过常人的精力，这精力是由意气志气来的。如果一个土匪拿枪逼你，三天不准你睡，你睡就枪毙你，你当然绝不敢睡了，就有堪任性了。因为你要保命，精神就来了，所以精神是越用越出，头脑是越用越灵活的。有人说：“唉！不行呀，我身体不好”，一看就知道这是个懒家伙。像我碰到这种人，绝不叫他做事，因为他“无堪任性”，不能担任工作的。一分精神，一分事业；一分精神，一分学问，人都是这样来的。当昏昧到一点清醒都没有的时候，就叫睡眠。

“由此惛沉，生诸烦恼随烦恼时，无余近缘，如睡眠者，诸余烦恼及随烦恼，或应可生，或应不生。若生惛昧，睡眠必定皆起。”由于昏沉而生起一切烦恼，乃至大小随烦恼也都跟着生起来了，其他的善缘就不容易接近了。在睡眠的时候，根本烦恼、随烦恼，这些大小烦恼都是在睡眠时梦中所起，属于独影意识起来的。有些做梦时的烦恼，是自己第七意识起来的，你们自己去研究观察。睡眠时看他脸上的表情，你细细地观察就有他心通，就知道他心中有事。有时候都笑眯了，有时候气得不得了。为什么他自己不觉得呢？因为第六意识不清明，只是独影意识兼带质境生起的作用，所以在全身的细胞表情上有，但在意识记忆上没有。要昼夜长明，才是觉醒，所以佛者觉也。禅宗四祖道信的《信心铭》中说："眼若不寐，诸梦自除，心若不异，万法一如。"所以表面看来睡眠时没有事，但在睡眠中，阿赖耶识的犯罪行为比醒时还严重，唯有得定的人才看得清楚。

掉举 恶作

"掉举者，谓因亲属寻思，国土寻思，不死寻思。"掉举不是散乱，散乱比较明显。譬如我们一堂人，东站一个，西坐一个，散开一定乱，乱了一定是散，所以叫散乱。掉举是掉动，东掉一下，西掉一下，不规矩。打坐坐得好时，好像入定了一样，但内心还有思想，东一个，西一个，稀疏一点而已，那是掉举。看去好像入定，实际上在掉举中，比散乱还不容易看出来。就像一桶不动的水，微风过来，一点点的波纹看不出来，掉举就是这种心理状态。有时是想家人、亲戚，想过去的情人。

苏曼殊的诗很多是亲属寻思："生天成佛我何能，幽梦无凭恨不胜"，苏曼殊没有受戒，他的度牒是从一个死去的和尚处捡来的。"九年面壁成空相，持锡归来悔晤卿"，"雨笠烟蓑归去也，与人无爱亦无瞋"。他这些诗句看起来很洒脱，实际上是假的，这正是"亲属寻思"。亲属包括了情人、朋友、师长、同学。如果你们以后打坐想起来我这个老师，也是"亲属寻思"，不过可以把这个转成上师相应法，那就转了。就看你临去秋波那一转能否转得好，如果转得好，恶法都成了胜法；转不好，一切善法都变成恶法，修行就是一个转识成智。"国土寻思"是想国家大事；"不死寻思"是想修到长生不老，想工夫做得好，多活几年。老人家来打坐，多半是为这个目的，求长寿，这是寿者相。

“或随忆念昔所经历，戏笑欢娱所行之事，心生喧动腾跃之性。”或者想过去的事，偶然静坐坐得很好，想起来人家以前欠你十块钱，“当时只是寻常事，过后思量倍有情”，打坐几个小时，坐在那里回味当时一颦一笑，“只是当时已惘然”。这是李商隐的诗，这一惘然，三大阿僧祇劫就惘过去了。这一些事情大家心中不能说没有，蛮多的哦！就是少年出家也会有，有时想起小孩时跟某一个孩子玩，那个味道真好。不做工夫，不镇静，这些事想都想不起来的，现在工夫做得好，就来了，这个叫“掉举”。所以要认清楚做工夫的盖，它到这个时候来盖你了。谁来盖你？是魔，但魔由心造，是你自己的心，是阿赖耶识中的种子。

“恶作者，谓因寻思亲属等故，心生追悔，谓我何缘离别亲属，何缘不往如是国土，何缘弃舍如是国土，来到于此，食如是食，饮如是饮，唯得如是衣服卧具，病缘医药，资身众具。我本何缘，少小出家，何不且待至年衰老。”

“恶作”是一般讲唯识因明的，“恶”字念“物”的音，是讨厌的意思。派给你们很多工作，你们很多不愿意做，是不得已而做的，心里都在讨厌。人生每人每天所做的事，都是很厌恶的，也就是一般人讲的，“吃哪一行，怨哪一行”。你们有人虽然出了家，也在讨厌出家；学佛的人，讨厌学佛。我也经常“恶作”，我一听到上课头就大了，讨厌这个事。

有人想到家里的事，如果当时不发脾气，不剃光头，不换这件和尚衣就好了，现在穿上了怎么办？想起父母有时也蛮难过的。为什么我离开父母到这里来呢？为何我不到美国去呢？为何我离开南部到台北来呢？现在吃这种饮食，喝这种水，想到南部的番石榴才好吃呢！心中怀念故土的食、饮、衣服、卧具、医药、生活用具。我为什么这么年轻就出家呢？应该等老一点出家才对。就在那里不断地后悔，所以人生都在“恶作”中。

“或因追念昔所曾经戏笑等事，便生悔恨，谓我何缘，于应受用戏乐严具朋游等时，违背宗亲朋友等意，令其悲恋涕泪盈目，而强出家。由如是等种种因缘，生忧变心，恶作追悔。”

男女互相在骗人，一句温柔话，明知对方是在骗自己，也愿意上这个当。有时还要求对方说一句骗你的话，明知上当，但就是爱听。彼此互相哄骗，这就是众生相。这种嘻笑，明知这是笑话，偏要爱听，“纵然是梦也风流”，明知是假的，假一下都好。当时全体劝我不要出家，我不答应，强要出家，现在想起来后悔。由于这些种种原因，而忧恋、恶作追悔。

“由前掉举，与此恶作处所等故，合说一盖。又于应作不应作事，随其所应，或已曾作，或未曾作，心生追悔。云何我昔应作不作，非作反作。除先追悔所生恶作，此恶作缠，犹未能舍。”

掉举和恶作合起为一盖，自己又讨厌事情，又讨厌人生，讨厌自己，这个讨厌心始终去不掉，障碍修行修定。有时候没有刷牙，打起坐来嫌口气不干净；然后又起一念，我这个人怎么那么讨厌？一点习气也改不掉，一点小事都放不下，就是这样不断地恶作追悔。

“次后复生相续不断忧变之心，恶作追悔，此又一种恶作差别。次前所生非处恶作，及后恶作，虽与掉举处所不等，然如彼相，腾跃喧动，今此亦是忧变之相，是故与彼杂说一盖。”

“恶作”是讨厌，比悔轻，悔是后悔，人生都在“恶作”中。譬如为了稿费和家庭经济，一边写文章，一边讨厌。有些人结婚生子，爱是爱，但一边抱孩子，一边埋怨讨厌，为什么生活负担那么重，这也是“恶作”。

第五讲

多疑多惑的人
不正的思维 女性的魅力
如何去除贪欲
五遍行的潜力
作意有很多种
有分别影像的修法——观
为什么观不起来白骨
无分别影像的修法——止
以止为主修 以观为主修

多疑多惑的人

“疑者，谓于师，于法，于学，于诲，及于证中，生惑生疑。”五盖中第五是疑盖，对老师，对所学的法，对所学的教理，对老师的训诲，乃至对于自己修证到的境界，认不清，而生出疑惑。有很多人修行，已经达到了某个程度，因智慧不够，就有怀疑，以致修证的境界反而变坏了，像这样的人有很多。

“由心如是怀疑惑故，不能趣入勇猛方便正断寂静。”由于这种种的怀疑，就不能得到勇猛方便，由正道断除烦恼，而得到寂静。譬如下午你们听《参禅日记》的那位老太太的日记，她一个人在那里摸索、进步，很多地方是她自己修到那个境界的。虽然她写日记报告来问我，但问答来回要二十天。答复未收到，她自己都能信得过，又进一步了，因为她没有疑惑。即使有疑时，她自己都能够解答，她的难能可贵就在这里。

又譬如你们在这里学的，天天围着我，老师长、老师短的，可是都没有用，因为我告诉大家的，大家口头上说是，事实上听都没有听进去，都是在自说自话。然后今天来问的也是这个问题，明天来问的也是这个问题，出去三四年以后又来问的，还是这个问题，毫无智慧。尤其大家同学当中，尽管学佛很多年，包括出家的，对于教理的研究，一点影子都没有。大概只把五蕴、六根、六尘、十二因缘、十八界等名词记住而已，其他一无是处，因为无智，没有智慧。

这是讲到疑盖，像大家现在初学打坐，问题包括腿麻、坐多少时间，等等，但对于生理心理的变化，根本茫然不知。换句话说，对于佛学佛法的教理一无所知，真叫做盲修瞎炼，浪费自己的生命时间，这都属于疑盖之中。

“又于去来今，及苦等谛，生惑生疑，心怀二分，迷之不了，犹豫猜度。”自己对于修行多疑，你们都念过《金刚经》嘛！后面的赞语——“断疑生信，绝相超宗，顿忘人法解真空，般若味重重，四句融通，福德叹无穷”——断疑生信才能入般若，才能证得般若智。我经常说佛教徒、佛教界，包括七众弟子，多疑的人太多了。佛法建立在“三世因果，六道轮回”的基础上，学佛信佛的人，平心而论，自己相信三世因果、六道轮回吗？没有人信的，都是张开嘴巴自欺罢了。如果你说相信，盲目信是没有用的，这个里头没有弄清楚的话，说信佛，那是自欺又欺人。所有三藏十二部大小乘的佛法，各宗各派的修持，一切的方便圣境界，基础就是建立在三世因果、六道轮回上。

很多年前，一位很有名的大法师，在一次寺庙中出了问题时，他公开演讲说：“居士怕因果，因果怕和尚，和尚怕居士”，好几百人都听到了。有人回来告诉我，令我不胜感叹，这位法师固然是有感而发，但他说的也是真话。初学佛的人勉强还信因果，但是对于因果是盲目的迷信，真正的因果，本身都在遭遇，但是自己没有看清楚，还自称学佛，不要自欺了。其他的各种宗教徒，真信因果或真信上帝吗？不一定，多数是在那里自欺。

佛法是要从明理修起，这个道理是说，一切众生一生下来，就是阿赖耶识带来的善、恶、无记业报等种性，因无自知之明，就对一切的事都起疑惑。所以现在青年讲反动革命，推翻一切传统，没有什么稀奇，人性本来具有多疑的种性，大家要把自性里头的多疑认识清楚。

佛告诉我们第二种怀疑，就是人不能起善法的信念，为什么人生有那么多苦？有钱是有钱的苦，有地位是有地位的苦，竞选也有苦，是求名求利的苦，只是每人的苦不同而已。这些都是多生累劫因果关系，可是多数的人都不懂。大家对于“去来今”，过去现在未来三世因果，所发生四谛的道理不清楚，产生怀疑，也不相信。

学问好、佛学好的学者之中，有些大师，例如某大师都不相信因果，虽然般若唯识理论讲得比谁都高明。在他临终时，告诉他的学生们：“平生所学，到这里一无用处，你们还是好好念佛吧。”要到临终才知道，才要弟子们念佛修行，我们听了不胜感叹。光研究佛学，学问再好有什么用？这是对去来今苦等谛之理，“生惑生疑”，根本没有深信不移，并没有真信。

有人脚踏两条船，就是“心怀二分”，要他专参究佛学嘛，他不干；要他一切放下，身心投进去求证嘛，他又做不到。讲起学理是口口讲空，做起人来步步是有，站在台上叫大家放下，台下自己贪得无厌，很多人都是如此“迷之不了”，永远不明白。什么叫开悟？破了疑，“断疑生信，绝相超宗”那才叫开悟。

一般信佛的人，对于三世因果、六道轮回，可以证得菩提，可以得定，可以证果这些事，老实讲，学理可以尽管讲，心里头犹豫不决，没有真正地参透起信。结果是什么也搞不清楚，都在“犹豫猜度”中，这是一盖。学佛修定的人，为什么不能得定？因为被这五盖盖住了，疑盖最厉害。讲良心话，你们学佛，有没有这一生非成佛不可的信心？（同学答：没有。）除了疯子才有这个信心，不疯就是傻，其余都在犹豫不信中。所以万人修行没有一个人证得。再不然，修是修了，头发也剃了，前途如何？不可知，走一步算一步，看看哪个茅棚好修，去挂个褡算了；哪里素菜好吃，吃一餐再讲，都在“犹豫猜度”中，所以不能证得。

不正的思维　女性的魅力

“问：此贪欲盖以何为食？答：有净妙相，及于彼相，不正思维，多所修习，以之为食。”关于五盖的讨论非常详细，是学佛修道第一步。首先是贪欲盖，上面所讲的贪盖是广义的，贪名、贪利、贪风水好、环境好、风景好，都是广义的贪欲盖。

现在转到狭义的贪欲问题，提出来问，“贪欲盖以何为食”，什么东西培养贪欲？人活着以饮食维持生命，贪欲之念也要食去培养。回答是“净妙相”，那是很美的，不是丑的。正式修禅定，进入一些禅修境界时，起了不正的思维，就是见地的思维上起偏差，引发习气，就去修习“不正思维”以为食。也就是心想这个妙相，就以之为食，想起来这个妙相，都不会饿的。

在座的有些年轻出家人不懂，你们看过《西厢记》、《红楼梦》没有？男女害相思病的时候，茶不思，饭不想，你们大概没有这种专情的经验。现在男女年轻人之间，情都不专，好像蛮解脱的；不是解脱，是无情。你不要把男女之爱的情，看成坏的情，像第六代达赖说的，“若将此心移学道，即生成佛有何难”。男女的爱情和父母的亲情，相是两样，情是一个，转过来的话就是大慈悲。菩提萨埵是觉悟有情，但是有情众生贪图这个情，有情而没有觉悟。

精神病院有人去看过吧？看到有些病人，你眼泪非掉下来不可。会打人的都用铁链锁起来，有些精神病患几个月可以不吃饭，饿不死的；有些精神病患三层高的楼房，一跳就上去了。力气哪里来的呢？我们从反面思考，也就可以想到，人这个生命有无比的神力，修持到了，神力就可以发起来。现在不是讲精神病，是讲到“以之为食”之食。一个贪欲重的人，饭也不吃，只这一点情念，就可以维持他的生命，所以称为思食。

“净妙相者，谓第一胜妙诸欲之相，若能于此远离染心，于余下劣，亦得离染，如制强力，余劣自伏。”世界上一切欲望最殊胜、最妙的境界就是净妙相，如果能离开了染污心，就可以离一切欲，真能离欲则为真僧人。离欲很难，譬如在这个环境觉得不舒服，这件衣服穿得不舒服，这个菜不合口味，这些都是欲，没有哪一样不是欲。真达到离欲尊，就是初果罗汉的预流果相，才叫离欲。《金刚经》的须菩提是离欲阿罗汉，阿兰那行就是寂静行，是离欲了，所以真离欲则有如此之难。你们现在觉得自己如如不动叫离欲，那差远了，那是偶然不动而已，因为没有真正的诱惑在你们面前，所以不是真正的如如不动。

三国初期，管宁与华歆两个是同学，他俩一起挖地时，挖到一块黄金，管宁看都不看，丢开。华歆也不错，只看了一下，这是黄金耶！然后也把它丢了。管宁从此不再与华歆做朋友，因为看出来华歆这个人有贪欲，虽然只看一眼。后来华歆当了宰相，管宁就在楼上待一辈子不下楼，因为觉得华歆统治的土地是脏的，他不要踏，这是中国历史上有名的故事。所以人的贪欲问题，很难讲。“若能于此远离染心”，面对诱惑，能不受诱惑，离开染污，则不垢不净，这样什么都可以离开了。对于修持差一点的人来说，稍稍一动念时，克制一下就过去了。

“此复云何。谓女人身上，八处所摄可爱净相。”这中间讲的是什么意思呢？明显一点讲，女人有八处妙相，并不是女人多可爱，我们男人也蛮可爱的。立场不同，男人看女人可爱，女人看男人可爱，不过佛经只讲一面。但是你不要认为佛重男轻女，不是的；而是知道了一面，那一面自然通了。譬如有一天，有一位同学来对我说，某某人对于女性特别反感。我说他这个人有问题，是性变态心理，因为都是人呀，不应该有反感，一切众生平等视之，没有男女相。只有那些心理有问题的，会对女人有偏见，因为他阿赖耶识里就有这个东西在，为了逃避而不敢看。如果真无此念，女人同泥巴，男人同狗屎，不是一样吗？所以变态心理的人，往往是矫枉过正。

“由此八处，女缚于男，所谓歌、舞、笑、睇、美容、进止、妙触、就礼。”由这八个特点，女人好像用一条绳子就把男人缚住了，就是所谓唱歌跳舞等。像我喜欢跑舞厅，干什么呢？我们跑舞厅，是穿长袍布鞋，买个门票进去一坐，咖啡一泡，是来参观的。坐在那里，等到灯一暗，看到那些鬼影憧憧、跳来跳去的男女，我们则在那里做工夫，很好玩。那些舞女过来陪陪也好，来这里花钱是布施，要我跳舞，不会。我在重庆也常如此，一辈子不会跳舞，喜欢去看，那个里头是道场。你们在座的人对人生只懂了八分之一，那个跳舞听歌上了瘾的人，在这里坐都坐不住，到那个时间，双脚心硬是痒起来。坐在这里上课，有些太太先生，到时间，虽然在这里听课，瘾发了，硬会扭两下，那双脚自然动了一下，我在上面一看就知道，他是跳舞上瘾的。以后你们去做法师，在上面一望，下面的角色就很清楚，谁都逃不了，做土匪的有做土匪的习气。“笑睇”，女性那个笑，牙齿一露，“睇”就更严重了，眼一瞄一勾的，真会迷死人。

漂亮女人的“进止”，像穿高跟鞋，这样进一步，退一步，或直线地走，有少数女人是经过这种训练的，走起来，真会多看她一眼。年轻人这些都不懂，还来学佛，这些魔境界你没有经历过，学佛能成功吗？到了那个时候，给你一个“美容”，一个“进止”，你的定力统统垮了，莲花宝座一块一块地掉下来了。尤其出家的，将来女众的弟子皈依多了，你们那个法师的法统统空了，现在先传你们这些法，先把它们参通。

手拉手就是“妙触”，或者身体碰一下，男女之间，只要挨到一下，他那个魂都掉了。“就礼”，这个女性或者这个男性，彬彬有礼，绝不粗鲁，你心中就会想，这个修养，这个教养，这个风度，真好呀！你就完了，这一条绳子最难搞，共有八条绳子捆你。

“由此因缘，所有贪欲，未生令生，生已增长，故名为食。”男女之间有这样八条绳子，就这样捆住你了。从前有个老和尚，看一些人都讨厌，就抱了一个孤儿到山上养。到了十几岁时，带下山来，因为小和尚没有看过别的人，下了山在街上走，小和尚光看女人。问师父这是什么？师父说她们叫老虎，会吃人。回山上以后，老师父问小和尚，你今天跟我下山，你看哪一个最喜欢？小和尚说：我看来看去还是老虎最好。这个道理就是，这八条绳子未生能够令你生，如果心中有一点影子，就是已生令增长。“故名为食”，佛经解释得多清楚呀！这就是“食”，这个是识食，是你的精神食粮，捆住了你。

如何去除贪欲

“问：此贪欲盖，谁为非食。答：有不净相，及于彼相，如理作意，多所修习，以为非食。”要解脱这个贪欲盖，该怎么办？所以我经常告诉你们要做白骨观、不净观，你们检查禅宗、密宗、律宗，唐宋以后佛法的僧才，一天一天衰落，没有什么证果的人。你查查《高僧传》，唐宋以前，学佛证果的非常多，原因是当时的僧人都走禅定的路线。自从禅宗盛行，佛学流传以后，佛学是昌明了，但证果的人没有了，因为专事修证的人少了，都不专心注重修行了。

一切修道的路，不管哪一教我都经历过，然后再回转来在佛法中找，发现小乘佛法中的白骨观、安那般那是修行证果的根本法门。尤其中国证果的祖师，以及创宗立教的大师们，大多走的都是这个路子。即使密宗各派有成就的也是一样。我把一切法门学完了，自己再闭关求证，那真是惭愧，平常都是看大乘经典，认为小乘是小法，理都不理。后来自己一经修证才懂得，原来佛陀说的不净观、白骨观修法，实际上包括了显密一切大乘修法。再投身进去修过，才晓得它们的真正妙用。回头再看大小乘经典，得知佛在世的时候，印度的祖师们因为都是亲受佛的教导，所以七天以内证阿罗汉果的非常之多。

为什么现在做不到呢？如果说是末法时代，佛的三藏十二部都在啊！如果经典没有了，那才是末法到了。既然经典都在，他所教的修法都有呀！翻出来看，完全对。所以你不要看到不净观、白骨观是小法，教你们观不净观、白骨观、安那般那，十个中有八九个都说观不起来，对不对？（同学回答：是。）那是你们不得法，不晓得怎么观。

观不起来关键在哪里？那是你业力太重，是三世的因果。但是话也不是那么说，观不起来是你的般若不够，你的智力不够，只要能观起来就成，没有不成的。一般人教理讲得通达得很，谈到真修行时，一点力量都没有，所以佛在这里也告诉你，第一是修不净观。但是不净观有问题，先看这一段经文再告诉你们。

“此复云何，谓青瘀等，若观此身，种种不净，杂秽充满，名观内身不净之相。复观于外，青瘀等相，种种不净，名观外身不净之相。由观此二不净相故，未生贪欲令其不生，生已能断，故名非食。由于彼相如理作意故，遮令不生。多所修习故，生已能断。前黑品中，由于彼相不正思维故，未生令生，多所修习故，倍更增广。”

“黑品”是黑业，不善之业；白品是善业。这一段要注意，这一段文字是什么意思呢？这个道理谁懂？出来讲！但是你们不要以为文字懂了就行了，我为什么在这里挑出问题？道理何在？所以我要你们把中文弄好，佛经的理都看不懂，还想翻译成外文；黄种人都未能度，你还要去迷糊白种人？你翻译的东西如果不对，不是害了别人吗？宁可让他们多转两个身都没有关系，现在推开书本来说。

不净观我也教过你们观身体内部，你们到杀猪场，到猪肉摊上一看，我们人同那个猪一样的。现在猪肉是经市场的人整理过的，像我们小时候在乡下，经常看杀猪的。把猪杀了，拉开肚皮，里头难看得很呀！肠子是五颜六色的，又臭得很。人体就是这样，一层皮包在外面，用肥皂一刷，胡须刮一刮，女的加上香粉口红一涂，这个动物还可以看看。如果把这一层皮拉开看看，真难看。修这个不净观是初步，去了贪欲吗？去不掉的。

我告诉你们一个经验，在大陆时有一个和尚朋友告诉我，他出家的时候修过白骨观，修到上街看人都是白骨人，后来再修下去，不行了，白骨也蛮可爱的。所以他作了一句诗，“纵使白骨也风流”，他说白骨观医治不好我的贪欲之病，不净观更没力量。他说人的肚肠不大好看，但是看久了，最脏的东西也变成美的了。这是修行经验，不要当笑话听。

所以你们都晓得讲不净观、白骨观，你们不觉得人体不净吗？凭良心说，大家都没有观念，在镜子里看自己，愈看愈漂亮，都觉得别人不认识自己的漂亮，对不对？你们厌恶过自己的身体没有？很少有，这怎么修不净观呢？所以不净观，经典上尽管讲，却生不出效果来，对不对？

说真话，我们真讨论，你们没有觉得自己身体不净，讨厌别人不干净倒是真的。譬如你喜欢一个人，你坐在那里修观，把这个人的皮拉掉，观他不净之相，你能吗？不忍心呀！真这样，你会替人掉两滴眼泪，也替自己难过。就像苏曼殊的诗，"人间花草太匆匆，春未残时花已空"，听到会掉眼泪，但绝不会想到不净观。所以不净观有时候不起效力，对贪欲盖不能起制止作用。因此佛经尽管说不净观有如此的不净，但是你们要修定做工夫，真会修这个法吗？我可以讲，绝对没有，这是真话，百万人中没有一个是真正修这个法的。

同时你们也没有真看过不净，只有在战场上可以看到，或者你们到殡仪馆去看。人死后送到殡仪馆，把死人衣服脱光后，丢到药水池中泡着，男女老少全泡在一起，一条一条像咸鱼一样。如果到战场上看，东一条烂断腿，西一块烂手臂，那就可以修不净观了。有人连猪肉摊子都没有看过，所以修行不得力。佛的规定，比丘要在尸陀林，就是中国的乱葬岗修。人死后第三天，身体发臭又难看，看过了这个才能修不净观。但我还要告诉你们，纵然你们看了那么多的烂尸体，大概三天都吃不下饭，对男女之情也不动心了；再过三天，你们看到漂亮的还是漂亮。所以修行之难呀！贪欲之难去呀！这还是小乘法，小乘法都修不成何况大乘？

至于白骨观要怎么修，白骨看过吗？没有看过，所以后世修行人几乎百无一是，佛讲的话都是白讲。不净观、白骨观，真到了那个境界，则要转回来，如天台宗的智者大师，就提倡安般法止观修法。其实他采用了禅观修法的一种步骤，但都是以不净观、白骨观做基础的。否则的话，对于安般的风大的原理，就不容易弄清楚了。

刚刚讲到五盖中的贪欲盖，其中不净观等的修法理论，这段你们可以自己看，不需要我多讲，你们多用一点世俗的观念来看，就看通了。现在大家都在修定，最重要是关于如何修定，我们看卷十一，二百四十八页下面。

五遍行的潜力

“复次已说安立，当知于此静虑等中，作意所缘，二种差别。”这一段最重要，大家特别要留意，你们都开始走入佛法之路，都在静坐用功。上面已经讲过修定的基本理论，现在应该知道修禅定的方法。先讲“作意”，唯识里头有五遍行：作意、触、受、想、思。五遍行是唯识学所讲的，我们起心动念之心，是与宇宙物理世界、精神世界连在一起的这个心，不是人体心脏的心。这个“心”，分成八个部分，眼耳鼻舌身是前五识，最严重是第六意识，即我们能够思想感觉的分别心。第七末那识是我执，“数取趣”，就是这个生命之连续性，是生来死去，在六道轮回的连锁循环不断的生命根本。第八是阿赖耶识，又名含藏识，不是现在所讲的潜意识，潜意识是第六意识背面的一种独影意识。现在一般人第七识都没有觉察见到，如何谈第八意识?！第八识是心物一元，整个法界宇宙物理、物质世界，都包含在第八阿赖耶识里。

心分八个识，每个识的作用都有五遍行，它像空气一样，像原子一样，任何东西中都有它。等于面粉加白糖，揉成一团，每一点里都有白糖，任何一点它都存在，所以叫遍行。

五遍行第一是作意，作意在普通佛学是讲起心动念。《华严经》上说：“若人欲了知，三世一切佛，应观法界性，一切唯心造。”这个心是心意识这个心，是作意出来的。所以三千大千世界，以及三界一切众生，都是一切佛作意所成，是意所造的。就如台北、香港、纽约、巴黎现代的建筑，又如太空梭、原子弹等，是一切众生共同作意的思想所造的，这是作意。念佛的这一声、这一念，也是作意，修密宗观想也是作意，我们看男女漂亮也是作意，财色名食睡都是作意，一切皆是作意，是意在造作。作意就是意作，是意念造作出来的，是意识心所造作的。

五遍行第二是触，与外面的接触，人体觉得天气冷就是触，是感觉，手放在那里马上可以感触到，感觉到；如虚空，感觉到没有东西，触到了空，所以要搞清楚，智慧要分明。

第三是受，有触就有受，感觉感受了，心里就了解领受了。如手在虚空中，感觉没有东西，由手上的感觉，心里就知道摸的也是空，心里也领受进去了。

第四是想，想是浮在面上，如念头，打起坐来最痛苦是妄念不断，这妄念就是想阴，一个想接一个想地来。想把一个想按住、停住；停不住的，因为想是粗浮，是浮动的，是无法停留住的。

第五是思，粗的叫做想，细的叫做思。譬如你们有时候打坐，坐得很好，好像觉得没有妄想，其实那就是思的境界，仍然是一念，那叫思。如果你现在欠人家的钱，或者家中有一点事没有弄好，尽管坐在这里听课，意识都挂在那一点事上，那个就是思，思与想有粗细之不同。

八个识中都有五遍行，就算在一念不生时，五遍行还是在。所以道理弄不懂的话，你会以为入了定什么都不知道，那就错了；那是像木头泥土一样，如何能叫“佛者觉也”呢？修行成功了，五遍行转过来也就是五方佛：

西方阿弥陀佛:作意所生成
东方药师佛:触所生
南方宝生佛:受所生
北方不空如来:思所生
中央毗卢遮那佛:想所生

转识成智,就成为五方佛性。唯识同其他教理不同,它是逻辑分析,要修行必须要知道五遍行的道理,因为五遍行中第一是作意,所以修行第一步先从作意起修。譬如为什么要去受戒?一个凡夫因为不受戒律的约束,心中无戒,所以做了恶事自己不知道;受了戒,使意识种下戒的种性,就是作意。譬如念佛,念一句阿弥陀佛,或念一个咒语,都是作意念。譬如修数息观也是作意,八万四千法门的修法,皆从作意起。你们现在初步打坐,为什么不能得定呢?先问你作意心能不能建立,就是作意这一念能不能坚固。所以第一先作意,而且作意这一念要坚固。

作意有很多种

如修净土,依《观无量寿经》的观法,观阿弥陀佛眉间白毫相光,一边念佛,一边观阿弥陀佛眉间白毫相光,这是作意。如果观不起来,是因为你作意不成,能够作意的话,行住坐卧都在阿弥陀佛眉间白毫相光中。如果观不起来的话,就专一作意一声佛号;如果能够作意坚固的话,修行就有基础了,这一生没有不成功的。修行开始,作意所缘有两种差别,就是有两条路。

"作意差别者,谓七种根本作意,及余四十作意。云何七种作意,谓了相作意,胜解作意,远离作意,摄乐作意,观察作意，加行究竟作意，加行究竟果作意。”

什么是“了相作意”？譬如听了禅宗的课，百丈禅师被马祖把鼻子一扭就开悟了。“即此用，离此用”，“一念不生全体现，六根才动被云遮”，随时随地，行、住、坐、卧，此身没有感觉，没有触受，妄念不起，想与思都如如不动，这就是“了相作意”。“了相”也就是一切“了”。如果这个作意境界是胜果，就是“胜解作意”，基本上分为七种根本作意，其他六个你们自己研究吧。

“云何四十作意，谓缘法作意，缘义作意，缘身作意，缘受作意，缘心作意，缘法作意（另有含义），胜解作意，真实作意，有学作意，无学作意，非学非无学作意，遍知作意，正断作意，已断作意，有分别影像所缘作意，无分别影像所缘作意，事边际所缘作意，所作成办所缘作意，胜解思择作意，寂静作意，一分修作意，具分修作意，无间作意，殷重作意，随顺作意，对治作意，顺清净作意，顺观察作意，力励运转作意，有间运转作意，有功用运转作意，自然运转作意，思择作意，内摄作意，净障作意，依止成办所行清净作意，他所建立作意，内增上取作意，广大作意，遍行作意。”

下面再逐一解说：

“缘法作意”，这个“缘”是攀缘，把念头挂在一件事上，就像一条铁链、项链，一个圈挂一个圈，念念不断，谓之攀缘。这个攀缘那个，那个再攀缘到另一个，一个圈没有用，要几个圈挂起才成一条链。所以开始修的时候，应该是有所缘，并不是无所缘。譬如念佛，所缘是念佛，念念攀缘在佛上，攀缘不一定是坏的，善法攀缘就是修行功德；恶法攀缘则堕入六道轮回，所以修行第一步是作意。

“缘法作意者，谓闻所成慧相应作意。”皈依法，你以为跪在上师前面，六耳不传，要你注意身上哪一部分，或一句咒语才是法吗？不是的，那是方便。道是天下之公道，哪里有秘密？什么是"缘法作意"呢？就是研究经教，佛所说的理，听善知识讲的，你都懂了，而且闻后要正思维，自己要用心再去研究。思了以后还要再修，修就要坚固地修成功，这才是佛法，闻思修后才得慧的。

下了课要再去研究经典，不一定是我讲的对呀，要好好地思，所以要"闻所成"，闻后要思、研究，然后照着修。修成证到了，就开发了智慧。"相应"就是瑜珈，就是身心投进去，身心结合拢来了。所以为什么要上佛学课？是开发智慧知识，这个慧是由闻思修而成的，就是佛经的道理。

"缘义作意者，谓思修所成慧相应作意。"思维到佛经上的道理，如《金刚经》谈空，我们为什么空不了？听了《金刚经》的空我们就要思，思了就要修，要证到这个空境界，这就是"缘义作意"，"义"就是道理。

"缘身受心法作意者，谓修念住者，如理思维身等作意。"打起坐来腿为什么痛？因为"身受"，身体不好，气脉不通。身体为什么不好？因四大不调。四大为什么不调？哪里不调？"缘身"来反照，我为什么病了，生病原因何在？佛法说病由业力来的，业由心造，我哪一个心念引发的这个病？这就是"缘身受心法作意"。譬如有人修念佛法门，一上座，一念不生，妄念不起，"如理思维身等作意"，念如何住？妄念如流水，如何把它切断？下面跳到二百四十九页第七行。

"遍知作意者，谓由此故，遍知所缘而不断惑。"我大概给你们带领一下，其余的你们要自己研究，完全靠我是没有用的。别人修成功也不能替代你们，就像释迦牟尼佛修成功了，他替代了谁啊？他的弟子还是靠自己修呀！所以你们不要有依赖性。(有同学提出来:这些作意看不懂,怎么办?)看不懂就要努力读书,难道还要我把它装到你脑子里,让你看懂不成?你的脑子也不能换成我的脑子,所以要你们努力读书就是这个原故。

再看第八行。现在正式告诉你们修,打坐修持做工夫。

"已断作意者,谓断烦恼后所有作意。"悟后起修,这个悟并不一定是禅宗的大悟,是在理上悟到了一切是空。但为什么不能证到空呢?有两个方法,一个是有分别,一个是无分别,都属于"影像所缘作意",是证到空的修法。

有分别影像的修法——观

"有分别影像所缘作意者,谓由此故,修缘分别体境毗钵舍那。无分别影像所缘作意者,谓由此故,修缘分别体境奢摩他。"

这段最重要,特别把这一段标出来给你们讲,你们现在修行打坐,这里要发挥了。这里你们当然看不懂,就算文字看懂了,佛法不行的也看不懂,应该给你们讲的我会讲。

修行归纳起来有两个法门。用有分别影像来修的,就是修观,修毗钵舍那;用无分别影像来修的,就是修止。譬如念佛,南无阿弥陀佛,一句一字地念,就是有分别影像作意。念咒子也是一样,不管你修哪个密法,红教、白教,红观音、绿度母、大威德金刚,修观正见,都要有分别影像作意。譬如念佛,观十六观经,观哪一相观,就要以有分别影像作意,就是意识造作一个境界。譬如《参禅日记》那位老太太,她现在随时能住在一片空、光明中,这个也是唯心造的。她今天的修持也属于"有分别影像所缘作意"的境界,也就是修观。

所以由有分别影像作意,譬如念佛,一念,念念不断,这一声佛号,一念万年,万年一念,并不是说每一念都要"南无阿弥陀佛"。"阿"字念"ㄚ",不要念"ㄛ","ㄛ"是下堕音,"ㄚ"是开口音,世界上各类众生,乃至动物,生下来一开始讲话是"阿",先来这一声,它是升华音,"阿"字翻译为无量无尽,念阿弥陀佛这一句,就是无上大密咒,它本身就是咒。念阿弥陀佛念到后来,真念到了止观,定境界一来,念头都提不起来了。有些人念到念头不起时,就说:"完了,我念佛念那么久,念不起来了,糟糕呀!"我说:"你知道你念不起来。那不是念佛吗?那么笨。"

所以你们注意,有许多念佛的人,到临终时不懂这个理,不但不能往生,反而堕落。临终时这一口气不来了,一些助念的人还高声呼吁这临终的人,劝他:"你赶紧跟我们念阿弥陀佛,念呀!念呀!你念呀!"真差劲!这种助念的人,真是埋葬人。气与意是在一起的,一口气快要断的时候,你要他跟着你念阿弥陀佛,怎么念得出来呢?现在就要了解什么叫念佛?他心中那个时候没有念,当你要他念佛时,这个意思他懂了,那个就叫"念"啊!众生笨呀!很多人都念到了,只是自己不通教理,不知道而已。

念佛,等于肉包子打狗,妄念来就念阿弥陀佛,妄念来得多就可以大声念,肉包子打狗一样,有去无回,然后念到最后狗也不来了,肉包子也不要打了,这个时候才是"念",是正念现前。你看《大势至念佛圆通章》就晓得了,这个时候叫"净念相继",这个时候没有妄念,也没得佛念,也不是昏沉,也不是散乱,是清清楚楚这一念就对了。这一念也是第六意识有分别影像作意,有分别的,你知道这个就是了。

你们注意,将来接引临终的人,千万不要误认出声念"阿弥陀佛"这四个字才是念,这样会害了他,害他失去了信心。

你就说："你现在知道了，一念清清明明，我念佛你听见了，这个就是了，你以这一念就往生了。"现代人不通教理，一堆盲人接引一堆盲人，以盲引盲的人太多了，所以佛法衰败了。

为什么观不起来白骨

所以像你们有些观想光明的，有时候观白骨的，都是有分别影像作意。你们为什么白骨观不起来？什么原因知道吗？因为你们观白骨，一直想看见你们自己的骨头，看得见吗？这只是影像呀！定久了就看见了。懂了没有？这不是传了你们大法吗？只要有这个影像就是了嘛！怎么那么笨呢！在影像一起来时，就是作意起来了；作意起来时，一念一止，慢慢……等到有一天，"啪！"一下，就可以到自己身心上来，身上白骨、五脏六腑可以看得清清楚楚，然后还要把它化光，化空了。所以七天证果，绝不是骗人的，就是你们理不通呀！每位佛都把他的宝贝告诉你了，是你看不懂，所以你不懂"有分别影像所缘作意"这句话的真实含义，偏要拼命看自己的白骨。有些活宝还拉脚趾头看，然后说：我怎么都观不起来？当然观不起来，因为那是父母所生的皮和肉啊！不是"影像所缘作意"呀！我花了钱买白骨架给你们看，就是叫你们留这个影像呀！现在懂了吧？应该观得起来了吧？

用"有分别影像"的观法，多得很，"谓由此故"，譬如自己有病了，可以观药师如来或者是白衣观音菩萨。有些活宝，我说了半天，连观音都没有影像，我是说你的第六意识的分别影像的观音，是你意境上观起来观音影像，观他杨枝净水从你顶上洒下来，你的病没有不好的。

如果你说：这是我的作意，与观音菩萨什么相干？自他不二啊！你就是他，他就是你。而且你自己作意这个观音菩萨，或是药师如来，一观起来，一灌下来，他力加被你，病没有不好的。告诉你就有这样厉害，就是你们信心不够。而且这分别影像作意多得很，但是要晓得，要它空就空，要它有就有，叫做缘起性空，性空缘起，不然你就是口头法师，没有用。

毗钵舍那就是修观的方法。也就是说，佛现在传你一切观想的方法，就是“有分别影像所缘作意”，这是你所缘，你要注意。譬如你观起来观音菩萨，或者在前面，或在心中，这是所缘境。这个所缘是能缘起来的，这是“能”与“所”。能是什么？暂时不谈，现在只教你修法，你懂了修法就可以了。所以佛经一个字都没有乱下的，是“所缘作意”，他并没有说“能”缘作意。这个影像是什么来的？是你作意所缘来的，这才是研究教理，不然怎么说研究佛学呢？以后出去不要误人子弟，说法度众生，不能指错路，不能以盲引盲。毗钵舍那是修观，什么是观呢？观什么呢？就是“有分别影像所缘作意”。

无分别影像的修法——止

另一个是“无分别影像所缘作意”，观想成就以后，一念空掉，定在空境界上就是止，止就是“无分别影像”，观起来的东西把它一念空掉。这是不是“能”呢？不是能。耽在一念空的境界上，还是所缘，还是作意。这个地方不谈明心见性，因为明心见性是“能所双亡”，体寂灭，那个现在不谈，只讲修法。“无分别影像所缘作意”就是空了，没有分别影像，譬如念佛，佛这一念都没有了，一切都没有，身体也没有了，身心都清净了，定住了，就是止。“谓由此故”，你观想成功以后，比方你念佛，也是有分别影像作意，念到阿弥陀佛都提不起来了，什么念也没有了，就是一念空灵在那里，并不是不知，见闻觉知都知道，如如不动。这个境界就是“修缘分别体境奢摩他”，就是止，止观是这个道理。宗喀巴大师创立黄教中心的修法就是这一段。我那么容易地给你们讲了，一定要珍惜。宗喀巴大师就是这样才成为宗喀巴大师的。能够依此而修，算不定你们将来也变成什么巴大师了，所以要好好研究这一段。

你懂了止观境界这个理论，只能说是理论懂了，至于什么才是止？什么才是观？这里没有限制宗派，随各人因缘，不管用任何宗的法门，只要入门修成就可以。我这里什么法宝都有，都是跟佛陀学的，没有分宗派。

“事边际所缘作意者，谓由此故，了知一切身受心法所缘边际，过此更无身受心法。”

“事边际”这个“事”，包括出世间小乘之果、大乘菩萨、究竟成佛，都是一件事；乃至于你入世做生意、发财、考功名，也都是一件事。你功名富贵成功了，护持佛法，佛法是要七众弟子共成的，大护法不问在家出家，维持正法的命脉不断谓之护法，是保护这个慧命。每一个比丘，每一个居士，成功了则是大护法，使佛法常住，这些也都是“事”。

由于这个身心修持的结果，“了知”，透彻地了解“一切身受”，一切身体上的感受——为什么腿子会酸？为什么会发生快乐的感受？为什么身体上的气脉会通？这都是身体上的感受。“心法”是关于这个起心动念，这个念头在五十一心所中，是属于贪心，还是属于瞋心？所以自己的念头，在《百法明门论》中，是根本烦恼或随烦恼，乃至一念不生，都看得清清楚楚，这就是“心法”。“身受”是身体，“心法”是心里头，“所缘边际”是身心的所缘边际，都看清楚。

（有同学问：身心所缘边际是什么？）身心的边际是空，身心都空了，要证得空性，性空。过了这身心边际境界，当然什么都没有了，“更无身受心法”，毕竟空，彻底的空，此所谓般若波罗密。

“事边际”讲了，就是说你修定做工夫，做到了这样，一切事边际、事业边际无所不成。换句话说，这个里头有秘密，就是一切神通境界，只要你作意就成功，就来了。要你得止观双运、定慧等持的时候，事的边际，你就求证到了。佛法不是空洞的理论，求证到之后，世间法所作成办，你要办什么事都会达到目的；出世法，六通妙用更是无所不成。

以止为主修 以观为主修

“所作成办所缘作意者，谓我思维如此如此，若我思维如是如是，当有如此如此，当办如是如是。”

弥勒菩萨到此不说真话了，他老人家也来个秘密。我现在把他的秘密揭穿，就是说，你修这个到成功时，你“思维如此如此”，“当有如此如此”；你要“如是如是”，当能“如是如是”。这话说了等于没说，但是要你们听众自己去懂，佛也只能说到这里，此乃宇宙之大秘密也。诸佛菩萨都说到这里，只能说这样就是这样，你懂了就是这样。所以禅宗祖师上来这个、那个，究竟哪一个都搞不清楚，弥勒菩萨也是这样地玩。但是他说得很清楚，你懂了就知道他老人家说得很清楚了。就是说你修定慧修成功了，一切神通智慧都有了；换句话说，没有不得定而生慧的。到这时“所作成办”，就如孔子所说“随心所欲而不逾矩”，般若、解脱、法身，等持成就了。

“及缘清净所缘作意，胜解思择作意者”，修行的一切方法都是唯心造，世间法一切的造业，以及三恶道的业，也都是唯心所造。所以由凡夫到圣人，证得小乘之果，乃至大乘菩萨、成佛，也都是唯心造。因为是唯心造，所以一开始就作意，作意有四十种，他讲给我们听，开发我们的智慧。

“谓由此故，或有最初思择诸法。”由于这个定境界的原故，你一念作意专一就定了，你真得到了定，并不是不可以用思想修，禅本来就是思维修，但要你得了定的境界不思而思。就在这个定境界，把佛经三藏十二部都熟了，一点一点地研究。参禅的参就是思维，专一地思维，把一个问题好好参。参通了，哦！原来是这个样子，就是大悟了。“思择诸法”是研究教理，禅宗叫参究，换一个名词而已。有些人因根性不同，不肯走思择的路线，“或奢摩他而为上首”，他喜欢修奢摩他，就是止。譬如在座很多人都是这样，喜欢从止入手，一念清净放下就对了，定了再说。定得到了以后，慧自然发起。

有些人不然，喜欢用思想，如果思想用对了，以后走“思择诸法”入手，但是思想用不对，就变成邪见了。如有些学者，对佛学都喜欢用思择，都变成思想，没有修证，所以都变成身外求法了。什么叫修证呢？止观双运，所以不做工夫就是不行。你看，释迦牟尼佛十九岁出家，修无想定三年，非想非非想定三年，雪山苦行六年，都是在做工夫，都在修定，发了智慧以后才出来弘法。再看后世的许多人，读两本佛学经典，会思想，会写文章，会演讲，双腿都盘不拢来，更没有半分修定的经历，就成了大法师，就会弘法了。连释迦牟尼佛都是修定来的，所以要注意，奢摩他与毗钵舍那就有如此之重要。

“寂静作意者，谓由此故，或有最初安心于内，或毗钵舍那而为上首。”上来修持，有的是开始“安心于内”，此心不动，即禅宗的一切放下，安心不动，也可以到家，所以法门是多方面的。当初二祖见达摩祖师，是来求安心的，达摩叫他把心拿出来，他说：“觅心了不可得。”达摩祖师说：“我为汝安心竟。”给你安好了，他就悟了。因为此心不可得，念念皆空，当下即空，就在这一念一空，就定下去了，一路到底，这就是“毗钵舍那而为上首”，以观为主的修法。这一念万缘放下，一念不生，此心安了，再看世间一切一切，原来是如如不动的，这是定中有观，这个就是安心法门中以观为上首。

“一分修作意者，谓由此故，于奢摩他，毗钵舍那，随修一分。”有些人根性不同，止观不能双运，上来修行，光想修定，修止；有些人一上手就光想修观，止和观只修一种，就叫“一分修”。

“具分修作意者，谓由此故，二分双修。”有人不能二分具修，不能同时来，因为一切众生根性不同。所以，拿一个法门教育一万个众生，要每个人都走这一条路，这样不是真正的善知识，不能接引人，因为没有教授法。“大唐无禅师”这句话，是指没有教授法的禅师太多了。所以学佛不要只学哪一宗、哪一派，因为不同的各种根性，要以各种不同的法门接引才行。说什么净土才对，其他都是魔道，或密宗才对，或禅宗才对，像这样的观念，本身就是凡夫之见。众生根性不同，方便不同，不懂方便如何能教化人呢？就是这个道理。所以“一分修”也可以，二分修也可以，二分修就是“具分修”，是同时修的意思。如止观双修，定中有观，观中有定，就是止观双修。

“无间作意者，谓一切时无间无断相续而转。”譬如念佛，要念到念而无念，无念而念，就是“无间作意”。一切行住坐卧之间，念念都在修行，没有停止，一秒钟都不能有昏沉散乱。下面不要我再带领了吧！一路下去自己晓得看下去了吧！下了课要看呀！自己不看光靠我有什么用？师父引进门，修行在个人。

第六讲

修习影像作意的关键
你得了轻安吗
除盖除结顺清净而得解脱
以苦为师 般舟三昧
声闻众的多种作意
独觉及菩萨的作意
修行也要资本
如何对付修定的毛病

关于修定做工夫方面，所谓止观双修，止观是定慧之因，定慧是止观之果。再解释上次没有解释完全的“有分别影像作意”及“无分别影像作意”。

修习影像作意的关键

什么是影像作意？譬如观佛像，因为你对影像作意的道理没有搞清楚，所以观不起来。譬如现在你看到这一尊佛像，你不看的时候，意识里也有这尊佛的影像啊！这就是影像作意。第一步意识里先把这个影像留住，不管是泥塑或木雕，或绘画的，都可以。

你为何观不起来佛像呢？因为你一观佛像的时候，就想那佛是活的，同我们的肉身一样，还最好能摸摸你的头，所以观不起来。你的父母在外地，不在你身边，你想父母现前来抱你，做得到吗？（同学答：做不到。）但是，你心中是不是有父母的影像？（同学答：是。）把世间法的父母影像换成佛像，留在意识境界上就对了。当你打坐时，在第六意识的独影意识境界上，这个影像出现的时候，不管影像在上，在下，在内，在外，只要把影像留住就对了。

留住这个影像时，等于画家构想一个画面，那根本是一个幻想，但是他有这个影像。一个诗人想一首诗，“云淡风轻近午天……”一面想象，头一面在摇，人都到诗中画的境界去了。把这个影像永远留住，影像有带质的作用，心念得止，慢慢第六意识止了，止了以后，直到意识清明了，自然身心两个会配合。观白骨、观佛像、观字轮都是这样。

你们试试看，影像作意，一用心就不行，要很自然的。你曾想过爸妈，一想影像就出来了，那个就是影像作意。即使没有影像，这一念已经是影像作意了。会了吧？譬如观佛眉间白毫相光，也可以观这个光，一观白毫相光，把这个影像止住，虽然妄念也有，但不相干。夹山禅师的两句话：“龙衔海珠，游鱼不顾”，懂了吧？影像作意，止在这里，妄念思想是有，那是游鱼，不要顾，始终只顾这个海珠，懂了吧？会了吧？你不会我也当你会，不然我很难过。

影像作意有了，这里头就有一个问题，你们想想看有没有问题？佛经上记载，佛弟子们会问那么多问题，所以会问还不错，连问题都不会问，怎么学嘛！学问，学问，要学要问，现在我代你们问吧！老师，请问这个影像作意与精神病人的精神状态境界有什么不同？当然不同，怎么不同呢？一个是做得了主，一个是做不了主。做得了主的是因为那是自己造作的；做不了主的是莫名其妙而来的，自己都不晓得是怎么回事。

譬如你们修明点，佛眉间白毫光点，修密宗各派的明点都一样。现在我给你们留个影像，明点的影像（南师拿两个水晶球，一大一小，灯光一照，有一点既白又亮的明点）。现在注意看，看这点反光的亮点，闭着眼睛，在意境上有这一点点影像，这就是影像作用，就定在这点明点上。也可以把它当成阿弥陀佛的白毫相光，永远在光明中，乃至睡眠的时候，依照戒律，这一点亮光在心中，非真非假，缘起性空。心粗时明点就观大一点，心细时，这明点愈观愈小，然后忘我忘身，这就是影像作意。现在你们试试看，明点的影像，观看看，不管在头顶上，在心中，在身外，都随便。这个影像有吧？只是个影像，不求实际有个明点。一用力就不行了，第六意识太去作意就不是影像，太放松了就没有影像了。

由第一步影像作意开始修，把这一点止住，“龙衔海珠，游鱼不顾”，久久自然心念就止了，就是得奢摩他，这叫做“无分别影像作意”。这点明点用不着去分别，管它是什么亮光，只知有这个明点亮光之影像就是了。

再说“有分别影像作意”，譬如念一句南无阿弥陀佛，分别影像就来了，阿弥陀佛有三十二相、八十种好，极乐世界有七宝行树，都加上许多的观想，然后心里还参念佛的是谁。这念佛的念是所念的，但是能念的是什么？然后又有一念万年，万年一念，念即不念，不念即念，这些都来了，这就叫做“有分别影像作意”，懂吧！所以禅宗参话头，念佛是谁？我是谁？吃饭的是谁？走路的是谁？这也是“有分别影像作意”。

所以“有分别影像作意”及“无分别影像作意”，包括了一切修法。譬如念咒子，咒子无法注解分别，就是无分别影像作意。譬如《心经》，能够解释的“揭谛揭谛”，即自度自度；“波罗揭谛”，即智慧自度到彼岸；“波罗僧揭谛”，即度一切众生；“菩提萨婆诃”，即快快大彻大悟，智慧成就，到彼岸。懂了咒语的解释，咒语就变成“有分别影像作意”。所以密咒多半不作解释，因为人一旦有了有分别影像作意，妄念散乱就来了。“揭谛揭谛，波罗揭谛，波罗僧揭谛，菩提萨婆诃”，如果翻译成快快自度，心中就想，不晓得我几时得度？我这样不晓得诚不诚恳呀？我好像没有专一耶！自己内心打了半天仗，由有分别影像作意变成散乱妄想。所以一切咒语不解释意思，道理就在这里。自古只叫你念，念的时候你没办法解释，一念专诚即

“无分别影像作意”，那就可以得止。由这个法门就可以了解百千万法门的道理，一概都如此，都透彻了。

有些人说，上座一念清明，万事不管。你真不管吗？微细思维如波涛汹涌，只是自己没有觉察而已。如果把这一点亮光、明点定住了，腿照麻照酸不误，而你的明点影像还在，这也算修止。麻的是“受蕴”，明点在的是“想蕴”，意识清净这一念不动。受蕴与想蕴是两回事，你身上的血液还在循环，呼吸还在往来是“行阴”。能使你想阴作意的是“识蕴”，所以五蕴具在。等到观想作意工夫，慢慢练习而得止，止观双运以后，一路下去，得到解脱，才是五蕴清净，那个时候才可以说“照见五蕴皆空，度一切苦厄”。修持之路就是这样的，懂了吧？我不再说第二遍了，希望大家从此一路好好修去。

再说天台宗修六妙门的小止观法门数息、随息、止息等，是属于“有分别影像作意”的法门，是易学而难成；“无分别影像作意”的修法，比较方便，但是难学而易成。

你得了轻安吗

现在看二百五十页。

“殷重作意者，谓不慢缓加行方便”，这是告诉我们，很尊重这个事，就是用功的时候不要急；如果一上来就想得定证果，这就完了。佛告诉你用功像弹琴一样，琴弦太紧时，“砰！”断了；太松时，弹起来没有声音。佛以弹琴之理，要弟子们用功不快不慢，不求急进，也不弛缓。人家七天开悟，我来个七十年开悟好不好？开悟都一样，管它迟早！所以不急不慢。如龟兔赛跑的故事，要自己衡量自己的根性，不快不慢地修一切加行的方法。加行的方法太多了，譬如感冒了身体不舒服，吃药也是加行，运动出汗也是加行，做各种瑜珈术也是加行。

就是在修止观时，其他帮助你修定的方法，都属于加行方便。

“此中由胜解思择作意故，净修智见。”得止要怎么修呢？要选择并肯定一个方法。譬如你们观佛像，或佛眉间白毫光的明点，如果自己专修的佛堂，可以把佛像摆在与你平视的高度，就观这尊佛像的影像。如果全身观不起来，就只观眉间一点亮光，即明点，或者观佛胸口卍字轮。重点是要先从上部观，不要从下部观，这个中间的道理将来再说。然后把这个影像作意观好，留住，就是止住，也就是定在这个境界上。

这时也可以用思想，“胜解思择作意”，前面也曾说过，三藏十二部经教中，在止定方面的道理都有，慢慢定极就慧生，有许多不懂的道理，智慧开发就懂了。所以有许多人得了定，从未读过书的人，忽然会读书，会作诗。就像八指头陀，诗作得好，他的文字般若智慧是在定中开发了，也是由“胜解思择作意”来的。在佛像影像境界定住了，“净修智见”，正思维，八正道，四念处等，都变成修这个法门的加行了。乃至于禅宗的公案，乃至于阿弥陀佛的佛号，其他八万四千的法门，都是你这个主修法门的加行。等于大家坐在这里，当一个上师在中间一坐，其他的人都是附属于上师的，主宾立场不同，所以一切法皆是加行。

许多经典上的道理，平常理解不透彻的，现在都理解透彻了，就是“胜解”。在正思维当中，才晓得自己要怎么修，此时，学问愈好，经典读得愈多，智慧愈开发。如果一个大字不认识的人，本有种性带来智慧真开发了，什么都懂了，一通百通。智慧之力包括一切，三世因果都包括进来了，不管以前是否曾读过书，现在全部都通了，甚至过去未来的事都知道了，这才叫一切。

“由寂静作意故，生长轻安。”如果观想明点或观想佛像，定静到了极点，慢慢的，有一天，头顶发生清凉穿透全身，得止，得定了，就是轻安境界。这种清凉舒服，使人对富贵功名都不再有任何贪恋，这还是轻安的粗相，头顶清凉直透全身。当然大家现在没有得轻安，只有粗重，清凉轻安是形容舒服，如果你觉得身体内部有一股凉气，那是伤风感冒，这是有差别的，这就要智慧了。

再说头顶先发起的清凉轻安，容易退，比如上午这一堂坐得很好，头顶清凉得轻安，中午看到素菜好，多吃两口，轻安退了，头胀，发闷，消化不良，下午这一堂就坐不好，轻安又变粗重了。所以饮食、衣着都很重要，刚刚发轻安，会发暖，自以为不怕，就脱一件衣服，或坐风口吹吹风，下午不但粗重还流鼻涕，伤风了，又完了。这一转不晓得一个月或两个月，多久才能回来。所以修行用功同世间发财建房子一样，建起来难，什么都要调整好，这就叫做修行。

寂静到了极点才可以得到轻安，头顶发轻是轻安的前相，真正的轻安到了，也就到了密宗道家所说的奇经八脉、三脉七轮等，一下子都通了。这时整个的身体，自己觉得像树叶子在空中飘一样，都是轻松的，没有任何地方不轻盈、不舒服。一个人得到轻安，并不是修成功哦！也不是脉解心开的境界。

除盖除结顺清净而得解脱

“由一分具分修作意故，于诸盖中，心得解脱。”“一分”就是只修定，“具分”是同时修观，止观双运。因为修定、止观双运以后，五盖的贪、瞋、痴、慢、疑这些心理的坏毛病，都转轻转淡了。像你们现在的行为，我经常观察你们，尽管在修行，五盖是越盖越重，棉花盖了再加上石灰盖。所以真做工夫，到这个时候，这五盖都是考验自己，要检查自己起心动念有没有起邪见。五盖的毛病没有了，心就得解脱。

譬如有些人非常聪明，万事都知道，因为太聪明就有个疑盖，听到一个声音就起疑心了。其实真聪明的话是如如不动，定能生慧，一听就明白这是怎么回事，这是慧通。普通是世间之聪明，眼睛滴溜溜地转，东疑西疑，世界上笨人少疑，聪明人多疑，爱管闲事，贪盖也愈重。有人说什么都不要，只想看书，看书也是贪；对于书爱护尤甚，别人借书，则说不可弄坏，三天一定要还。如南宋有名诗人辛弃疾，他有名句："一生不负溪山债，百药难治书史淫。"我常拿这句来感慨自己爱书的个性。"诸盖"就是贪、瞋、痴、慢、疑一切盖，唯有得定，才可以"心得解脱"。

"由无间殷重作意故，于诸结中，心得解脱。"你们修定，有时候愈用功愈观不起来，因为你第六意识的分别心太重了，影像跑掉了；放松了又昏沉，所以快慢松紧都要自己调整，道家把这个叫"火候"。等于炒菜，炒老炒嫩，那是你的本事，师父没有办法教的，差别就在火候。做工夫也是这样，在于你自己的调整。由于无间作意，行住坐卧都在这个定中，真得了定，心中八十八结使，渐渐就得到解脱。

结使是无始以来的习气，也就是一个"结"，修行求解脱，先要打开这个结，结使也译为结习。修行人如果能把结习完全解开，就是解脱。像爱漂亮的人，在街上一边走，一边对着商店玻璃窗整理衣服头发，这是爱美的结习，看到镜子非照一下不可。爱美就是有爱的结习，有爱就有欲，有欲一切等等就来了。所以结习太难解了，结习能够解掉，就解脱了。在小乘道来说，解掉结习，就证到一个果位；证果也就是结习解脱清楚，证到自性本来清净的成果。平常人都被结习绑住了，等于一个苹果沾满了泥巴。所以起心动念，在行住坐卧中，随时要修止观，才能心得解脱。

“又由无间作意故，终不徒然而舍身命。”由于不间断的用功，行住坐卧皆在定中，利人利世之愿没有休止，因此不会自杀，不会中途走掉。讲到自杀，佛在世的时候，很多进入预流果的小阿罗汉，因为阿罗汉果是证到空，就感觉身体是个拖累，所以有一个比丘专门帮大家自杀。佛知道后就制定戒律，不可以自杀。由这件事也发现，即使证到预流果也容易犯邪见，有偏差。常见、断见都是观念的问题，是见解思想错误，所以要认识清楚。生命是包含了分段生死与变易生死，修行是要解脱分段生死与变易生死，那样才算了脱生死。如果认为在分段生死中自杀是了生脱死，那是最大的愚痴邪见。

“由殷重作意故，速证通慧。”初发心修行，认真、看重，非修定证果不可，就是“殷重作意”。这样下决心修定，就能很快得神通，得大智慧。修行只有一条大路，就是修定、修慧，定慧止观的修持方法，是作意而修。分析起来有八万四千，归纳起来，在本论上说有两种：一为有分别影像作意，一为无分别影像作意。这是根据《解深密经》中的止观而来，必须要“殷重作意”，才能进步，才能成功。

“随顺作意者，谓由此故，厌坏所缘，顺断烦恼。”因为你“随顺作意”修止观、修定的关系，自然会厌离世间，断掉世间一切坏因缘，一切烦恼妄心自然就断了。

“对治作意者，谓由此故，正舍诸惑，住持于断，令诸烦恼远离相续。”得定之后，起心动念都不动，则无所谓犯戒，戒就在其中了，所以不谈戒。定最为重要，定是对治一切妄想烦恼、无明习气的。“谓由此故”，由于得定，能断一切烦恼，一切烦恼远离，不会相续下去，所以叫“对治作意”。

“顺清净作意者，谓由此故，修六随念，或复思维随一妙事。”因为修定的关系，有六种随念（念佛、法、僧、戒、施、天），或者由思维修，跟着而来有一件妙事。譬如说因为定而得了清净境界，马上联想到西方极乐世界，或者东方药师如来的清净光明境界，一联想时，这个境界马上呈现了，六根随着一下就清净了。

“顺观察作意者，谓由此故，观诸烦恼断与未断，或复观察自己所证，及先所观诸法道理。”由于在这个定境界，可以观察到自己的习气，某种烦恼断了，或减轻了，或某种烦恼还很重。譬如自己现在贪吃的习气很重，或贪婪的心很重，自己看得很清楚。或者能观察自己所证的这个空境界、清净境界及妙神通境界，以及气脉变化境界等，是不是对的。自己在定境界里自然发慧，观察得很清楚。“及先所观诸法道理”，乃至过去所学的，佛经上所看来的，老师那里所听来的，善知识所了解的佛法，哪个是对的？哪个是不对的？都搞得清清楚楚。

以苦为师　般舟三昧

“力励运转作意者，谓修始业未得作意，所有作意。”极力勉励自己，“始业”是开始修行时，“未得作意”，观也观不起来，影像也没有，佛学五根、六尘都搞得很透彻，但是用功不上路。作意始终做不好，观想也观不起来，静止也静不了，不修行还好，一修行思想妄念就愈多。再不然一上座就昏沉，这就是“修始业未得作意”，所有的作意境界起不来，这个时候必须下决心毅力求一个方法，去策励自己。比如显教的般舟三昧修法，就是“力励运转作意”之一。

修般舟三昧，是在一个空房间，一样东西都不能有，如有佛像就会有一个依靠，所以也不能有佛像。上面吊了很多的绳子，自己手臂挂在一个绳子圈上经行，念佛也好，参禅也好，作意观想也好，或者七天，或二十一天，或四十九天，或一百天，总是在行走，不坐不卧。实在累了，站住休息一下，然后还是行走。吃饭都要站着，排便也都站着，不准坐下来，当然不方便，但是修般舟三昧必须要这样修。有一位老前辈说：到了八九天时，硬是受不了了，比死都痛苦，双腿肿得像水桶那么大，可是他是准备以身殉道的。走到四十几天，双腿就小了，到了五十几天，那不是在走，好像是在空中飞一样，非常轻灵舒服。这就是般舟三昧。

昏沉太重的或散乱心太重的人，觉得自己业力很重，而以最苦的苦行来鼓励自己，力励修行，所以修行是以苦为师。打坐时双腿盘起来，也不舒服，除非你得定，才无往而不乐；没有得定之前，一切皆苦，有求都是苦，这是力励作意。譬如有人拜佛，日夜都在拜，拜得趴在地上爬不起来，还勉强自己爬起来拜，这些都是力励作意的修行。真要修行没有那么轻松的，如果对自己原谅，对自己优待、宽松、放逸，绝不能成功的。

"有间运转作意者，谓已得作意，于上慢缓修加行者，所有作意。"前面有一个无间作意，就是没有间断的；这里是"有间"，是可以间断，这是变换方法。譬如念佛的人，已经得到念佛三昧了，或者已经清净现前了，还要进修，就可以换一个方法。"慢缓修加行者所有作意"，是用各种方法来测试，变更修持。

"有功用运转作意者，谓即于此勇猛精进，无有慢缓修加行者所有作意。""有功用"就是随时都在用功，在修定的时候，一贯下去，很努力地修所有的加行，但不离主要那个修法。意思就是"龙衔海珠，游鱼不顾"。

声闻众的多种作意

“自然运转作意者，谓于四时决定作意，一得作意时，二正入已入根本定时，三修现观时，四正得已得阿罗汉时。”

如果你们用功到这个阶段就很舒服了，几乎快要到达“无功用行”了。上面讲到是有功需要用，有了定力之后，自然作意，则无往而不定，爬山也在定，跑步也在定，运动也在定。“自然运转作意”，包括四个情况的“决定作意”，就是在这四个情况下，都晓得修持的法门。下面又逐一解释。

第一“得作意时”，譬如你修这明点，观起来了，行住坐卧，这个影像始终在，就是得到了作意，然后不需要那么注意，自然会有影像存在。不管任何境界，这个止观作意，止观境界不会变。

第二“正入已入根本定时”，正入定时，或已经入定，得到根本定时的作意观想境界。要空就空，要有就有；即空即有，非空非有，性空缘起，可以如意出入初禅、二禅、三禅。

第三“修现观时”，这个“现观”是有限度的意思，是第六意识的现观。不管出世、入世，乃至在前方作战的境界，可以一切观空，始终在清净境界上。就像永嘉大师所讲，“纵始铁轮顶上旋，定慧圆明终不失”。不管什么危险境界，都是在定中，乃至骨头炸成粉了，定境没有变，这就是“修现观时”的“自然运转作意”。

第四“正得已得阿罗汉时”，证得九次第定，完全入了灭尽定，非常自然、自在，就是阿罗汉果。

“思择作意者，谓毗钵舍那品作意。”毗钵舍那就是观，一切要在观中，如大家观空，或观无所有处定，作意起来一念不动是止，止中有观。因为你观空，这个空是观起来的，是作意观起来的，所以说止中有观。

"内摄作意者，谓奢摩他品作意。"一切归之于一念，是"内摄作意"。你们研究佛经要注意，一个内，一个外，就把你们弄糊涂了。把明点定止于内，然后拼命把明点、佛像抓住，观在身体里面，把它放在心窝这里，所以血压也高了，胃也不好了，生起病来。其实他没有说身体以内，只是"内"而已。什么是内？这个内无内无外，是唯心所摄，心意识散乱向外驰求叫做外。如果硬要把它弄到身体里头，那就不对了。道家为此就有守窍的说法，什么守丹田，肚脐下一寸三分。女人如果守这里，可能会血崩的；男性守久了会遗精，病都来了，所以不可以的。所谓内者，不在身体以内，此心内定，是不分内外之内。

"净障作意者，谓由此故，弃舍诸漏，永害粗重。"净除一切障碍的作意，就是修定。由于这样的修法，可以得无漏果，六根六尘都不分，内外寂然清净，一切粗重的习气都没有了。

"依止成办所行清净作意者，谓由此故，依离一切粗重之身，虽行一切所缘境界，而诸烦恼不复现行。"真得了定的人，这个父母所生之身转了。凡夫平常是粗重，在道家叫做没有仙骨，所以骨骼非常重要。唐朝宰相李泌，骨节珊然，走起路来非常轻松，有仙骨。得了道、有了定力的人，骨节一定轻灵，离开了粗重之身。虽然入世做人做事，永远起不了烦恼；不是故意不起烦恼，是想起都起不了烦恼。所以道家说"烦恼无由更上心"，因为心解脱了，所以永远没有烦恼。

"他所建立作意者，谓诸声闻所有作意，要从他音，乃能于内如理作意故。""他"就是外缘，这是指佛的小乘弟子们，声闻众作意，要靠外音。等于你们同学一样，听听课烦恼就少一点，做人就好个半秒钟；不听的时候，老毛病依然如故，"野火烧不尽，春风吹又生"。天天挨骂，被骂就乖，不骂时皮发痒，就是听人大声吼吼你，你就乖。"他所建立作意者"，靠念佛、打钟、敲木鱼这些外力而作意，靠环境影响他，善行善心才起来一点点；一出了门，离开木鱼引磬，就回复原状了，是不是这样？这就是声闻众，“要从他音”，靠念佛、念咒，靠佛音声才能如理作意。声闻所建立的作意，不是自己的功力，是依赖善知识、佛菩萨，依赖圣人的引导，自己才有一点点好的心理境界出现。所以一定要多听经，多听听念诵，然后心中才合理一点；如果三天不好好守规矩，他就又野马奔驰了。

独觉及菩萨的作意

“内增上取作意者，谓诸独觉及诸菩萨所有作意，以不从师而觉悟故。”这就高了，自己内在的定慧力量，一天一天增长，这是独觉、辟支佛，也叫缘觉，及一切菩萨的境界。他也不靠环境，也不靠老师的教导，不需要善知识，自己随时能够“内增上取作意”。

“广大作意者，谓诸菩萨，为善了知生死过失，出离方便，发弘誓愿，趣大菩提，所有作意。”大乘道大菩萨境界，一切愿力，以止观修法来讲，都属于“广大作意”愿力。譬如普贤十大愿，“虚空有尽，我愿无穷”，多伟大啊！“以虚空无尽故，我愿亦无穷”，明知众生度不了，但也要度，这叫菩萨广大愿。只有菩萨境界，才会“发弘誓愿”，“弘”就是广大，一切众生可以反对我，我始终慈悲一切众生，永远追随一切众生。这是大乘道菩萨所发的、趣入无上大菩提的大愿之“广大作意”。

“遍行作意者，诸佛世尊，现见一切无障碍智相应作意。”“遍行”是无所不在，没有正法、像法、末法的区别，佛永远在，永远与一切众生同在，只是一切众生自己不知道而已。这叫“遍行作意”，是佛境界作意，唯有佛境界才做得到。所以《楞伽经》告诉你，“无有涅槃佛，无有佛涅槃”，佛在哪里？释迦牟尼佛随时都在，阿弥陀佛、十方三世一切佛也随时都在，在众生心中。例如《华严经》说，“若人欲了知，三世一切佛，应观法界性，一切唯心造”，也就是这个道理。

“若诸菩萨，遍于三乘及五明处，方便善巧所有作意。”大乘菩萨道，三乘、五明，八万四千善巧方便无所不知，无所不晓，就是佛境界。

这叫做修止观，瑜伽四十种作意的范围，弥勒菩萨多慈悲啊！讲了总纲，又一条一条地再加分析告诉我们。所以你们说看懂了，但是仍要听人家讲解，这表示你们是粗心大意。佛说法，弥勒菩萨说法，当时的听众，有些都是大菩萨，那还不懂吗？不一定懂，粗心就过去了，所以他再加分析。

“此中了相作意，摄缘法缘义，余六作意，唯摄缘义。”“摄”是包括，包括“缘法、缘义”。这个“缘”是所缘的境界，念佛的修法，就是缘念佛，开始修的每一个都是所缘。“缘法”就是缘四念处、四正勤，三十七菩萨道品皆是法，乃至于念咒也是法，十念中的念法，观明点，观佛像也属于缘法，缘一个方法，包括一切事，一切理。

参究这个理是“缘义”，“义”就是理，譬如参究《楞严经》的理，“觉海性澄圆，圆澄觉元妙，元明照生所，所立照性亡”。又如早晚课念的楞严咒，前面阿难作的那个偈子，“妙湛总持不动尊，首楞严王世希有，销我亿劫颠倒想，不历僧祇获法身”。如果光是一个字一个字地念过去，这句话的意义在哪里？你没有去参究过，没有照着去做，这就不是“缘义”了，也不是“缘法”。所以修行不是缘法就是缘义。“了相作意”包含了缘法、缘义，而“余六作意”是指七种根本作意中，“了相”之外的六种，这六种作意只是缘义，其中的道理都要参究。

“缘身等境四种作意，遍在七摄”，缘身等四作意指缘身、受、心、法四念处。譬如密宗的修气脉，道家的和瑜珈的气脉修法，都是“缘身”，乃至密宗莲花部观想梵字，分布在身上各个部位的，如何结手印，如何观想，如何献曼达拉、献花，等等，都是缘身作意。由身瑜珈修卢舍那佛境界，一样可以成就。普遍包括在七个根本作意里头。

“了相、胜解、加行究竟果作意，通摄胜解、真实作意。”这个了相作意前面已经讲过，所以古代有成就的禅师讲得对，“唯了因之所了，非生因之所生”。了因就是这里所说的“了相”，是心了了，所以就是“了相之所了，非生因之所生”。譬如我们这个玻璃球，掉在地上破了，这就了了，对不对？你还舍不得吗？舍得也了，舍不得也了，这是“了因之所了”，真了的时候是这个样子。所以修道证果，“了因之所了，非生因之所生”，并不是你另外生出一个东西来。

我对很多朋友说，你年纪那么大了，子孙满堂，什么都满足了，好好学佛吧！他就说：“有一些事情还没有了，等了了以后就跟老师学佛。”哪里有了的时候，几时才了啊？所以古人说“即今休去便休去，要待了时无了时”，要放下就放下。要事情做完才来修行，等到哪一天啊？没有“了”的时候，所以叫做“了相作意”，要了就了，一了百了。

“观察作意，唯摄胜解。余三作意，唯摄真实。此就前门，就余门者，当知随应七种作意，皆摄有学及非学非无学二种作意，亦摄无学作意。”

“有学”就是刚刚要学佛。“非学”等于无学位，不需要再学了。“非无学”是已经证到二乘，亦摄绝对无学，是大阿罗汉、菩萨境界所摄。

“谓清净地了相作意，及加行究竟果作意，了相胜解观察作意，摄遍知作意。余三作意，摄正断作意，加行究竟果作意，摄已断作意，观察作意，唯摄有分别影像所缘作意……”

我这样念下去一点味道都没有，学《瑜伽师地论》，学佛法要怎么学？我晓得你们不懂，我不跟你们讲，这一段你们要画表格。画起来归纳，这个理论是摆在什么范围，这是一个逻辑、因明，这一个理论是属于什么范围，必须牵连相关。所以法相唯识之学，《瑜伽师地论》的学术，非常注重因明（逻辑），有时先归纳后分析，有时先分析后归纳，运用无方，所以要逻辑思维，否则不知所云。假如粗心大意，还以为自己了了，那就错了。分析归纳，这个归那个，那个归这个，这个就是那个，那个就是这个，一路下来告诉你它们牵连的关系。再看下面这一栏，就明白。

修行也要资本

“又了相作意，若他所建立作意摄者，以闻他音，及内如理作意，定为其缘。若内增上取作意摄者，唯先资粮，以为其缘，所余作意，前前后后，转为其缘。”

这一段是结论，做生意是要本钱的，做人要吃饭，也要有两套的。学佛先要准备修行的本钱，本钱是福德资粮、智慧资粮。没有资粮修不成的。譬如说，刚刚开始修行，想在寺庙里修七天，忽然家里来个电话，妈妈病了，你非回家不可，对不对？再不然，你打坐坐得正好的时候，旁边一个人放个臭屁，打个长嗝，把你气死，这都是福报不够。所以要想修行啊，福德资粮要具备。福报怎么修呢？平常做人做事，一切善行，念念回向菩提，这是修福德资粮。第二还要有智慧资粮，要跟随善知识，于一切经典教理通达，豁然而贯通，开了智慧。福德、智慧二资粮具备了，然后才可以起修。

像你们诸位在这里，两种资粮都有，不过你们把两种资粮都倒到垃圾桶里去了。宝贝都倒掉了，那是损福德的，其果报也不可思议，将来很可怕。我警告你们，我讲的话都有凭证的，“莫将容易得，反作等闲看”，这是禅宗祖师说的。这么好的修行环境给你们，自己不修福德资粮，不珍惜智慧资粮，还在那里闹烦恼。你现在固然痛快，其果报不可思议，试试看吧！土话叫做“走着瞧吧”，一个一个果报都要来的，不然佛法就不灵了，那我就不信佛了。佛法因果历然，一点都不差的，所以说“唯先资粮，以为其缘”。

修行有前因后果，譬如今天为什么感冒？因为昨天穿少了，这是它的前因，受了凉是它的后果。因为昨天吃坏了，今天拉肚子，是它的前因与后果，“前前后后，转为其缘”，互相因果。因为今天生病了，所以不敢乱吃东西，不敢乱走，慢慢吃药，等到明天好了才舒服。尤其修行人，起心动念处，自己错了一点都不知道，这个因缘种在哪里呢？最后结账的时候只有自己吃亏，是自作自受。

“复次云何所缘差别”，现在讲“所缘”，有分别影像所缘，无分别影像所缘，缘个什么呢？刚才我讲的，缘亮光，缘明点，缘佛像。当然不能缘你的情人，那样越缘越糟糕，越堕落，那是不行的。也不能缘钞票，越缘越不好，而是要缘佛法僧才对。

如何对付修定的毛病

“谓相差别，何等为相，略有四种，一所缘相，二因缘相，三应远离相，四应修习相。”相差别有四种。

“所缘相者，谓所知事分别体相。”“所缘相”是你所知道的事情，意识上有分别。以修法来讲，各人有各自的因缘，所缘不同。有人对观世音菩萨特别有缘，就选择白衣观音像，尤其白衣观音女性之圣像，与我们娑婆世界特别有缘。观世音菩萨为何化身女性？“菩萨慈悲念女身”，他觉得这个世界，女人最伟大，女人最痛苦，女人最应该救度。所以他在东方世界始终以女身像出现，清净庄严慈悲，代表母爱伟大。而弥勒菩萨是男性像，代表父慈，称为慈氏。

有人对阿弥陀佛特别有缘，有人对观音菩萨有缘，像有些修密宗的，一见绿度母就特别有缘，那就修绿度母的法门。一共有二十一尊度母，有红的白的，各种度母，有金刚度母。所谓度母者就是观世音菩萨三十二化身，母者是妈妈。所以我常常说我们离开佛教，看世界上的宗教，一般人都在争执男女哪个伟大，争了半天还是女人伟大。天主教最后还是圣母玛利亚，佛教最了不起的是观世音菩萨，都是应化女身。道教的玉皇大帝那么威风，最后还是归到他的妈妈瑶池金母。世界上宗教最后的偶像还是母性至高无上。

“因缘相者，谓定资粮。应远离相，复有四种，谓沉相，掉相，乱相，着相。”得定，修一切止观，应远离四种相，就是不应该有的。“沉相”，是一打坐就昏沉，睡眠。“掉相”，是掉举，跳动，好像很清净，突然跳出一个念头来，发觉后又丢掉它。“乱相”，是散乱根本坐不下去。“着相”，即使得到空，得到静，也是“着相”。

比如说观明点，如有光明点也是着相，连清净相都不着才对。譬如有分别影像的修行，本来要观明点或观佛像，但观不起来，而一个清净相来了，身心非常清净，假如贪图清净而定下去，自以为对了，其实错了，因为这就是“着相”，你被清净相迷走了。这样一来，你的清净专一，定境界之分别影像，离开了主体、觉体，反而不能得定了。所以许多修行的，到了边缘而不能得定，就是因为“着相”了。大家要特别注意，“沉相”、

"掉相"、"乱相"、"着相",这四种相不能住。《金刚经》上的四相(无人相、无我相、无寿者相、无众生相)是大乘菩萨依性体而论的四相,这里的四相是以功用而论的,属于应该远离的。

"应修习相,当知对治此四种相,何等沉相?谓不守根门,食不知量,初夜后夜,不常悎寤,勤修观行,不正知住,是痴行性。"对治沉、掉、乱、着等四相,要特别注意。出家修行的更要注意,为什么打坐昏沉、不能用功呢?因为"不守根门",六根不守,也就是身体放逸。所以戒律中的威仪,目不斜视,笑不露齿,就是守根门。哈哈笑就散乱了,所以笑要不露齿,微微笑,眼睛不要东看西看,要守六根根门。最重要的是饮食要知量,病从口入,所以不要贪嘴,很多毛病都是吃出来的。最重要的是守身根,不能漏丹,所以别解脱戒第一条是戒淫。初夜是上半夜,天一黑开始;后夜是下半夜。"不常悎寤"是不勤提正念,贪睡,身心放逸懈怠,不"勤修观行"就是懒性。"不正知住",因为没有正知性,这属于痴行性,痴的根性太重。

"耽着睡眠,无巧便慧,恶作俱行,欲勤心观,不曾修习正奢摩他,于奢摩他未为纯善。"贪睡,找理由去睡,说太累了,自己又没有智慧,不懂得调整方法。然后一边出家,心里一边后悔;一边修道,一边生气;一边在这个环境,一边又埋怨讨厌,与烦恼一起来。虽然心想用功一点修止观,但是对正修行之路,修止、修定的方法根本做不到。就算是有一点练习,但在方法上不能达到至善的境界。

"一向思维奢摩他相,其心惛暗,于胜境界,不乐攀缘。"总是想着修止得定的这个相,结果打起坐来,定还没有定,昏睡暗昧就来了。对于胜妙的境界,并不想进步达到。有些同学就是这样,很喜欢佛学,不过喜欢听听,真要下去修,那就做不到了,这属于痴性,都是愚痴无智慧。像世间的多情人、佛法的愚痴人，都属于昏沉根性种子的人。

“何等掉相，谓不守根门等四，如前广说，是贪行性，乐不寂静，无厌离心，无巧便慧，太举俱行，如前欲等，不曾修举，于举未善，唯一向修，由于种种随顺掉法，亲里寻等动乱其心。”

掉举心属于贪心的一种，不喜欢清净的环境，不喜欢定的境界，对于世间贪恋得很。经常碰到有很多朋友说：“学佛的人要离开娑婆世界，我不想，娑婆世界有什么坏？有电灯、冷气，哪一样不好呢？何必到极乐世界呢？那里琉璃为地，地都是平的，没得山爬，不好。”他们对这个世间没有厌离，没有善巧方便的智慧，喜欢胜妙诸欲之乐，没有修过止。“于举未善”，这些都属于散乱心，甚至想到家乡，修行不到几天就想家了，一想到亲朋故里，心就乱了，这属于掉举心，还不属于散乱心。

第七讲

身心内外染污了
依色身作意 作意影响色身
修行是什么 睡眠烦恼随
良药——贤善定相
入定 住定 出定
什么是增减 什么是黑白

《瑜伽师地论》下面的一段，是对修定做工夫，由止观进入，亲证到四禅八定，做了详细分析指导。我本来想把它跳过去，你们自己去研究，原因是你们打坐都没有坐好，谈不到止；没有止，更谈不到观；止观没弄好，谈不到定慧；定慧没有弄好，如何能得四禅八定？所以你们听了也等于白听。因此我想把它跳过去不讲，只研究学佛出家，由小乘到大乘的修法。那当然好几卷都跳过去了。但是，我虽然有这个想法，也看你们大家的意见，也许你们有几位了解得到，而想要听。但是将就少数，多数就很痛苦了，勉强装作很热心、听得懂的样子，我觉得是虐待。所以先征求大家的意见，不要客气。

（有同学提议，还是希望继续讲四禅八定，以后对我们修证上会很有帮助的。）

既然有多数同学赞同，那我们就继续讲下去。

身心内外染污了

“复有三十二相，谓自心相，外相，所依相，所行相，作意相，心起相，安住相，自相相，共相相，粗相，静相，领纳相，分别相，俱行相，染污相，不染污相，正方便相，邪方便相，光明相，观察相，贤善定相，止相，举相，观相，舍相，入定相，住定相，出定相，增相，减相，方便相，引发相。”

这个三十二相，是说每一个境界的情形。《瑜伽师地论》

的文字组织非常严密详尽，这里先提纲要，每个小标题的内容，后面都再加解释。

这三十二相，不是指佛身的三十二相。其实成了佛就有三十二相、八十种好，是由于内心的修养、修持的功德所成就的。这里的三十二相，同佛身的三十二相看起来好像没有关系，其实也是有关系的，必须要配合唯识、华严两方面去研究。这里提出来的“心相”是心理的现状，也就是说，做工夫的境界，有三十二种不同的情况。

“云何自心相？谓有苾刍，先为烦恼染污心故，便于自心极善取相。”什么叫“自心相”？拿现代话来讲，就是人的心理现状。这部分属于声闻的修道，主要指专心出家修道，是离开世间亲属、外缘，目的是为求道证果的，所以现比丘相。他说有些比丘先有“烦恼染污心故”，一天到晚都在烦恼中，病的烦恼，不自由的烦恼，天气冷热的烦恼，身体饥渴的烦恼，等等。烦恼不是痛苦，痛是痛，苦是苦，痛苦是粗重一点。烦是扰乱你，就是觉得讨厌，心里很烦；恼是懊恼，等于什么都不对劲那个样子。每人的习惯个性不同，处在一起难免有烦恼，一切众生都有烦恼相，所以要解脱烦恼才能得道。

染污相不是烦恼相，“染污”是像一块白布染上污点或颜色。教育实际上就是染污，如现在的佛法教育，就是准备染成佛的三十二相，这是善法的染污。而世间一切皆是恶法的染污，所以烦恼染污了自己，这是自己的烦恼心理现状。因为一切众生的心，皆有烦恼和染污，所以要解脱。

人的心理本来都是光明坦荡的，因为受了外界环境的影响，教育的影响，或者受了刊物报纸、电影、电视的影响就被染污了。染污以后，就像戴上有色眼镜，看一切东西都变色了，这样不对，那样不对，别人都不对，只有自己对。“染污”是主观的心理观念形成了，认为这个就是对的，违反我这个看法的就是不对，所以“自心极善取相”，自己很会抓住这个烦恼。这个“善”是很会的意思，是形容词，譬如我们讲这个人毛笔字写得好，就说善于书法，就是这个善。

“如是如是，心有染污，或无染污。”“如是如是”就是这样这样，这四个字一加在一起，就包括很多心理行为的情况。我们大家的心也是有染污的，如果心里无染污，而是清净、光明、无烦恼，就证到阿罗汉果了。有染污相对无染污，这两种都是心理状态。

“由此方便，心处沉等，由此方便，不处沉等。”因为心理有烦恼染污，所以容易沉堕，像在水中沉没下去一样。明白了修行的道理，此心不沉堕了，能够超拔出来，超越世间一切。这些文字很容易看懂，但要仔细。

“言沉等者，谓沉等四，乃至念心碍着之相，或复于彼被染污心。”什么叫“沉等者”呢？沉、掉、乱、着等四相，乃至心理有障碍，思想的障碍，因为观点不同，看一切都不对，只有我自己对，月亮下面看影子，看自己越看越伟大。心理思想被障碍住了，久而久之，胸口、胃口也碍住了，引起消化不良，或者精神紧张，所以许多胃病是思想影响。医学上认为胃病有两种：一是神经性胃病，身体神经衰弱；一是脑神经的胃病，用脑过度，令心碍住了。或者说，此心本来已经被染污了，在这个烦恼染污上面，更增加烦恼，更加染污了。

“云何外相，谓即于彼被染污心，了知自心被染污已，便取外相，谓光明相，或净妙相，或复余相。”心的“外相”是什么呢？注意！这是讲声闻乘的比丘正式修道时，心取外相，不是讲佛法外的外道。修道比丘知道自己的心被染污了，形成了思想主观，就取了这个外相，当做是“光明相”或“净妙相”。譬如有人修起法来，不洗手不能上香礼佛，洗了手还在净香炉上摸一下，取这些“净妙相”。世界上有很多看光的，密宗也有，当然你们都没有看到过，我也没有教你们，如果教你们，根器好一点的，一个星期就成功了，差一点的，三个月或一百天都可练成功。不过你们会入魔的，鼻头画一个圆圈，我把袖子一晃，你就在袖子里头看到放光，你要找东西都找到了。然后打起坐来是一片光，圆坨坨、光烁烁的，自己认为这就是妙光如来，什么性光圆明等观念都来了。

所取之相很多，世界上各宗教都有它取的外相，如天主教只点蜡烛不点香，等于佛教界“烧香不放炮，菩萨不知道；烧香不敲磬，菩萨不相信”等着相的修法。

“为欲除遣诸烦恼故，或令彼惑不现行故。”为了使自己除掉烦恼，而修光明法及各种修法，一念不生也达得到。或者能令其他不好的境界不现行，由于这种心理现状而取外相，走入心外求法的外道境界，所以是“外相”。

依色身作意 作意影响色身

“云何所依相，谓分别体相，即是一切自身所摄五蕴并种子相。”

这句就难了，这些声闻乘的比丘们，学佛学久了，佛法道理都知道，什么是性之体，什么是它的相。譬如般若、中观，等等，是讲空、讲体，唯识法相宗是讲相。任何一个东西都有体、相、用。虚空是以虚空为体，以空为相，空容纳万有为用。学佛先要把握这个，尤其是华严宗、法相宗，先要了解这个道理。我们人是以肉身为体，各有不同之长相，我的相是他人所没有的，你的相也非他人所能有。我们各人各自造业就是用。思维分别，了解一切法的体相用，也就是自身的五蕴和种子。宇宙万有，世界上之万物，乃至我自己此身所包括之色、受、想、行、识五蕴等，真要研究这一段，就要先研究《五蕴论》。严格分析五蕴，色蕴属于物理，地、水、火、风、空，五色法；这也就是道家所说人身是一个小天地，是一个小宇宙的作用。

我们这个生命，个别的或共体的，都是一个阿赖耶识种子所爆发的，这是所依相。所谓所依，身体就是我们的所依；我们的能依，就像电一样，电要通过电灯才能发光，所以电灯是电之所依。我们的自性，通过这个五蕴肉身，才能够有作用；假使这个五蕴的身体坏了，在这个南阎浮提的世界，就没有用了。原因是身体没有了，虽然你的意识在讲话，我们人听不见了；但是我们讲话时，那些没有肉身的非人，在旁边都听见了。一个小地方就可以容纳几千万的非人，因为非人是没有五蕴肉身的，而我们人则有“五蕴并种子相”。所以这里告诉我们，所谓求证佛法，是以这个色身证果，否则佛法就是空话了，那我们又何必学佛呢？

以此身求证才是真佛法，此身为我们的所依相；但是此身是我们暂时借用的，用了几十年就没有了。所以要趁这个房子没有倒以前赶快修持，不然就来不及了。因为人从生下那一天，已经开始在死亡的路上走了，即使活一百岁，最后也是死。所以《庄子》说“方生方死”。

“云何所行相，谓所思维彼彼境界，色乃至法分别体相。”现在所说的心理行为、行为心理，也就是你思想与感受的各种境界，就是“所行相”。“色”是物理的、物质的，“法”是精神的、意识的，分别各种体、各种相，这是所行相。

“云何作意相，谓有能生作意故，于彼彼境界，所生识生，作是思维。”我们修行不是讲到要先作意吗？如果你们要研究唯识，不能拿这一段“作意相”去解释全部的作意。这里说的作意，与修止观的作意不同，与做人造地狱业的作意也不同。现在解释这一段作意相，是讲修声闻道的比丘们在修习时候的作意相。因为这个生命是能够生出来作意的，能够使我们意识起一个境界的。“于彼彼境界，所生识生”，对于外界的一切境界，所生出来的是意识所变的，意识所变的就是能够思想。

现在时代不同，西方哲学产生了唯物哲学，把我们思想习惯性的形态，叫做“意识形态”。中国人与外国人看一样东西，观点不同，因为意识形态不同，表情也不同，这是思想的习惯性不同。西方哲学研究起来也很迷人，看起来几乎接近了佛法，实际上差别很大，这也是意识心理所生的。

“今我此心，由作意故，于境界转。”研究唯物哲学的，认为“心”是假的，一切是唯物的，这是偏向唯物思想的说法。我说这是属于机械性心理学，拿狗来试验，盆子一敲响，狗就来吃饭，几次以后这狗知道了。如果盘中没有东西，狗的口水会流出来了，这一切心理作用，都是受环境唯物的影响。不过拿唯识来讲，这些说法都是依他起。唯物思想认为没有心这个东西，所谓“一切唯心造”是一句空话。但是他忘记了，环境能影响心，心也能影响环境。

不过天地良心，唯心哲学，包括佛法，真要彻底搞通，只有靠你们修行证果来证明了。其实唯物哲学最高原理就与唯心哲学接头了，也就是心物一元的道理，其中也很深奥。譬如说一切唯心造，你就以心造个东西来看看吧！你不能的话也就不能说服唯物之说。如果说证道的人心能转物，那你把那个证道的人找来看看才相信，所以要真修行，以事实拿出证明来才行。理论说得好没有用，只能唬唬那些散男子、散女人，碰到一些真做学问的人，你要以事实求证来说明，才能服人。

所以一切唯心造，你造造看呀！譬如一个唯物论者问你，你肚子饿了，看见好吃的东西会不会流口水呀？会，可见一切心理都受外界所转。但这是作意的，不作意就没有这个事。既然是作意，就不能主观地认为一切是唯物的。当然一切唯心造的证明也不够，但是你所认为的一切皆是唯物所转，都是受外界所影响，在逻辑上，你这个主观就是作意出来的。

问题回过来讲，研究这个作意的作用，思想的内在，就是哲学讲的认识论，也就是现在所讲的认知论。请问，你这个认识或认知，这个确定道理的主观作用是什么？先研究清楚，再来谈唯物哲学。时代变得太快了，二十一世纪到来，学术更昌明，像现在世界上的医学论文，每三分钟有五万多篇出来。所以这个时代是知识爆炸的时代，各大学的研究论文，五分钟增加几十万份新的理论知识。你们出去弘法，如果还在五蕴、十八界这里转，是不行的，所以要注意，只有以身求证这条路。

“非无作意，此所思维，名作意相。”认为是唯心也好，唯物也好，都是你意识作意所生，离开意识思想境界，你找不到一点东西的。这个能够思维的就叫“作意相”。比如我们打起坐来，一念不生，好清净，也知道清净，这就是作意来的，是好的作意，叫清净作意。虽说知道是清净，仍然是作意来的。

“云何心起相，谓即次前所说是一相，第二相者，谓心缘行缘名色相，此所思维，名心起相。”作意起来一种现状，就是“心起相”。心理上第一个相是作意，第二个相是心缘行，缘名色……十二因缘，一个连锁的关系，这是“心起相”。这样地讲，谁懂啊？你们出去弘扬佛法，光晓得佛法是不够的，要练成一个演讲家。演讲与讲课不同，一个真正能弘扬佛法的人，能讲学，能演讲，懂佛学，还要懂一切学问才行。讲到这个“心起相”的十二因缘，“无明”就缘“行”，再缘“识”，再缘“名色”……如果说这是心路的历程，有点回忆回想的境界，现代人才觉得讲对了。十二因缘，这个缘那个，现代人听不懂的，要用现代话来表达。

修行是什么 睡眠烦恼随

“云何安住相，谓四识住，即识随色住等，如经广说，此所思维，名安住相。”这几句话比较深一点，什么是“安住相”？譬如我们这个地球，今天存在就是安住，虽然将来会毁灭，可是现在这个阶段是安住的。这个存在安住是“四识住”（受、想、行、识住），就是“识随色住”，也就是精神同这个物理世界共住。像二元论的说法，说这个世界是由精神、物理两个合成的，就像自性光明与肉身合成的一样。自性光明就在肉身上，就像面粉混合了糖一样，融在一起的。我们的光明自性就在这个肉体里，修行就像是把凝结在面粉中的白糖抽出来。你腿麻了就觉得痛，如果肉体里没有你那个灵知之性，你腿麻了就不晓得痛了。“如经广说”，这个道理佛经上说得很多了，这种思想的范围，就是“安住相”。

打坐修定就是把生命中散开的灵知之性，再凝结起来，然后再与肉体分化开就是解脱，回到自己的原来，这是属于小乘的修法。大乘的修法晓得这个肉体同那个灵知之性，都是一个东西变的，不但要把这个灵知之性从肉体里拉出来，还要把肉体转化了，这是大乘的修法。

“云何自相相，谓自类自相，或各别自相，此所思维，名自相相。”人的思想意识，形成一个思维模式，自己构成一个固定的意识形态，就是“自相相”。学哲学的人讲话做事都有一个哲学的样子；学科学的，如许多朋友，我给他一个名词——“科学怪人”，他那个样子就是一个科学家；读书人就是一副书呆子的样子，酸溜溜的；学佛的人，满口佛语，满脸佛气，这就是“自类自相”。你看那个基督徒之相，一看就是耶稣的样子，没有办法，意识形状形成了，就是“各别自相”。心理作用就有这样大，个人的思想形成了一种形态，这个叫“自相相”。

“云何共相相，谓诸行共相，或有漏共相，或一切法共相，此所思维，名共相相。”中国人到外国去吃西餐，大多感觉不合口味，这是多数人都有的共同现象。如印度人要吃香料做的饭，里头放酸奶的，酸得不得了，他吃得津津有味。大家都有心理共同形成的共业，这是“共相相”。

“云何粗相，谓所观下地一切粗相。”“下地”是指欲界，我们大家都粗心大意，粗心在佛法看来就是“下地”。下界众生都是粗心、粗气，忘了这个，忘了那个，这是心粗，一脸粗相的样子。修行到了把脸相转细，皮肤细胞都转嫩了，这是细相。

“云何静相，谓所行上地一切静相。”色界、无色界，上界天人的境界是静的，这个是静相。

“云何领纳相，谓随忆念过去曾经诸行之相。”所谓“领纳”就是受相，是过去经历过的事情。如人人都喜欢家乡，喜欢妈妈做的菜，因为习惯了，所以走遍天下还是喜欢自己的家乡，没得办法。每人个性里都有过去、前生曾受的领纳相，各自意识形成了现行，所以每人个性不同。

“云何分别相，谓思未来诸行之相。”想到未来的事，这是靠思想分别，像你们年轻人在这里读书，念完以后干什么？当光头吗？还是有发的？没有头发的就称法师，有头发的就没办法，自己想到前途，都会有苦恼，这些相是未来的“分别相”。所以晓得什么叫分别，思维这样、那样，比较性的，也就是比量境界。

“云何俱行相，谓分别现在诸行之相。”指现在的心理状况。

“云何染污相，谓于有贪心，思维有贪心相，乃至于不善解脱心，思维不善解脱心相。”贪恋这个世界就是“染污相”，名啊！利啊！钱啊！就算另外有一个世界，像天堂，有些人还不愿意生天呢！这里玩习惯了，有冷暖气，有电灯，蛮好玩的，他已经习惯了。这是“不善解脱心，思维不善解脱心相”。

“云何不染污相，谓与此相违，当知即是不染污相。”不贪心，没有染污，就是“不染污相”。也就是说，心理恢复清净光明，叫做不染污。

“此中已出离于断，不修方便者，观有贪等，修方便者，观略下等。”同这个欲界一刀两断，切断了，能断金刚般若波罗密，所以出家比丘对于世间的思维习性要切断。他说所以啊，观察世间人，都在贪心，不修各种修行的方法。其实修行要检查自己的心理，你为什么要打坐修行学佛呢？因为贪心，又想证果，又想得道，又想成佛跳出三界，大贪。贪成佛也是贪心，都是一样的，只不过你的贪换了一个目标。所以真修到不贪之地就成功了，不贪世间法，也不贪出世间法，这样叫做坦然而住。你以为坐在那里，把意识停一下，就叫坦然而住吗？那只是停住而已，所以要懂教理。

以一个贪心来讲，狭义之贪，是贪饮食男女之间的爱欲；广义之贪，是贪世间一切。所以无一不是贪，贪清净也是贪，爱干净也是贪，总而言之，学佛是为求解脱，但是真解脱真难。

“有贪心者，谓贪相应心，或复随逐彼品粗重，如是由缠及随眠故，一切染污心，如应当知，以能对治缠及随眠故，成不染污。”“粗重”是贪心粗的一面。“随逐”是贪上加贪，跟着贪去跑，这样由缠（结使），愈缠愈坚固。还有随烦恼“随眠”，你睡的时候它也跟随着你。睡的时候也有贪，睡的地方要舒服，也是贪，所以比丘者，头陀行不三宿空桑。哪里不可以过夜啊？有人贪那个位子好，有人换了床睡不着，这叫修行吗？

一切烦恼都会缠绵，随眠烦恼最厉害，因为随眠烦恼跟着你睡在一起，你还不知道，而且你还爱得要死呢！解脱不了的缠绵，使你永远在昏迷中。“随眠”这个名词，翻译得太好了，一切众生根本烦恼贪等，随时跟随，随眠烦恼也跟着。修行的人，一念之间被烦恼及随眠烦恼缠走了，还要等善知识说你一顿你才了解，多昏头啊！佛者觉也，要随时有警觉性，要能够医治自己心理的毛病，也就是医治缠绵及随眠的烦恼。所以神秀的偈子是对的，“身是菩提树，心如明镜台，时时勤拂拭，勿使惹尘埃”，他是讲修行的工夫。六祖讲的是直接的见性，差别在这里。真有了见地，做工夫还是要“时时勤拂拭，勿使惹尘埃”。悟后起修，才把缠绵及随眠烦恼修到彻底清除，不再染污。

有人指出你的烦恼，指出你的业障和染污的心理，自己还不服气，还不肯改，然后还抱住那习气业力的心理，把它当宝贝。唉！就让你去缠绵吧，反正六道轮回也蛮好玩的，多滚几回，我在那边等你就是。

良药——贤善定相

“云何正方便相，谓所思维白净品因缘相相。”以又白又净的善相修行，就是“正方便相”。白是形容善，黑是形容恶。

“云何邪方便相，谓所思维染污品因缘相相，即是思维如是如是不守根门住故，乃至不正知住故，如是如是心被染相。”邪方法、邪教都是“邪方便”，他们也有他们的这样那样的理论，但是“不守根门”，不回过来反省自己，六根都向外走，所以叫做外道。没有正知正见，只是这样那样很多道理，心都被染污了。

“云何光明相，谓如有一于暗对治，或法光明，殷勤恳到，善取其相，极善思维，如于下方，于上亦尔，如是一切治暗相故，建立此相。”“光明相”分两种，一种是智慧光明，是无相的光明；一种是有相光明，就是修法之光明。譬如观日轮月轮之光明相，静坐真得到了禅定，开眼闭眼，身体内部有智慧光明相出来，这是生理上、工夫上的光明相，是对治无明黑暗。“法光明”即智慧光明，是意识上的光明。求道的人要极诚恳，真智慧才发得起来。为什么这里又说“善取其相”呢？佛经不是说要你不着相吗？是着而不着呀！佛说那么多经典，因为佛随说就随解脱了，这就是“善取其相”。所以念佛也好，修密也好，要“善取其相”，生起次第，圆满次第，性空缘起，缘起性空，要智慧地思维研究清楚。下方世界及上方世界，都是这样修，以对治无明黑暗，而建立智慧的“光明相”。

“云何观察相，谓有苾刍，殷勤恳到，善取其相而观察之。”注意！出家比丘，这也是戒律，只要学佛就要如此，真修行人出家求道要诚诚恳恳。一般学佛的人，一来就被“空”字麻醉了，真讲空，你空得了吗？你取一个空，也就是“善取其相”，但要“观察之”，要随时思维观察，反省自己。

“住观于坐者，谓以现在能取，观未来所取法。”譬如打坐当中修观，完全靠思维修，现在坐在这里的是谁？能坐的是谁？下一步该如何？“能取”与“所取”，心的能与心的所之间，研究清楚，睡的时候也应该这样做工夫。

“坐观于卧者，谓以现在能取，观过去所取。”昨天睡的那个怎么又醒？我今天怎么又想睡，睡了到哪里去？禅宗叫你参“无梦无想时，主人公何在”，就是这个道理，也就是思维修，参嘛！

“或法在后行，观察前行者。”走路的时候，我这一步走过了，谁叫我走的？我的意识。那个意识怎么叫我走这一步路呢？乃至于前面古人修行是如何成就的呢？要观察思维，观后后，观前前。

“谓以后后能取，观前前能取法，此则略显二种所取能取法观。”这其中简单地说有两种，能取、所取法观，进而能所双亡，自性法性显现。

“云何贤善定相，谓所思维青瘀等相，为欲对治欲贪等故。”怎么得贤善定呢？这还是声闻乘里的。定是共法，外道也有定，魔道也有定，你不要看不起魔，大魔王如不得定是没有神通的，神通都从定来，所以定是共法。但是学佛法的定叫做“贤善定”，不是世间定、外道定的修法。你以为打坐就是道吗？外道坐得比你们还好。有一位老和尚到美国去弘法，几位法师与一位美国在家居士，夜里比赛打坐，这些外国朋友坐得很端正，一坐六个钟头不动，我说那一定是搞瑜珈的。老和尚说，几位法师坐了四个钟头熬不住了，只好下座拜佛。再看那个居士，而且是外国人，坐得那么好，怎么办？只好拜佛拜到天亮，大家都累死了，昏沉睡觉了。所以我们不好好修行怎么行啊！

这是真话，是这位老和尚亲自跟我说的。这是老和尚的美德，就是坦率，这才叫修行。我经常讲，到外国弘法，先就在白宫门口双腿一盘，坐半个月不起来，不管有道没道，先比比腿看看嘛！不过说是说，纵然能如此，也只是外道定。

像你们有些人听《禅秘要法》修不净观、白骨观，观到脚趾烂的地方，就想呕吐了。为什么有这个心理呢？因为你对欲界的色身，无始以来有贪欲盖，所以你才厌烦；假设没有贪欲的心，听到这种法，高兴得当下连肠里的脏东西都吐了出来。

你们修行没有智慧，自己检查不出来。老实讲你们现在不净观都观不起来，按照《禅秘要法》上讲，要先观自己身上烂了，虫在上面爬，肉又烂又臭。对于不净观，你非要经过现场看过不行，否则你们是观不起来的。佛在世的时候，带他的弟子比丘们，在尸陀林修观。印度很穷，人死后用草席一包，就丢到尸陀林，随他烂去。佛带比丘们到这里作观想，那当然入定了，是吓都吓定了。所以先修不净观，观到发青发烂，这是医治自己的贪欲心、爱欲心。修止得了止，得了定，还属于外道，要起观而得慧。

“何故此相说名贤善，诸烦恼中，贪最为胜，于诸贪中，欲贪为胜，生诸苦故，此相是彼对治所缘，故名贤善。”解脱之后，把欲界的染污相转成净相，就是贤善相。

入定 住定 出定

“云何止相，谓所思维无分别影像之相。”于所缘审正观察，心一境性，得了止。得止得定还是共法，还须起观，开发智慧，得慧。

“云何举相，谓策心所取，随一净妙，或光明相相。”昏沉是脑部氧气不够，所以要把心提高举起来，有对治昏沉的作用。“策心”是鞭策，把心提一下，或者取净妙的光明相，日光照下来，就不昏沉。但是举久了会血压高，散乱心会起来，就要换个“沉相”，把它降下来。

“云何观相，谓闻思修慧所思维诸法相。”听了经典要去研究讨论，研究了以后回转到身心上来修，修了以后得定，得慧，开悟。

“云何舍相，谓已得平等心，于诸善品增上舍相。”做工夫走一步就丢一步，今天得了光明，就赶快丢光明，那就进步了；

如果贪光明之舒服，一光明，万光明，贪光明太久，以后你就只能变成个光明而已。光明也没有什么了不起，所以“舍”的道理是这样，也就是儒家的“苟日新，日日新，又日新”。我经常告诉你们，今天的进步不算数，只有明天，只有进步，永无止境地前进，不能住在一个境界上，必须舍。

“云何入定相，谓由因缘所缘应修习相故，入三摩地，或复已得而现在前。”这是因缘法，各种因缘凑合而成，自己的生理调适了，身体健康无病无痛，心理、心境、心路、心行都对了。身心两个因缘一凑合，本来想观明点，但观不起来，正好某同学开了一下电灯，光明来了，就进入定境了。这个光明是有相的，要转成自性无相光的境界才对。有时像瞎猫碰到死老鼠，正要修习，证道的境界来了，所以入定了。

一般人解释入定，好像硬是有个东西，像灌香肠一样地灌进去，错了。入定是说，譬如要光明定，结果身心一片光明，进入这种状况，这叫入定，就是进入所要缘的那个状况。譬如现在我们正要上课，有一个人希望进来听课，门被他打开，因缘凑合，进来坐下听课，这是“因缘所缘”。入定也是一样，所要求的因缘与所缘都凑合了，就入定了；不要以为什么都不知道才叫入定。

定者定住，就像小孩子玩陀螺，陀螺一转，它定在中心，看起来好像不动，那是入定，因为动得太快了，所以像是不动。不动吗？在动，它在中心点立正定住了，定在中心点。转不动倒下来时，那是昏沉；快要转下来，摇摇摆摆之际是散乱。懂了吧？佛经的东西不一定要靠佛经才能懂，很多世间事都是可以帮助我们了解的。入定是入了那个中心点，因缘所缘凑合，今天一上座，身体也蛮舒服的，心也专一，坐来很安详，符合你的要求就对了。而你们呢？已经坐到安详境界了，然后就想我坐了好久都不入定，怎么使自己入定呢？在那里害入定的相思病，当然入不了定。“或复已得而现在前”，你曾经经验过的定境界，随时可现前，行住坐卧随时可以到达这个境界。

“云何住定相，谓即于彼诸相善巧而取，由善取故，随其所欲，于定安住，又于此定得不退法。”入定相是初步，是入门，入了定要定住，就是“住定相”。也就是说，我要进入这个定的境界，不管上座也好，站着也好，心境一宁静，一会儿就进入这个境界。“善取故，随其所欲”，随时随地都可以进入这个境界，这叫得定，得定在教理上称“住定”。

“云何出定相，谓分别体所不摄不定地相。”我不想住在这个境界上了，就是出定，那不是你分别心所能挑动的，那是任运自在的。“不定地相”就是散开了，我不在这个境界上了，等于今天我进入讲堂上课，上完课，我出来走了，我不在这个境界上了，就是“出定相”。

什么是增减 什么是黑白

“云何增相，谓轻安定，倍增广大所思维相。”身心不得轻安是不能入定的，轻安的反面是粗重，一切凡夫身心都是粗重。在相学上讲，一个人根骨轻灵，是清净相，有道之相，很快就能成道。这种人身行如行云流水，步伐如蜻蜓点水，而步步踏实，如风飘过。这样的人会短命吗？未必，要看他的脚跟有没有落地；有落地，步步踏实又是另外一种相。身心轻灵得轻安，或因修止而身心转化了，就有这种现象。不像一般人一身都是粗重，走路笨笨的，水泥地都会响，这是粗重，所以修行轻安很重要。

“云何减相，谓轻安定退减狭小所思维相。”轻安并不是究竟，修定得的轻安，如果不继续用功，随时就会减退。或者饮食调节不好，或者四大不调适，或者是心散乱，或者心起烦恼妄想来了，如此轻安立刻退失。所以这个轻安是靠不住的，不是究竟定的住相。

“云何方便相，谓二道相，或趣倍增广大，或趣退减狭小故。”知道或增、或减这两个方便，就是“二道相”。

“云何引发相，谓能引发略诸广博文句义道，若无诤无碍妙愿智等，若依三摩地诸余力无畏等最胜功德，及能通达甚深句义微妙智慧，如是等相。”在得定之后，一切学问智慧都通达了，以前看不懂的佛经，统统都懂了，就是“引发相”。可以进入无诤三昧，一切无障碍的智慧，一切愿力，一切智慧都发起了。然后依这个定境界其他的力量，像十力、四无畏等功德，都是一学就到了，随心所欲，以及一切无畏等法之最胜功德也都到了。这些都是从定所发的，也能通达最深的道理及微妙的智慧，“如是等相”全到达了。

“复次如是诸相，即前根本四相所摄，谓所缘相，具摄一切，因缘相亦尔，前与后为因缘故，为令后后得明净故。”总而言之，三十二个心相，修定的心相，都是前面所讲四个根本相所包含，分析起来有那么多，归纳起来是四相归一念，一念再归纳就是空。总而言之就是“所缘相”，是有分别影像所缘，包括了一切。“因缘相”也是这个道理，前后互相为因果，前面动一个善念，为善最乐，心中无烦恼妄想，心和平了，上座就安详，就容易得定。所以，前念是善，后念就容易清净；前念是烦恼，后念就容易染污，这是简单的一念之间的三世因果。

“正方便相，一切种别，皆因缘相，如正方便，邪方便亦尔。”正方便有效果，邪方便也是一样。外道法、邪道法，念念做坏事的功力，也一样有成就。

“一是白品相，第二黑品相。诸染污相，唯应远离，所余诸相，唯应修习，于彼彼时应修习故。”学佛修道的人，一切恶业的染污、烦恼、妄念等都应远离，应该好好去修持善法白品。对于出家的比丘，修声闻道的，随时随地都应该这样修持。

第八讲

作意与所缘
得定的四种力
四种心理不同的修定人
钝根的修法　中根的修法
如何修无漏果位的定境
工夫有进退　方法有抉择

现在正式讲在修持做工夫，修定、修止观的时候，对于四禅八定，定境界，应该先有的认识。大家看卷十二“本地分中三摩呬多地第六之二”，二百五十九页。

作意与所缘

“复次云何修习所缘诸相作意，谓即于彼彼诸相，作意思维，以思维故，能作四事。”这一段是纲要、提纲，首先讲修行如何作意。不管任何宗派，八万四千法门，修行第一步都是作意开始，都是意的境界。

关于作意，有一点要给大家说明。你们一听到作意，就会感觉是第六意识的境界，这不是第六意识的分别境界，而是第六意识清净面的现量境界。譬如念佛要念到“念而无念、无念而念”，一心不乱，念到一念无念的境界时，那个一念清明，一念的空，就是真作意。这个时候空的境界，清明清净的境界，就是你作意在清净、清明、空。这个作意的意，不是分别意识，是未起分别意识之前的现量境，这是我们首先要了解的。

三界六道十二类众生轮回之中，都是意识所造成的，成佛做圣也是意识所修成的，一切离不开意识。禅宗所讲“离心意识参”，你们一定问，离了心意识怎么参？以理论上的逻辑推理，一定会问这个问题。有人说离心意识我不参了，不能参了呀！所以诸法，善念、恶念，白业、黑业都是作意之所生，因此要了解玄奘法师的《八识规矩颂》中所讲意识的一句话，“引满能招业力牵”。

诸佛菩萨把第六意识转为妙观察智，也是作意。所以我们现在修行的时候，先是修习作意所缘。譬如修念佛法门的，所缘在念佛；观想者，所缘在观想；参禅者，所缘在参禅；思维理者，所缘在理上思维。思维本身也是在作意，本身就是作意。所以修习所缘诸相的作意，“彼彼”就是代表各种，八万四千法门都是“作意思维”。所以一切正修行之路，全是思维修。譬如道家或密宗修气脉，怎么知道气脉发动？怎么知道气脉通了？都是作意，是意识思维来的，这思维是正思维，不是凡夫的妄想思维。所以在作意修持当中，能够达到四个状况，四个标准。

一、“谓即修习如是作意”，譬如念佛可以念到一心不乱，念到念而无念，无念而念，可以“如是”，这样的作意。

二、“又能远彼所治烦恼”，能远离一切烦恼。

三、“又能练此作意及余，令后所生转更明盛”，譬如念佛或观明点，练习到绝对清明，达到目的，达到止定境界，三明六通自然可以做到。“及余”是包括其他的很多很多，下面都有解释。作意修止观，譬如修念佛，真念到了念佛三昧的境界，乃至即身见佛，净土现前，就是“转更明盛”，甚至于即身成佛，即身是佛，也都是作意的成就。

四、“又即修习此作意时，厌坏所缘，舍诸烦恼，任持断灭，令诸烦恼远离相续，是故修习如是所缘诸相作意。”声闻众比丘，出家正修行之路，必须要昼夜六时都在作意修持、修习。在修习的时候“厌坏所缘”，因一念专止，止定境界，一切外缘，包括身体四大，都能够舍弃。“任持断灭”就是烦恼切断了，不是断灭见的断灭。所以因为翻译文字的关系，你们有时候很难看懂。“令诸烦恼远离相续”，烦恼真的能够断得了吗？“抽刀断水水更流”，只是暂时可以断，使一切烦恼远离相续，不像波浪那么快的连续过来，这是纲要。

得定的四种力

“复次由四因缘，入初静虑，乃至有顶，谓因力，方便力，说力，教授力。”现在讲入定，就是四禅八定，前面已经讲过入定的条件，入定的境界，入定的定义。现在讲由四个因缘达到初禅，乃至到达有顶天。有顶天的天主是大自在。佛说过，从有顶天丢一块石头，要经过六万五千五百三十五年才到达我们这个地球，距离有那么远。大自在天主有三只眼，穿白衣，是十地菩萨以上的地位。所以观世音（观自在）菩萨的法门，是与大自在天天主的法门合一的。换句话说，你们要研究《三界天人表》才行，学佛的始终忽略它，这是最笨的事，也是最罪过的事，因为一切修持都与三界天人有密切的关系。

色界天人有光色音声，没有肉体，色界天还是有情世界，超越色界天，才进入无色界。得初禅定的人，再努力进修，可证罗汉果，果位在色界天。大阿罗汉则寄住在三界中。所以欲界色界无色界，也是凡圣同居之天。“初静虑”修持没有到家，或者修持已经到了一个阶段，所谓“天上人间任意寄居”，可以修到有顶天去住。有顶天像我们的头顶，超过有顶天，外面是空空的，那是无色界了，所以叫有顶天。

换句话说，怎么样能够得定呢？初禅就不容易得了，大家尽管讲修持，不管哪一宗哪一派，在我个人的看法，世界上修持的人，到今天，真正得到初禅定的人，几十年来还没有看到过一个。难啊！那怎么得到呢？要有“因力、方便力、说力、教授力”，这四种因缘，才可能得初禅，这是原理性的说法。

“云何因力，谓曾邻近入静虑等。”“因力”就是有前因，也有现在的因。前世有过修持，已经有接近初禅境界的功力了，这一生再修就快了，这是过去的因。另有现在的因，因这一生发心用功，曾经瞎猫碰到死老鼠，或者一两次接近过，或碰到过入定境界的影像。“等”是进入定境所有方法、方便都知道。譬如念佛，为什么很少有人真能念佛念到一心不乱呢？因为不懂得加行方便，任何的修持都必须要懂加行方便。这是讲因力的原则，下面还有种种解释。

“云何方便力，谓虽不邻近入静虑等，然由数习无间修力，能入诸定。”大家特别注意！这一句是说，前生虽然没有修持，没有前因的累积，但这一生得方便之力，懂一切方法，一切加行。虽然没有接近定的境界，但是现在努力精进，昼夜六时，没有间断地努力在修，所以能够进入一切定的境界。

因力是前生带来的，所谓再来人，他修起来很容易。如果说自己前生没有因力，今生再修就来不及了吗？先不说来不来得及，如果今生不修，来生怎么办？所以这一生还是要努力修。不过，这一生修持也不只是专为来生做因力而已，要注意他的话，尤其出家的同学，应该随时提起警觉。“由数习无间修力”，注意这一句，只要不间断地修习，就“能入诸定”。

“云何说力，谓于静虑等增上缘法，多闻任持，乃至广说，即依此法，独处空闲，离诸放逸，勇猛精进，自策而励，住法随法行，由此能入静虑等定。”这一段很重要，解释“说力”，修行要能与好的同参道友、善知识住在一起，随时以道互相勉励，研究经典，研究修行的方法，这就是“说力”。普通学校同学，比较好的也会坐在一起闲谈，像有些女孩子在一起，一谈也是三四个钟头，这也是“说力”。关于修定做工夫的各种方法，不管它显教密宗，哪一宗哪一派，各种加行方便都要懂得。“多闻任持”，多学，多听，多练习，一切方便都要学，就是要多研究，为了要成就自己的道业，无所不学，也要无所不知。这个求知不是求知识，而是一个目标——如何使我能够证果。“即依此法”，得了方法以后，不再放逸，要专修了。放逸的种类多得很，譬如修行人容易罣碍，什么事情没有办完，放不下啦！家庭、家人放不下啦！乃至说我这个寺庙放不下，佛事没有做完，经没有念完，我的愿力很要紧等。以修持之路来讲，这些理由都是藉故放逸的话，天下没有不了之事，要“离诸放逸，勇猛精进”才是。

文字看似容易，每句话都很难做到，就一个“独处空闲”，就很难做到。你说自己工夫多好多好，把你一个人摆到深山冷庙里去，没有电灯，青油灯一盏，蟑螂、壁虎到处都有，尤其深山冷夜的时候，猴子忽然吱吱叫，你的魂都掉了，哪还能说入定？所以每一句话想想看，修行有多难呀！

像我当年在庐山，自己一个人住茅棚三个月，一天吃两餐饭，买了五十个碗，五十个盘子，过八九天洗一次。但是天天要挑水，还要砍柴，下雨多，又要多砍柴。本要打坐修行，为了吃喝拉撒忙得不得了，这个样子叫修行吗？五十个碗洗了两次也懒得洗了，很烦，结果还是把要用的洗一洗。所以你要住茅棚，不要吹了，我清楚得很，这些我都尝试过。当然在山上不是怕鬼，是怕老虎，老虎住的地方没有树，都是茅草，因为老虎怕鸟的粪便。所以入山独处是非常难的。

其实，对自己马虎原谅就是放逸，等一下下，喝杯茶，抽支烟，再开始修，这就是放逸，对自己原谅、宽恕，就放逸了。精进与放逸是相对的，能拿出勇气对付自己就是勇猛，那比对付别人还要难，勇猛就是精进。勇猛是一股勇气，发起勇气来，永久地持续下去，长久之心，永远不断地前进，就是精进。“自策而励”是要时时鞭策自己，这是很痛苦的。这每一句话都很难做到，真能做到时，至少也成功了一半。“住法随法行”，住在你主修的法门，永远在这一条路上前进，行住坐卧，做人做事，任何起心动念，都依佛法的正思维去修为，这样才能入一切禅定境界。

“云何教授力，谓于亲教轨范师所，或于随一余尊长所，获得随顺初静虑等无倒教授，从此审谛，作意思维，能入静虑，及诸余定。”修行要善知识，要明师。老师有三种，一是亲教师，譬如释迦牟尼佛，燃灯佛给他授记，是亲教师。二是教授师，对一切诸佛都供养请法。三是轨范师，属于榜样之师，与师一起生活，学习他的榜样、规范。这就是善知识的各种名称。“于随一余尊长所”，要依止这些善知识、明师们的地方去修持。不一定是佛教制度之下的处所，像某大名山，或某大寺中，某大和尚，大禅师等，而是找一位真有道的人，依止他修持，在他那里得法。“无倒教授”，这是说一个真正的善知识，把他正修行路的经验传授给我们，这是最难的。

密宗的戒律，师父随便传法，不慎选弟子，犯根本大戒；弟子找师父，不认识清楚，随便拜师也犯了根本大戒。但有道没有道怎么知道呢？这就要自己审察，要智慧去择法了。得了正法以后，找地方去修行，“从此审谛，作意思维”，正思维去修，“审”就是禅宗的参，自己好好地参究；“谛”就是仔细地参究，正思维修，才能证得定的境界。乃至入初禅定，乃至超过四禅八定，“诸余定”，一切定的法门境界，都可以到达。众生有八万四千烦恼，佛有八万四千对治法；换句话说，也有八万四千的定慧境界。所以得到无倒教授法，不但能入初禅定，并且可以入一切定境。

“如是显示四观行者，谓具因力者，方便力者，若利根者，及钝根者。”这一节是小结论，由上面所讲的这个道理，显示四个标准可以观察修行人，一观察他有无因力、宿根，过去世修持之根；二有没有得方便的方法；三这个人是不是利根；四这个人是不是钝根。

四种心理不同的修定人

“复次有四得静虑者，一爱上静虑者，二见上静虑者，三慢上静虑者，四疑上静虑者。”有四种修定的心理。第一是“爱上”，爱是贪爱这个，天生就喜欢追求修定的境界。有些人也想追求，但是降伏不了双腿，也就算了，想等年纪大些再来修吧！这不算爱。第二是“见上”，在知见上理解到了，就想要发心努力求证。第三是“慢上”心理，看古人都能入定证果，古人是人，我也是人，他能证果，我就不能证果吗？我就是拼了这一条命也证果给你看看！第四是“疑上”心理，定是什么东西呀？做科学性的研究，说盘腿打坐就可以入定，不盘腿也可以入定，我就试试入定证明看看。

“云何爱上静虑者，谓如有一先闻静虑诸定功德，而不闻彼出离方便，于彼一向见胜功德，勇猛精勤，由此因缘，入初静虑，或所余定，如是入已，后生爱味。”我劝你们多读古人传记，比丘尼多看《比丘尼传》，和尚们多看《神僧传》。《佛祖历代通载》中也有，古人传记中记载他们如何去努力修行。“爱上静虑”，因为先听到修定的功德，可以得神通，十八变，可以飞起来，所以就努力去修定。譬如神足通，教理上解释，足是功德具足，两足气脉必有打通的工夫。气脉通了，双腿、双足，色身都气化了，可以像气球一样的飘，这是可以做到的事相，都是“静虑诸定功德”。功者是辛苦来的功劳，德者得到这个境界。

像密勒日巴的传记，大家看了都很欣赏，很向往，但是你有密勒日巴被老师磨炼的功德吗？我骂你几句，你就火大了；你是要老师恭维你，将就你，你才觉得这个老师好，才要修行吗？为什么密勒日巴被称为尊者，而你不能呢？想想看吧！有几位同学受了一点小气，就要请假了，所以很少有人审察自己的功德。功是修行的大辛苦之行，德是要很大的德行才能得到的。

再看憨山大师的传记，他依止老师的精神，求法的精神，你做到了吗？大家都是翘头翘脑的，我有道也不传给你，对不对？所以对功德两字，大家要好好反省。你只知道别人修定的功德，但对他成功的艰苦修行过程和方法并不去了解。就算告诉你一点的话，你也得少为足，所以跟你讲了也没有用，因为你没有那个功德，不是法器，承受不了。

有人听了静虑诸定的功德，“而不闻彼出离方便”，只看到修成功的果位，胜功德，自己就勇猛精进起来，拼命在干，这也是可以入定的。拼命地勇猛精进，的确尝了定的味道，要他不修定，不做工夫，他也不干，非修不可，这就是“爱上静虑”。

“云何见上静虑者，谓如有一从自师所，或余师所，闻诸世间皆是常等，如是方便，入初静虑，乃至有顶，能得清净解脱出离。”什么叫“见上静虑”？是见到上层的、超过我们的人。也就是说，有人从自己的老师或其他老师那里听到，说世间法不是无常，而是常，是永远存在的。像外道的见解、印度的瑜珈、婆罗门瑜伽师。西方宗教教义，上帝是永生，天国是永生，以及道家的长生不死，生命常在，都是常见。有人误认为《楞严经》、《涅槃经》都不是正式佛法，因为其中有个“常”字，所以认为是常见。常见在思想上是错误的见解，断常之见落二边，都是外道的观点。所以外道修定的理论，说得定的人永远不生不死，是讲现有的肉身可以常在，定境界可以常在，这属于定境界的常见理论。

至于能不能得定，落常见的外道可以得定，晓得无常的也可以得定，因为断见、常见是思想方面的，而得定是工夫上的。思想与工夫是两件事，不相干的。

修定的人听到常见的理论，说修定的人可以活上一万年、十万年，有信心就可以做到，就可以得定。这种见解虽然是外道的见解，与修定的工夫无关，因为定是佛法与外道的共法，所以听到常见的说法，就专门去修定，这就是“见上静虑”，也的确有人这样做的。譬如《楞严经》上讲的，有十种修神仙的，可与天地同寿，因他没有悟道，不能得菩提，所以也属于外道。换句话说，佛只说了一半，如果他一悟道，证得了菩提，一样是成佛，就是这个道理。

外道的知见认为，修道修定此身可以常在不坏，因此勇猛精进修定也是可以得定的。但是这只限于入定的范围来讲，只讲工夫，不讲慧，不讲见地。本论上说，这种修定，也可以随时进入禅定境界，乃至到达有顶天。不过生为天人还属于凡夫天人，因为没有证得菩提。天人有凡圣之别，凡夫天人是工夫到了但没有悟道，因为工夫到了不一定是悟了道。悟了道而工夫不到的人也很多，所以要工夫到、见地也到，才是成就。

工夫中事项很多，这里是讲禅定，禅定到了并不是法报化三身都成就，这是有差别的，所以佛法修持不是那么简单。得了定也没有什么了不起的，充其量像是一个东西几千万年不坏而已。大阿罗汉入定八万四千大劫，看来也很平常，因为在定中的人，到了八万四千大劫出定的时候，他觉得只像刚刚睡了一下下而已，不知世上已经过了几千万亿年了。“洞中方七日，世上几千年”，所以入定也没有什么了不起，还不如不入定。因为出定以后，认识的人都不在了，那个味道不好受的。

但是在这个定境里，如果由外道而转入声闻道，也可以“得清净解脱出离”，乃至到达有顶天。但也没有跳出三界，或许能清净几个月、几年，一念不生，解脱了，出离欲界了。其实这不过是声闻道而已，在禅宗来说，是担板汉中的小担板汉，是刚入门而已，以菩萨道来讲，还远得很呢！

“彼依此见，勇猛精勤，由是因缘，入初静虑，或所余定。如是入已，能自忆念过去多劫，遂生是见，我及世间皆是常等，从定起已，即于此见坚执不舍。”有这样的见解，再努力修证，可以到初禅或一切定境。他的观念上认为，世间一切皆是常，地球就是生住异灭，地球转五个冰河时期没有关系，地球还是地球，永远是常，永远存在。出定后，“即于此见坚执不舍”，这个见解转不过来，所以五思惑五见惑的见思惑解脱不了，坚执不舍。

“复于后时，审思审虑，审谛观察，谓由此故，当得清净解脱出离。”后来再仔细思考，仔细研究观察，慢慢地参通了。参通了还是声闻道，得阿罗汉果。阿罗汉是离欲之尊，离欲尊并不一定离色，所以要你们把三界天人研究清楚才会了解。一般学佛的都是在般若、唯识、真如的名相上转，基本上的三世因果、六道轮回的道理，都没有想清楚，更不知道如何求证。我们研究佛法是为了求证，下面本论再三提出来，佛法是要用我们身心性命来求证的。

“云何慢上静虑者，谓如有一闻如是名，诸长老等，入初静虑，乃至有顶，闻是事已，遂生憍慢，彼既能入静虑等定，我复何缘而不当入。依止此慢，勇猛精勤，由是因缘，入初静虑，及所余定。如是入已，后生憍慢，或入定已，作是思维，唯我能得如是静虑，余不能得。彼依此慢，复于后时，于诸静虑，审思审虑，审谛观察。”憍慢是一种我慢心、好胜心。人性生来带有我慢成分，世界上人人都有我慢，尤其修行做工夫的，以及做学问的，我慢的心更大，就是增上慢。这一种人，基本上是以我慢心修道，所以能得定。但是出定以后始终不离傲慢，又看不起一切人，认为我能够得道，你们这些人不行，就是一种傲慢心。所以修道的人，工夫越高，傲慢越大，目空一切，因为他认为自己是做工夫才有的，是一天一天慢慢累积来的工夫；一般人不做工夫得不到，所以看不起一般人。

佛法是讲空的，你也空，我也空，他也空，活了八万四千亿万年，最后还是一场空，都是空。空有什么值得骄傲呀？这是基本的不同，所以佛家是因空入手，看一切众生皆是平等，同等的，所以容易发起平等的慈悲心。傲慢可以学做工夫、做学问，但永远脱不了傲慢习气，所以声闻众的许多罗汉都有傲慢习气，很难自我反省检讨，就是这个道理。

“云何疑上静虑者，谓如有一为性暗钝，本尝乐习奢摩他行，由此因缘，入诸静虑，或所余定。如是入已，复于上定勤修方便，为得未得，于四圣谛，勤修现观，性暗钝故，不能速证圣谛现观，由此因缘，于余所证便生疑惑，依此疑惑，复于胜进，审思审虑，审谛观察。”宋明以后禅宗参话头，就靠怀疑的心理来参，不起疑情就不悟，“大疑大悟，小疑小悟，不疑不悟”，就是走这个路线，利用贪瞋痴慢疑之“疑”字的心理，集中天下大疑为一疑，然后可以开悟。现在这里所讲做工夫“疑上静虑”，是说有一种人根器笨钝，像一把锈柴刀，木头都砍不断，自己还认为了不起。本来也学过打坐修定，很喜欢修道，也很努力做工夫，由于这种因缘，对定境界有了一点影子，但“为得未得”，没有真得到静虑（禅定）的境界。对于佛法上讲的四圣谛法门，由于自身的暗钝，不能证到现观境界，于是就对于一切产生了怀疑。

我们讲四圣谛的所谓苦集灭道，还是讲文字，真的四圣谛怎么讲呢？念动就是苦集，是心之苦集，要得道才能灭一切苦，所以道是灭一切苦之因。集就是一切众生爱抓，念头停不了，集中一切苦之因，苦是集之果。所以四圣谛法门是在一念之间要修现观求证空性的，不是光讲佛学理论。因为生性暗钝，是钝根，所以不能证到四圣谛的现观。如果一切起心动念都达到寂然不动，就是四圣谛的现观入门了。

由于这个因缘而证不到四圣谛，“于余所证便生疑惑”，于是就对佛法产生了怀疑，说佛法圣谛现观，真有这一件事吗？还是骗人的呢？一定要把它搞清楚，因疑而进入参究，而勤修之。所以后世禅修参话头，就是走这个路线。在教理上要晓得，参话头没有什么了不起的，问题是怎么参，要有“审思审虑，审谛观察”的内涵，这样才是参的总称。

钝根的修法　中根的修法

“复次云何爱味相应静虑等定，谓有钝根，或贪行故，或烦恼多故，彼唯得闻初静虑等所有功德，广说如前爱上静虑，于上出离不了知故，便生爱味恋着坚住，其所爱味，当言已出，其能爱味，当言证入。”因为喜爱禅定的味道、爱禅定所得的功德而修道，也可以得定，工夫勤修则有得。这些都是属于钝根人，认为打坐修道好处很大，真得到初禅定，死后就是肉身解脱；或寿命完往生欲界天，那里有许多天女，衣食住都是上好的，你与一个天女在一起，其他的天女都不见了，所以也不会吃醋。你也可以化成天人，一身都有光，很漂亮的，有各种功德。

难陀因妻子漂亮，虽然佛陀度他出了家，但还是非常想念妻子，没心修道。佛陀有一次就带他上欲界天玩，看到有许多天女在那里玩，他就去问，为何没有男人呢？她们告诉他，有啊！是难陀，他现在正在跟佛修道，死后就生到这里来，我们在等他。回来佛就问他，天女比你太太如何？难陀说："我太太不能跟天女相比。"所以他拼命用功修道，工夫也不错了。有一天佛又带他到地狱去看，看到一个大油锅中热油在滚，旁边站两个狱卒，似乎是等人来受刑。难陀就问犯人是谁？狱卒说：叫难陀，佛带他上天看了那些天女，他动心了，为这个目的而修禅定，修好往生欲界天，等福报享完了，就要下这个油锅，我们在等他。难陀吓死了，这一下回来真修道了。

所以由修禅定的胜功德，转生为天人，天人里也有魔，脾气暴躁的就是魔，也就是罗刹。男罗刹很丑，女的漂亮，他们都有禅定的工夫。禅定所通的道路很多，所以你们修禅定，如果走错了路，那就麻烦了。这不是笑话，修定做工夫哪有那么容易！一定要把佛法研究清楚，气脉通了，要看你通到哪一条路去，通到罗刹路去，就变成罗刹了。

什么是"爱味相应静虑等定"呢？相应就是瑜珈，爱味就是贪恋。钝根的人，"或贪行故"，因为贪欲，而入这种爱味定。贪欲有很多种，广义之贪欲，修道为了长寿，为了成仙成佛，都是贪。狭义的贪欲，乃至修密宗的，修道家的，走男女双修的，认为男女饮食之欲既不放弃，又能成道，那多好啊！所以世界上男女双修法就很受欢迎了。其实那是入贪欲乐定，如果执著不能解脱的话，就走入这个定境，属于钝根之类的人。这类修成功的果报是生欲界天，好一点的是欲界天的上层，但是若干劫后，天人福报享尽，花冠萎缩，就要死亡，照样下来到轮回中。所以哪一层天道，要什么功德、什么见地、什么工夫才能往生的，你们要研究清楚。这些都没有研究，动不动就来个大乘，乃至大彻大悟，大个什么？大个屁！那是空话。学佛的人要把基本的三世因果、六道轮回、三界天人搞清楚才是根本。

这种钝根的人“或烦恼多故”，修定要清净，烦恼多怎么修定呢？有些人修定，如道家画符念咒，及搬运法，及催眠术等都是定的工夫。玩魔术、玩瑜珈的都做得到，苯教的也做得到，都是以烦恼心而修定。由此可知，人的心力有如此之大，菩萨有神通，凡夫也有神通。像高楼造得那么漂亮，人还到了月球，都是人的神通。这种因为烦恼多的原因，听到修得了定境界能使人升华，上生天道，但又不了解出离方便法门，“便生爱味”，爱味就是贪恋，这种静虑叫爱味。还不止一个境界，是很多的。所以佛经每一句话、每一个字，都很慎重严谨。

“云何清净静虑等定，谓有中根，或利根性，等烦恼行，或薄尘行，彼从他闻初静虑等爱味过患，及上出离，勇猛精进，入初静虑，或所余定，如是入已，便能思维诸定过患，于上出离，亦能了知，不生爱味。”中等根器的人，一念清净入定，不走贪欲之路，因为他天生烦恼少，比较清净。当然过去世有修过的，一听到修定，就清净出家，至山林打坐入定，这是中等根器，中等的利根。六祖讲禅宗是接引上上根器的人，所以大家自己标榜学禅宗，不过大家反照一下，自己是什么根器总要知道吧！禅，谈何容易啊！就拿禅定来讲，达到一味清净已经是了不起了，那也不过是中等根器而已。

如何修无漏果位的定境

“云何无漏静虑等定，谓如有一是随信行，或随法行，薄尘行类，彼或先时，于四圣谛已入现观，或复正修现观方便，彼先所由诸行状相，入初静虑，或所余定，今于此行此状此相，不复思维，然于诸色乃至识法，思维如病如痈等行，于有为法，心生厌恶，怖畏制伏，于甘露界，系念思维，如是方能入无漏定。”这是大阿罗汉无漏果境界，一切无漏，是中乘道声闻之极果。如何得呢？一种是“随信行”，正信佛法，即断疑生信。《华严经》上说，“信为道源功德母”，信自心就是道，就是佛，可参看《大乘起信论》之信行。但是据我几十年经验看下来，不管学佛在家出家的人好像没有一个真正信的，多半是功利思想来追求佛法，包括大家诸位在内。所以，真正能够正信确有此事的人，很少，也很难。

一种是“随法行”，很多人尽管学佛，研究佛法，也很会讲，但是这个“行”做得到吗？所以学佛最好能随佛法而修行。另一种是“薄尘行”，对于世间的留恋很淡薄。一般人说“我对世间看得很透，毫不留恋”，那都是吹牛的。所谓世俗尘劳淡薄，就是当他要修道的话，马上可以将世情一刀两断。还有一种是过去对于四圣谛法门，已经证入现观之道，所以才会尘劳淡薄。人生每人都有很多烦恼痛苦，现在与同学怄气也是烦恼，举凡任何一个观境上，现观庄严，马上可证入四圣谛。故弥勒菩萨有一本《现观庄严论》，注重煖、顶、忍、世第一的四加行，所以不做工夫不行，现观庄严之路非做工夫不可。

一种是“正修现观方便”法门，在这现观境界，走无为法门，一入手自然就空了。永嘉大师说，“不除妄想不求真”，“了知二法空无相”，一门深入就直接到达。对于一切有为法“心生厌恶，怖畏制伏”，起心动念只在这一个心念，不管是恶念、善念，心念有一点动，自己就害怕，就认为修行不得力。所以要于甘露清净法门，念念正思维，这是八正道之路，这样才能进入无漏定境，得阿罗汉道。

工夫有进退 方法有抉择

“复次云何顺退分定，谓有钝根下劣欲解，勤精进故，入初静虑，或所余定，于喜于乐，于胜功德，不堪忍故，从静虑退，如如蹔入诸定差别，如是如是还复退失，乃至未善调练诸根。”做工夫修定是有进退的，有时进了又退，有时退了又进，工夫很好也会退的。为什么会退呢？因为定不是慧，慧是一悟千悟，一悟永悟；定是做工夫则来，不做工夫则不来。下等根性的人，因为开始勇猛精进，打坐想得个道，而进入了一些近似定的境界，“于喜于乐，于胜功德，不堪忍故”，但是对于正定得乐功德并没有达到。很多人也曾有这个经验，坐在那里欢喜无比，好像发神经病似的，有些人就笑不停，也有哭不停的。对于这种情况，现代人一知半解的医学常识，就说这是精神的毛病，变成学道障碍了，要吃什么镇定剂，送精神病院。其实当身心正进入近似定的境界时，由于气脉的关系，心中忽然发起无比欢喜，过一阵子就好了，知道这个原理就没有事。在身上发起大乐时，有无比的快感，如果对快感一沉迷一贪恋就不行了。或者看到佛啊，菩萨啊，自己昏了头，受不了，以为自己悟了，证得了菩提。结果就定不下去了，定境界也慢慢退失，进步不了啦，这就是“顺退分定”。这种退步是自然有的境界，只要你一得定，这个魔境障碍自然会来的。

“云何顺住分定，谓有中根，或利根性，彼唯得闻诸定功德，广说如前爱味相应，于所得定，唯生爱味，不能上进，亦不退下。”中根或利根的人，由于贪恋这个定味，住在这个快乐的定境界中，得少为足，既不上进，也不下退。

“云何顺胜分定，谓有亦闻出离方便，于所得定，不生喜足，是故于彼不生爱味，更求胜位，由此因缘，便得胜进。”有的人听到修法的出离方便，得定也不执著，不会爱恋，就不断地努力上进，初禅，二禅……一直上进。

“云何顺决择分定，谓于一切萨迦耶中，深见过患，由此因缘，能入无漏。又诸无漏，名决择分极究竟故，犹如世间珠瓶等物，已善简者，名为决择。自此已后，无可择故，此亦如是，过此更无可简择故，名决择分。”真正修道，得声闻果，证果的人叫做“决择分定”，是智慧的决定选择。在“萨迦耶”，就是我见、众生相之中，看到众生轮回苦恼，即使生天，即使做帝王，即使成仙，又有什么意思？这是一切彻底无我的境界。“深见过患”，觉得一切众生都在我相、我见中轮回苦恼，都是毛病，只有出离，证得菩提才是。由这个因缘，能证入无漏果，这无漏果是智慧抉择来的。抉择等于你在百货公司挑东西一样，一大堆的珠宝，凭自己的智慧选择，知道是真的珠宝，就买了，其他的看都不看，这个叫抉择，决定性的选择，智慧的认定。换句话说，就是用智慧认定所走的这个路，是证得无漏果大阿罗汉的究竟，一切外道、魔道，一切方便在所不顾，就是夹山禅师的话，“龙衔海珠，游鱼不顾”。所以说修行证道，是智慧的抉择。

“复次云何无间入诸等至？谓如有一得初静虑，乃至有顶，然未圆满清净鲜白，先顺次入，乃至有顶，后还次入，至初静虑。”什么是“无间”入“等至”定的境界？入四禅八定如入游泳池一样，可任意遨游，刚进入初禅定，等一下就进入二禅、三禅，而可到有顶；或者一上座就入四禅定的境界，等一下又转回初禅定之境界，非常自在。这是说一个初初得到定境的人，乃至工夫达到色界有顶天的境界，但是内心很清楚，知道自己的善行功德还没有圆满，还没有清净，不是新鲜洁白的，还有污点。有时候虽一念不生，但是清净里头还有不清净，就是贪瞋痴慢疑的轻微污点，自己检查不出来。

譬如一个人是非善恶太分明，世间法看来是对的，以佛法来讲那是瞋念。一些人慈悲度众生，愿力宏大，佛法讲起来是对的，以菩提道来讲是痴业。这个情况，修行人不到圆满洁白的时候，是分析不出来的，因为白纸上这一点灰尘，一个芥子那么大的污点摆在眼前，全面的清白你都看不见了。所以贪瞋痴慢疑，如果你说自己没有，或很少，你少吹牛了，谈何容易啊！甚至修到有顶天境界时，都未能圆满清净鲜白，还有些微余习瑕疵。必须再以四禅八定境界，各级各级地历练，历练透了以后，才能达到圆满清净鲜白，然后才能于一切定境、一切三昧自由出入。

第九讲

先圆满清白 再进步修定

熏修得了定 解脱未得果

未了还须偿宿债

爱味下堕 乐有差别 解脱有八

八解脱之第一

八解脱之二至八

工夫到达时的能力

什么是证到空

四禅八定是声闻众的出世间修法，也是必须要经过的修习，就连释迦牟尼佛本身，都是经过这个工夫的修持，才证得菩提的。后世佛学、佛教，反而把四禅八定变成空话，甚至于打入小乘不相干的范围。因此学佛的虽多，修证的很少，证果的更少。所以我们必须要以一个真正审正的心情来研究，去修证。无论如何，世间、出世间的成就，四禅八定是必经之路，现在继续原文。

先圆满清白　再进步修定

"复次云何超越入诸等至，谓即于此已得圆满清白故，从初静虑无间超入第三静虑，第三无间超入空无边处，空处无间超入无所有处，乃至广故，无有能说，逆超亦尔。"这是讲修定做工夫的重要，修行不是一个口头上的信仰，也不是打打坐、搞搞学理思想，而是如何超越世间，证入"等至"。要想达到这个目的，首先四禅八定大小的境界，都必须得到圆满清净的白净业。这里如果只看文字，为研究佛学，"圆满清白故"这句话，很容易懂，就是心性的清净面都圆满了，就是白业，起心动念处没有一点杂染、恶念，只有至善。

假定我们不做工夫去求证，看到这一句文字，以为自己看懂就过去了，这就很可惜、很糟糕了。关于这个圆满清白，本论下面就有说明，你看了就懂了；这也告诉年轻同学们读古书，尤其读经典，不可以马虎。假定你精神不好，刚好读到这一句就停止了，以为自己懂了，下面接下去的你以为是下一段了，那就完了。所以“好书不厌百回读”，好的书不能讨厌，不能不耐烦，即使读一百遍还不完全懂。譬如你们看《六祖坛经》，或者其他古文经书，你读一百次，每次的感受都不同。不像近来有些白话作品，只有三分钟的价值，报纸只有一分钟的价值，看过去就没有了，都晓得了。而且那些文字都是废话多，重要的只有一两句。古书则不然，这是特别要向年轻的同学叮咛的地方。

得到初禅定以后，无间断地更求进步，渐渐证到了第三禅；更求无间断的进步，进入空无边处定；不间断再进一步，超越到无所有处定。这是顺次序自主跳跃来的，是钝根的修法，也就是老实的修法，循序渐进。所以不要把自己看成是利根，即使利根的人也不会把自己看成利根；愈是利根的人，做工夫愈是走最踏实、最笨的路子。能如此，这个人一定会成就。我也经常告诉大家，世间法、出世间法，有一个不可变更的原则，就是第一流聪明的人，在修持求学上，是做最老实的工夫，也一定会成功；而最笨的人，总是在理想境界，做最聪明的事，所以没有不失败的。世间法、出世间法之道理是同样的，所以我常常告诉你们，一般人多是假聪明，是那张嘴巴聪明，这有什么用呢？要走老实的路子才行。

所以现在讲四禅八定，这些是老实的路子。“乃至广故”，意思是说，由第一流的根基，也许刚刚学佛，一上来就到了四禅境界，乃至到达非想非非想定的境界。虽然如此，凡是这样利根的，他必然会回转来，宁可由第四禅转回头，再从初禅开始求证过。据我几十年经验下来，世间法、出世间法的人，成功的人多半是如此，最怕是假聪明，千万要注意。

不从顺序的路子修的，是先证到非想非非想处定，然后再转回来，由最基本的定开始。同时我经常告诉大家，学佛及世间法也都是这样，最初的就是最后的，最后的就是最初的。一个人基础打不好，什么都没有用，没有用的人怎么办？回转回来，赶快打好基本功，这是聪明人走的老实路。

"以极远超第三等至"，第三等至就是第三禅境界，由初禅修到第三禅的定慧境界，是离喜妙乐、无觉无观的境界。这个得乐的时候，密宗、道家的气脉、双修等，到了第三禅时这些已经不需要了，这些都变成渣子了。除非他还要利生，才起这些用，不利生就不用了。因为离喜得乐的时候，所有的气脉统统转化了，色身四大也已转化了，不然不能得乐。乐不是你们所想象的，你们现在打坐也有点小轻安，或有点小乐的境界，不要认为就是禅了，还远得很。

"唯除如来，及出第二阿僧企耶诸大菩萨，彼随所欲入诸定故。"唯有成了佛的人，乃至大菩萨修行，修到过了第二阿僧祇劫的，才能随意入定。一个凡夫开始学佛，在教理上说要经过三大阿僧祇劫才能证果成佛。修到第二阿僧祇劫的，已经快要到七八地以上的菩萨地了。这里是说，只有佛及超过了第七远行地、到第八不动地等的大菩萨，才能随心所欲，要入哪一种定就入哪一种定，所以大家不要随便吹牛了，这是要有实际工夫的。

熏修得了定　解脱未得果

"复次云何熏修静虑，谓如有一已得有漏，及与无漏，四种静虑。"后世有些讲禅宗的，说"一悟便休"，悟了就不修了。没有这一回事，因为诸佛菩萨都还在不断兢兢业业地进修，所以法门无量，修行也无量，功德也无量。看《观佛三昧海经》，乃至看戒律，就看到佛领导大众时，有一位眼睛失明的比丘，佛听到他找人穿针线时，就出定下座来帮他穿好针线。这位比丘就问是谁，佛说："我是释迦牟尼。"比丘说："世尊！你怎么亲自来帮我穿针线呢？"佛说："我也在培养功德啊！你修你的，我修我的，你在修，我也在修。"比丘问："你已经成佛了，还要培养功德吗？"佛说："为善培养功德哪有止境？！"大家千万注意！这就是修行，所以悟后正好起修，正好做工夫，更何况没有悟的人呢，更要修行了。

假定有一个人已得有漏果，就是初禅至四禅中的有漏罗汉。这些有漏罗汉之中，一种是得了道没有神通，一种是得了道有神通。至于得了有漏果的鬼神，也都有神通，但是不明道。所以已经证得有漏果的，还是要再来的，因为不是究竟。得了有漏的及无漏果位的四种静虑，就是四禅的境界都到达了。

"为于等至得自在故，为受等至自在果故，长时相续入诸静虑，有漏无漏，更相间杂。"这些能随心所欲、能够证得解脱自在的，是自己证到的。但是，能不能到达随时自在的果位呢？那又是个问题。譬如悟了道，明了理，《楞严经》也说"理须顿悟"，但是你事相上没有证到，身心都没有转化，就是没有得果位。譬如讲空，空的思想、道理都到了，但是空不了，一天到晚都在烦恼妄念中，都在七情六欲的变化之中，当然不能得自在。真得了自在，还要证到自在果，有成果。所以要长期地练习，无间断地练习。世间法、出世间法的工夫，都要互相间杂地练习。

"乃至有漏、无间无漏现前，无漏无间还入有漏，当知齐此熏修成就。"乃至世间法的有漏果，也要随时修出世间法，无漏果现前，则能超越跳出世间，得无漏果。还要再进入世间来练习，磨炼自己，熏修自己，考验自己，要世间、出世间并进并修才能成就，也就是无漏有漏并修才能成就。

“若于是处、是时、是事欲入诸定，即于此处、此时、此事能入诸定，是名于诸等至获得自在。”修道的人想进入定境，马上就可以在这个地方、这个时间、这件事情上进入定境，这个样子才叫得到定的自在。像现在大家打坐，有人在前面走走路啦、讲讲话啦，就受不了，他的禅座就摇动起来了。地方不对你就定不了；乃至坐的位子没有铺好，也定不了。但是生死到来的时候，是不等你的，说这个位子不对，我慢一点死，行不行呢？你在闲处独居的地方快死时，你对阎王说，我现在太凄凉寂寞，你把我送到市中心人多的地方死好不好？行吗？所以要注意，得定要随处可定，随时可定，随事可定。也就是说，虽然正在一件事中，我要丢就丢掉了，就入定境去了。

所以，许多人打坐是谈不到修定的，都是在昏乱境界，自己还说是在修定，我只好一笑了之。不过这也是凡夫定之一种，得无记果，记忆力愈来愈差，智慧也差，肚子也胖起来。所以千万要注意，定是“是处、是时、是事”，随便要入哪一种定，就入哪一种定的；就是在冷庙孤僧的境界，也能入到热闹光明之定里，那样才可以住山。天冷就进入火光三昧，则发暖；天热就进入雪山三昧，马上得清凉。就像孔子说的，“随心所欲不逾矩”，孔子七十岁才敢讲这个话，才可以得自在。

“等至自在果者，谓于现法乐住，转更明净，又由此故，得不退道。”刚才讲随时、随处、随事可入定，可自在，但是并不一定得果。也就是说，现在父母所生之身，在寿命终结的时候，迁世到哪里还不知道呢！因为你的果位还没有把握。什么是有把握呢？想往生人间或天上，任意寄居，只要一念就可以去了，那才叫做有把握。也就是有能力，有确实的把握，可以去到要去的地方，这才是得果。等于我们有一种特别的护照，可在各国自由出入一样。所以说虽然得自在，不一定得自在果，什么是证得“等至自在果”呢？不管在家出家，以现在现行昼夜六时，不管有无做事，“于现法乐住”，都住在法乐的境界里。乐是身心两方面都发乐，就是得自在果了。进一步“转更明净”，浑身光明清净，全身气脉细胞都是非常明净。我常说有些做工夫的，脸上又不明又不净，至少外形也应该明净，当然内在更要明净。由于工夫到这个境界，可以得到小乘果位的“不退道”，不会退转，也不下堕了。

未了还须偿宿债

“又净修治解脱、胜处及遍处等胜品功德能引之道。”随时可以得解脱，乃至说心上任何烦恼摆脱不了的，到这个程度就解脱了。大家一定会问，如果解脱了，那以前欠人的债，欠父母子女的情，怎么办？当然业果还是在的，只是暂时解脱、暂时请假而已，将来再来还，甚至于可加倍地还。可是想解脱就可以随时解脱。“净修治解脱”，是说虽然得了道的人，真到了业果来时是解脱不了的，所以要“胜处及遍处等”，任何定境界，任何环境，说无量就无量，说无边就无边，说空就空。这些超越三界，超胜的各品，各各阶层之功德，“能引之道”，都是引发菩提道的，都要进步再修持。虽然工夫到此得了定，还要善行，万行门中不舍一法，起心动念，做人做事，只有反省自己，积极为他、利他，就是“净修治解脱”了。

“若有余取而命终者”，在这样熏修、修持中，还有业债没有偿完，叫做“有余取”。如六祖，有一天要弟子拿出一包钱放在禅房桌上，晚上打坐时，有一刺客进来。六祖说：前生我只欠你钱，没有欠你命，钱在这里。这个人没有杀他，反而皈依了他。所以多生累劫所造的业债都要还的，连佛陀也是一样，虽已经成了佛，也还了好几次债。又有好多成就的祖师，也都是还了债才走的，像木讷祖师也是被人毒死的，这种例子好多好多。修持境界愈高的修行人，对于三世因果、六道轮回愈明白，愈清楚，愈畏惧。

但是佛也说过，不要怕结缘，有时缘多结一点才好，最怕没有缘，所以好缘、逆缘都没关系。其实有逆缘也不坏，说不定他成就了，他生来世你们之间还有这个缘，他可以来度你；没有这个逆缘的人，或根本无缘，结也结不到缘，那做个什么人呢？如果只顾自己，一点小功德也不培养，一点人缘也不结，有什么用啊？所以未成佛道，要先结人缘。这个“有余取”是这个道理，带很多业债而死去的人，就是“有余取而命终”。

“余取”还有一个意义，就是不想证涅槃，先生天玩玩吧！停留一段时间再来。

“由此因缘，便入净居，由软中上品，修诸静虑有差别故，于一切处受三地果。”像你们现在就是软修，一边散漫、放逸、睡觉，因为有三大阿僧祇劫，现在才开始，慢慢来吧！软修的慢慢修，与精进努力的上品修，差别很大，而且禅定的境界也有差别，在天人之际受的果不同，就是有寻有伺地、无寻唯伺地、无寻无伺地三种不同的果。

“如前有寻有伺地，已广分别。”修行做工夫，证果的果地也有差别，自己晓得证的果地在哪里，教理很通达，对自己的工夫非常清楚，这些在本论有寻有伺地里，对于修行做工夫的道理，有很详细的说明。

“修习无寻唯伺三摩地故，得为大梵。”这位行者还余习未尽，在梵天修习“无寻唯伺”。寻伺过去翻译为觉观，实际上，寻伺是把觉观的境界翻译出来，形容做工夫的心理状况。寻伺是做工夫的心理，找这个境界，像找插头一样，有时候插对了，有时候插不对，即使插对了的，也是要看一下，察一下，这是“寻”。“伺”是有等待的意思，随时在这个境界里头，等待在这里。

修习到了“无寻唯伺”地，是随时都在这个定境界里，不需要寻找了；也就是妄念不起了，灵明觉知都不要保持了，唯伺，唯观，只有空，或者是清净，或者是光明。到这个境界“得为大梵”，就是大梵天，所谓梵，就是清净，是色界天初禅的最上层。

“由软中上上胜上极品熏修力故，生五净居。”由于最优异努力的熏修，由初禅就跳升到了四禅五净居天了。

“当知因修清净静虑定故，生静虑地，不由习近爱味相应。”因修定的原故，果报可生色界禅定天，也就是在三界九地之中静虑地。生色界天是因为修定来的，行善不是也生天吗？是的，但是要看行善的程度，大善可以生欲界天，如中国文化讲“聪明正直死而为神”，这个神大部分在欲界，四天王天之下的神人、天人，还在欲界里，有欲界之神通。对欲界之上的色界天，他就无能力知道了。要想生色界天，除了行十善业道之善行功德外，还要修养内在静虑，这就不容易了，要注意这个道理。

因修清净的禅定，一般人是在修行，但对欲界的世间还很贪恋，爱味得很。口说慈悲，而是真爱味，假慈悲。有人说：“孩子还小，一切众生都要度，我的孩子也是众生呀！”实际上这是世间的爱欲味，不是究竟之慈悲。真慈悲只有一个，对一切众生皆是“同体之悲，无缘之慈”。爱味之心在基督教是讲爱心，我们把爱味之心当做欲界的慈悲是不对的，不可以乱加名词，自己的心理上要辨别清楚。如果辨别错误，就被见思所惑，你所证的果位、修持的证果就有问题了。不管你修哪一宗、哪一派，如果教理不清，都是盲修瞎炼，都是外道。这个修清净静虑定，生静虑地，“不由习近爱味相应”，不是世间法的爱心能够达到的。

爱味下堕　乐有差别　解脱有八

“既生彼已，若起爱味，即便退没。”由禅定功德生大梵天、五净居天等，虽已生色界天的静虑地，如果有了爱味的话，照样会下堕。所以没有跳出三界外，还在五行中，还在天道中。无色界也是同样的，只是天人的爱味与我们的爱味不同。佛经上说，我们吃的上品饮食，以天人来看是臭的，不管荤的素的都一样。所以境界不同，爱味就不同。等于一个人钱多生活环境好，看贫民的生活环境就不能忍受了；又像在山上住惯了，到了城市就受不了城市的空气。所以天人有天人境界的爱味贪欲，好容易修到天界，结果又动了爱味之心，就会退没了。

“若修清净，还生于彼，或生下定，或进上定。”假如把爱念再转为一念清净，就又还生到那里。为了动一点点爱味心，就从净居天堕下来了，下堕了一层天或二层天，就像现在大楼，由十二楼下堕到十一楼、十楼、九楼去了。或者更上进一步的定。

“先于此间修得定已，后往彼生，何以故，非未离欲，得生彼故。”总而言之，禅定境界，出家比丘修的是离欲，所以先要远离爱欲。

“非诸异生，未修得定，能离欲故。”一切不同的众生就是“异生”，是指人以外的；一切众生都是生命，只是不同生命之成果、境界。生天道是要能离爱欲的人，得禅定境界才能生上界天道。其他一切不同生命的众生，因为没有离欲，故不能得禅定，当然不能生五净居天。

“又非此间及在彼处，入诸等至，乐有差别，唯所依身而有差别。”禅定生天的境界，并不是只有这个世间，乃至“彼处”，即天道，各处快乐的环境都不相同。等于我们人世间，有钱爱坐车子就有车子坐，天人境界也一样。不过，这里所说的快乐不是指这种快乐，是“所依身”的不同而有差别，也就是人世间及天人境界的快乐有差别。我们的肉体是我们所依之身，当然我们的身体也与我们自性是一体之所生，就是阿赖耶识一体的两面。看看现在在座的每一个人，一年三百六十天，不在病中即愁中，身体好的人，烦恼就多，就是说，这个所依的身，业果有差别。

所以天人的境界，他所依身的业果也有差别。善行功德到，禅定到，天人境界浑身都是光明，不是我们想象的光明，不是世间这个光明。因为天人威严庄严的色相，不是世间爱欲之所生，而是胜功德之所生。这话这样讲，毕竟大家没有经验看见过，也不是大家想象的，只是在理上要晓得“唯所依身而有差别”，就是身量有大小，光明有大小。

“复次已说修习作意相差别，云何摄诸经宗要？谓八解脱等，如经广说八解脱者，谓如前有色观诸色等。”前面已经讲过修行如何作意，开始如何修定，大家还记得吧！归纳起来，影相所缘，分为有分别、无分别两种。包括一切法门，都是“作意相”的差别，这与释迦牟尼佛所说的经典、各宗各派的修行方法要点，有个归纳性的原则，就是八解脱。教理上也叫八背舍，前面已经讲过了，就是“有色观诸色等”的八解脱。

“前七解脱，于已解脱生胜解故，名为解脱。”前面七种解脱，工夫真做到了，才是解脱。这里大家看经不要马马虎虎地看过去，你工夫做到了解脱的境界，你的见解到了、智慧开了，生出解脱的知见。等于六祖见五祖的时候说“弟子自心常生智慧”，就是生胜解脱，这样“名为解脱”。如果工夫到了，而智慧不开，不算解脱。打起坐来有定，放下腿来，定也找不到了，这哪里叫解脱？一切处、一切事、一切时，皆在定，而且智慧随时在解脱，这才叫解脱。

“第八解脱，弃背想受，故名解脱。”注意！大家现在打坐，有几位有一点入门的，但是考察自己看看，你坐起来，意境上有思想没有？有感受没有？身心上这里气脉通了，那里气脉动了，这都是触受境界，都在五蕴的受蕴上转，哪里有解脱！要弃舍“想受”才行，就是抛弃感觉与知觉，如如不动，证入性空。如百丈禅师所说“灵光独耀，迥脱根尘”，六根六尘，沾不住了，体露真常，到了这个境界，才叫做解脱。

八解脱之第一

“云何有色观诸色，谓生欲界已，离欲界欲，未离色界欲，彼于如是所解脱中，已得解脱，即于欲界诸色，以有光明相，作意思维，而生胜解。由二因缘，名为有色，谓生欲界故，得色界定故，又于有光明而作胜解故。”这是八解脱的第一条，这一段一气呵成，其中包括很多道理，下面再加解释，学佛做工夫的要注意。“有色观诸色”，旧译为“内有色观外色”。我们现在在欲界中，并没有离欲界欲；这里说“离欲界欲”，是说生在欲界里，得了初禅定或二禅定，就是已经渐离欲界的欲了。《金刚经》说“须菩提乐阿兰若行者”，是离欲阿罗汉，故为佛十大弟子之一。

虽已离开欲界的欲了，不过还没有离开色界的欲。譬如爱清净，爱山林，爱书法、诗词文章。唐宋以来很多的高僧大德，什么都不爱好，只爱好山林之美，江上之清风，山间之明月……好不好呢？好，但是，这些都属于色界欲，是色界的爱。学佛要观察清楚，更要把自己观察清楚，不要去观察别人，观察别人损德。观察自己，反省自己，检讨自己，改正自己，才是功德。我这个话是包括一切人等，不是针对哪一个人，如果说老师在讲某一个人，那就错了，那是世俗的想法。

所以离了欲界之欲，欲界欲解脱了，但未离色界之欲。"即于欲界诸色，以有光明相"，打起坐来有时候瞎撞而撞到光明，但是这光明是作意所生，阿赖耶识种子带到第六意识作意来的。况且，这光明是欲界的光明，色界的光明你看都没有看过，所以你定中的境界没有离开欲界的习气。乃至你所见的佛，所见的菩萨，都还是你欲界里的意识境界。是不是这样啊？连假想都想得到，如果假想都不敢想，你还想修行成佛吗？譬如密宗有看光的修法，小乘禅观有光明想的修法，这些光明想，都是利用欲界的光明来修的。

譬如修净土《十六观经》的日轮观，这个日轮就是欲界的色，对不对？这个光明相，是欲界的境界，利用欲界的光色的色相而修的。如艺术家、画家，画的真善美，还是离不开七彩之光明，这都是欲界中的光色。至于色界里的色，你就不晓得了。现在太空中的光色，还是在欲界中，还不是色界中之色，至于现在太空里头的黑洞，它里头是什么光色？现在科学还不知道，黑洞里头也可能有众生。譬如旷野里头，夜间活动的众生，比我们人类还多很多倍。黑也是光，这类爱黑夜的众生，不知是否怕白天的光明，也许只有我们人类爱白天的光明。

所以作光明想是欲界光明色的修行，可以作意思维，观光明，如观日轮，观起来定住，内外只有一片光。但是要明白，此时不要认为到家了，如果由光明定境界而生智慧解脱的，就是正果，这是修道，这是佛法；如果只住光明定境界而自认证果的，那是见地尚未透彻，因为这个光明境界还是阿赖耶识之所生，所以不算究竟。道理了解了没有？（同学答：了解。）

“由二因缘，名为有色，谓生欲界故，得色界定故。”在欲界进修，我们了解了，上界，上一层的，即色界的光明。在证到了二、三禅的境界时，色界的光明就渐有所知了，上界的光明一接触时，无比的清净，杂念都起不来的，那舒服极了。舒服也是欲界的话，姑且拿这个话，说明这个情况。

“又于有光明而作胜解故”，在光明境中生起智慧，生起殊胜的见解。

“问：观诸色者，观何等色，复以何行。”观哪种色呢？又以哪一种法门修行呢？这是问题。

“答：欲界诸色，于诸胜处所制少色，若好若恶，若劣若胜，如是于多，乃至广说。”初步的修习，不要理想太高，一开始就想证到色界那个光明，是不可能的。像色界的光音天，佛法讲人类的祖先来源是光音天的天人下来的，但这不是原始人种的说法。在地球形成以后，光音天的天人来玩，就像我们现在探索其他星球一样。光音天的天人满身是光，在太空自然飞行，就是自由来往。到了这个地球，玩久了吃地味，光明减退而身体变粗重，飞不起来了，只好留在地球上。后来慢慢产生了男女之爱，就等于《圣经》上所讲的吃了苹果一样，一步一步来，但这还不是原人论。

佛法讲，光音天天人是二禅境界，所谓成住坏空，当劫数来时，光音天也会毁坏，光音天再上层的天人，也一层一层堕下来。如果你认为“姑妄言之姑听之，瓜棚豆架雨如丝”，也可以；如果你是真做工夫的人，在这个里头就会知道，这是科学的，就可以深切地体证进去了。

所以这里是说，想要回到色界的光明，修法是“于诸胜处所制少色，若好若恶”。譬如佛身的光明，就是光明的道理，所以要你们观佛像眉间的白毫相光，或者胸口的卍字，或观日轮、月轮等。“如是于多，乃至广说”，古人祖师很妙，其实很多修法的秘诀都传给你了，你要把一百卷的《瑜伽师地论》滚瓜烂熟地研究透了，你就找出来了。所有方法这里面都有了，可惜你不肯下工夫，叫你打坐用功嘛，你说教理不通不行呀，我要读书；要你好好读书嘛，哎呀，功课太多了，还是去打坐吧。找些理由来逃避，就是那么可怜。所以你真正研究教理，理通了也可以证入，那可不是普通研究教理，而是为了自修。这一百卷的《瑜伽师地论》里都有，由凡夫至成佛，把三藏十二部的精要，如何修证的理与事，统统告诉你了。

“何故修习如是观行，为净修治，能引最胜功德方便。”为什么我们要修光明定，修种种的观行呢？因为要修行，净修，修正自己的心行，对治自己的烦恼妄想，把自己的业力转过来。唯有修定才能转变业力，修定的“观行”，能够修治自己的业力，对治自己的烦恼，“能引最胜功德”，这是个方便，所以非修止观、非修定不可。

“何等名为最胜功德，谓胜处、遍处，诸圣神通，无诤愿智。”“胜”是胜利，“遍”是无所不到。一切诸佛菩萨所证的神通妙用的境界，都能够证到，不是理论。达到与人无诤论，没有人我是非的烦恼，就如刘鹗的诗，“自从三宿空桑后，不见人间有是非”；《金刚经》上说，须菩提为人中第一，达无诤三昧。“愿”是大愿境界发起了，你们学佛哪一个发起了大愿？大概自己发起的一切大愿，都是在保护自己，爱护自己，为了自己。

像昨天晚上有一位跟我数十年的学生，他问我：“你为什么要这样忙？这么苦？这是何苦来哉呢？我实在想不通。”我说：“你又学佛，又打坐，又参禅，又是学哲学，又听我的课，现在还问我这种话？”我夜里想想，比比皆是，没有一个真正发愿的，连他都如此地想，别人更不用说了。所以，没有人真正发愿，牺牲自己一点都做不到。不过，也难怪，因为没有修持到这个境界，是做不到无诤的，愿也发不起来，智也发不起来。不要认为发愿容易，不容易呀！光打坐念诵，愿没有发起，没有用的，先要学普贤行愿的正行，“无诤愿智”。

“无碍解等，虽先于彼欲界诸色，已得离欲，然于彼色，未能证得胜解自在，为证得故，数数于彼思维胜解。”无障碍的智慧，一切见解殊胜，就是“无碍解等”。佛法的求证，不是搞思想的，千万注意。为什么要做工夫修行？在欲界诸色，已经得到离欲了，但是你对欲界中的色法，即物理世界，“未能证得胜解自在”，不能自由自在，不能证得。换句话说，子弹射过来，你想钻进地下去躲子弹，但你钻不进去，不能像穿山甲一样自在进出。为了证得一切，为了证得万法唯心，真正的唯心是能转物的，所以必须要“数数于彼思维胜解”，要智慧地开发，智慧地证明。

这是八背舍的第一条，“有色观诸色”。有色是利用欲界的一切光、色，来修离欲。离欲以后，证到超过欲界的胜解光明智慧之定，可以证得神而通之，可以证得大愿、大智、无障碍的解脱等殊胜功德。这都是真实的事情，不是理论，更不是理想。

八解脱之二至八

“云何内无色想，观外诸色，谓生欲界已，离色界欲，无色界定不现在前。”这是进一步了，到了第二解脱，虽然生命还活在欲界中，已经超越离开了色界的欲。色界还是有欲，勉强不叫它是欲，叫它是爱。

我经常说，现在人类所讲男女之爱，勉强来比方，是情、爱、欲三个字。无色界是情，色界是爱，欲界是欲。所以欲界与色界的天人，在佛学上来说，爱欲的事很有趣。佛也讲了欲界天人境界的男女关系，两人眼睛互相看一下，已经达到爱欲的目的了。色界无色界天人，彼此都不必见面，彼此只要想一下，心念已经相通了。一个是情，一个是爱，一个是欲，但都不能说离欲，都还有广义的欲，所以离欲谈何容易啊，它就是电感作用。

欲界天人的儿女是爸爸生的，差一点的肩上生，或者头顶裂开就跳出一个人来。道家、密宗所讲的修持，能修到身外有身，就是色界生孩子的情况了，是真有此事的。所以顶门打开、梵穴轮打开是真的，那就到了色界的境界了。欲界的男女两人，结婚可以生出人来，但是修持的人，只要工夫做到了，不管男女，自己就能生出另一个生命，新的生命跳出来，女的也变成男的了。所以转女成男是这样转的，不是开刀来转的。这个世界开刀都转得了，而人本身具有这个功能，为什么转不了？转不了是自己工夫不够，对不对？如果无色界的定还达不到，绝对舍念清净是很难达到的。

"又不思维彼想明相，但于外色而作胜解。若于是色已得离欲，说彼为外。由二因缘，名内无色想，谓已证得无色等至，亦自了知得此定故，不思维内光明相故，余如前说。"

进一步再说，因为你不思维，没有在禅定思维中。思维不是思想，思维修就是禅定，"彼想明相"，色界的那个光明清净境界，你梦想、推想都想不到的，除非达到那个禅定境界。"但于外色而作胜解"，因为你不能知道上界的色相光明，只以欲界外色来做胜解。“若于是色已得离欲”，这个色也可以包括光色，就是物理世界，不是物质世界。我把科学上这两个名词分开来用，物质世界是讲这个地球的万有；物理世界等于太空所包含的，看不见的。科学尚在求证物理世界的色。“说彼为外”就是向外驰求的。

由这两个因缘，自己知道得到了这个定，内在光明也不要了，进一步也无光明，进到无色界去了。“余如前说”，详细的不必讲了，前面有寻有伺地统统已经讲过了。

“云何净解脱身作证具足住，谓如有一已得舍念圆满清白，以此为依，修习清净圣行圆满，名净解脱。”这是第三解脱，一切具足的，不是你花时间去受了具足戒就具足了。此处说的是真具足，已经达到四禅境界，工夫到了舍念清净，圆满清净白业，止于无恶。由这个地方起步进修，修习清净之圣行，就是圣人境界的一切行。起心动念，等于我们儒家所讲的“止于至善”，无一不善，如孔子所讲“随心所欲而不逾矩”。圣境界之行圆满，叫做“净解脱”，这是真正的净解脱，也可以说是真正的净土。

“何以故，三因缘故，谓已超过诸苦乐故，一切动乱已寂静故，善磨莹故。身作证者，于此住中，一切贤圣多所住故。”

什么理由呢？大家把“身作证”圈点起来。你们出家修行干的是什么？就是要“身作证”啊！三个因缘，就是三个原因，第一已经超过诸苦乐，到达了四禅境界舍念清净，这个境界就是净解脱了，无苦亦无乐。以理论来讲，等于庄子所说的，人到了中年，“喜怒哀乐不入于胸次”，喜乐都不动念了；也就是孟子说的“四十而不动心”，那是世间法。以出世间法来说，这个时候无苦亦无乐，既无欢喜亦无悲，但不是冷酷的，也不是寡情的，而是圆满的、清净的、慈祥而喜爱的。

如果到达无苦亦无乐，而呈现出一脸寡情相，冷冰冰的，那就不对了，那是枯木禅，不得了的，他生来世果报会变成植物。真的是这样，你们看经典时，看不出这个道理的，像有些植物里头也有神的，花神、木神，就是这个道理。所以无苦亦无乐，是慈祥而且生机活泼泼的，一切动乱已经到达极为寂静的境界，寂灭清净。

等于拿到一块宝石或黄金，天天擦，擦得发光发亮，一点染污都没有，就是善于“磨莹”，把它磨炼，永远发亮发光。“身作证者”，这个肉身就可以即身证果，现生之身就证果。十方三世一切贤圣僧都住于这个境界中。真正皈依僧，是皈依十方三世一切贤圣僧，不是皈依现在这些普通僧。

“云何空无边处解脱，谓如有一于彼空处已得离欲，即于虚空思维胜解。”这是第四解脱，有的人达到了空的境界，就离欲了，色界、欲界的欲都离了。“于虚空思维胜解”，在空的境界里，常生解脱智慧，样样都懂了，无所不知。

“如是识无边处解脱，于彼识处已得离欲，即于是识思维胜解”，要晓得，空有空的欲，贪着于空就是空的欲，贪着于识就是识的欲。“于彼识处，已得离欲。”第五解脱是在本识，于识上思维胜解，开拓无比的智慧。

“无所有处解脱者，谓已得无所有处，于识无边处思维胜解。”第六解脱是在无所有处解脱，这不是断灭见之无所有，是知道一切唯心，一切唯识，在毕竟空，胜义有中，生出大智慧之胜解。

“有顶解脱，更不于余而作胜解，乃至遍于想可生处，即于是处应作胜解。”第七解脱是得有顶天、有顶地之胜解，是智慧所生的解脱法门。不是在下界下地而生的智慧，而是随时随地都在想可生处，愿力意想所生处，“即于是处应作胜解”。随时随地在理上了解，在修持上就了解，应该是有顶天的修持，如何到达定慧。有顶解脱也就是非想非非想处解脱。

（“第八解脱，弃背想受”，本讲录二百八十二页已讲。）

“复次先已修治作意胜解，后方能起胜知胜见，故名胜处。”这里就不讲啦，不讲并不是你们自己可以了解，而是说你们修持没有到达那个境界，讲了也是白讲。

工夫到达时的能力

“此胜当知复有五种，一形夺卑下，故名为胜。谓如有一以己胜上工巧等事，形夺他人置下劣位。”就是说工夫到达了，你这个身体，整个人都变了，色相都变了。借用中国文化来讲，气质整个都不同了。“一形夺卑下”，形体一看就知道有道气，有仙气，有佛气，相貌都改变了。所以古人说，你有道无道，在他前面一站，他就看出来了，因为他是过来人，有经验。所以自己不要吹牛了，如果有一副猪八戒的面孔，或一副沙和尚的气色，或是孙悟空的脾气，一看就知道。

“二制伏羸劣，故名为胜。谓如有一以己强力，摧诸劣者。”等于一个坚强的人，以己之力，把生病瘦弱的人变成强有力了，这是比喻。

“三能隐蔽他，故名为胜。谓瓶盆等，能有覆障，或诸药草咒术神通，有所隐蔽。”这是说，世界上的事，佛法是承认的，如催眠术、魔术、画符念咒，可覆蔽遮盖别的形态。有些咒语法术，可以把人隐蔽起来，使别人看不见他，隐身法是真有的。又如瓶子、盆子等，可以把人挡住，其他的人就看不见了。工夫做到了，就能隐蔽，故名为胜。当然你也能加被他人，能够影响他人，甚至能成为法师，将来一上台，由于是证了道的法师，听众一听你说的话、你的声音，他虽不懂，但就能得到好处，就有这样看不见的功能。

“四厌坏所缘，故名为胜。谓厌坏境界，舍诸烦恼。”对于一切不好的外境界，能舍弃，也就是能摧毁一切烦恼。

“五自在回转，故名为胜。谓世君王，随所欲为，处分臣仆，于此义中，意显隐蔽及自在，胜前解脱中胜解自在，今于胜处制伏自在。”修持到达了四禅八定，就可证得“自在回转”。像古代的帝王要杀就杀，拉到刑场又说回来，回来，反而封官。这是形容心念一切自在，“制伏自在”，随便转动，就是孔子说的“随心所欲不逾矩”这样的自在。

现在跳过两段，看下面二百六十八页。

什么是证到空

“复次三三摩地者。云何空三摩地，谓于远离有情命者，及养育者，数取趣等，心住一缘，当知空性略有四种。”现在告诉你们修行之路，怎么叫做证到空的定境界？三摩地有三个，空、无相、无愿。“空三摩地”就是空定境界。三摩地不只是定，是定到了家，是正定正住之境界，叫做三摩地。中文一个“定”字，不足以完全包括三摩地，三摩地正确翻译是正受，“三”是梵文音，等于中文之正，三摩地是正受，真正的定境界。

什么是“空三摩地”？首先要离世间，离开世间的一切有情，六亲眷属等，乃至一切有情众生。辞亲出家专修的时候，此心只住在一缘上，或者有分别影像所缘，或无分别影像所缘，或者光念一句佛，或者光观一个明点，或者光做白骨观、不净观、日轮观、月轮观等，就是“心住一缘”。

这个空性是修证的空，不是大乘境界理念的空，也不是菩萨境界的空。菩萨境界的空是理事俱圆的，又超胜这里所说的空。但修持做工夫，初步要证到空，空性大约有四种。

“一观察空，谓观察诸法，空无常乐，乃至空无我我所等。”这是说，理论上懂了，还要证到，能证到的话，差不多进入定境界了。“观察空”就是反省、检查，回转到自己内心做工夫，不是闭着眼睛在心里头瞎想、假想，那是搞思想。内心观察念头的空，或者四大的空，观察思维诸法空，一切法皆空，一切法皆是无常，然后得法喜之乐。真做到了空、无我境界、无我所境界，这是“观察空”。讲教理的话，这是向外观察外界，不过，这里不是理论上的观察，不是张开眼睛观察外界，是要内观，反照自己，由观察而证得空性。大家都会讲空，但你空得了吗？所以“观察空”是内观反照。

“二彼果空，谓不动心解脱，空无贪等一切烦恼。”证到空的果，“彼”就是他，他就是空，空的境界，空的果来了。“果”是有成果，有效验，事实摆在这里，随时随地心不动念，得解脱了；如果是怕动，不敢动，那不叫不动心。一切起心动念，心随时解脱掉了，空掉了，这才叫“不动心解脱”。乃至于对空的境界无贪等，也都解脱了，空掉了，空到无贪，一切烦恼皆空。

“三者内空，谓于自身空，无计我、我所，及我慢等一切僻执。”前面两项都还是内心的观察，“内空”是身体证到了空，四大空相，随时都证到了。一切的我慢、怪僻，骨子里的情执都没有了，证到了身空。

“四者外空，谓于五欲空，无欲爱，如说我已超过一切有色想故，于外空身作证具足住，乃至广说。”一切外境界，一切皆空，就是“外空”，世间的五欲与我不相干了，因我已证到空的境界，超过了一切有色想，所以对于一切外界空，自身已经证到，如经典上所讲的那样。

第十讲

心力多么大
也是不动心
无愿无相的修法
见了道 证了果 习气未断
再说空、无相、无愿、寻伺
比丘声闻道必修课

先向大家说明期中考的事，我要考的是一科国文，一科佛学，一科太极拳。佛学是《指月录》、《瑜伽师地论》。至于要怎么考，我现在还不知道。我从小就反对考试，可是我从小每考一定好，虽然讨厌，可是我对每件事都很认真地做，考试也一样很认真地做，但不管分数。我发现现在的学生实在太可怜了，从小考到老，小学考中学，考大学，考留学，又考公务员，一直考到老，最后送到殡仪馆，火葬场还来一考（烤）。整个人生都在考中度过，所以想想，人世间蛮可怜的。

现在要考你们，虽也觉得你们很可怜，可是也非考不可。我的考试你们不要打主意，我讲过的都会考，算不定跟你谈话一下，你答得出来，那就是考了。说不定哪一天我心血来潮，一下子就抽考了。反正，真读书，真有研究，是不怕这个考试的，不管怎么考，都有办法，这是我的经验。答卷子有一个原则，不要超过范围，不要自作聪明，也不要太笨，自然就会答对了。这一学期是带领你们念书，下一学期就要你们自己念经，再由你们讲经，我来听。现在继续上次二百六十八页中。

心力多么大

“此中缘妙欲想，名为色想，此想所起贪欲断故，说为外空。”狭义地讲，妙欲是男女之间的爱，中国对男女之间的贪恋叫好色，不管男色、女色，人人都爱漂亮的色相，由爱生欲，结果都是占有。“妙欲想”这个“妙”字是人为的，人自己认为这样才是妙，那样就不妙，这叫“色想”，属于色法的思想。由爱妙色而引起贪心、欲望，如果欲界的众生能够把这个念头断了，见色而不动心，不起贪爱，这样叫“外空”。这不是现在科学的外太空，而是佛学上的，这还是外面，不是里面的空。

“又彼果空，或修行者，由时作意思维外空，或时作意思维内空，由观察空，或时思维内外空性，由此力故，心俱证会。”什么是修行呢？证到随时随地外空，能够放下，就是修行。譬如出家同学，把头发剃了，穿坏色衣，把外形色相的爱好先去掉，就是先把外色空了。但是出家穿坏色衣，整齐仍是第一，也是戒律。像你们现在搞得这个样子，不是坏色衣呀！你们蛮讲究，可是你们穿得不像样子，东一块，西一块，不晓得是什么衣服，都搞不清楚。所以凭良心检讨一下，你们爱美不爱呀？（同学答：爱美。）对！说不爱美是欺心之论，自己的欺骗心理。只要爱美的话，心爱外色就没有舍，这是讲修行的道理。这个爱美还不只对自己，对外面的东西也一定会爱，爱清洁整齐是另外一回事，爱美又是另外一回事，这个中间在心理上有差别的，所以修行要注意自己的心理。像你们出家的女同学，有没有再照过镜子呢？一定照过，虽然照镜子是很普通的事，但是你追查一下阿赖耶识的心理，照镜子时，看自己还是越看越美。因为这一念，三大阿僧祇劫你只好慢慢去修吧！我不是讲笑话，要谈修行，就在这里。很难啊！非常非常难。

如果说打坐坐得好，你不坐，那个工夫就没有了，境界也没有了。而且要知道，你打坐是靠肉身，四大还在，工夫才在；当这个四大不在了，没有了，我问你，你怎么坐呀？你们为什么不在这个地方想呢？所以打坐是很重要的，但是如果认为打坐就是修行，就凭你这个知见，也就不必学佛法了，你全错了。打坐是靠四大的工夫来的，可是四大皆空，四大空了以后，哪样不是定啊？何必一定要盘腿呢？至于为什么要你盘腿，因为你四大不能空，对不对？我不是说笑话哦！要仔细参究。

所以"又彼果空"，果空是外境界全空了，证到外境界空，而真的放下了。你们可以看道家的《神仙传》，佛家的《高僧传》，就如济公和尚，富家公子出家，学问又好，后来搞得十分邋遢。我们塑的像，他裤裆都破了，穿双破鞋子，一副邋遢样。虽然喝酒吃狗肉，但也不是天天吃，是偶然吃一回；喝酒是真喝，他喝酒是在做工夫。可是此事不能学，只有他能够这样，他不管哪里躺下都能睡，就是外空的道理，示现给世人色身之难破，一般人破不掉的，做不到。许多神仙得了道，都装疯卖傻，不希望人家知道他有道。这种人或者地下一躺就睡，或跟猪睡在一起，什么都不在乎，因为他已经到了不垢不净的境界了。不像我们没有道的人，在这里冒充老师，装起有道的样子，那是装的，骗饭吃的。

所以，修行人外面一切境界都要放下。内空就更难了，内空，四大都要空掉，或时时刻刻思维内外之空性。"由此力故，心俱证会"，由于心的力量坚强，这个心证到了空性。譬如你们在座的学佛也很久了，都晓得讲空，事情来了都空不了；脾气来了，烦恼来了，更空不掉。为什么理上知道是空，可是一到那时毛病又犯了呢？有时候一边发脾气，一边也知道自己很不应该，可是非发脾气不可。因为情感、情绪是由四大变化而来的，是业力来的。如果理性上知道，而事实上做不到，那是因为心力不够坚强之故。

修行一切是"由此力故"，大乘十波罗密的第九波罗密是力波罗密，是心力成就一切。小乘道证神通罗汉修法，硬是把物理世界看空，把墙壁看成不是墙壁，观念上把它变空了，可是你用头去碰看看，一定会碰肿。但是心力坚强的人，他就破墙而出了，阻碍不了他，神通就是这样来的，他的墙壁真的是空了。要不然“心物一元”就是骗人的。但是你说虽然知道这个理，可是物质是硬的，我心想它是空的，硬是空不了啊！这个理由《释禅波罗密次第法门》告诉你，是你心力不够坚强，是力的问题，在这里也点出来了。

譬如你们读书读不好，背书背不来，文章作不好，佛学搞不好，讲老实话你们蛮用功的，为什么智慧开发不了，样样都不行呢？我看了都替你们着急，这就是因为你们心力不够坚强。凡是决定要做，心力一转就把它完成了，靠心力呀！天下有难事吗？心力一转，外境都阻隔不了，外空了呀！所以你们说为什么精神不好？为什么牛脾气转不了？然后说，我习气转不了，这是业呀！这是你推辞的话，全推给了业。既是业，业就要转呀，是心力去转呀！“由此力故，心俱证会”，要内空、外空的心力强，才能证到这个境界。

也是不动心

“设复于此内外空性不证会者，便应作意思维无动。”内外空的这个境界，不是理论，硬是要拿身心来作证的；如果不能证会，那就要再作意思维“无动”，就是不动心。这一段是说，如果理上知道，但空不了怎么办？他说要作意思维“不动心”，这个不动心与孟子的“四十不动心”不同。

“言无动者，谓无常想，或复苦想。”想做到“无动”，是先作无常的观想，或世间一切皆苦的观想。一切万事无常，就像赚了钱，但又被人家骗了，虽然也很气，但应作“无常想”，一切无常，天下钱嘛，给人家用也是一样。就像楚庄王失弓的典故，楚庄王说，“楚人失弓，楚人得之”，他是楚国的皇帝，掉了弓，充其量楚人拿到，一样用，所以楚王了不起。但是孔子听了说，还差一点，应该说天下人失弓，天下人得之，何必限于楚国！万事本来无常，世间没有一件我们能永远把握住的事，感情也好、夫妻也好、兄弟父母也好、财产也好、生命也好，连我们身体都不属于自己，只是暂时归我们使用，并不是归我们所有，所以一切应该作“无常想”。人世间的“有”就是苦，没有固然也苦，但是比较起来，在我的经验，没有的苦比有的苦轻松。有的苦真是苦，你们在座的人大概不了解，如果给你一亿财产的话，你就晓得那才真是苦，非常苦；不要认为有钱就快乐，非也，那才苦呢！那时候求其穷而不可得，而且习气也大了，所以要对世间一切作“苦想”。

“如是思维，便不为彼我慢等动。”由这样开始思维，看一切世间无常，一切皆苦，慢慢对外境界，名也好，利也好，不大动心了。这是讲理啦！如果讲实际，到殡仪馆工作，或者医院太平间接一个小工作，包你就看空了，再漂亮的，再富贵的，抬进来都是一样。有一次朋友死了，我们去认尸，那个管太平间的人正在吃火锅，他一边端着饭，夹一块红烧肉，一边用筷子指给我们看，这个，这个。我很佩服他，他工夫高，白骨观、不净观对他都没有用了，因为他对死人都不动心了。可是他对活人还会动心，这就叫做人。所以无常想、苦想，是要真作意思维的。能这样思维，就慢慢不会动心了。我们之所以动心，重要有一个下意识的动力，就是我慢，慢就是自我，慢心就是现在普通讲的自尊心。普通说人要保持自尊心，拿佛法来说，反而要你去掉自尊心，因为自尊心是后天自卫之心，就是慢心，人能把这个慢心放下，烦恼就没有了。

“由彼不为计我我慢，乃至广说，动其心故”，“彼”就是对方，“计”是计较，认为如果这样不计较，都看开了，那不是给人家看不起吗？这就是计较心。认为你脾气大，我比你更大，你骂起来，我吼起来，你跳八尺，我跳一丈，这个就是我慢的心，都在计较比较。计较心理去不掉，是不可能做到完全不动心的，要把“我”、“我慢”去掉才行。要把一切会使我们动心的外境界都放下，就会不动心了。

“便于二空心俱证会”，这样可以证到外空、内空，当然这还是小乘的空，但你不要看不起小乘的空，那也是很难证到的。小乘空证到了，大乘就容易了。一般人讲佛法，动不动就讲大乘，实际上真害死人，你大个什么？你先把小乘证到了再说。像上楼一样，上了二楼，你还不会上第三层吗？光想一下子上到十二楼，可能吗？现在一般学佛的人，路还不会走，就想要跑，你有什么能力跑呀？就是这个道理。

无愿无相的修法

“云何无愿心三摩地，谓于五取蕴，思维无常，或思维苦，心住一缘。”大乘三法印，空、无相、无愿。此处讲无愿是什么意思呢？无愿这个“愿”字，普通讲是意志力强，而意志是心起的波动，妄念的作用，所以无愿就是不起妄念、心不波动的意思。如何才能做到心不波动呢？就是要解脱色、受、想、行、识的五蕴。如何才能解脱呢？“心住一缘”。比如受了风寒不舒服是受蕴，血液还在流动，生命轮转不停是行蕴。识蕴更难，修到空的境界，那就是识蕴境界的作用。“五取蕴”是五蕴都能够空，也叫无愿三摩地。做到五蕴皆空，唯一入手的法门，是“心住一缘”，或者一个明点，或者一句佛号，缘有分别影像，或缘无分别影像，先修到缘止，这是五蕴空的起步修行。

“云何无相心三摩地，谓即于彼诸取蕴灭，思维寂静，心住一缘。如经言，无相心三摩地不低不昂，乃至广说。”一切不着相，无相心是不着任何相。无相心怎么修呢？就是要“取蕴灭”，“取”也就是受。十二因缘：无明缘行，行缘识，识缘名色，名色缘六入，六入缘触，触缘受，受缘爱，爱缘取，取缘有，有缘生，生缘老死。这些佛学名相要会背，不要认为容易而不去记，你如果记不得，用起功来绝对不上路。这十二因缘就是你心路的历程，不记得就找不出来，所以用功就白用了。

像三十七菩提道品也要背来，每个名词都要去参究，这与用功修行都有很大的关系。尤其是要弘法利生的人，更要记来、参究来才行。十二因缘看起来简单，那是你没有用功才说它简单；一旦用功，把它画成圆图，看它互相的关系，就会发现它牵涉到身心世界、物理世界、三世因果，一切法都在内了。而且修声闻道，小乘道是必然要先了解的。譬如《心经》里提到，“照见五蕴皆空……无无明，亦无无明尽”，就是十二因缘，是从无明开始。要了了无明，则了生，了老死，它是一个轮回的。你想了生死，先要了无明，无明不起行了，才能谈了生死。

像大家念头为什么会起来？本来没有想的事，打坐时想起来了，它是突然“行”来的。行就是一股力量转动来的，这个转动的力量，后面还有一个动力，就是无明。无明从哪里来的呢？你要找呀！要参究呀！必须要把那个电源切断才行。所以佛经上讲到，很多人是因参究十二因缘而证罗汉果的。他们是把十二因缘倒转地找，现在我们这个阶段是“有”，有的前面是“取”，你是不是在取呀？（同学们答：是在取。）对呀！我们现在坐在这里，把四大身体抓得牢牢的就是取呀！取的前面是爱，你爱不爱？（同学答：爱。）你不但爱，还爱得要死，又怕自己活不久。如果有人碰到你的坐垫就不高兴，碰到你的身体更不行，妨害你的时间更不对了，这都是爱呀！一路一路向前追，十二因缘你倒转来一追，你就找出念头怎么来的了。你们有谁真在用功啊？唉！不谈也罢。

在十二因缘之中，“取蕴”是在中间，人人都在取，取就是执著，就是抓，取自己四大身体，取名、取利，都是争取，人生本来是争取。普通人争取，是属于正常的，大家会说这个人好，很努力，很上进，知道进取，都是鼓励的好的名词。以修道来讲，是相反的，一切取都不是好的，尤其自己内在的一切取，因为有取心，情、爱、欲一样都放不下。有取所以有爱，有东西拿到就高兴，拿不到就悲哀，心里感受不同，因为爱、取是连着的。所以这里讲无相三昧，先把“取蕴”灭了，“受蕴”就没有了。

这个时候“思维寂静”，完全放下，等于修禅的初步，也等于修密宗大手印等的初步。双腿一盘一坐，什么都不缘，不缘光明点，也不缘专一，什么都不管，心住一缘，就是缘住无相。无相是“不低不昂”，此心既不求空，念头也不想空，也不想起妄念。妄念真起来也不怕，来了不欢迎，去了也不送，不迎也不拒，这个念头自然来去，同你不相干。然后如一个天秤摆在那里，水平线平在那里，空、有两边平等，此心始终平的，像一池清水，水波不兴，水上波纹都不动。就算波纹动了也没有关系，思想念头动了，它是空的嘛！它又不妨碍你。思想念头如《楞严经》上的比喻，是客人，客人进来了，你不理他，他自然走了，你主人坐在那里就是寂然不动，这是无相心之三摩地。“不低不昂，乃至广说”，很多方法可以做到这样，但是这是各种三摩地的一种，属于无相三摩地而已，没有什么了不起。

“云何名为不低不昂，违顺二相，不相应故。”烦恼来了就是“违”相，妄念就是违；“顺”相就是心境坦然而住，也无烦恼，也无妄念。任何一个境界，如果抓住就是不对，所以空也不取，有也不取，平静也不住，“不相应故”，空和有对他都没有关系，都不执著，就是那么一个无相。

“又二因缘，入无相定，一不思维一切相故。二正思维无相界故。”这个无相定蛮舒服的哦！有两个因缘可入无相定，也就是说，要修到无相定境界有两个方法。第一个方法，不思维一切相，就是一切境界都不要，乃至佛菩萨现前也不要，也不着。但是要特别注意，不要落在昏沉。第二个方法，可以用思维，思维什么？思维修到无相。

“由不思维一切相故，于彼诸相不厌不坏。唯不加行作意思维，故名不低，于无相界正思维故，于彼无相不坚执著，故名不昂。”正思维无相的第一点，就是不想一切相，也不求一切境界，坐起来就是坐起来，定住就是定住。眼睛如果看到窗外，看到前面的人，也不会叫他走开，我要打坐了，你不要吵我，那就着相了。面前管你是人也好，阿猫阿狗也好，反正这个相不管了。虽然你也看到他，不是没有看到，心里不着就没有事了。不管你男的、女的、老的、少的，乃至佛也好，魔也好，菩萨也好，我反正是一切无相。“不厌”就是不讨厌，我正要打坐，你在我前面走来走去，我也无所谓讨厌，反正一切无相。

真做到无相境界，哪里不可以修道啊！到舞厅去也无相，音乐也好，看人跳舞也好，当下就是净土。一切众生，一切菩萨，皆在念佛念法念僧。你到达这个境界，哪里都可以去；没有到这个境界，连佛堂都不能去，因为到佛堂都会着相。看到阿公阿婆拜佛烧香那副着相的样子，烧一支香，要佛祖保佑他们发大财，那种贪心的样子，一般人就会产生厌坏的心。做到无相则不厌，不管好坏都没有厌恶，不讨厌任何人，也不讨厌清净或不清净。

无相是不坏一切相而无相，山还是山，水还是水，不过山水同自己不相干而已。譬如李白的诗："相看两不厌，唯有敬亭山"，他着相吗？当然着相，他只是相看两不厌而已，还着山相。陶渊明的"采菊东篱下，悠然见南山"，也着相，是眼斜了吗？在这里采菊东篱下，怎么又悠然见那边的南山呢？

我们常讲，面对一切现象，一般人听到这句话，以为现象是指外境界而言，其实是指一切现象，包括身心内外的境界。对于一切相，也不空掉它，"不加行作意思维"，也不特别注意，故叫"不低"，等于天秤一样，平的。但是对于无相的境界也不坚执，如果说一定要做到无相，反而就把无相加重了，这也不对。所以要"不坚执著"这个无相的观念，故名"不昂"，就是不高。

见了道 证了果 习气未断

"此三摩地略有两种，一者方便，二方便果。言方便者，数数策励，思择安立，于彼诸相未能解脱，由随相识，于时时中扰乱心故，彼复数数自策自励，思择安立，方能取果。"这个无相定的境界有两种，我们现在坐禅或者念佛，只能说是在修禅定，但是并没有证果。道理在哪里呢？无相定有两种，一个是方便，就是方法进门，第二个是证果。所谓讲方法、方便，"数数策励"，"策"是一条鞭子抽打自己，勉励自己，随时要管理自己，这叫修行，随时要努力的。"思择安立"无相境界，不管做事、讲话、待人接物，都要如此，要随时做到无相。虽然你在修无相，可是内外一切并没有得解脱。譬如大家无论修哪一种定，都是三天五天，偶然境界好一点，然后可能二十天都在痛苦中，所以修行都没有得解脱。"由随相识"，因为外境界的现象，加上内在自己的心意识作用，随时随地都在扰乱我们的自心。我们不能责备外面的环境，也不能责怪别人，只有自己鞭策自己，勉励自己，自己参究，如何能使自己得到无相、平静，这样才能慢慢证得无相定的果位。

“解脱随相，于此解脱，又解脱故，不自策励思择而住，是故名为极善解脱。”解脱自心，不跟着外界环境转，就是“解脱随相”。这四个字要注意，像你们自己看书，这些地方好像看懂了，一看就过去了，一考问你们这句话是什么意思，想了半天也讲不出来。“于此解脱”，就在相上解脱，随当时的环境就能解脱得了，不着相，因为你随时策励自己住在无相境界上，还有这件事在心上。到了得到解脱这个时候，不再需要策励自己住于无相境界上了，就是极善于解脱。

“若数策励，思择安立，方得住者，虽名解脱，非善解脱。”假如是靠自己随时的警觉，把这个境界拉回来，才把外境界去掉，虽然也叫做解脱，但不是善于解脱，这其中是有差别的。

“又晓了果，晓了功德者，谓烦恼断究竟故，现法乐住究竟故。”知道自己已经证果了，有功德，就是修持的功力到了，得道了，自己心中的烦恼也没有了。宋朝有一位得道的张紫阳真人，在他所著的《悟真篇》中有一句，“烦恼无由更上心”，到了这个时候，想要起一个烦恼都起不来，彻底没有烦恼了，这叫做烦恼究竟断，自然断了，不是心中有意去断的。现观的法乐，随时都在解脱的法乐境界，得了究竟的果位，这叫证果。

“又复灭道俱应晓了，即此二种，随其次第，名晓了果，晓了功德。”这个时候自然随时在道中，灭了一切的烦恼，是自然灭掉了，等于火灭了，没得火了。随时随地都清楚，都在道中，所以叫“晓了果，晓了功德”，自己知道已经证果了，“山泉绕屋知深浅”，自己晓得深浅了，很清楚了。

“又谛现观阿罗汉果，俱应晓了，于见道位中，名晓了果。

于阿罗汉果，名晓了功德。”仔细观察自己是不是证得了阿罗汉的果位，得果不得果，自己知道。等于吃饭一样，吃饱了没有，自己很清楚，别人看不清楚的。“于见道位中，名晓了果”，真见道了。怎么叫见道呀？拿教理来说，你们回答看看，说小乘见道位吧。（同学默然。）都不晓得！所以你们常说老师上课好呀，是自欺欺人的话，我一听就气了，无明发起来了。

见思惑包括五个见惑，五个思惑。五见惑是身见、边见、见取见、戒禁取见、邪见，五思惑是贪、瞋、痴、慢、疑。“见道位”是这五见惑都空掉了，见惑没有了。你们尽管学佛，随时着五见惑，随时都在着五思惑，所以修道不能证果。不但身见要空，五见都要空，这还是见道位；而你思惑位上的贪瞋痴慢疑习气还在，所以阿罗汉还有余习。《维摩经》上讲，维摩居士的房间里，天女空中散花，花落到菩萨身上就掉下来，沾不住；落到大阿罗汉身上就沾住，都变成花罗汉了。为什么沾住不掉呢？因大阿罗汉虽已证罗汉果，余习未尽，它的习气吸力还在，所以天花着身不落。刘鹗有部小说，其中有几首诗作得很好，“刹那未除人我相，天花粘满护身云”，就是这个道理。

见道位中，境界上证了果位，但是思惑习气没有断。所以迦叶尊者多生累劫喜欢音乐的，证果以后，听到天龙八部的音乐神乾闼婆在空中奏乐，迦叶尊者一边打坐，一边打拍子。他的心没有动，是身体跟着旋律拍子动了，这就是无始以来的习气。还有毕陵伽婆蹉，多生累劫为婆罗门种，证了果位后，过河叫河神：小丫头，把河水给我断开，我要过河了。河神到佛那里告状，佛把他找来，问他为何骂人？他说我没有骂人啊，小丫头，我什么时候骂过你呢？这是他多生累劫都在指挥人，骂人骂惯了，他觉得不是骂人，这就是习气的关系。

“若于此处无有彼物，由此道理观之为空，故名空性。即所观空无可希愿，故名无愿。观此远离一切行相，故名无相。”空、无愿、无相，三个境界都告诉我们了，这不是理论，是要以身证到。在见道位中叫做“晓了果”，在阿罗汉叫“晓了功德”，地位不同，名称不同。住眼一看一切物理世界，即禅宗的见山不是山，见水不是水。换句话说，见好看的也不是好看的，见不好看的也不是不好看的，这个道理叫做初见空性，这还是外空。见到外境界一切现象空了，内在跟着也空了，在空的境界上无所希求，就是无愿。“观此远离一切行相”，无愿中是空的，本来无一切相，所以叫无相。

再说空、无相、无愿、寻伺

“何故此中先说空性，余处宣说无常故苦，苦故无我，后方说空。”这里提出来一个问题，为什么这里先说空呢？为什么在别的经典上先说无常、苦、无我，而最后再说空呢？

“谓若无无我，无常苦观终不清净。”答复是：假如修行没有先证到无我的境界，所谓看外界无常，看世事一切苦，这个观行永远做不到清净。那只是嘴巴上讲理，没有证到。

“要先安住无我之想，从此无间，方得无愿。”要做到无我，修持到了无我，不是理上到，是证到无我。必须先使身心安住在这个境界上，没有间断，行、住、坐、卧，随时随地无我相，才能达到无愿。

“是故经言，诸无常想，依无我想而得安住，乃至广说。彼于无常观无我已，不生希愿，唯愿无相，专求出离，故此无间，宣说无相。”所以佛经上说，一切无常想，是由无我来的，先证到无我，自然一切无常观行就做到了，那么在这个境界上就可以“安住”，定下来。再详细地说，观一切行无常，因为无我，故看一切行无常，所以对世间一切无希求。无希求不是灰心，而是利益他人，帮助他人，认为这是应该的，没有什么希求，不求回报，也没有觉得自己了不起。故一切无相、无愿而作，只专求出离三界。无间是永不间断，这是无相的重要。

“复次，云何有寻有伺三摩地，谓三摩地寻伺相应。”再其次，“有寻有伺”旧译为有觉有观，是起心动念还要找，是做工夫的阶段。一下瞎猫碰到死老鼠，撞对了，一下又没有了，掉了；有几天坐起来很好，有一下坐起来又不对了，又要去找回来，这是有寻有伺地。

“云何无寻唯伺三摩地，谓三摩地唯伺相应，大梵修已，为大梵王。”“无寻唯伺”就是不需要寻找了，永远停留在这个清净境界里，虽然有清净境界，并没有证得菩提。但也了不起，因为已经超过欲界了，这是色界天大梵天的大梵行，不要轻视它，世间富贵荣华何足道呀！可是要念念随时在清净中才行，修大梵行就是要做到无寻唯伺地。

“云何无寻无伺三摩地，谓三摩地寻伺二种俱不相应。”随时在定境界里，不需要寻伺了，不需要去找这个境界，也不是停留在这个境界，这就是无寻无伺地。

“修习此故，生次上地，乃至有顶，唯除无漏诸三摩地。”修行再进一步，超过了大梵天的境界，到了有顶天，有顶天即大自在天。升到色界有顶天，是修持的功德到了，但是要证得无漏果还谈不上，还有问题。

“云何无寻无伺三摩地相，谓于寻伺，心生弃舍，唯由一味，于内所缘而作胜解，又唯一味平等显现。”到了“无寻无伺”，快等于菩萨的无功用地了，到了这个境界，可以不要用力了，自然都在定境界里。譬如禅宗神秀的偈子，“身是菩提树，心如明镜台，时时勤拂拭，勿使惹尘埃”，这是有寻有伺，非要做工夫去清洁它不可。到六祖说的“菩提本无树，明镜亦非台，本来无一物，何处惹尘埃”时，就到了无寻无伺的境界了，也就是一味瑜伽，一味平等。“于内所缘而作胜解”，在这个境界上，你内在智慧开发了，因为一味境界，“平等显现”，随时随地呈现，修证的工夫至此才算到达了。

下面至卷十二完（二百八十四页），自己看，自己研究，作为考试，你们来讲我来听。如果帮你们读书，讲给你们听，反而使你们有依赖性，没有用的呀！所以一定要策励自己，非要自己啃进去不可。而且是你们自己研究懂得的，比听我讲而懂的，更是受用千万倍。听我讲的，下课就没有事了，理论好像懂了，事情做不到，只会批评别人。如果你一边看，一边看进去了，那才是受用无穷。

你们这一生修持要用的，在本论上太多了，叫做美不胜收。我如果一点一点地讲下去，我变成了千张嘴巴，千手千眼，然后你生了一千张耳朵来听才行。我纵然有一千张嘴巴，你只有两个耳朵就不能接受，所以还不如靠自己的心意识来努力才好。

前面没有讲的，要自己好好地努力，说文字看不懂，我也晓得你文字看不懂，买两部字典来查，《国语字典》上每个字都解说得出来，走笨路子嘛！把《辞海》买来，硬读，一条一条读嘛！也有人的学问就在《辞海》上求来的。我有一个朋友就是读《辞海》而得学问的，后来做秘书长，地位也很高。你们也可以这样做呀，不能这样做就是懒，就是不策励嘛！理想都很高，然后眼高手低，这是现代教育的结果，真是可怜又可叹，自己去努力研究吧！

比丘声闻道必修课

现在看二百八十五页，卷十三“本分地中三摩呬多地第六之三”，就是修三昧止观的境界。这是出家比丘修声闻道果一定要修的。

“复次如世尊言，汝等苾刍，当乐空闲，勤修观行，内心安住正奢摩他者。”佛吩咐我们同学们和出家的比丘，应该乐于在空闲清净的地方努力地修观。怎么修呢？“内心安住正奢摩他”，就是修正的止观，正的定境界。修定是共法，外道、邪魔、凡夫都有定的境界，都有他的定力。但是所谓修出离道，尤其比丘们修出离道的正奢摩他之路，是真正佛法的修定，与一般的不同。

“谓能远离卧具贪着，或处空闲，或坐树下，系念现前，乃至广说，名乐空闲，当知此言显身远离。”出家人要能远离卧具贪求，什么是远离生活用具贪求？头陀行不倒褡，只坐不卧，就是远离卧具的贪着。因为人躺下来睡觉很舒服啊，舒服者放逸也，偷懒也，所以“远离卧具贪着”是很难的。“空闲”并不是说时间空，而是说环境，指没有人的地方。很多人到了没有人的地方，冷庙孤僧，他自己眼泪就掉下来，到了晚上吓得毛孔里钻出一个悚然来，还说什么空念、无相，那风吹草动，通通都是相。像那些无人居住的老房子，到了秋天晚上，一个人坐在那里，听见东砰一下，西砰一下，把你吓死了。独处空闲无恐怖，已经很难，半夜你独坐树下，坐到天明，你就要吃药了，所以坐树下没有那么容易的。头陀行的出家人，一个斗篷戴在头上，有雨伞那么大，一个棕榈的蒲团背在身上，是防治下面的水和湿气的，下雨时就那么坐着。

《指月录》中记载有位禅师，冬天到寺庙里挂褡，太晚了，寺庙的三门已经关闭，他只好坐在大门口。夜里下雪，北方冬天，三门都会被雪封住的。第二天门勉强打开了，雪地中一位和尚坐在那里入定，四周的雪堆那么高，他人坐的范围雪冻不起来。这是什么功夫？四加行的煖啊！得煖，雪冻不了。头陀行就是坐树下，心系一念，心一境性。所谓“乐空闲”，不是像你们说的上课少一点，空闲就多了，那是偷懒。空闲是指空旷的地方。即此心念，把身心离开这尘浊的世间。

“若能于内九种住心，如是名为内心安住正奢摩他。”心内有九种住心，是内心的工夫，要把这个心，安住在正修止上。在家居士要学佛学的正修行路，就是这一段，这叫做修行。你以为三根香蕉拜拜，那里出一点功德金，这里送本经书，就算修行吗？那只是种种善根而已。正修行路，正奢摩他，是修止修观。

“当知此言显心远离，若乐处空闲，便能引发内心安住正奢摩他。”所谓九种住心，是讲“心远离”，明白告诉你心要离开尘俗世间。坦白地说，大家学佛是世间一切都要，道也要，对不对？（同学答：对。）你们的回答是诚语者、实语者、不妄语者。一般人学佛，尤其居士们学佛，哪一样不要？功名富贵也要，然后听到财神法、双修法，更求之不得，那多好，看贪心多大！不过，“世间那得双全法，不负如来不负卿”。

所以要注意，正修行路线就是心能真远离，身远离是没有用的，身出家，住在寺庙后山茅棚，你这正是大贪，大毛病，因为你对这个世间有执著，心不平，只是自命清高而已，此心没有真远离。“显心远离”，注意！这是说要把心量放得大大的。再说，爱住茅棚不是“乐处空闲”，那是偷懒。“乐处空闲”是头陀行，至孤峰绝顶，像释迦牟尼佛出家后一样，一个人跑到雪山修定，那不但是人不到的地方，连鬼也不到。所以你到这种地方试个一年两年以后再说吧！一个真正的修行人，要“乐处空闲”，要“显心远离”，才能“引发内心安住正奢摩他”，出家比丘要注意“正奢摩他”。

“若内心安住正奢摩他，便能引发毗钵舍那，若于毗钵舍那善修习已，即能引发于诸法中如实觉了。”得了真正的止才能起真正的观。真正的正止和正观做到了，在一切万法、佛法中，“如实觉了”，真正的开悟了。要注意“如实”，是切切实实做到了，悟了。这是纲要，所以特别提出来讲，尤其出家同学要注意。

“复次如世尊言，汝等苾刍，于三摩地，当勤修习无量、常委、安住正念者，谓先总标，于三摩地勤修习已，后以三事别显修相。”现在这里所讲的，都是引用佛说的，是更加慎重地告诉你。譬如佛说，你们一切出家的比丘，对于三摩地、正止正定的境界，要勤加修习，这是第一个纲要。在真正修到正止正定、止观的正定境界以后，又告诉我们修行之路有三个范围。

“无量者，谓四无量。常委者，谓常有所作及委悉所作，故名常委。”你看到儒家孟子说修养的道理，“心中必有事焉”，就是总有那么一件事，一念不在，此心就是散乱。孟子说的这句话，就是“常委”，也就是自己内心晓得现在在做什么。自己现在是出家在修道，不要忘记了自己的正念。

“安住正念者，显于四念住，安住其心。”安住正念就是四念住，而安住其心。这都是大纲，出家比丘什么叫修行？随时随地内心有这三种修相，“无量、常委、安住正念”。

“何故说此三种修相，谓依二种圆满故，一者世间圆满，二者出世圆满。修无量故，便能引发世间圆满。修正念故，便能引发出世圆满。常委修故，于此二种速得通达，由此因缘处二中说，是故但说三种修相。”这还是纲要，下面一点一点又都告诉我们，所以你们拿到一部《瑜伽师地论》，一辈子修持够了。讲佛学，这是佛学真正的大纲；讲修持境界，显密圆通都有。

“又无量者，显奢摩他道。住正念者，显毗钵舍那道。常委者，显此二种速趣证道。”无量是显示止的方法很多，观是显示住于正念。止观常常在心中就是“常委”，必有事焉去修，很快可以证道。

“又无量者，显趣福德行。住正念者，显趣涅槃行。”无量也是达到福德的成就，世间的功德圆满；住正念，最后是证得涅槃，得道。

“常委者，显趣二种速圆满行。先于奢摩他善修习已，后与毗钵舍那方得俱行。”必须先修到止、定的境界，然后再修观，才能够得止观俱行。

“修此二种三摩地故，如实觉了所知境界。”修世间及出世间两种定，才能真实了解所知的境界。

下面一路都是关于修定方面的，为什么跟你们讲这方面的呢？尤其我们讲到的，都是重点，是希望大家偏重修持的，能够走上正路，尤其有关比丘修持之路，希望给你们讲清楚，供你们修持之用。

第十一讲

等持等至　名句文身

住定出定的行状相

为什么出定

修行地方五条件

修定要有威仪

身心都舍　才能修行

念念纯善流注

现在继续卷十三第二百八十六页，倒数第五行。

等持等至 名句文身

“复次如世尊言，修静虑者，或有等持善巧，非等至善巧，广说如经，嗢柁南颂。云何等持善巧。谓于空等三三摩地得善巧故。云何非等至善巧。谓于胜处、遍处、灭尽，等至不善巧故。”

修定的人，在逻辑理论上有两种分别，一种叫“等持”，一种叫“等至”。“等持”就是平等性的修持，是修空、无相、无愿的境界；或译空、无相、无作。但这并不是说在你有了空、无相、无愿的境界，就是到达了等至。什么是“等至”呢？“等至”是八胜处、十遍处、灭尽。如果不知善巧就很困难，就是没有这个方便。也就是说，都是工夫来找你的，碰到身心好一点的时候，坐禅坐起来还像个样子，你自己作意就做不到。

“云何等至善巧非等持善巧。谓于十种遍处等至，及无想等至，若入若出，俱得善巧，非于三三摩地。”

为什么是等至善巧，不是等持善巧？在修持的过程上，对十种遍处、空无边、识无边，等等，乃至要到达外道定的无想定，俱能任意出入，爱到哪个境界就到哪个境界。于各种定都自由出入，才是等持善巧；并不是只在空、无愿、无相三摩地能任意出入。

“云何俱善巧。谓于彼二俱善巧故。云何俱不善巧。谓于彼二俱不善巧故。如是于先所说等持等至中，随其所应，当善建立。”

如何能同时做到这两种的俱善巧？就是对等持、等至都能够随心所欲而不逾矩，爱怎么样就怎么样。这就是“随其所应，当善建立”。一个真正声闻乘修持的比丘能够到达这个程度，就可以为人天之福田了。

“又说等持善巧非等至善巧者，谓于等持名句文身，善知差别，非于能入等至诸行状相差别。”

关于等持及等至，再说另外一个解释、一个理论，就是说你在修持的阶段，并非真到达了那个境界，那就是“非等至善巧”，这是有差别的。还有另外一种解说，就是说出家的比丘文章经教都好，但是不能到达“等至”。如宋朝大慧杲、明朝的憨山、藕益、莲池、紫柏，等等，教理文章都非常好，经教的理论也极透达，但实证的工夫没有达到“等至”。“名句”是佛学的名词，“文身”指文章的本身，佛学把文章的本身翻译成“文身”，因为文章的本身也是一个化身。譬如像中国有名的学者把释迦牟尼佛翻译为释迦文佛，他这个人尽管是涅槃了，那是报身涅槃，他的经典“名句文身”则留传万古，也是化身，所以说文字也是蛮重要的。

至于“善知差别”，是对任何书、经典、文章，一看都清楚了，善于知道它们的深浅差别。你们的考试卷我大概看了一下，你们的名句文身越来越糟，烦恼妄想也越来越大，很可怜的。“非于能入等至诸行状相差别”，理论都对了，但是实际工夫不到，不能等至，不能随意到达那个境界；尽管理论会讲，文章都很好，但是工夫做不到。

“云何等至善巧非等持善巧。谓如有一善知能入随一等至诸行状相，亦能现入，而不善知此三摩地名句文身差别之相，亦不能知我已得入如是如是等持差别。”

有些人工夫到了，智慧却不够，自己进入了某一个定境界，还不晓得这是什么定。或把昏沉当入定，或把睡眠当打坐，或打坐入定了，自己也不知道是入定，以为自己在昏沉或是睡眠中，这是没有智慧。所以虽说他有等至善巧，工夫到了，理上不行，自己修三摩地，到了什么境界都不晓得，这是不懂“名句文身差别之相”。这三摩地境界是教理上的哪一条、哪一点？他不懂，所以自己到了某一种定境界，自己也搞不清楚。其实像你们大家，也都搞不清楚。

一切凡夫都有定境，天生就有定境，但是哪一种境界呢？你们自己都弄不清自己的心理状态，动不动就问老师。老师一讲你就懂，下面老师没有讲，又不懂了。虽然看起来是乖学生，一切都相信老师，但是你永远是笨蛋。老师说，十二楼就在十三楼的下面、十一楼的上面，老师这一讲你就懂了。可是四楼、五楼在哪里，你又不懂了，这有什么用？诸善知识，一切佛菩萨的教化，都是要你自己站起来，自己站不起来是没有用的。

“有诸菩萨，虽能得入若百若千诸三摩地，而不了知彼三摩地名句文身，亦不能知我已得入如是如是等持差别，乃至未从诸佛所闻，及于已得第一究竟诸菩萨所而得听闻，或自证得第一究竟。”

不只声闻乘小乘道的比丘不了解定境的名句文身，大乘菩萨们也是一样；所以佛说初地菩萨不晓得二地的事，二地菩萨不晓得三地的事。等于我们这里一样，下一层楼不晓得上一层楼在干什么，有些菩萨也是这样。到了菩萨地的境界，那就大了，百千种三摩地定境都能到，但是菩萨之“力”、“智”波罗密没有圆满，他虽然到了那个境界，并不认识这个是什么名句文身；所以禅定工夫很重要，思维修更是重要。

有些菩萨因为不了解其他三摩地的名句文身，不了解它们的理论和境界，所以证到了也不知道，也没有听佛说过，也没有听得了第一究竟的大菩萨们说过，所以自己搞不清楚。菩萨地要三大阿僧祇劫慢慢修，有些也会永远停留在菩萨地的境界，一地、二地，或三地……一停留就是一大阿僧祇劫或者半大阿僧祇劫，很难进步。为什么难进步？因为进步是靠福德资粮、智慧资粮，福德资粮尤其更为重要。

住定出定的行状相

“云何为住。谓善取能入诸三摩地诸行状相。善取彼故，随其所欲，能住于定，于三摩地无复退失。”

什么是住在定境界呢？住定，就是他能深入了解一切三摩地境界的行状相，理上、事上统统都搞清楚了。所以可随自己的意愿住在那个定，要进什么定就进什么定。对于定的工夫，也不会退了。

大家还是要看书本，不能说听懂了就不看书了；不看书的话，你对名句文身就永远不灵光。写不好文章，写一点小片断还行，叫你写个连贯性大篇幅的就不行了。所以诸佛菩萨什么都要会。“何期自性本自具足”，你为什么不具足呢？要文就文，要武就武，世间法、出世间法都要会，这样才叫发大愿，才能成就大功德，才是具足。你们不要只在小之又小的地方做，最后会成为外道，严重得很，所以要特别注意。我讲的你在经典上对照看看，不同此说者皆是魔说，同于此说者方是佛说。

“如是若住于定，若不退失，二俱名住。”

譬如说你们现在在学静坐，谈不上定，但是不能说你这个不是定，它是凡夫定。你说两腿都痛死了，哪里是定？当然是定呀！腿痛定呀！定在腿痛上，对不对？当你打坐腿痛的时候，你念念都在腿痛上，这是凡夫定，也是地狱定，因为你在受罪报。你头痛，就是头痛定，当你受痛苦的时候，你想解脱，想把它看空，但做不到，因为是地狱定，业报的定。所以你的情绪不好，身体多病，你就在定业受报里，这也是定呀。

看吧！我不讲你就不认识，对不对？所以我们哪个人不在定呀？你们每晚十一二点钟就马上进入那个黑黑定，就要困了，这个定力多深啊！到那个时候非入这个定不可。早晨睡够了，你就非醒来不可。你说我想再睡八个钟头，你再睡看看，你睡在床上不动，我就说你有定，你的定就是受善报那个定，也就是受报应。所以要解脱饮食、睡眠一切等等，我要把它们转了，要不吃就不吃，要睡就睡，你做得到吗？

所以凡夫也有定，是业报，所以叫定业，定业不是定吗？你能把定业的道理了解了，你才晓得出世法是如何得定。所以我刚才讲你们打坐腿子痛，那也是定呀！那是受报，一分钟一分钟在那里挨，那个时候，万事不如引磬响，引磬一敲，有无比的解脱之感。我们都经验过，对不对？所以有智慧的人，从正面就了解了反面，由反面的事就了解了正面。

住定的人是真正得了定，一上座要入哪一种定就入哪一种定境界，这才叫入定。要忘身，把自身全部感觉拿掉，受蕴尽则得受蕴空尽定，要自己一念清净就清净，你做得了主吗？你们静坐全都跟着心理、生理、业力在转，所以不算正定；也没有得定，因为做不了主，所以不能说入定。

譬如一个做得了主的人，要入这个门，就从这个门进来；

要从那个门进来，就从那个门进来。做得了主的叫“得入”。犯人就不同，他被警察牵着走，自己做不了主。如果你今天身心不错，打起坐来还能清净一下，身心不愉快时就绝对清净不了。如果把这个说成入定，那不是自欺欺人的话吗？所以入定、住定就是如此。

“云何为出。谓如有一于能入定诸行状相，不复思维。于不定地，分别体相，所摄定地不同类法，作意思维，出三摩地。或随所作因故，或定所作因故，或期所作因故，而出于定。”

一个人真修持到入定了，就有“行状相”，简单地讲就是入定的境界；严格地讲，入定行状相则不同。当我讲到“行状相”，你们都没有人提出来问，好像都听懂了，其实看来满堂都不懂。可见你们对名句文身是声闻众中的不闻众，听听而已，自己一点头脑都不用，也不思维。“行状相”包括的很多，就是入定的行状，脸色、气色、身体都不同了，也就是外面一切形象都不同了。真正能够入定的人，性情、气质都变化了，走路也不同了，讲话也不同了。能够真正入一刹那的定境界，他的行为状况、现象也就完全不同了。行为状况包括了很多。下面再解释这一段。

何谓出定？一个人入定，有定的行状相的，“不复思维”，念不系在此了，等于有意地起散乱，要离开心一境性这一缘了。你们有些人打坐，坐起来很不错；有些人坐起来呆呆的好像入定相，其实那是呆瓜相；有些人坐起来一脸死相，脸色苍白，半个死人样子，再看他的一脸神经肌肉，贪瞋痴慢都挂在那里；还有些人是煎熬相，腿痛在那里煎熬。一堂人坐在那里，眼一晃，就知道谁在哪一个境界上，这是你们打坐的行状相。

相反的，真入定，如住光明定，他内外都是光明，善知识过来一看，他容光焕发，脸上的神经细胞、肌肉都变柔软了，有慈悲喜舍之相。你们修的是一脸贪瞋痴慢相，看到众生都是仇恨的，然后表示自己很严肃，就是这么一副死相。所以我看到就生气，因此引起我一副金刚怒目相。

为什么出定

“于不定地，分别体相，所摄定地不同类法，作意思维，出三摩地。”文字都是很老实的译法。

简单地讲，怎么叫出定？本来心缘一境，现在不心缘一境了，想到别的去了，离开那个境界了。但在还没有完全离开定境，就如凡夫半醒半睡时，“作意思维”，再度起了念头，下座吧！这样就出定了。我这么一讲知道了吧？你们不要以为文字看懂了，你们的名句文身程度我清楚得很，都以为自己会写文章，白话文一大篇，只有一两句好的，偶然有好句子，并没有好文，不成章法。所以有时候骂人，“这个家伙，不成章法”，就是骂他不能构成一个系统、一个体系，东一下，西一下。所以看经典要注意，文字看懂要再多参究思维，因为其中都有很多道理的。

“或随所作因故，或定所作因故，或期所作因故，而出于定。”

这一段抽出来问你们，看看你们对名句文身的了解程度，当做考试好了。因我每部书都带领你们读，我把重要的地方点出来，你们就要自己研究。这些书要把每一部全部讲下来，都要好几年，我们的生命都不长久的，所以你们必须要自己研究下去。如果听了老师讲一部分就不再看这一本书，那你学佛不是白学了吗？佛的弟子有些是声闻众，你们叫黏闻众，要黏老师，“蚂蝗叮上鹭鸶脚，你上天来我上天”，可是我不是鹭鸶呀！你也不是蚂蝗，黏不住啊，要注意自己努力呀！

“随所作者，谓修治衣钵等诸所作业。”

《瑜伽师地论》中一问一答都很清楚，非常科学，每个纲要下面再加解释。但要晓得，下面的解释只是解释原理，你自己从这些解释中要能通达，如果死死地盯住这些原理，对名句文身就搞不懂了。什么叫“随所作”的因？有工作要去做，必须要出定。譬如丛林制度，住禅堂是过团体生活，只好跟着团体规矩来，你纵然要入定，没有办法，不能去入定，因为团体生活不能违众。

再譬如今天全体要集合，一齐来做冬天的衣服，要随“所作业”，它只解释到这里为止。其实还不止如此，像有些居士在家打坐，到了上班时间就要出定去上班；或者有事非办不可，那就应该出定去办理。因为这个原因，心意识里随时有这么一个预期，到时候就出定。你们有没有训练自己，假如闹钟坏了，明早五点半要赶飞机，今天睡前告诉自己，明早五点一定要醒来，结果到时间一定醒来，比闹钟还灵。试过没有？等于这个道理一样，“随所作因故”，就出定了。所以有些人入定，他有这个本事，我要入定一万年，一万年后的那一天就出定了。

“定所作者，谓饮食便利，承事师长等诸所作业。”

定期性地要吃饭，要上厕所，或者要侍奉师长，需要出定。所以现在准备定三个钟头，三个钟头后，自己出定了。

“期所作者，谓如有一先立期契，或许为他当有所作，或复为欲转入余定，由此因缘，出三摩地。”

自己在意识上作意，限定时间，我准备进入空定的境界一个钟头，然后一个钟头就出定了。又像修观音法门，修一堂两个钟头，然后又要修无念、空定……这就是“期所作”意，随时能够做主。

“何等为行。谓如所缘作种种行而入于定，谓粗行静行，病行痈行，箭行无常行等，若于彼彼三摩地中所有诸行。”

“行”是大乘菩萨的行愿，作意要走这个路子，用这个方法来作意。“如所缘”，在其他经典上是“如所缘境”。“所缘”就是有分别影像所缘、无分别影像所缘的那个所缘。譬如修光明点的，修这个唵字观的时候，所缘即光明的唵字；修净土宗的日轮观，所缘就是这个日轮，即分别影像所缘，要心一境性，心住在这个日轮上。

所缘境界有各种法门，打拳就是“粗行”；双腿盘上，安静坐在那里求静就是“静行”，所以任何一种行都可以入定。

再说“病行”入定，你们生病也是入了定吧？有定，是痛定、病时定，胃病时就是胃病行入定。真修行者，病来时就在病中修；反过来讲，人生就是病，身体四大在就是大病，再健康也是病。老子说：“吾所以有大患者，为吾有身”，所以你还想拼命练工夫，想把身体搞好，看看道家、密宗做工夫的人吧，做了几十年的工夫，把身体搞好没有？有呀！搞到火里去了，一把火烧掉了。把工夫用在身体上多冤枉啊！人这个肉体就是脓疮，“痈行”，假使几天不洗脸，脏了就不好看。看人生的一切，本来就是病，不是一定要头痛发烧才是病。坐久了就想站起来，是坐病；站久了就想躺下，是站病；躺久了就想爬起来，是睡病。要搞清楚人生就在病苦中，整个身体就是疮，都是脓泡。另外还有“箭行”，有毒的箭；还有“无常行”。若能在各种身体状况下随时修定做工夫，才是做工夫的修定。

为了给大家修持的方便，我们跳过去到卷三十，七百六十三页第六行，也是讲声闻乘修定的，对于出家修道的人尤其关系重大。

修行地方五条件

“云何远离。谓处所圆满，威仪圆满，远离圆满，是名远离。”

为什么我们要专修呢？因为要远离一切世间事，要远离一切的圆满。

“云何处所圆满。谓或阿练若，或林树下，或空闲室，山谷岩穴稻秆积等，名空闲室。大树林中，名林树下。空迥冢间边际卧坐，名阿练若。当知如是山谷岩穴稻秆积等，大树林中，空迥冢间边际卧坐，或阿练若，或林树下，或空闲室，总名处所。处所圆满复有五种。”

这些清净的道场，都是世间人不愿意去的。要出家专修先要选地方，所以演变成道家一句“法、财、侣、地、师”。专修先要有地方，这个地方能使专修圆满，共有五个条件。

“谓若处所，从本以来，形相端严，众所喜见，清净无秽，园林池沼悉皆具足，清虚可乐，地无高下，处无毒刺，亦无众多砖石瓦砾，能令见者心生清净，乐住其中，修断加行，心悦心喜，住持于断，是名第一处所圆满。”

出家修行本来不讲风水，可是这一段统统是有关风水，哪里找得到啊？要找一个好地方太难了。如果修行道场圆满，在这个好的地方一住，此心妄念渐断，对于外缘的牵挂也越来越少，甚至于没有牵挂。所以并不是说随便一个坟堆都可以住的，这是第一个条件。

“又若处所，昼无愦闹，夜少音声，亦少蚊虻风日蛇蝎诸恶毒触，是名第二处所圆满。”

一个白天不吵闹，晚上声音少，没有蚊子，没有毒蛇猛兽的好风水地方，自然会这样，这是第二个圆满的处所。

“又若处所，无恶师子虎豹豺狼，怨敌盗贼，人非人等诸恐怖事。”

有一处所，既无野兽盗贼，也无人和非人的麻烦事，是可以安乐而住的地方。说到人事上的麻烦，住在寺中，有住持当家，或者老和尚或老比丘尼找你麻烦，跟你啰唆，就是人的麻烦。说到“非人”，是指看不见的精怪鬼魅。以前我在峨眉山闭关的关房，原是一位喇嘛在住，但他住不下去，因为他一打坐，狐狸精就在他脸上吹气，一吹他就昏沉了。修降伏法，铃杵都掉了下来；他做的供养，转个身，上面就出现爪印；早晨起来窗子前面是女人的足印，各种时代的女人足印都有。所以他只好离开了。

“于是处所，身意泰然，都无疑虑，安乐而住，是名第三处所圆满。”

修行要找个好道场，古来的祖师建寺庙，都是为了要清净道场，建寺如种树，前人种树，后人乘凉，建个好道场给后学修行，就是供养后人。要找“处所圆满”才建道场，使许多修行人能合住在一个道场修行。出家修道，人人供养你，有人赚钱给你吃饭，加上一切处所圆满，你才能够修行。人活在世界上，哪里不麻烦人，哪里不欠账的？所以要上报四重恩，叫你们不要自满，不要傲慢，就是这个原因。一个清净道场要保持好，前面创办的人是多辛苦的大功德呀！这是第三个好处所。

“又若处所，随顺身命众具易得，求衣服等不甚艰难，饮食支持无所匮乏，是名第四处所圆满。”

在那个道场，冬天冷了，化缘化件衣服也容易；没有米了，化点米来吃饭也容易，又有人护法，这是第四圆满处所。

“又若处所有善知识之所摄受，及诸有智同梵行者之所居止，未开晓处，能正开晓，已开晓处，更令明净，甚深句义，以慧通达，善巧方便，殷勤开示，能令智见速得清净，是名第五处所圆满。”

修道要有善知识开示指导，也要有同修的道友。对于不懂的地方，老师使你懂得，懂得了，更令深入明净。有这样的条件，你才好修行。所以古来创办大丛林的祖师，都是师父修好地方，来供养徒弟修行。

譬如贡噶师父，经常见他出来弘法化缘。他一出来，脚不沾泥土地的，信女信男们以发铺地让他走过，然后供养一大堆珠宝。他每年供养二十几位徒弟闭关修行，都是靠他出来化缘。弘法就是化缘，化缘也就是弘法，传你法要拿供养，修密法没有供养不能修。可是密教上师收了供养，他回去一样再供养他的徒弟们闭关修行，所以大善知识的重要就在这个地方。这是第五种修行处所圆满条件，财、法、侣、地、师。道家只讲前四个，佛教就讲了五个，多一个师。要有善知识，要有好地方，要容易得到供养，地方又要清净良好，一切都要圆满才好修行。

修定要有威仪

“云何威仪圆满。谓于昼分经行宴坐，于初夜分亦复如是，于中夜分右胁而卧，于后夜分疾疾还起，经行宴坐，即于如是圆满卧具，诸佛所许大小绳床草叶座等，结跏趺坐，乃至广说。”

大家自己反省一下，威仪圆满否？白天打坐行香，初夜分也是要这样，中夜分是晚上十点到凌晨二点，要右胁而卧入睡，后夜分马上起来行香打坐，这就是“威仪圆满”。出家比丘除了修行以外，还干什么？坐在那里谈空话，看电视，说笑话聊天，谈论世间法，那是修行吗？闹意见，起烦恼，你看我看不惯，我看你也看不惯，这算什么修行呀？要在卧具绳床或草叶座结跏趺坐，才算是真的威仪，才是出家修行。

“何因缘故结跏趺坐。谓正观见五因缘故。一由身摄敛，速发轻安，如是威仪，顺生轻安最为胜故。”

盘腿打坐有五种因缘，第一是身收摄，平时我们身体散乱爱动，很散漫，一结跏趺坐，气脉归元，很容易得轻安、得定，不跏趺坐就不行。打坐有九十六种方法之多，结跏趺坐，身心很快得到轻安。

“二由此宴坐能经久时，如是威仪，不极令身速疲倦故。”

第二，这个姿势可以持久，不易疲倦，其他的姿势会使身体很快就疲倦。譬如你初学打坐，可以坐二十分钟，如果蹲马步，两分钟都蹲不了，一比较就知道。现在腿一盘，过二十分钟坐不住了，那是腿发胀，不是疲劳，因为你精神并不疲倦。只有这个姿势是正姿势，身心不易疲倦，你们自己要去试验。为什么我可以给你们讲那么清楚呢？这不是理论思想，这是经验；你们讲不出来，是因为你们没有修持。善法、恶法、外道法、魔法，修行人都要试过，如果都没有试过，那有什么用呢？

“三由此宴坐，是不共法，如是威仪，外道他论皆无有故。”

第三跏趺坐是千佛所传，佛佛相传，不属于外道法。外道有种种坐法，所以有九十六种坐法之说。

“四由此宴坐，形相端严，如是威仪，令他见已，极信敬故。”

第四是修定时形相端严，这种威仪，令人产生信心和恭敬。

“五由此宴坐，佛佛弟子共所开许，如是威仪，一切贤圣同称赞故。正观如是五种因缘，是故应当结跏趺坐，端身正愿者。云何端身。谓策举身令其端直。”

第五，打坐起来身体端正，七支坐法。

“云何正愿。谓令其心离谄离诈，调柔正直。由策举身令端直故，其心不为惛沉睡眠之所缠扰。离谄诈故，其心不为外境散动之所缠扰，安住背念者。”

打坐修定必须先要正心，再按照这个方法坐得端正，才不会昏沉，不会被外境所缠扰。

“云何名为安住背念。谓如理作意相应念，名为背念，弃背违逆一切黑品故。”

打坐坐好，威仪端正了，就“背念”，就是违背世俗的一切念头，背弃一切黑品恶业的因缘，起心动念，贪瞋痴慢疑都没有了。

“又缘定相为境念，名为背念，弃背除遣一切不定地所缘境故，如是名为威仪圆满。”

如果念佛，就是心缘佛号；如果修光明法，则心缘光明或自性光明。也就是心缘一境，排除一切的不定，没有散乱心，这样才是圆满的威仪。

身心都舍 才能修行

“云何远离圆满。谓有二种，一身远离，二心远离。身远离者，谓不与在家及出家众共相杂住，独一无侣，是名身远离。心远离者，谓远离一切染污无记所有作意，修习一切，其性是善能引义利定地作意，及定资粮加行作意，是名心远离。”

远离一切染污作意就是“远离圆满”，心里贪、瞋、痴、慢、疑等杂念妄想都要远离。身远离是不与人杂居。至于远离无记作意，那就难了，大家大多“终日昏昏醉梦间”，佛学尽管听了，佛经也看了，不但记不得，道理也没有参通，脑子一点也不清醒，都在无记状态。无记将来的果报是变成白痴，或入畜生道。无记就是没有正思维，尽管也读经看经，也有思想，但不是在正思维，所以得无记业果的人很多。

社会上为什么笨人多？傍生也比人多，夜里的昆虫世界比人类更多了几千万倍以上，这都是众生。生物众生都没有智慧，都是无记业果来的，原因是多生累世不走正思维的路。既然是学佛法，平时就要检查自己，很多人佛学、佛经尽管在学、在看，真问到佛学，一点影子都没有，全不懂，都在造无记业。

我不是骂谁，只是提醒你们注意，无记业果是越来越笨，智慧开发不了，不能悟道的。不能悟道就是无记业果重，况且这一生的现行仍在造无记业，读书不用功，读经不研究，只想多一点休息时间，都在偷懒。这是因为被受蕴所困，造受蕴之染污业，身体歪坐懒洋洋的，四大受蕴，威仪不正，懒散的舒服就是无记业。像我吧，眼睛发红了，应该休息，为什么这个课我绝不松懈呢？这就是话头。所以功德不可思议，凡夫的业果也不可思议，果报也不可思议，千万要注意。

无记也是你自己作意来的，是你的意识境界有意去造成的。因为你怕精神不够而偷懒，如果有人叫你五分钟之内跑到十二楼，不然就杀了你，你这时跑得比什么都快，太有精神了。所以说，无记业也是你的作意，作意就是一种业。当然作意既有善业，也有恶业。所以讲唯识哪有那么简单啊！《瑜伽师地论》研究清楚了，再研究其他唯识经论，把染污、无记所有的作意都要抛开，这才叫做万缘放下。

你以为打坐什么都不想就是万缘放下吗？那正好落在无记，你不修还好，这样地修起来，来生可能变猪。所以宗喀巴大师一直强调无记、无想，自以为这个无想是入定，来生入畜生道，要变猪的。他强调这个，我也强调这个。你查《菩提道次第广论》就知道了。

注意！打坐修行做什么？“义”就是道理，包括世俗义理和第一义谛，“定地作意”就是智慧的定力。所以百丈禅师说：“灵光独耀，迥脱根尘”。灵光独耀是心地清净光明，不是世俗的光。根是六根，尘是一切外缘，这是说，没有身体和外缘的障碍了。“体露真常”是本性的显露，你短裤、上衣都不穿也露不出真常，只露出肉体而已。那个真常本性显露，就是“善能引义利定地”的作意，是定的资粮加行作意。修定为什么不能得定呢？因为你修定的资粮不够，福报、智慧两种资粮都不够。定资粮是要修加行的，不但要修四加行的加行，还要修各种加行。所以为什么要教你各种运动，为什么要用饮食、医药、卧具等这样供养你？因为供养好，大家营养调好，都是为了修持的加行。事实上最大的加行就是诸恶莫作，众善奉行。“是名心远离”，身心远离才是修道人。

“如是此中若处所圆满，若威仪圆满，若身远离，若心远离，总摄为一，说名远离。”

远离世俗，才是真出家。总归起来，身心远离，处所及威仪都圆满，跳出红尘去修，算是修行，这才叫出家。

念念纯善流注

“云何心一境性。谓数数随念，同分所缘流注无罪适悦相应，令心相续，名三摩地，亦名为善心一境性。”

如念佛专一，一心不乱，也就是“心一境性”。“谓数数随念同分所缘流注”，在《楞伽经》上有“流注住”的道理。法相学来讲，有妄想流注，凡夫一切众生业力都在流注。流注就是念头像一股流水一样，一念一念地接着流，中间切不断，“抽刀断水水更流，举杯消愁愁更愁”。一切众生业力流注，就是第六意识妄想不停的流注。流注也没有关系，只要是善的流注，就是佛菩萨所开示的一条基本修持之路。

说妄念顿断，断得了吗？断了就属于断见，偏空。但是你念念流注，把念头的前后切断，三际托空，这空的境界也是流注，也就是念念在空定中间流注。正“三摩地”是空、无相、无愿，前念不生，后念未起，中间当体即空，空相也是流注，流注空。所以法相很难讲。

譬如念各种咒语真言，念念流注，没有杂念，念念纯善，只有咒语。乃至“唵、阿、吽”，一念万年，万年一念，怎么会不成佛呢？“同分所缘流注，无罪适悦”，心中没有善恶是非之念，非常舒适。“令心相续”一念万年，万年就是这一念，这叫三摩地、定境，也叫善的心一境性。修行就是这样修，不这样不叫修行。你们常讲：我念头空不了呀！你们是想把念头空掉，怎么空得了呢？那是压制。所以你们连法相唯识的道理也不通。要念念流注善，在善心流注上的心一境性，才是定的基本原则。

“何等名为数数随念。谓于正法听闻受持，从师获得教诫教授增上力故，令其定地诸相现前，缘此为境，流注无罪，适悦相应，所有正念随转安住。”

一念一念跟着来，就是“数数随念”。听闻了正法，听懂接受了，也得到善知识教诫的方法，就依此修持。这是“增上力故”，就是上师的相应，善知识的智慧功德力量加持你，因而懂了应该入哪一种定，那么定地的境界就摆在前面。譬如念佛的，就在佛境界上；修准提密法的就在准提境界上。“缘此为境”，依这个境界不变，“流注”，念念在此，一念万年，万年一念，“所有正念随转安住”，所有念头都转了，转成了这个正念境界，这才叫“安住”在定境上。

这是重要的大法，假如是密宗讲到这个地方，就是传密宗的基本大法，一定会说：传大法，大地震动。我也不是上师，不来这一套，只是你们要知道基本修持的道理，正式修行之路正是如此。（此时台湾忽有轻微地震）大地也震动一下，正好给我们碰上。所以你们要注意，这样修行才是正修行的路。

"云何名为同分所缘。谓诸定地所缘境界，非一众多种种品类，缘此为境，令心正行，说名为定，此即名为同分所缘。"

你或者念佛，进入定的境界，一句佛号三根普被，所缘是大家共同的，这就是"同分所缘"，不是属于哪一个人的，也不属于某一阶层人的。

"问：此所缘境是谁同分，说为同分。"同分所缘境界，是跟谁同分？是与哪个方法同分？

"答：是所知事相似品类，故名同分。"这个修行的方法归纳起来，同一个归类叫"同分"。

"复由彼念于所缘境，无散乱行，无缺无间，无间殷重加行，适悦相应而转，故名流注适悦相应。"

譬如念佛，所缘境界是一句佛号，或者一个定境，没有散乱，当然也不昏沉。不散乱，不昏沉，就这一念，一晃就是两个钟头或半天过去了，而只觉得是一刹那之间，这种定境叫"无缺无间"。因为在这个定境上，"无间殷重加行，适悦相应而转"，这两句在修行上非常的重要，讲到这里，也应该是大地六种震动的。

定境是不散乱、不昏沉，这一念就定。当你在这定境界上不昏沉、不散乱，念佛的人真念到这个境界，佛号也念不起来了，也没有佛的观念了，一念一定，觉得只有一下下，实际上半天、一天过去了。这个时候"无间"，没有间歇性，"殷重"，诸佛菩萨同你一样非常诚敬。"加行"，煖、顶、忍、世第一法，都来了，自然一身发"煖"，身体就软了，自然就"顶"，上下通了。

“加行适悦相应而转”，身上业力也转了，心念也转了，因为心这一念都在定境界上，都懂了吧？

（有位同学坐在那里微抖着腿。）

脚不要抖，这个动作的习气要戒掉，不戒掉会倒霉，运气不佳。一个人千万不要抖脚，坐在那里两脚这样抖动，有钱则钱抖光，有人则人抖光，家破人亡。如果出家师父，则茅棚都会抖掉，所以抖不得的。我有好几个朋友，生意做得好好的，坐在那里腿就抖起来。我说不要抖呀，他们还说是腿自己想抖，不是他们故意要抖，而是下意识自然抖的。结果抖了三个月，五百万就抖光了。所以这是一个相，威仪庄重、庄严很重要，不可以抖，要把它戒掉才行。换句话说，你身体想抖，就是气机不能下行，年纪大一点就易得高血压了。

所谓“相应而转”，转个什么呢？不是临去秋波那一转，是身心业力都转了，故名“流注适悦相应”。流注什么呢？不要看到“流注”这个名词就想到妄念，这里不是妄念流注，此处就是念念清净流注，那就是佛境界。西方极乐世界是阿弥陀佛、观音菩萨的念念正念、相续力量流注而成的净土，所以流注就有如此的重要。

“又由彼念于所缘境，无有染污，极安隐住，熟道适悦相应而转，故名无罪适悦相应，是故说言数数随念，同分所缘，流注无罪，适悦相应，令心相续，名三摩地，亦名为善心一境性。”

此心念念流注，一念万年，就叫入定，也就是三摩地境界，心一境性就是禅定的境界。

“复次如是心一境性，或是奢摩他品，或是毗钵舍那品。”

或者止，或者观，前念已去，后念不生，当体即空。空境界一止就是正止观，就在空念境界，知道此念自性体空，缘起性空，性空缘起。这一空也是中道观，这一观，了解清净就是毗钵舍那。

“若于九种心住中，心一境性，是名奢摩他品。”

佛说有九种住心，以九住心来讲，这个住就叫心一境性，就是止。

“若于四种慧行中，心一境性，是名毗钵舍那品。”

这个境界以慧学来讲，这心一境性就是观。这一段很重要，要搞清楚，也有大地震动的记录。你们出家修行，如果碰到这个因缘，将来修行能不能成功，就从这里开始，所以大家不要马马虎虎了。

第十二讲

九种心住

拴住你的心　令心内住等住

真正的无记业　可怕的无记果

安住近住　更要调顺

寂静再寂静

什么是失念

专注　等持　任运

六种力达到心住

四个方法修九住心的定

四种方法修观

什么是正思择

关于声闻地的修定，上次讲到止、观、心一境性。

九种心住

“云何名为九种心住。”有问题出来了，同学们可以想一想，为什么这里不讲定而讲心住？为什么只讲心一境性、止、观？大家要知道，所谓禅定的定，是中国佛学初期来时的翻译名称，因为《大学》里“知止而后有定，定而后能静，静而后能安，安而后能虑，虑而后能得”的这个道理，所以翻译成定。近世翻译认为，这个定字不足以代表，所以就用“心住”。我们读书，尤其读佛经，这种地方都是问题，都是话头。禅宗说参话头，就是参究问题。所谓修行也好，佛学也好，如果这些问题不了解，修定、学佛都是白搞的，等于《三界天人表》都搞不清楚一样的道理。

普通佛学讲心、讲空，心空得了吗？心是空的吗？一般所谓讲空，就像墙壁打个洞叫空，其实那也不是空，那是一个洞。如果说空，好像是说一切念头都没有了；等于一支香烧化了，这支香就没有了，就叫做空。这是断见（断灭空）、外道见解、魔道见解，不是真正的佛法见解。空是形容词，譬如天空是空的吗？物理科学上说的太空、外太空，它是空的吗？因为天空是空，所以含藏万有，万有的种性都在内，空是它的相，所以

《心经》上说“是诸法空相”。

如果说空为体是指心的作用的话，也是落于断见。断见与西方的唯物思想学派一样，所以东南亚，尤其越南当时的小乘道，拿小乘佛学与唯物观念的观点相提并论，而被唯识学派混同了，认为人死了本空，所以何必修持，或认为此心没有空与不空，也没有什么心定住。

心定在哪里呀？“定住”是个形容词，譬如小孩子玩那个陀螺，虽然在动，但因它转动得太快了，所以看起来是不动的，实际上动得很厉害。譬如电风扇，刚开的时候可以看到扇叶在转，转到最快的时候，好像不动了，看不到电风扇的扇叶了，所以定是大动。

世界上没有静的东西，所谓静态，是那个动态动得太慢或者速度特别快，表面上看来它好像不动。又譬如地球，它不停地在动，可是我们坐在这里没有感觉到它在动，因为体积太大了，反而觉得它是静的。譬如坐在汽车上、火车上、飞机上，动得太快时，我们坐在里面反而感觉好像没有在动。

佛法是求证了生死，了生死还是小乘的，大乘认为生死何必了，诸佛菩萨都在六道轮回中，发愿生生世世再来，因为生死为一贯，了与不了是一样，这是大乘。所以几十年前，有学者骂禅宗是小乘道，因为禅宗标榜了生死。生死没什么了不起，生死如昼夜，死等于睡眠，生等于醒了。这在佛法来中国之前中国文化已经知道了，所以大禹就讲“生者寄也，死者归也”。生是寄居，在这个世界上作客；死是回家去，休息一阵再来。所以了生死不是断生死，不是说我不来了。

我也常听有人讲，下一生不来了，那是外道的说法。不来，你到哪里去？真要不来，还要有生到五不还天的工夫，才能勉强请个假不来。阿罗汉住八万四千劫的大定，只不过一弹指、一刹那间就出定，不回心向大乘就不能证得菩提。所以止、定、空，我们尽管那么讲佛法，其实讲的是外道知见；而自己搞不清楚，还以为自己说得对，所以修行也证不到。玄奘法师翻译，怕人再走错路，就翻成“九种心住”；古人把“心住”也翻成停心，就是心住在那里。

那么我再问你们一个问题，所谓住，与唯识有没有关系？（同学答：有，是作意。）作意的心坚固，勉强说为心住，《楞伽经》讲“流注住”即心住。流注住，此心如流水一样永远在流注，住了，这个原理先要懂。

“谓有苾刍，令心内住、等住、安住、近住、调顺、寂静、最极寂静、专注一趣、及以等持，如是名为九种心住。”

这九种心住是个纲要，先要把握。心住就是正定，打坐坐在那里十年，心不住没有用，那只是凡夫定，还是大凡夫一个，没有走上佛法的正路。佛法讲，定则心住，“内住、等住、安住……”共有九种心住，这是大原则。大家也打坐，心调顺过没有？没有，天天都在烦恼生气，这样不对、那样不对，也就是不调顺，心在跳动。必须先把心调顺，然后才可能寂静，要做到心念专注于一趣，趣者趋向也，即心住的境界，普通讲就是定。

像你们打起坐来，这里气脉动，那里气脉动，心没有住于一趣，因此感到头顶上跳动，腿上跳动，丹田里有一股气，心散乱得很，并没有调顺，也没有寂静，也没有专注一趣，然后自称气脉通了。通到哪里去啊？通到棺材里去，照样是生死轮回中。大家学佛的都要随时注意，“专注一趣”是定，又能悟到了理，就是定慧“等持”，这样名为“九种心住”。下面再逐项解释。

拴住你的心　令心内住等住

“云何内住”,“内住”不是一般守身体内部的某一点,不是道家守窍、转河车,密宗修气脉。有些还怕元气漏掉,屁都不敢放,甚至小便也不敢,说要用什么工夫把它化了,等等,这都是会要你命的,会中毒的。世界上有很多这一类的修道,常常有人写信来问,不胜其烦;尤其年轻人这个样子修道,简直糟蹋自己,不走正路,真该死。所以“内住”不是在身体内部搞,不是这样的。

这是止的境界,是奢摩他,才是“内住”。平常这个心是散乱的、向外走的,这事、那事,事情永远办不完,说只要这件事办完就要专心修行,都是藉口,是自欺的话。天下的事到死也了不了,没有了的事,双腿一盘,两眼一闭,就准备了了。其实不要闭眼睛,坐在这里,当下就了了,算不定整个大地沉下去了,你说我还没有了,慢一点沉下去,做得到吗?

“谓从外一切所缘境界,摄录其心,系在于内,令不散乱,此则最初系缚其心,令住于内,不外散乱,故名内住。”

一切攀缘心、散乱心都要放下,放得下吗?放不下,所以要“摄”,像照相一样,摄中一个焦点,把心收摄下来,关起来。“录”,把自己心归到一个境界上,譬如净土,归到一句佛号。这是个方法,就把自己这个心用这句佛号“摄录其心,系在于内”,一条绳子一样拴住,不要跑出去。这个内是形容词,不是身体内部,是念定在一点上不动了,或者系在一句佛号上,或者一个明点上。这样把心拴住,心就不再散乱了。

《西游记》中形容孙悟空跳来跳去,本事很大,到了如来佛的手心就跳不出去了。佛的手心就代表真如,心意识跳不出真如本体。佛手一翻就把他镇压在那里,真如一动就是无明,此心被无明镇住了。我们现在都是孙猴子,镇压在五行山里,身体就是一座五行山，永远跳不出去，只露出一个头来，饥吞铁丸。《西游记》就是这样形容，如来佛贴了一张符在孙悟空头顶，他就跳不出来了。符上是六字大明咒，唐僧要取经，观世音菩萨叫他把那张符撕掉，猴子就出来了，再用那金箍圈给他戴上。一般人念佛打坐当然很烦恼，坐也坐不好，定也定不了，就像孙悟空戴金箍咒帽一样。所以要“令住于内”，不要散乱，这叫“内住”，是初步的止。

“云何等住。谓即最初所系缚心，其性粗动，未能令其等住遍住故，次即于此所缘境界，以相续方便，澄净方便，挫令微细，遍摄令住，故名等住。”

定慧相等就是“等住”。像你们都有一点经验了，也打坐几个月了，“其性粗动”，心还粗得很，心如猴子跳来跳去、蹦来蹦去，偶然三天五天撞到一堂坐得好一点点，一个月之中偶然撞到几分钟清净一点，有吧？（同学答：有一点。）那已经要在祖宗牌位前烧三支香了，谢祖隆恩，不知道祖宗几劫、几世积德来的。平常坐在那里，看你样子是在打坐，内心粗躁动乱，“未能令其等住”，不能使心定慧相等，定在那里，更做不到“遍住”了。“遍住”就是行住坐卧、上街办事、办公开会，乃至讲话都在定中。

大家做不到吧？做不到怎么办呢？就要缘一个境界，念佛或是空心静坐。佛法只告诉你系心一缘，这方法你就要找明师去了。什么方法可以“相续方便”呢？有时候瞎猫碰到死老鼠，把那个境界连续下去，保留不动，行住坐卧、办事走路都在这个境界中，要相续不断。这个里头有方便，方便就是方法，“澄净方便”是像一碗水、一杯茶一样，你要使它慢慢澄清下来，要有这种方便，更要各种方便配合起来。“挫令微细”，玄奘法师翻译经典用尽了心思，这个“挫”字，是把一个东西挫细，慢慢挫，把它挫得微细光滑。“遍摄令住”把这个心收拢来，其中要有相续和澄清的方法。这样叫做“等住”，等于说刚刚定住的心又再进一步了。

真正的无记业 可怕的无记果

像你们打坐，有些人瞪起眼睛，好像黄金掉在地上，深怕它跑了的那个样子。那个不是系心一缘，那还是在身体上做工夫，硬把神经搞得很疲劳，觉得身体像是定住，这是不对的。眼耳鼻舌身意加上脑神经疲劳，就想休息，想静定下来，那并不是定呀！那是无记住，业果很可怕的。

所以我今天一定要慎重地告诉大家，因为所有的经典，所有的唯识学家都没有讲清楚；也因为今天忽然有人问起了这个问题，所以我才想到，应该跟大家讲一讲唯识学的说法。

唯识学把人的业性分三种，善、恶、无记，大家在讲唯识学时，把善恶讲得很清楚，却都不大管无记。实际上自性形而上本体无善无恶，非善非恶。一般所讲的所谓的善恶，是对后天自性的作用而言；但是后天有一个作用比什么都厉害的，就是善恶之间的无记。一切众生皆同时具有善、恶、无记的三性。所谓修定修慧就是要去掉无记，无记的原理就是无明，《楞严经》说“圆明照生所，所立照性亡”，无记就是阴暗面，冥顽不灵、浑然不觉的状况，也就是无明。

关于无记，大家要反省看看，读书如果记不住就是无记。有人天生定力脑力不够，原因就是前生无记业的果报，无记与失念几乎是不可分的。一个人学什么都不成，看什么书都看不进去，更记不住，统统是无记。所以人一生的行为，行善也好，作恶也好，都在无记中；修定而定不住也是无记，一切皆在无记中，在“终日昏昏醉梦间”活了一辈子。所以人愈老愈无记，什么都忘记了，来生再投胎，又是一个昏头昏脑不能自主的人，都是受业力果报推移之故。

为什么阿罗汉入定可以知道五百生的事？大菩萨入定更知道五百生（有说八万劫）以前的事。为什么有宿命通？因为他自性里没有无记了。所以自性如太阳，太阳光本来遍照各处，对不对？但是有山或高楼挡住，就看不清楚了，因为有阴影，这个阴影就是无记。所以定力不够，智慧不够，大家统统在无记业力的范围中。

我这样开大口是前人所没有讲过的，对无记的严重性也没有人这么强调的。我们也在读书，也在用功，但大多数都在无记中用功，怎么搞得好呢？当九住心到了“等住”时，就有了“澄净方便”，无记才慢慢转变消除了。所以得定的人必定发慧，因为智慧的光明打开了，无记除去了，无明去掉了就是明，“光明寂照遍河沙”。所以有一法不知、一理不知、一事不知的，就是在无记无明中了。希望你们好好努力，不要以为自己什么都不喜欢，教理也懒得看，只想打坐，认为这就是修行了。你打的什么坐啊？你修的是无记，所以要特别注意，修行要与教理配合才行。

安住近住　更要调顺

“云何安住。谓若此心虽复如是内住、等住，然由失念，于外散乱，复还摄录安置内境，故名安住。”

这是讲心路的历程，就是用功过程中的心理状况。什么叫“安住”？二祖神光见达摩祖师，“乞师安心”，安心真是难呀！二祖工夫比你们好吧？学问比你们好吧？他还说此心不能安啊！就算安心、安住这两步工夫做到了，这个境界达到了，不用功就会失念。所以你们念佛也好，观明点也好，观白骨也好，即使所缘的境界观起来了，那个境界不过两秒钟吧！其他的时间统统在失念中，对不对？没有冤枉你们吧？都在失念中，都在无记中。由于失念，向外散乱，所以随时要有方便把心收回，定在所缘的境界。或者是念佛号，或者观明点、观白骨，或安那般那，就这样在心一境性上，“故名安住”，这才是安住。

“云何近住。谓彼先应如是如是亲近念住，由此念故，数数作意，内住其心，不令此心远住于外，故名近住。”

什么叫“近住”呢？这是学理的名词，所以你们要通儒、释、道三教，这就简单了。《三字经》的“人之初，性本善，性相近，习相远”，性近习远；人的本性，本来很清明，就是近住，习气越多，离开本性的清净面越远。所以孔子早就明白性本来就在目前，自性本来很近，因习气的隔离而相远，被习气盖住了，所以愈来愈远，没有光明了。“近住”也是“性相近”的道理，所以经常要修“止”，正念要内住。这是意境上自净其意的修持，不要让心向外流散，所以叫“近住”。

“云何调顺。谓种种相令心散乱，所谓色声香味触相，及贪瞋痴男女等相，故彼先应取彼诸相为过患想，由如是想增上力故，于彼诸想，折挫其心，不令流散，故名调顺。”

后世修行的，自明清以后直到现在，禅宗参话头的，参禅的，念一句佛号的，我几十年看来，不管修哪一宗，没有几个人成功的。为什么？因为修行不通理，教理不通，“通宗不通教，开口便乱道；通教不通宗，好比独眼龙”。说独眼龙还是客气的，好比瞎眼的龙，瞎龙一条，有什么用？所以不管修哪一宗，先要把教理搞通，文字都看懂了才行。你们也以为自己真懂了，这文字是很好懂，对不对？（同学回答：对。）其实都没有懂。原因在哪里？你们没有用心去看。“云何调顺”这句话，文字一念就懂了，对不对？以为懂了，一下子就看过去了，所以打坐坐不好，因为没有真懂。

你检讨自己的话，看“色声香味触相”，一定会说自己没有这些相，因为自己也不出去，也不打扮。不过，你看到有人打坐，前面鞋子没有摆好，你就坐不安了，那不是相吗？鞋子不是相吗？那个门没有关好，别人的座位没有摆好，你看了心里烦恼一大堆，那不是相吗？有人咳嗽一声，或邻座放了一个屁，你马上坐不住了，那不是相吗？色声香味触法，外境一动，你没有不动的。文字看懂？看懂有什么用？经典文字谁看不懂？认识中国字的谁看不懂？你自己检讨一下，想过吗？所以心不能调顺，尤其你们过团体生活，这个不对，那个不对，都在烦恼中。你说已经调顺了，不要自欺欺人了；再说，天天都在贪瞋痴中，男女相更是令人心乱。

佛在世的时候，佛弟子们一听佛开示，有些人当场就证阿罗汉果；有些修持七日，乃至二十一日就证果。为什么我们搞了几十年还没有证果呢？因为大家对自己心路的检讨不清楚之故。“先应取”，取什么？拿现代话来讲，把自己心理中最重的坏习气取出来，把自己追逐外相这种过患的心理毛病抓出来，把它洗刷干净。“由如是想增上力故”，要作意，把自己不能定下来的原因检讨出来，像找盗贼一样，带兵剿匪，先把这个土匪头抓了再说。“于彼诸想”，对于一切着相的心，“折挫其心”，慢慢把它断灭，一点一点把它挫干净，“不令流散”，叫做“调顺”。

有人说：我打坐心念散乱得很厉害，老师啊，教个办法好不好？教你什么办法？经典上告诉你调顺自心，因为是自心在散乱，你不问自心，问我干什么？你问佛，佛也没有办法，佛已经告诉你了。你为什么散乱？这不是一个话头“念佛是谁”

可以了的。念佛是我呀！还要参个什么？几百年来的禅宗本来没有参话头，用一个“念佛是谁”的话头来，不知埋没了多少修行人。念佛是谁？是我呀！那我是谁？那就参“我是谁”，不就好了吗？参了半天我就是我呀！四大不是我，意念所在即是我，所以西方后世法国哲学家笛卡儿说“我思故我在”，我思想，就是我。但是无思的那个也是我呀！我在无思呀！这个话头还要参吗？怪不得禅宗、佛教要衰落。

真话头是经教，经教才是话头。《瑜伽师地论》告诉你的是正路，要调顺，修行要先调顺自己的心。这发挥起来就很多了，你发脾气就属于瞋心，爱干净也属于贪瞋，爱看书也属于贪，处处可见。你如果没有贪心，就不必到这里来了，你早到彼岸去了，大家都有贪瞋痴等习气的。这些习气调顺了以后才可能寂静。

寂静再寂静

“云何寂静。谓有种种欲恚害等诸恶寻思，贪欲盖等诸随烦恼，令心扰动，故彼先应取彼诸法为过患想，由如是想增上力故，于诸寻思及随烦恼，止息其心，不令流散，故名寂静。”

心静下来就是“寂静”。种种贪欲、瞋恚恼害等心，都是“令心扰动”的。我们人一天二十四小时，不正的念头就是恶想，不正的寻思是恶思。大家检查一下自己每天的心理思想，二十四小时中，有几个念头是好的呀？都被财色名食睡的小五盖盖住了。还有许多随烦恼，都容易扰动你的心，所以先要了解心理上这些恶法，然后使心不随这些境界转。

如果你说，我已出了家，每天住在茅棚里，又不看电视，又不求名，也不求利，外境与我没有关系呀！可是你那贡高我慢、好高骛远的心思，自以为是的心，就是恶法。所以要一步一步“自净其意”，要从意识上修学自净才是。不管大乘小乘，这一句是真佛法，“自净其意，是诸佛教”，是三世一切佛的教化。做到了心不流散，散乱心不流注，这样才叫做寂静。

刚刚跟你们提到无记的严重，你们光晓得善恶，而你们做了恶事都无记，你们大多数同学都这样。要你们办事要你们做事，都是观察你们，你们十个里头有五双都是落于无记，前面做了，后面就忘了，东西摆在这里都忘了，乃至不知道了。我的东西放在这里，你碰到一点点，我一看就晓得了。为什么你做不到让我看不出来呢？因为你无记，随手做了，随手就无记。做事如此，背书也如此，我读书如果像你们这样读早就完了。现在我所用的，大多是小时候读来的、背来的。许多历史上的事，我十二岁就记下来了。现在读书也是一样呀！看到重要的，心念一静，告诉自己要记下来，就记住了。

我父亲教我的，他说“读书要记到藏里头去”。当时我也不懂，我父亲大概也不懂，想必是以前他的长辈这样教他，他也就这样子教我。后来长大研究了以后才知道，这句话是佛法的话，要记到第八阿赖耶识藏识里头。所以心一静下来，就不要去背了，这个一静下来这个境界，一定，定住了以后，就不会忘记了，所以要记到第八阿赖耶识去。像你们这样死背，背到断了气都没有用，因为你是散乱心去记，所以要把无记的道理搞清楚。

什么是失念

“云何名为最极寂静。谓失念故，即彼二种暂现行时，随所生起诸恶寻思及随烦恼，能不忍受，寻即断灭除遣变吐，是故名为最极寂静。”

难呀！这些文字不容易懂，也要你们留意，将来想弘扬佛法，想自己成就，教理不肯研究，你会有成就吗？

凡夫之所以为凡夫，因为失去了正念。自性本来清净，这个理论大家都知道，所以一般学佛的误解，认为自性本来清净，用不着修。禅宗的教育法就是一棒喝、一耳光，他还是不懂，他还说，本来清净还要你来说吗？所以佛到最后说："无法可说"，只好拈花了。本来不可说，既不可说，那你说法，说自性本来清净，你说个什么？迦叶懂了，就微笑了。所以你们不要好高骛远说自性本来清净，我也悟到了。你悟？你是聪明反被聪明误！实际上你们何以不能清净？因为"失念"，失去了正念，就是失去自性清净这一念，懂了吧？

所谓"二种暂现行"，就是我们的习惯是阿赖耶识带来的种子，喜欢思想、寻思。大家叫自己有一秒钟不要乱想，做不到对不对？因为是习惯性种子，种性带来的寻思。一边在思想，思想中间就有烦恼了，今天钱少了一块，明天这个人对我不起了；然后想小的时候与某人打了一架，那个家伙太可恶，都想起来了，这就是寻思、烦恼二种。这是阿赖耶识种性的阴暗面带来的习惯，因为失去了清净本念。

所以你这一生开始修持，虽然知道自性本来清净，但就是清净不了，现行不能清净，因为种子生现行，你的种性是如此。种性哪里看得见？脸相一望而知，每个人脸相都不同。有些人脸带凶相，眼带凶光，斜戴帽，歪穿衣，然后嘴巴又歪，眼又斜，一看就知道他那一脸业性种子。调皮的就一脸调皮相，假聪明就一脸假聪明相，这相怎么变来的呢？是过去业力的种子种性所形成的，这一生就起了现行，就表现出来了。影响你心理某一种坏念头厉害的，现行就在那里很重地表现出来了。

坏念头多，随烦恼多，是"诸恶寻思"，自己没有忍辱心，对外境界又不勤修忍辱；对内在的忍辱，就是种性带来的习气，就要智慧切断，想办法把这些种性、习气里的坏念头随烦恼“除遣变吐”，把它们转变了吐出来。这样才能到达“最极寂静”，然后心得定。

这里每一字之用都不马虎的，玄奘法师翻译的时候，几百个人在一起，每译一个字都反复讨论。不像现在人，读了几年英文，自己中文都没有弄好，就把佛经翻译成英文了。我的天啊！害死外国人不要本钱的。我的好几个学生都是翻译经典的，他还哈哈大笑说：他们都说我翻得好呀！又说：我就把你那本《楞严大义今释》翻译给他们，他们高兴呀！我所翻译别的经典，他们外国人都看不懂。他真是昧着良心只想钱。有些大居士、大和尚有钱弄个译经院，然后说对佛教有贡献。贡献？能不造地狱业果还算是好的。

所以当我把《楞伽经》、《楞严经》翻成白话时，都是战战兢兢的，一个字都不敢乱翻。佛经的翻译一个字错了，五百年变野狐狸身，所以每一个字都很重要的。

专注 等持 任运

“云何名为专注一趣。谓有加行，有功用，无缺无间，三摩地相续而住，是故名为专注一趣。”

专注是心心念念流注在一念，譬如净土念佛的人说“一心不乱”，拿教理来说，这四个字就是“专注一趣”，就向这一条路上去。这里告诉你要修四加行，煖、顶、忍、世第一法，不管你修哪一个法门，四加行是离不开的。所以另一本经典《现观庄严论》专门注重四加行的道理，没有证果位之前，心心念念不敢失念。“有功用”是天天在用功，念念不断，没有缺失，也不间断，行住坐卧都在这三摩地，都在这三昧定、一心不乱的境界里。“相续而住”，连续不断在这个定境上，做到时，在教理上叫“专注一趣”。

“云何等持。谓数修数习、数多修习为因缘故，得无加行、无功用任运转道，由是因缘，不由加行，不由功用，心三摩地任运相续，无散乱转，故名等持。”

刚才我说佛教有一句流行的话，“通宗不通教，开口便乱道”，有许多学禅宗的，死参一句“念佛是谁”，也不参究祖师语录。学净土宗的，认为一句佛号就够了，教理不看，净土三经都没有读过，《大势至念佛圆通章》也没有好好研究，认为一句佛号就包括一切、概括一切，那是把自己先盖昏了头。你什么宗都懂了吗？有人是通教不通宗，没有真修持，佛学讲得好有什么用？弥勒菩萨告诉你等持，要“数修数习”，这样慢慢用功。

譬如十一楼禅堂，这一学期你们是修腿的，先把腿盘熟，心地法门根本还没有跟你们讲，你们也做不到。不管在这里三年五年，老实讲，心地法门哪个人做得到专注一趣？如果有一个做到的话，我就皈依他。大家不过都是在练腿而已。但练腿也没有错，这属于“数修数习”，如是如是你常去练习，由于这个因缘，慢慢就“得无加行”，不需要用四加行或其他的方法加行了。慢慢达到无功用道，也就是说，不需要像开始那样辛苦，自然都在定慧清净的境界中“任运转道”。这个时候烦恼妄想来了会立刻化掉，就像禅宗祖师形容的“红炉点雪”，冬天下雪，下到红炉上就没有了，烦恼妄想到你心中就没有了。法眼禅师的话，“到头霜夜月，任运落前溪”，那才叫任运道、无功用行。

你们都晓得济癫和尚吃狗肉，他是在任运道、无功用行中。他处处都是神通，他吃狗肉又喝酒，都是神通功德，你们可不能乱来，你们不是济癫。所以到了无功用这个时候，可以

"任运转道"。任运比自在还厉害,此心都住在三昧中,"任运相续",一点散乱昏沉都没有,一边还在做事呢!还在弘法利生呢!所有的大师大悟以后,都出来弘法利生,那是在任运道中自然而转,是无功用道,这叫"等持"。

古来许多悟了道的禅宗祖师,多半出来弘法利生;有些祖师因为没有到家,所以动都不敢动。为什么公案里那个婆子烧庵呢?因为那个和尚不敢动,在定境界上,腿都不敢放。所以老太婆不供养了,放一把火烧了庵,她说:我供养二十年的原来是个俗汉。就是说,她供养的这个和尚没有彻悟,未到无功用道。

六种力达到心住

"当知此中由六种力,方能成办九种心住,一听闻力,二思维力,三忆念力,四正知力,五精进力,六串习力。"

要想修持达到心住,有六种力;修行是有条件的,这六种力你要反照自己了。

"初由听闻思维二力,数闻数思增上力故,最初令心于内境住,及即于此相续方便,澄净方便,等遍安住,如是于内系缚心已。"

第一及第二步,就是"听闻力"及"思维力"。开始由善知识那里听闻经教,有人就说:那好了,我不要看经,都听老师讲就好了。看经、研究经,也是声闻乘的听闻力啊!要多去研究教理,多听闻,由闻而思修,不能不研究,听而不思有什么用?我看了你们的日记,你们国文程度早就看出来了,所以考试可以免了。而你们听课,听了也白听,鼓励也白鼓励,骂也白骂,反正都到了不动地。不然为什么听了不能如法去做呢?因为你们听了不肯去思维,没有去研究,没有闻、思、修,也不看经教。《大藏经》好几部摆在这里，没有去思，更没有去修，闻思修慧是必然的过程，要由听闻、思维二力而去修行。

你们也听、也想，但是想是乱想，我心里有数的。我每个礼拜看你们的日记，你们写日记应该是写真话，你们以为我真那么容易上你们的当啊？日记中十成里有一成半是真话，八成半都是假话，甚至有些假话你们还懒得写出来。我看你们写日记，是看你们写日记的心，你们不要玩这些聪明，这些聪明越玩你们的业果越重，他生来世还是个笨蛋，更可能是笨蛋中的坏蛋。这个种子种下去还得了！只有至诚、直心才是道场。玩弯曲心理、跑江湖，你们也没有我跑得多，不必跟我来玩这一套。所以你们用功不用功，我用不着检查就看得很清楚了；看你们这个脸相，走几步路，讲什么话，做什么事，已经很清楚了。

真修行，一念正修，身体内部与外面立刻就转了。所以蔡先生前天跟我一同走路，一走路我就要他上十一楼禅堂去打坐，他一听我这么说，赶快上楼去打坐了。他知道自己身体内部已经不对了，他不像你们年轻人，敲都敲不醒。所以听闻了经教，要思，要去求证。闻思修做不好，自己心理上要硬把它变成一种力量，非做不可；等于抽烟喝酒上了瘾，这就是心理形成了力量。

所以闻思修力，像我们年纪大的念书，虽在最忙的时候，每天夜里不看一下书求进步，睡觉都不能睡的，求精进的欲望如此强烈。你们做到了吗？所以要听闻、思维，使这两种变成力量。再由“数闻、数思”的增上力，“令心于内境住”，慢慢养成修行的习气，相续的方便，澄净的方便，“等遍安住”，才把这个心在内拴住了。

“由忆念力，数数作意，摄录其心，令不散乱，安住近住。”

这是第三步“忆念力”，如果教理通了，修行的道理明了，心力坚强了，念念在修行上，这个心不像马一样乱跑了，然后不失念，不但白天念念做得了主，梦中也都念念在追求佛法。因为不散乱不失念了，纵使做梦也都是在追求佛法了。这叫“安住近住”，相近的，性相近。

“从此已后，由正知力，调息其心，于其诸相，诸恶寻思，诸随烦恼，不令流散，调顺寂静。”

这是第四步“正知力”，这个心随时自净其意，心中有把握了，正住了。从此以后，由于随时在正知，正知形成了力，念念在正知中，起心动念，念念正知，没有失念，没有无记。“调息其心”，用正知正见的力调伏自己心的散乱，所以一切外相，“诸恶寻思”，随烦恼都不起了，此心调顺再归到寂静。

“由精进力，设彼二种暂现行时，能不忍受，寻即断灭，除遣变吐，最极寂静，专注一趣。”

第五步“精进力”，由于正知力，念念正知现前，没有失念，没有失去正思维，昼夜精进。或者暂时的，或者现行时。比如现在你们都有脾气，而且每人脾气不同，这是种子带来现行的业果，要把这个业果转过来，不管是否暂时现行的业果，都不接受，自己要把它转变。纵然暂时偶然起了“现行”，要“寻即断灭，除遣变吐”，抛弃它，把它丢掉，就可以到“最极寂静，专注一趣”的境界了。

“由串习力，等持成满，即于如是九种心住。”

第六步“串习力”，一个人谁肯修行？为什么你们修行不上路呢？原因是串习不成功。古代用的铜钱，是一串一串地串起来的，串习是把念头串起来，拴拢来。譬如念佛的人，白天有正知正见，没有散乱心，不算数；夜里做梦时，碰到境界没有佛号，你这个工夫是白用的。能在做梦时，不论什么境界，都还是一句佛号，这就有一点点把握了。最后到了无梦无想时，正念常在，能这样的话，往生西方才能有绝对把握。你们考验考验自己做得到吗？白天还装成一副善人相，在梦中个个都是一副魔鬼相。坦白地说吧，梦中你那个本相都现出来了，贪心的更是贪得厉害，能提起正见，那多难啊！

其实修行很简单，你就考验自己，白天十二个小时，看自己的起心动念有多少在正知正念中。可以抓一把红豆、一把黑豆放在口袋，起了一个坏念头，把黑豆抓出一个，到晚上来数数看，大概都是黑豆，红豆很少。慢慢改过来，红豆多了，黑豆少了，到最后都是红豆才行。不过，白天做得了主，夜里做梦还是靠不住的，要梦中念念如此，才算到了初步。无梦无想时，正知正见现前，这就是比丘戒。比丘睡眠时观日轮或月轮之光明，光明者无光明，无失念，不住无记，才有成就的希望。这叫九住心，是戒定慧的一个道理。

四个方法修九住心的定

“当知复有四种作意，一力励运转作意，二有间缺运转作意，三无间缺运转作意，四无功用运转作意。”

九住心是修定的工夫，有四种作意的方法。“自净其意，是诸佛教”，一切修行都是从第六意识开始修，不管哪一宗派都是一样，没有不从意识着手的。

“于内住等住中，有力励运转作意。”

这是第一种作意，开始内在用功夫，就是“内住”。乃至到了定慧现前之第二步“等住”的时候，那个心力硬要把自己转化过来，就是要把自己坏习气转过来。当然很难，所以要力量，要勉励自己，硬把它转过来，叫做“力励运转作意。”

“于安住、近住、调顺、寂静、最极寂静中，有间缺运转作意。”

这是第二种作意，人的一生，睡眠又加上失念，活一辈子，头脑清明没有几年，都在有间缺的状态中。所以人生有一半的时间是赖在床上，睡眠是一盖，是最懒惰的表现，是最懈怠放逸的，也是种性带来的。有人的种性，四大乃至自性，念念清明，既不散乱又不昏沉，就不需要睡眠了。懂了吧？所以“神满不思睡”就是这个道理。在用功到了第六七步时，还有间歇性的，就是有间断性的懒惰、懈怠与放逸出来了。所以要“运转作意”，要把它运转过来。

“于专注一趣中，有无间缺运转作意。”

第三种作意，到了心可以专一时，完全没有间断了，那就是你用心力把它转化过来了，真正达到一心不乱、心一境性。

“于等持中，有无功用运转作意。”

第四种作意，是最后到了定慧等持，不需要着力的用功了，也就是行住坐卧打成了一片。

“当知如是四种作意，于九种心住中是奢摩他品。”

以上所说的，叫做修定、修止，每一个心理状况，每一步工夫的境界，每一种变化，都分析得很清楚。你可以画个图表来看，才晓得佛经修心性的科学性。科学就是条理井然，有理论，有实证，有逻辑，分毫不能乱来的。红的就是红的，白的就是白的，一加一等于二，二加一等于三，不能乱来，这是科学的。

所以有人说：学佛不科学，没有着手处。你把这个经文画成表格，看看科学不科学？由心意识怎么开始？由心理开始修，会发生什么现象？有什么经过？它都给你讲明了，对不对？把这一套学好了，拿到外国心理学课堂上一讲，会把洋人听得眼睛瞪住了。其实几千年前的佛都说过了，是你们没有本事，有本事就拿这个去发挥一下，这是超过心理学的心理学。

“又即如是获得内心奢摩他者，于毗钵舍那勤修习时，复即由是四种作意，方能修习毗钵舍那，故此亦是毗钵舍那品。”

这句话是说，修定的境界就是慧，修止的境界就是观。六祖告诉你，“当定之时，慧在定中，当慧之时，定在慧中”，定慧是等持的。六祖这样说，是禅宗不立文字的讲法；现在弥勒菩萨完全用言语文字，由现象到戒体，给你逻辑分析，结果是一样的。他说这个止里头就有观，定中就有慧。所以站在毗钵舍那品观的立场来看，修止做工夫的过程，处处都是观行，如果不是慧观正知见，则达不到正念奢摩他止的境界。这里把修定交代得清清楚楚的，下面是教我们做工夫，如何修观。

四种方法修观

“云何四种毗钵舍那。谓有苾刍依止内心奢摩他故，于诸法中能正思择、最极思择、周遍寻思、周遍伺察，是名四种毗钵舍那。”

什么是四种观行修观？修声闻乘道比丘们，根据上面所讲的修定，此心念念皆在定中。“于诸法中能正思择”，正思择与正思维有同有不同。玄奘法师喜欢用思择，普通用思维，玄奘法师也有用思维。在讲到法相的时候，他用思择不用思维。思维是光去研究，去想，去参；思择是正知正思正参，参出来对不对，还要自身求证，这是绝对逻辑的逻辑、因明。当你证到了空，还要反照这个空对了没有。正思择是选择，等于买来上品选过的黄豆，然后又在其中选出一粒上上品的来，为黄豆之王。智慧选择，还要选到最高明的明珠，就是正思择，这是第一种方法。

第二种方法是"最极思择"，修行不是不可以用思想修，你们用妄想修行，我都赞成，就因为你们没有妄想的本事。妄想是大学问家、大思想家，他的妄想真到了家，到了极致。你不要看笛卡儿讲"我思故我在"，苏格拉底回家站在门口，想起一个念头，七日七夜站在门口参，风雨来他都不知道，那不是定吗？不是慧吗？

所以中国儒行的理学家程明道讲："道通天地有形外，思入风云变态中。"另外，比孔子还早的管子曾说："思之，思之，鬼神通之。"老实讲你们的学问为什么不成就呢？因为你们吃饱了饭不用思想。唯有佛及一切圣贤得道的人讲学问，他们思想通了；讲修证的宗下，放下以后，一念不起，通了道。一切都可以贯通，无门户之见，所以又有学问又有道；如果不是大圣贤、大菩萨是做不到的。你们呢？放下嘛放不下，提起来正思维嘛又做不到，都在妄想中。不妄想嘛就昏沉，或者说："老师啊，休息时间不够。"就想上床了。所以要"正思择、最极思择"才行，才是修行。

要你思择到什么程度呢？看下面，第三种方法是"周遍寻思"，挖空心思，任何一个问题都要把它参通，因为佛法是科学的、哲学的、政治的、社会的，所以一定要参通。

第四种是"周遍伺察"，什么叫伺察呢？"思入风云变态中"，思到了极点，思到了无思之心，就是"伺察"。所以《易经》告诉你"无思无虑"，《中庸》上说"天何言哉，天何言哉"，最后言语道断，心行处灭，就是到达了"周遍伺察"。

所以你们要注意，并不是叫你们不读书啊！你们有本事读书吗？一些不相干的书、闲书，你们没有资格看的，我才有资格看！武侠小说一百多本堆起来，我四个小时就看完了，每句话都看过了。你们看小说、看闲书，一个字一个字慢慢啃，看一行下来大概要三五秒钟；我们是眼一照，七八行看过去了。所以好好用功吧！不要浪费你们的青春光阴啊！我晓得你们看闲书的时间比看经书的时间多，我心里装有闭路电视，逃不过的。看看吧！佛经告诉你，这样四种毗钵舍那，就是“正思择、最极思择、周遍寻思、周遍伺察”四种观，修观是这样观的。修止修观，你怎么观啊？你拿眼睛去观吗？不是的，是用心的法眼来观。

什么是正思择

“云何名为能正思择。谓于净行所缘境界，或于善巧所缘境界，或于净惑所缘境界，能正思择尽所有性。”

这个性不是明心见性的性，这里说“尽所有性”去思择，还没有说“如所有性”，只是到尽而已。到了“如所有性”则不同了，不用思择了，已经是真如境界了。关于“正思择”，这里提出几个内容，首先是“净行所缘境界”，譬如修净土的念“南无阿弥陀佛”，为什么要念佛号啊？（有同学答：念佛能使自己制心一处，免于散乱。）那是你的经典，是你的经，也算是一本经，没有错，是本很好的经。你过世以后，后人可以念你这一本经，所以五祖看了神秀的偈子也说：“依此修行，可免堕落。”将来的人依你的这本经典修行，也会得好处。

但是还没有对，说你没有对就是说，这是你的注解。为什么念佛要念佛号呢？《佛说阿弥陀经》上说：若一日乃至七日一心不乱，临终时心不颠倒，即得往生极乐世界，可以见佛。《阿弥陀经》还是小本经，不是大本的《观无量寿经》。根据经典，为什么念阿弥陀佛佛号可以见到阿弥陀佛？见到的是哪一个佛呢？也就是说，当我念到一心不乱，阿弥陀佛是不是真站在我前面呢？这算不算见到了阿弥陀佛呢？（同学答：不算。)为什么不算?(同学答:要见自性弥陀。)

关于自性弥陀,这其中有两种说法。不过你说的也没有错,这也是你的经典,你的佛法蛮好的,真的,不要没有信心,不是骂你的,是奖励你的。要念自性弥陀是后世的解释,其中已经是净土加上禅的解释了。净土本来不是这样解释的,这个里头大有研究了,你这个问题说得好,对的。

我说自性弥陀的这个说法,是有禅宗的解释加入净土宗里去的,所以它不算净土宗的正路。净土宗正路的解释又不同了,是要把净土三经——《阿弥陀经》、《无量寿经》、《观无量寿经》都看完,才知道净土宗的道理,那就是"净行所缘境界",是正思择。

所以后世有许多修净土的、修密宗的、修禅宗的,都是在乱搞,不根据教理,也没有去正思择,都是自己产生一套理论做注解,认为自己这样就对了。尽管是学佛,并没有"依教奉行",所以学佛的人要注意,你并没有依照佛所教的去做。许多人脑子里的佛法都是绝顶高明,那是你的佛法,不是"如是我闻",应该是"如是你闻"才对。所以真正有修证的人,不管哪一宗,"依文解义,三世佛冤,离经一句,允为魔说",任何人讲经说法,离开佛经一个字就是魔说。

但是,光是根据佛经,像上国文课一样照文字解释,是不能使人修行得利益的,三世诸佛也照样在喊冤枉了。因为有人把佛法拿来当学问、当哲学、当思想搞了,佛法完了,三世诸佛都在喊冤。

所以要正思择,譬如刚才说的净土宗,念一句佛号,即是"净行所缘境界"。又现在大乘学舍的朝暮课诵,要依我所定的《华严经》的《净行品》、《普贤行愿品》修持。学佛学了半天,真正发愿没有?没有发愿不算数的,至少在我的观念里就把你除名了。大家早晚课要依教奉行，根据经典来检查自己的心念，这比自己检查还更严格，这也是“净行所缘境界”，要正思择。

正思择另一个含义是“善巧所缘境界”，这是说方法。后世禅宗来了一个参话头，就是正思择。为什么要参话头呢？像参狗子有无佛性，又如密宗念“唵嘛呢叭咪吽”等，那么多咒语，是干什么用的？这些都是修行的善巧方便。善巧方便你不能不懂，如《心经》的“揭谛，揭谛，波罗揭谛，波罗僧揭谛，菩提娑婆诃（所哈）”，“娑婆诃”是北印度的梵文，“所哈”是南印度的梵文。等于我们北方人讲话一个字一个字慢慢地讲，南方人就很快，慢的就是娑婆诃，快的就是所哈。揭谛本来是念嘎谛，由北方传到南方就变成揭谛了，都差不多，实际上都是变音。这些咒语都有善巧，“善巧所缘境界”就要正思择。

另外包含了“净惑所缘境界”，净还有惑吗？举例来说，学佛学得好是学佛，学不好就学成佛魔了，把佛法变成魔相，每个宗教都会有这样的情形，教徒是自己所信宗教的魔相，一副宗教面孔，这就是“净惑”。这种人认为佛法是对的，没有不对的，太执著了，执著了形相。太执著形式，就变成了烦恼，成为见思惑了。要解脱净惑所缘，必须要正思择。你以为是学佛，其实是在学佛魔，菩萨是何等解脱，哪里会是一个佛魔相！

所以净惑就要智慧来思择，“能正思择”，于一切佛法“尽所有性”，没有哪一样不知道的。中国儒家有一句话：“一事不知，儒者之耻”，一个孔孟的弟子，真正的儒家，天下事没有不知道的。秀才不出门，能知天下事，佛法也一样，“尽所有性”，如所有性，天上天下唯我独尊，没有不知道的，这才叫学佛。所以要“正思择，尽所有性”，怎么能不用功呢？

第十三讲

修观的三纲要
三纲中的六件事
义、事、相、品、时、理
善知识说法 听者语义觉
再说白骨观 不净观
如何修慈悲喜舍
什么是缘起 什么是性空

现在讲的是修止、修观、修定、心一境性。出家修行为什么做不到呢？拿中国话来讲，为什么一念专一做不到呢？原因是理不透，道理不透彻。不要以为自己看了一点点佛学、佛经以及各宗各派近代祖师们的语录，懂了一点点道理就行了，其实并不透彻。就拿净土念佛来说吧，念佛念不好也是一样，因为理不透，所以观就修不好。观不是眼睛去看，是心观，心透这个理。所以现在讲毗钵舍那，你不要以为这就是正观了，你连止、定都没有做到，怎么正观呢？换句话说，正观做不到，则不能得止得定，现在大家学佛尽管打坐，但是观不够，慧不够，所以你们要好好听下面这一段。

修观的三纲要

“云何名为最极思择。谓即于彼所缘境界，最极思择，如所有性。云何名为周遍寻思。谓即于彼所缘境界，由慧俱行有分别作意，取彼相状，周遍寻思。云何名为周遍伺察。谓即于彼所缘境界，审谛推求，周遍伺察。又即如是毗钵舍那，由三门六事差别所缘，当知复有多种差别。

云何三门毗钵舍那。一唯随相行毗钵舍那，二随寻思行毗钵舍那，三随伺察行毗钵舍那。”

第一“随相行”，在修止的时候，是无分别影像；后面两种，

"随寻思行"和"随伺察行",就是有分别影像。譬如只留一个佛像,或一念止在佛像眉间的一个明点,不管它的道理,就是随相行的毗钵舍那。"随寻思行",譬如大家看过任何一种佛经纲要,例如《大智度论》、《宗镜录》、《菩提道次第广论》等,参这个念头哪里来、哪里去的观心法门。这是有分别影像,也就是有分别、有思想的;"随伺察行"是参空,定慧到了那里。下面都有解释的。

"云何名为唯随相行毗钵舍那。谓于所闻,所受持法,或于教授,教诫诸法,由等引地如理作意,暂尔思维,未思,未量,未推,未察,如是名为唯随相行毗钵舍那。"

什么是"唯随相行"?譬如修准提法、念佛、数息等等各种法门,你所听到的、所领受修持过的这些法门,或老师教授、教诫你们的一切方法,"由等引地如理作意",要在定慧之中如理作意,才是合于佛法的正修行的方法。

所以看到"如理"两个字,应该心惊胆战的,你们尽管在修行,是不是如理作意?这都是问题,因为大多都不是如理作意。譬如白骨观你们都观不起来,因为你们理不透,不如理作意。譬如呼吸观,也不如理作意,不能得到止息的境界。又如密宗的一个观想都不能成就,也是不如理作意。"暂尔思维,未思,未量,未推,未察",这时就暂停一切妄想,也不加思想,也不加度量,不去测度到了什么境界、什么程度,也没有观察它,就在这个境界。如观明点,就这一点明点,就是无分别的影像。至于这个是不是明点,这明点有黄豆大?绿豆大?太阳之大?虚空之大?都不去管它,不加思考,这就是初步的"唯随相行毗钵舍那"。

"若复于彼思量推察,尔时名为随寻思行毗钵舍那。"

在观察明点或观白骨或观一个脚趾头,观起来的时候就寻思，为什么要观脚趾头？骨头又是地、水、火、风四大中的哪一大？人是因一口气而活着，气属于风大，一口气不来就死了。人死后水分、温度（火）马上消散，四大的水、火、风都没有了，留下来的只有地大。因此白骨观先修地大，把地大观空了，其他水、火、风就容易空。修行时一边做观，一边“思量推察”，这种情形叫做“随寻思行毗钵舍那”，也就是加上了正思维。

这一条懂了吧？（同学皆默然。）学人不开口，十方三世诸佛下不了手，要说话、要问才是。如果都不懂，就要停下来，一定要把它搞懂才可以。吃了饭大家再想想看，人与动物是不同的，人是要用脑筋的，不是光听，要思维，要懂这个理，更要如理作意才行。

“若复于彼既推察已，如所安立，复审观察，如是名为随伺察行毗钵舍那。”

像刚刚的例子，修白骨观，一边白骨观起来了，一边在慧上、理上也知道了，那么所观的境界与理上一配合，所观的境界越来越定，慧力也越开发，“如所安立”，所安的建立了。“复审观察”，再仔细地参这个理，这个样子叫“随伺察行”。“伺”是自己观起来的境界还保留住，如观明点、白骨观，这境界没有掉；一边是慧力，在理上，智慧一直在成长。“察”是智慧的力量，去参究这个理与证得菩提有什么关系。“是名三门毗钵舍那”，这就是三个纲要，三个法门。

三纲中的六件事

“云何六事差别所缘毗钵舍那。谓寻思时，寻思六事，一义、二事、三相、四品、五时、六理。”

在三个纲要法门中有六件大事，也就是六种观法不同。

这六件事，在修行做工夫、观想或是念诵时，是要注意寻思的。

譬如修准提法、大威德金刚等法门，一边观想，一边念诵，要六根回转缘这个念诵声。在止的方面，不管你用金刚念诵或者瑜珈念诵，这是有分别所缘呢，抑是无分别所缘呢？（同学答：有分别影像所缘。）不懂咒语的意义，应该是无分别影像所缘。如果说它是无分别嘛，你在念咒语的时候妄念又来了，咒语没有念好，再重来，又像是有分别影像所缘。不过，这不是有分别影像所缘，因为你们那个是妄念，不是分别，更不是如理作意。

什么叫如理作意？如念六字大明咒，你观想四臂观音，然后收摄六根在咒语上。这是意根在观想四臂观音，观得不摇不动，咒语还在念，这个时候止到极点，如理作意在“止”上，还没有观。“观”是知道这是生起次第，然后到达圆满次第。如何空念？如何此心、此念、此声一切与空相应？这个时候是如理作意的毗钵舍那。这里所解释的，对于做工夫及理都很细，所以要特别注意，要细心去理解体会。

在“寻思时”，这是说得止以后，在定境界上要起观。听到观，你以为意识里有一点亮光算是观起来了吗？我问你们，你们寻思，想想看！要正思维，正分别看看！这个亮光观起来的是什么影像？是八识中哪一个识观起来的？知道自己观起来的那个是意识，假如观起来的明点不变，又知道这明点在这里，又知道这个明点观得很清楚，但是，我问你们，这个明点影像是什么呢？你们在这里的青年同学，有做到这一步的吧？没有。唉！这一步都没有做到，那还谈什么观！

你们不是观，而是观望，像旅游观光，看看这个地方究竟搞些什么。你们止也没有，观也没有，没有办法给你们讲这些课；当然这些经典你们也看不懂，所以到处听听那些好听的就算了，就算是学佛了。所以真修行之路，我晓得你们是没有办法的，要能真观起来才有资格听这些课。这些也不过是声闻乘的，但是你们不要看不起，大乘菩萨如果不以这些为基础是不行的。

假定你们现在用观想去观佛像，阿弥陀佛观起来了，观起来的佛硬是现身了，丈六金身在这里，在你意识境界上有，那金身佛一身放光，庄严圆满，就在目前，或者在身上；同时你也还在念佛号，然后你知道自己进入了正观的境界，不是邪观。这样有三个作用来了，这三个作用都是意识的作用。知道观起来的也是意识，观起来的佛身影像是第六意识的独影境，念佛号，一字一声，是前五识及第六意识的作用。

不过，是哪一个意识状况呢？如果说知道现在观起来的那个才是意识，那观起来的不是意识观起来的吗？是眼识观起来的吗？（有同学答：三样都是。）三样都是？意识有那么多吗？那不是“多心经”了吗？（有同学答：事实上一念之间可以做好几个观想。）那个一念，又是另外解释了。八识都在动，不只做观，作用多得很，现在只讲毗钵舍那，这个止观的境界。

注意！你们都不是如理作意，所以修行不上路，还用考试吗？一考就倒了。你们要知道，这还是你们的假想，你们当中没有一个到达这个境界的，如果有人的话，我恭喜你们了，修行可以说上一点路了。

刚才讲的例子是你们幻想的影像境界，你们还没有做到对不对？（同学答：对。）要观起来阿弥陀佛丈六金身，三十二相八十种好都具足，当然你们做不到；就连眉间的白毫相光这一相，也观不起来。假定观起来了，三十二相八十种好具足在这里，同时你还念佛号，在这个时候，知道自己走入正观，这是你的分别意识。观起来的阿弥陀佛像，当然是你自己观起来的，不是外来的；外来的，你做不了主的，就是魔障。你观起来了佛像，又一边在念佛，那是第六意识的独影境。

比如有人做梦，在梦中晓得自己在做梦，心里想不要做梦了，这个时候意识有点要清醒了，但还是没有清醒，而那个梦还是照做下去，对不对？那个梦是独影意识在做，而自己晓得自己在做梦，也知道这个梦不舒服，不要做了，但是做不了主对不对？那个清明意识上想做主，但做不了主，因为独影意识的力量太强了，其实还是意识的背面力量太强了，懂了没有？

所以你们观不好，不管是无分别影像的所缘境界，还是有分别影像的所缘境界，始终都观不起来，因为没有真进入意识的真独影境的定境界。这样讲懂了没有？（同学答：懂了。）

那么，为什么说是独影意识观起来呢？因为你们在观的时候，都用前五识去观，对不对？打起坐来想观个白骨，硬想用眼睛看到自己的脚趾甲、脚趾白骨，都想要看出来。然后意识那么想，自己好像看到白骨，把前五识用来做观了，这样是观不起来的。所以修行为什么不得力啊？就是不能如理作意，理都没有参通，经教也不懂。你们也读了经教呀，但是都搞思想、搞妄想去了，有什么用呀？再说一次，你们观不起来的原因是因为拿前五识去观，那是错误的。

所以修止的时候，要知道六事差别所缘，“一义”，第一是道理要懂，“二事”，第二是这件事，“三相”，第三个是相，“四品”，晓得自己现在到哪一品，就是到哪个程度了，“五时”，是时间，“六理”，最高的道理。

“既寻思已，复审伺察。”所以这六个地方寻思到了，正思维清楚了以后，还要“伺察”。伺就是定在那个境界，就是等待，如猫抓老鼠，在那里等着，守在那里。所以黄龙死心禅师形容用功：“目睛不瞬，四足据地，诸根顺向，首尾一直”。四只爪子抓在地上，两眼盯住老鼠不动，头端端正正的，尾巴竖起来，全副精神，你踢它一脚动都不动，这个样子叫伺察，又伺又察，等待。理懂了“复审伺察”，看自己用功的精神有没有到这个状况。所以你们有时候用功得一点清净，不是你们修到的，也不是寻思来的，也不是伺察来的，那是瞎猫撞到死老鼠。

义、事、相、品、时、理

（一）“云何名为寻思于义。谓正寻思如是如是语，有如是如是义，如是名为寻思于义。”

修行修观的时候，什么是“寻思于义”呢？像我现在要你们解释，你们讲不出来对不对？因为你们没有在这经文上“正寻思”。经典上为什么又这样讲又那样讲呢？拿到身心上来印证做工夫，就会发觉“有如是如是义”，哦！原来是这个道理。这样就是“寻思于义”，也就是正思维。不然就算佛学搞得很好，坐在那里瞪起眼睛看天花板，满脑子的佛学，啊！这个道理就是那个道理，啊！好耶！都是向外驰求，变成了妄想。所以把佛学变成普通的思想了，因为没有“寻思于义”；如果能反观于内心求证，才是“寻思于义”，这是第一点。

（二）“云何名为寻思于事。谓正寻思内外二事，如是名为寻思于事。”

譬如我们把佛像、明点观起来，内证怎么样？同外面的事，同法界、物理世界关系怎么样？这叫“寻思于事”，这是第二点。

（三）“云何名为寻思于相。谓正寻思诸法二相，一者自相，二者共相，如是名为寻思于相。”

思维一切法皆有二相，就是自相、共相。譬如知道现在这个佛的呈现是我思维观出来的，所以阿弥陀佛即我，我即阿弥陀佛，这是唯心所造，是你的心意识所造，所以我心即佛心，与阿弥陀佛、十方三世一切诸佛同此一心，是法不二。所以说“自他不隔于毫端”。真得到自体的正定，止观双运，阿弥陀佛观想现前，就与极乐世界的阿弥陀佛在一念之间的道体、本体相应。换句话说，你所观的虽然是妙有的假相，也是阿弥陀佛真的力量出来了。像这个理，自相、共相，要参究得很清楚。

关于自相、共相，当自己到达了那个境界时，眼睛不用张开就晓得了，是到还是未到，都很清楚了，这个叫正思维。在正思维这个时候，并不要去用念头想，不是用妄想念头想，正如《中庸》所讲的“不勉而中，不思而得”，是不去想就知道了。但这还不是他心通，到了他心通这个境界，知自己，知他人，力量更大，这是正寻思二相。

(四)“云何名为寻思于品。谓正寻思诸法二品，一者黑品，二者白品。”

这是指寻思恶业、善业。所以修行人随时要正寻思，检查起心动念，哪个是不对的念，哪个是对的念。合于佛法的道理是正念，不合的就是非正念。有人的恶业念一起的时候，格老子，佛都不管了，我不学佛了。这是黑业，黑品重得很，愈来愈黑，一脸的黑气都起来了。所以有时候你们有人气色坏的，都是黑品气色。白品气色当然是一干二净，那又不同了。

“寻思黑品过失过患，寻思白品功德胜利，如是名为寻思于品。”

要把起心动念中的黑品、恶念的过失过患找出来。过失比较轻的时候，会觉得自己没有错，自己这个思想没有错，其实已经是过失了；过患严重一点时，犯了有过失的念头，还不肯改过，不肯转化。因为认为自己是大丈夫，为什么要改啊？本来已经我慢，现又加上贡高，还得了?！变成过患了，患法是大病。所以随时要检查自己黑品过失过患；随时要检查自己心性白品的功德，起心动念，善心越多，就是“功德胜利”。心中黑品魔念消失了，白业善根功德成就了，这是“寻思于品”。

（五）“云何名为寻思于时。谓正寻思过去未来现在三时，寻思如是事，曾在过去世。寻思如是事，当在未来世。寻思如是事，今在现在世。如是名为寻思于时。”

这是观心法门，我们把起心动念分作三个时间，现在我讲的这个话，马上就过去了；未来我讲什么？说未来，说一声未来，就变成现在；说现在，立刻也过去了。先把这个念头在时间上分开，然后推开一切时间不管。所以说，真得正定，能得宿命通；真得定以后，一念寻思自己前生，自然就清清楚楚。然后再前生，再前生，一路推上去，都知道了。不但能知过去，未来也知道。以现在的修持，一念寻思来生变成什么都知道了，所以赶快转心念，赶快求进步，把黑品拿掉，多起白品心念。

如果来生是变牛，因害怕而转了心念，看尾巴变白了，慢慢整只牛都变白了，化空了，又得人身了，一切都很清楚。所以修行就是“寻思于时”，过去、未来、现在都清楚。所以孔子也说“虽百世可知也”，十方三世都清楚了。

（六）“云何名为寻思于理。谓正寻思四种道理，一观待道理、二作用道理、三证成道理、四法尔道理。当知此中由观待道理，寻思世俗以为世俗，寻思胜义以为胜义，寻思因缘以为因缘。”

注意！你们做工夫时要注意，这是讲做工夫，不是讲道理。第一点“观待道理”，当你修观的时候，“待”是相对待，相对的，相对的外境界使心定不下来，因为“观待道理”没有参通。“寻思世俗以为世俗”，一参究发现原来我不能宁静下来，因为被很多世俗的事牵挂住了。如睡眠饮食没有对啦，或者身体四大受凉生病啦，故不能得定。把一切世俗的东西还归于世俗，胜义的归于胜义。胜义是佛法最高的道理，这是因缘所生法。

比如今天一切合适，环境也合适，或者看到一尊佛像很高兴，回来两腿一盘佛像的影像已经出现了。知道这还不是我的功力，是恰好碰到这个好环境、好际遇，都是因缘，是因缘所生法，这些是第一点"观待道理"。简单地说，你在修定、修观的时候，在观之中，相对的这些理论都清清楚楚告诉你了。

"由作用道理寻思诸法所有作用，谓如是如是法，有如是如是作用。"

第二点是作用的道理，这都要参啊、要观啊！有人听到了白骨观，就问我：老师，为什么要修白骨观呢？我说那你修红骨观好了，谁叫你修白骨观啊？我又不是卖排骨的。修这个白骨观的道理，为什么自己不去研究？还要问。

什么是"作用道理"？一切法门都有相对，就是对治的作用。为什么要如此修、如此做？都要去参。你们这些年轻人，自己对自己反感，天天都在反感，对自己都克制不了，对不对？为什么会这样呢？因为你们不参究"作用道理"。八万四千法门，为什么叫你们如此修？有什么作用？所以要懂这个道理才行，不懂这个作用道理，一切修行都叫做盲修瞎练。

"由证成道理寻思三量，一至教量，二比度量，三现证量。谓正寻思如是如是义，为有至教不，为现证可得不，为应比度不。"

第三点是"证成道理"，修一个法门，一方面自己在求证这个法门，当然不想走到外道，不想走冤枉路。我们不管出家在家，都是佛的弟子，七众弟子都要晓得"证成道理"，就是修法怎么样能证得佛果。所以第一个要寻思三量，现量、比量、圣教量。

我们现在研究《瑜伽师地论》，这是圣教量，圣人所教的，因为他修成功了，才教我们如此如此。所以我们一切的修法，自己要研究是不是合于真正的圣教量。第二是比量，也叫比度量，我们现在推测这个道理，这个修法应该是对的，因为是圣教量，是一切经典上所说修定的经验的道理。啊！我懂了，不过这个懂，还是比量境界，然后要证到现量，就是自己要证到这个现量境界。这是三量。

平常不用圣教量这个名词，凡夫的三量是非量、比量、现量。非量是乱想、幻想的。我们一切修行人寻思，这样做这件事情，这样参这个道理，这样修这个法，“为有至教不”，是不是合于经典？佛的了义教或不了义教，是不是研究彻底了？“为现证可得不”，现在我求证可以成功否？“为应比度不”，我现在想的是正思维抑是妄想？如果是比量境界，那就用不着去修它。这个叫“证成道理”，也是自证分，必须要知道的。

“由法尔道理，于如实诸法，成立法性，难思法性，安住法性，应生信解，不应思议，不应分别，如是名为寻思于理。”

第四是“法尔道理”，这是佛学首创的名词，因为如果用“自然”，怕与印度自然外道混淆。什么叫法尔？实际上法尔就是自然，现成的，本来如此，不过也更高了，也更难。其实也是每个学佛的人第一步要知道的。佛经上所讲的一切法门，为什么他要那么讲？诸佛菩萨都那么说，他建立思想的系统，言论的系统，说法的系统，就是“于如实诸法，成立法性”。换句话说，法尔如是，就是《华严经》上所说的“信”，你没有办法证到的，只要信就是了。

一切众生本来是佛，为什么我们现在没有成佛？“难思法性”，佛说因妄想执著而不能证得。虽然晓得是妄念，明知道除不了，我们为什么还要除妄念呢？再说妄念该不该除去？妄念又是一个什么东西？就要认识观察了。所以最后一切自性，本来如此，法尔如是。“安住法性”，最后证得菩提，还我本来面目，安住在法性上。所以对这三种，“成立”、“难思”、“安住”，要具备“信”，“应生信解”，自己无法了解，在未证得以前，只要有正信就进来了。

其实佛法很简单，是自己对自己生疑，因不信而挡住的一信就进来了，不应该思议，不应该分别，就叫做寻思于法尔道理。

“如是六事差别所缘毗钵舍那，及前三门毗钵舍那，略摄一切毗钵舍那。”这些包括了一切法的观法。下面是最后结论。

善知识说法 听者语义觉

“问：何因缘故建立如是六事差别毗钵舍那。答：依三觉故，如是建立。”佛在教觉悟法门，这六事是依三种觉悟的情形，而成立了这个理论的系统。

“何等三觉。一语义觉、二事边际觉、三如实觉。寻思义故，起语义觉。”

思想必须由语言文字来表达，一切众生没有成佛前，要指导他成佛，必须要讲给他听，一讲就有了言语文字，有文字就要合逻辑。一切众生因听了佛所说的法而开悟，或者听善知识开示佛法而开悟，这个开悟就是“语义觉”。

“寻思其事及自相故，起事边际觉。寻思共相品时理故，起如实觉。”

你自己研究这个事以及自相，就会因事与自相而起事边际的觉悟。最后证得"如实觉"，本来就有，一切本来现成的。

"修瑜伽师，唯有尔所所知境界，所谓语义及所知事，尽所有性，如所有性。"

真修行的人、瑜伽师等，只有凭你平常学佛的经验，所知的境界，以及你所懂的佛法道理，乃至你事实上所知道的理，而"尽所有性，如所有性"。这两句话是儒家的，在《中庸》上说"尽人之性"、"尽物之性"。尽性这个说法，后来有孟子所讲的《尽心篇》，可是孔孟二老提出这个名称时，佛法还没有来中国。所以尽性以后人性悟到了，物性也悟到了，宇宙万物都悟到了，"如所有性"，最后住在如来境界，法尔如是。所以古代禅师告诉你，"乌鸦身上是黑的，白马身上是白的"，这是什么道理？就是"如所有性"，法尔如是，白的就是白的，黑的就是黑的，下课就下课，不要呆坐在那里了。

由不净观开始，然后到白骨观，以声闻乘的修法，非走这个路子不可。不净观，什么鼻涕眼泪啊，里头发烂发胀，我看不要念了。看卷三十，第七百七十四页。

你们修不净观、白骨观，你们修不起来对不对？要修不净观应该依照上面这一套。真正修到不净观，不简单的，要真修到心得止得观以后，一定，就内视到自己的内脏了。自己开眼闭眼，看得清清楚楚，气走到哪里，血走到哪里，都很清楚；乃至身上有细菌，或者哪里坏了，都看得很清楚，那才真做到了不净观。

做到不净观还不是究竟，只是第一步要到达这样，进一步要达到空观。大家修不净观，尤其是女同学们，你们想到不净观都会吐，里头太脏了。其实也可以很快地过去，只要一个信念，上座一下就可以透过去了，就可以知道自己这个身根又脏又臭，这一念就属于不净观，就可以到达了。

修白骨观也并不一定非观起来白骨不可，上座就念死也是一个方法。佛法有十念法，佛、法、僧、戒、天、施、安那般那、休息、身、死。譬如念僧，念一切圣贤、得道的人，并不是要你一个一个地想起来，因为念不是观，而是相信过去得道的人，随时以得道的人为榜样，念念照他的标准修，一个真正的和尚，就是像佛一样的努力修。

再说念天，天主教也是念天，但是不是大梵天则是个大问题，需要研究它的神学教理；圣母是哪一天的天人，也是个问题。念天还不是念这个天，由于一切修行，老实讲不管大乘小乘，修了几辈子，充其量是证得生天果位而已。所以佛给你们想一个方便法门，不要一层楼一层楼爬，这样爬很难跳出三界。佛教我们一个横超速出的方法，就是到西方去，免得人们在三界爬了几层楼时，中间电梯卡住了的话，不上不下很困难。

所以一切修行也是念天，你不要认为自己是学佛的，不求生天；生天有没有你的份，还是一个问题。欲界天就要修好十善业道才能生得，所以十善业道，得一善就可以生天，当然生在哪一层天有差别。为什么修得善业可以生天呢？善业修到了，它是世间法的定，所以世间的真正好人，都是很老实的，很镇静的。越坏的人活动得越厉害，脑筋也越灵光，反而没有定。所以四禅八定、三界禅天里头都是定静。

实际上真正佛法的修法，应该把第十念的念死摆在最前面，为什么佛把念死摆在最后面？是叫学佛的人知道人最后都会死。如果先修学死，上座就觉得自己已经死了，一堆白骨也化掉了，能如此，你白骨观不修也可以呀！你做到了吗？自身修不了，化不了；化得了就可以不要修了。现在讲不净观，我们拿白骨观来讲。

再说白骨观　不净观

“复有二种取骨锁相，一取假名彩画木石泥等所作骨锁相。”这是说你白骨观怎么观呢？有两个方法。你们白骨观不起来，就在那里拼命啃自己的脚趾头，想把肉皮啃光，然后想让自己的白骨呈现出来，你们是不是都这样做工夫啊？所以你们观不起来，对不对？白骨都看不到影子对吧？（同学答：对。）你们走错了路子，用错了方法。你们怎么会看得到自己的骨头呢？除非内视内观成就，那是要得定；你们一念一定，要看到自己的内脏、自己的骨头，就可以看到，如果做到这样，修行已经差不多算上路了。

现在的你当然做不到，所以有两个方法，第一个就是“取假名彩画木石泥等”，用画的白骨也可以，木头做的、石头做的都可以。所以买了许多白骨模型给你们，上座修观的时候，就看白骨模型，有那个影像存在就行了。模型影像观好以后，你知道是假的，这也是无分别影像所缘呀！你就定在那个模型影像，你的身上就会起作用了。可是你们不懂也不会，只拼命要看到自己身上的骨头，做不到的事硬去做，所以拼命说观不起来，这样子当然观不起来。

理不通，不能如理作意，又不肯看经教。现在这里告诉你，第一步先把这模型的相观起来，定住，像观一个明点同样的道理。你们白骨的模型都看到过，观得起来吗？（同学答：观不起来。）观不起来的原因是什么？因为你们还是拿眼睛去观，所以观不起来。我现在讲白骨的模型你们看到过吧？你们看过白骨模型的样子，意境上有没有印象、影像？（同学答：意境上有。）意境上有，那就对了嘛！这不就是观起来了吗？谁叫你们拿眼睛去看？你们也能看书，也能听话，那意境上的白骨影像也有了，对不对？懂了吧？我的话你们听不懂，我依弥勒菩萨的话而说，你们就听懂了，那你们下了课好好去拜弥勒菩萨。

“二取真实骨锁相，若思维假名骨锁相时，尔时唯名起锁胜解，不名骨锁，若思维真实骨锁相时，尔时名起骨锁胜解。”

第二个办法是取真的骨头来看，只有到医院解剖室去看了。观想白骨模型，观起来时，这叫“起锁胜解”，在理论上不叫做骨锁，因为不是真的白骨。起锁胜解有了，也对了，只不过是名称不同。若真看到死人的白骨，你看了，把那死人的白骨观起来，不需要把你自己变成白骨观起来，这个叫做“起骨锁胜解”。这是白骨观初步观起来了。

你们现在一边听经，一边有没有那个白骨模型影像？（同学答：有。）你看多轻松啊！又不要着力。可是你们打起坐来，好像在殡仪馆工作一样，拼命在那里捡白骨。白骨在哪里呀？就在你意识里，那个影像就来了，对不对？观起来了没有？（同学答：观起来了。）你看，多轻松呀！你也可以说话，也可以做事，你慢慢把这个影像定住了。但要注意，不要用力，一用力就完了，白骨影像跑掉了。你越不管它，那白骨影像就越留在意识里，那就观起来了。你体会一下，这样一观起来，你也在听话，而意境上就很宁静了，懂了吧？（同学答：懂了。）好！懂了，再来。

“又即此外造色色相，三种变坏，一自然变坏、二他所变坏、三俱品变坏。”

观起来以后，你从外观就可以了解宇宙万有，人的生命有三种变坏。譬如我现在老了，头发白了，肌肉也松了，样子也变了，这个老相就是死相的前奏，很难看，已经慢慢变坏了。明天到市场买一块猪肉，摆在这里，三天后你看看，那个不净观就看出来了，变臭了，变青变烂了。我们的肉体也是一样，这是“自然变坏”。有时吃药变坏了，或者被火烧到了，等等，就是“他所变坏”。如果连骨头都坏了，就是“俱品变坏”。

“始从青瘀乃至胀，是自然变坏。”

老了，皮肤皱了，肤色变黑了，“瘀”就是一块一块变青了，变坏了，变成脓水了，属于“自然变坏”。这一段就跳过去了，下面自己看，自己研究。

现在看七百七十六页。

“而今现在如是次第，种种不净，诸现在世，我之所有似净色相，此净色相于现在世，虽有净相，于未来世，不当不净，如今现在外不净色，无有是处。我此色身，去来今世，曾如是相、当如是相、现如是相，不过如是不净法性，如是名为寻思彼时。”

我们修白骨观、不净观，观起来了，虽然是看模型观起来的，但是道理上要知道，现在自己这个身体，看起来是人，最后终归就是那个白骨一样。所以白骨观影像真的观起来，还有什么气可以生的？最后大家就是那么一堆白骨，而且白骨还化成了灰尘，哪里还有什么人对不起我?！你现在生气，认为他不对，你对，你什么对呀？不过是白骨对泥巴而已。

所以说不净观、白骨观观起来的人，贪、瞋、痴不是没有，而是自然清净了，降伏了。“我此色身，去来今世”，我们人活着都有这个色身，四大而成的一个人的形相，最后都要烂的，都是白骨，而且白骨也没有了，化成灰了。“不过如是不净法性”，这句话可以拿来作观，一盘腿，一打坐，你就把身体一丢，不管它了。等于你一上座，把这个身体当做已经死了，白骨一副，一念空，就完成了。可惜你们没有这个魄力，如果有这个魄力，上面这个方法可以不用呀，懂了吧！这个方法名为“寻思彼时”。

“云何名为寻思彼理。谓作是思，若内若外，都无有我有情可得。”

你白骨观真观成了，或坐也好，不坐也好，随时觉得这个身体如同狗屎一坨，万一一口气上不来，又正好有几条狼狗过来，我们还不就变成狼狗的火腿了吗?！所以这个里头没有真我，也没有情可得。

“或说为净，或说不净，唯有色相，唯有身形，于中假想施设言论，谓之为净，或为不净。”

或是叫它净，或是不净。现在我们活着是四大构成的这个色身，这个相，就是身体的形相。什么叫好看不好看、干净不干净？善恶是非都是假想的名词，是人类的思想、妄想构成的一套言论观念。把观念拿掉就无所谓净与不净，不净观观成了以后，就无所谓净与不净，也就是不垢不净了。反正都是一个假东西。

“又如说言寿及与识，若弃舍身时，离执持而卧，无所思如木，既死没已，渐次变坏，分位可知。”

所以我们活着是三样东西，煖、寿、识，是唯心唯识所变。心识跟煖与寿，等于电灯一样，有电就有光，有电就有煖。身体有热能，就有寿命存在；没有这个热能就没有寿命在，识也跟着从这个色身上散开了。煖离开，寿也没有了，这一部分识也离开了，所以身体整个冷却了。煖、寿、识是连着的，煖、寿散掉了，识也就离开了，与这个肉体不相干了。

现在我问你们一个问题，为什么学佛修行、修定、修四加行先要得煖呢？而且真得了定以后一定得煖，这是什么理由呢？你们去参去，正思维去，现在不跟你讲活的人，是讲死的人。这一段到下面都是毗钵舍那，不净观、白骨观之慧观。你们不要跟我一样跳过去，自己要研究，这些道理你们应该懂。

我再三吩咐你们，一定要自己去研究，正思维，要仔细看。第一能够自利，第二还能利他。将来你们出去教化人、度化人，看懂了，就可以教刚入门的初步方法。我已经讲了千百万遍，懒得再说，所以跳过去了；你们不要跟着我跳过去，你们爬都不会爬，不要说跳了，知道了吧！

如何修慈悲喜舍

修不净观、白骨观的理论和方法，本论中讲了，现在告诉我们怎样修慈悲观。现在看七百七十七页第八行。

"云何勤修慈愍观者。寻思六事差别所缘毗钵舍那，谓依慈愍增上正法，听闻受持增上力故，由欲利益安乐意乐，于诸有情作意与乐，发起胜解，是慈愍相。若能如是解了其义，如是名为于诸慈愍寻思其义。"

修慈愍观，上面所讲的三门六事的原则不要丢掉。"依慈愍增上正法"，发起慈悲，是先由不净观、白骨观修起，修到了，慢慢才有慈悲心发起，依照次序，硬是这样。你们都觉得自己很慈悲，算了吧！都是磁杯、酒杯！你们都是慈悲自己。前面的止观定相、净相没有做到，发不起来慈悲心的，真慈悲不是那么容易发起来的，所以为什么慈悲要在这里来说呢？由于不净观、白骨观真修持到了，然后翻过来才会慈眼视一切众生。怜悯一切众生，这时才能做到比较性的无我，如果不净观、白骨观没有修成，你说自己已经无我，碰你一下下，你那个我就跳起来了。

所以做不到无我的，不要瞎扯了，学佛修行不可以躐等，它是呆板一步一步的。"听闻受持增上力故"，依于慈悲的心理，"增上正法"，不止听正法，正法听了以后要有增上力，好好地研究，好好听闻善知识的说法。"受持"是领受修持的增上力，想达到发起慈悲心，利益别人，安乐自己。慈悲心真发起了，自己的意识境界上则非常平安快乐。

譬如有人说自己喜欢哭，爱掉眼泪，大概是慈悲心重；那是你泪腺有毛病，爱哭而已，悲心不是这个道理。真正的慈悲，是要“利益安乐意乐”，使一切众生得安乐。例如我们达到了定境，自己在清凉清净中、无烦恼中，看到烦恼众生，心中就生出无比的悲悯，看到作恶众生也会有无比的悲心，希望他们能达到安乐的境界，不要被烦恼、贪瞋等火毁灭了，这样才是“慈愍相”，是慈悲现象出来了。这才是修慈愍观的真意。

“彼既如是解了义已，复能思择，此为亲品，此为怨品，此中庸品，是一切品，皆他相续之所摄故，于中发起外事胜解。”

他说慈悲真发起了，才晓得什么是“亲品”，也就是慈悲亲爱一切众生。譬如我们在座的男女老幼，在家出家的同学，凭良心讲，你们对每个同学都有好感吗？不要讲慈悲，都有好感吗？你们坐在那里，不要摇头，也不要点头，我心里都有数。

你们有没有对某一个比较喜欢一点，其他大部分不太喜欢？每一个人都有吧？都有对不对？你比较喜欢一点的那个，对他比较好一点的，那个是你的“亲品”。如果慈悲心发起来，走正法的修行人应该怨亲平等，虽是怨家，“怨品”也视如“亲品”，都是亲爱的。甚至于嬉笑怒骂，心中对他们都是悲心的、怜悯的，这就是“中庸品”，还不是菩萨的慈悲，是声闻乘的慈悲。换句话说，所谓慈悲发起来以后，使自己得安乐，使一切众生得安乐；慈悲发起了以后，慈悲喜舍四种心理都要发起。这一段你们自己去看，去研究。

现在讲三十一卷，“本地分中声闻地，第三瑜伽处之二”，七百八十一页。

什么是缘起 什么是性空

“云何勤修缘起观者”，你们要把次序记好，他教我们修法，最好能够按次序一步一步做到，不净观、白骨观、慈悲喜舍观、缘起观……这不是理论，是工夫。一步一步做到了，然后再修法，修法就是“缘起观”，也就是观缘起。

“寻思六事差别所缘毗钵舍那，谓依缘性缘起增上正法，听闻受持增上力故，能正了知如是如是诸法生故，彼彼法生。如是如是诸法灭故，彼彼法灭。”

这句话始终是叫你注意六事所缘。这一段非常重要，大家要注意，后世一般研究唯识法相的学者，对于缘起性空、无自性，就认为“无自性”三个字是外道知见，因为禅宗讲有自性，于是大家理论争辩都来了。唉！可怜啊！书都没有读懂。

所谓缘起性空，是讲诸法现象；唯识法相宗讲一切万有，是说有现象可见的，有形相可知可了的，可意识到的，皆是缘起所生；但它的自性本空，无自性。也就是说，无自性是本身没有单独可以存在的性质，不是永恒存在的东西。因为一切现象界、一切法相皆无自性，所以法相能转变，转八识可以成四智。这个性空，无自性的性空，是指法相的性空。性空的后面那个阿赖耶识，转成大圆镜智，那个东西空不空呢？既不空，也不有，在理论上叫它中道；其实也不说中，说个中已经落边了。那个东西不垢不净，不增不减，这个道理先告诉你。

现在看它观缘起是怎么一个观法，“能正了知如是如是诸法生故，彼彼法生。如是如是诸法灭故，彼彼法灭”。这几句话等于《大乘起信论》中所说“心生则种种法生，心灭则种种法灭”。宇宙万有一切法相皆是因缘所生，因缘凑合，这是法界的现象，有形的现象，就形成了万有，唯心识所造。煖、寿、识三者，煖、寿一散，心识一归位之后，这个人的肉体就不存在了，就是法灭。

“此中都无自在、作者、生者、死者能造诸法，亦无自性、士夫中间能转变者，转变诸法。若能了知如是等义，是名寻思诸缘起义。”

一切宇宙万有的现象、万法，都“无自在”，你自己做不了主，无“作者”，没有另外一个主宰能够造得出来。假定有一个主宰能造万物，请问：这个主宰是万物造它，还是主宰的外婆造它？所以无主宰，非自然，无作者。也无一个“生者”，譬如人生人，它非要三缘和合不可，否则生不出来，除了男女精虫卵藏的结合外，中间还要中阴身加上去。

总而言之，一切宇宙万有，包括我们的生命，谁都做不了我们自己的主，这个肉身做不了主，我们的思想念头也做不了主。意识幻化法，也是因缘法，所以一切万法，它本身没有独立自在的性质性能。

“士夫”，即知识分子，有智慧的人。他们自心可以做主，自心可以转变诸法，因为一切是因缘所生，所以转识可以成智，转烦恼可以成菩提。

可是后世有些学者讲缘起性空，实在离题太远，不晓得他读书怎么读的。因为它是缘起性空，所以自心可以做主，可以转得了的；也因为诸法本身无自在，无生，无化者，而是有一个东西，这个东西不能叫它主宰，叫它真如也好，性也好，道也好，如来也好，般若也好，中道也好，歪道也好，什么都无所谓，因为一切唯心造呀！所以《华严经》上说“若人欲了知，三世一切佛，应观法界性，一切唯心造”，一切都是唯心识所转变。

假使一个学佛的人彻底了解这个道理，那么就有资格说，对于“寻思诸缘起义”已充分了解，已明白缘起性空的道理，修这个法门就可以证悟，就不一定修不净观、白骨观或修明点了。你打坐一上来就“寻思诸缘起义”，把理参透了，一样成佛。这样修法，就是修有分别影像所缘，一切都包括在里头了。

“复审思择十二有支，若内若外，而起胜解，是名寻思诸缘起事。复审思择，无明支等，前际无知，后际无知，如是广说如前分别缘起支中，是名寻思缘起自相。”

现在讲十二因缘，大家觉得很熟吧！但不要轻易放过。十二因缘是基本佛学，无明缘行，行缘识，识缘名色，名色缘六入，六入缘触，触缘受，受缘爱，爱缘取，取缘有，有缘生，生缘老死。如果十二因缘不能随口次序地念出来，不但对不起父母，对不起师长，更对不起自己。浪费时间跑到这里来干什么？十二因缘你真参透了，成佛有余，可惜现在学佛的人都只当做佛学的学理思想在讲。

十二因缘都是缘起性空的。十二因缘第一个是无明，无明怎么来的？你参参看，这就要你正思维了。我们任何一念来，下面连续地思想，没有把握去想什么，明天一早醒了，第一个念头想什么？我们自己有没有把握？（同学答：没有。）所以每一个念头来，都是莫名其妙来的，是不是？（同学答：是。）莫名其妙就是无明，你做不了主；这个无明之念也是无自在，无作者，无生者，无死者，但能造无明诸法。

再看无明缘起怎么来呢？“寻思诸缘起事”，要你仔细思择，观察自己，也就是观心法门，观无明支、无明这一念。任何一念都是无明，因为不知道怎么来的。“前际无知”，这一念没有动以前，这一念在哪里呢？不知道。你不知道就是无明呀。“后际无知”，这一念起了、过了以后，到哪里去了呢？你也不知道。当你这一念就在这里时，你知不知道？也不知道，被无明支配了，当然不知道。所以三际你都不知道，此之所以为无明，因为现在就是在无明中。

你先把现在无明这一念搞清楚，我们念头一来，本身就是无明。一个念头来，“我要喝茶”，赶快就动手泡茶了，这是无明缘行。然后说：“这是乌龙”，行缘识。“是冻顶乌龙，好”，识缘名色。“好喝，舒服”，名色缘六入，六入缘触，六根都触动了，这一念都牵动十二因缘。你先把现前这一念的十二因缘的道理参透了再说。佛法不是背名相，背得来，能跟别人说说，这种佛法有什么用呀？

小说《济公传》就写得很好，济癫和尚半夜起来大叫：“无明发了，无明发了！”全寺的和尚都起来要打他。其实他大叫就是告诉大家，庙子要起大火了。“一念无明起，八万障门开”，所以念起念落能念念清楚，你就在道中行了，就是觉性了。十二因缘是这个道理，厉害吧！你们都晓得十二因缘，都会背，会背有什么用？不过是唯识流注，所以要仔细寻思无明这一念，这是第一步。

“复审思择，如是一切缘生诸行，无不皆是本无今有，有已散灭，是故前后皆是无常，皆有生老病死法故，其性是苦，不自在故，中间士夫不可得故，性空无我，是名寻思缘起共相。”

先把现前这一念无明观察清楚，才晓得一切皆是因缘所生。一念动，一缘生，“无不皆是本无今有”，一念无明，本来没有，见闻觉知到六尘，而今有，现在有了无明。譬如说我忽然骂了大家几句，同学们莫名其妙，瞪着眼睛看我，本来没有的事，现在有了这一头雾水，这就是缘起。因为我这一骂，你们就静下来，莫名其妙地瞪着眼睛看着我，这一念无明就缘起了。“本无”，本来没有这个境界，外缘一引就起来，依他而起，这就是“缘生”，也就是“本无今有”。

现在我告诉大家，我是逗你们的，不是骂你们。于是你们那一念莫名其妙、几乎要发无明火的瞋念没有了。这一念，“有已散灭”，缘起还灭，所以在一念之间观察，一切皆是无常，这一念生、住、异、灭，也就是生老病死，不了此念，所以是苦。人们都被这一念骗了，依他起，被这一念骗了一辈子，骗了三大阿僧祇劫，所以此中是苦，是不自在，所以要观自在。

在这一念的中间，我们发现没有一个我，我是不可得，这一念是缘起，是虚泡，连影子都没有，“性空无我”，它本身是空无我。这个空不是没有，不是断灭的空。在这个地方念念观察清楚就是修行，叫做“寻思缘起共相”。

不但我如此，你也如此，一切众生都如此，譬如一条狗睡在那里好好的，睡得很舒服，那是昏沉无明中，你过来踢它一脚，它就生气叫起来。然后你再来说对不起，摸摸它的头，给它一片肉，它平静了，摇摇尾巴走了。这也是缘起性空，“有已散灭”，也是依他而起，无我相，这是“缘起共相”。一切众生现前这一念都是缘起性空，“有已散灭”。

在一念上要参十二有支，所以经典上说声闻众应参十二因缘，证大阿罗汉果，就是这样参、这样证，懂了吧！有人说，平常学的佛学都听懂了，也没有什么用。你说没有用，是你没有用佛学，不是佛学没有用呀！知道了吧！

第十四讲

异熟果与果报相同吗

十二因缘与三世因果

你为什么那样愚痴

界 合相 界差别

如何修数息观

掌握呼吸之间的息

上次讲到三十一卷之十二因缘，我们平常关于四谛、十二因缘，这些佛学的名词，大家应该很熟，但是都把它们当做佛学的知识听。如果能够把四谛、十二因缘变成正思维的禅思，以禅定的正思维去求证，那是可以悟道证果的。可是一般都没有留意，现在是正面告诉我们，这是正思维，禅思的方法。

“复审思择，我若于彼无常、苦、空、无我，诸行如实道理，发生迷惑，便为颠倒黑品所摄，广说如前。”

无常、苦、空、无我，都是佛学基本观念，我们现在都是当普通佛学的知识看待，而且一听过去就算了。实际上，无常、苦、空、无我，是佛陀当时的说法，是正思维、正知见的禅定修法。所以达摩祖师讲，道可由两个法门悟入，一是理入，一是行入。拿工夫来求证，是行入；理入是正思维，拿正思维来求禅定，也是一样可以证得菩提。当然不能乱想，须如理地想。所以他对无常、苦、空、无我的如实道理，到达了理的最高实际的境界。

如果没有亲证到无常、苦、空、无我、十二因缘，所谓三十七菩提道品之理的如实境界，就算能倒背如流，也只是知识层面，并且会发生迷惑，便为颠倒。这并不是说你会念经、会背佛学，就能与阎王对抗生死，反而是被法执的黑品所摄，就是造了恶业。

哪一种恶业呢？《瑜伽师地论》后面大乘道也有说到，佛经也说过，佛学搞得越多，学问越高，他生来世变哲学家、思想家、学问家。这些学问家极难成道，就像地狱众生一样，很难转，因为他们的执著太坚固。由于特别坚执自己的思想意见，我见、见取见极坚固，所以落在外道，为黑品所摄。这种地方是很严重的，我们看书很容易随便就看过去了，所以学问越好成道越难；又有学问，又能够证道，那是菩萨、佛。真能够证道的话，纵使是歪知见、魔知见、邪道知见，都会有用。换句话说，他弘法度人的方便就越大。"广说如前"，前面也讲过了。

"若不迷惑，便无颠倒，白品所摄，广说如前，是名寻思诸缘起品。"相反的，佛经佛学的理记得了，了解了，还要证到，那属于善业。这些无常、苦、空、无我、十二因缘等法，都告诉我们，一切法皆是因缘所生，所以"缘起性空"。前期经典翻译为"缘起无生"。

异熟果与果报相同吗

"复审思择，于过去世，所得自体，无正常性，如是已住。于现在世，所得自体，无正常性，如是今住。于未来世，所得自体，无正常性，如是当住。是名寻思诸缘起时。"

这一节所讲的，就是佛学平常的道理，你不要认为是平常的道理就轻忽过去。这些佛学基本你都听过了，但是你不能用这些基本的道理去证到实际理地，所以你越懂越糟，没有用的，那只是增加你的所知障。这一段话都是佛学最基本的话，也是最后成功的话，所以我在《禅海蠡测》里也告诉大家，最初的就是最后的，最基本的就是最高深的。千万记住，不但是学佛修持的道理如此，世间事也是这样。一个穷光蛋出来闯天下，借了一百块钱做资本，小小心心，最后发了财，发财后就忘记仅有那一百元时的小心翼翼了。如果永远是那一百元时候的小心谨慎、艰苦起来的那个样子，他就成功了。

同样的道理，现在他告诉我们，叫我们正式审思地思维修。譬如禅定，盘起腿来坐在那里，仔细地思维，研究自己，反照自己。“思择”，一点一点地挑选、分析、解剖自己，“于过去世所得自体，无正常性”，看自己前生是个什么。假使前生是一个人，那个骨头、身体到哪里去了呢？此中无我，“如是已住”，这样观想清楚了，彻底清楚了，晓得无我，一念定住。至于过去世，一般人还不知道。

我们现在有个身体，在座的人至少二十多岁了，自己回想一下，与七八岁时的自己比一比，老了好多好多，老朽不堪了，天天在变化，在死亡中，此中没有一个真正的我存在。因为无我之存在，所以现在我讲话、听话，我有感情、思想，这些皆是因缘所生，有这个四大凑合，假名为人。这个身体，因为我们妄想，情感思想依他而起，而假名叫做心，此中无我。“如是”，这个样子，“今住”，看起来我现在好像存在，“住”，好像在这里。这个存在非常可怜，今天的我不是昨天的我，明天的我不是今天的我，随时看清楚今住。

同样的推理，未来世所得的自体也无正常性，未来的也不过是这样。假如未来世还变人，照样跟着吃牛肉；或者变了狗，吃大便，在变狗的时候，那个狗也觉得自己非常可爱，也非常自我。佛经是那么说，所以后世禅宗就来个参“我是谁”，我究竟是谁？未生之前谁是我？既生之后我是谁？父母没有生这个身体之前谁是我？现在虽然我在这里，我究竟是谁？这个肉体随时在衰老，新陈代谢变去了，我的思想心念，我思故我存，但是不思时，我到哪里去了？我不思的时候我也存在呀！存在于那个不思上。思与不思两头拿掉，未生之前我在哪里？既生之后我是谁？这是中国禅宗的直指说法，简单的两句文学性的说法。印度文化的说法是逻辑科学的、分析性的，一点一点解剖，过去、现在、未来，这叫做“寻思诸缘起时”。

“复审思择，唯有诸业及异熟果，其中主宰都不可得，所谓作者及与受者，唯有于法假想建立。”

再仔细地看清楚自己，我们现在所谓的我，是业力的我，造三种业，善业、恶业、无记业。这就是说，我们生命的思想言行所作所为，不是善、就是恶，或不善不恶。不善不恶是像一个呆头鹅，昏头昏脑，随时失念、失忆，在无记业中。今天存在的这个我，不过是一切业力所在，这个业是什么呢？是造了“异熟果”，就是业力的果报。

为什么称为异熟呢？我们普通叫做果报，是说这一生所遭遇的是前生的因所带来的，是种子生现行。未来生会变什么？要看今生的现行、现在的行为，成为未来的种子种性的果报。我们普通讲果报，是中国文化的表达方式；根据佛学来讲，叫做异熟果。果报两个字，不能完全概括异熟的含义。我们普通讲的果报很简单，你打我一个耳光，我吐你一口口水。你打我会痛，我吐你口水只不过脏了而已，所以这个果报的意义还不足以包括全部。

所谓异熟果，是说这个善、恶、无记的果报，事有前因必有后果，这个后果是缘生的、性空的，是异时而熟、异地而熟的，所以时空不是一定的。你踢我一脚，我不一定踢你一脚，或者你转身被车子撞了一下，所受的报都不一样的，所以叫异熟。可是都是果报，所以很难懂。

果报一般人看不清楚，因为是因时、因地、因人而有异，所以叫做异熟果。时间成熟了，“因缘会遇时，果报还自受”，千生万劫，这个前因种子，后来一定得果。在什么时间碰上？遭遇什么？不一定。但是有这个业，一定要受果报，受的现象不一定，时间不一定，因为是异熟的果。

说到果报，牵涉到人的生辰八字，那是前生造的业，今生的八字就是推论果报的方法。一切是因缘所生，一切唯心造，无主宰，非自然。一般唯物学者认为，人生一切是自然的，没有神，所以他不相信果报，认为人死了就完了，有权力就可以控制别人。另外一般宗教认为，有一个主宰、有一个命运之神管着你。其实没有这个事，谁都管不了，像我们自己都管不了自己，都是因缘所生，异熟业报，所以无主宰，非自然，都在果报当中。

谁都主宰不了，“所谓作者”，谁来造作起来呢？我的命运为什么会遭遇如此呢？同一父母所生，几个兄弟姊妹遭遇结果各有不同，难道父母造得那么偏心？父母也做不了主，上帝也做不了你的主。“及与受者”，譬如我们在座很多人身体不好，百年三万六千日，不在愁中即病中，有的太胖，有的太瘦，有的太笨，有的太聪明，这些都是异熟果。但是这些真正有个受者吗？毕竟无我，最后毕竟空，故无作者，无受者，在这个地方思维自己、观察自己，性空缘起，看通了，一样的证果。“唯有于法假想建立”，这个“法”就包括了文字、言语、思想的形态，这一切毕竟空，缘起性空，无主宰，非自然。

人类一切的文化思想，包括了佛法，都是人类的妄想假想建立。佛法讲无常、苦、空、无我、十二因缘，也是“假想建立”，是诸佛菩萨的方便建立而已。严格说，方便也是人假想建立，为了度人，造了一条船，过了河，一定不会把船背在身上，因为过了河，船对于你失去了利用价值，所以也是“假想建立”。

十二因缘与三世因果

“谓于无明缘行，乃至生缘老死中，发起假想施设言论，说为作者及与受者，有如是名，如是种，如是性，如是饮食，如是领受，若苦若乐，如是长寿，如是久住，如是极于寿量边际。”

无明缘行等十二因缘，是三世因果。人怎么来投胎？是一念无明来的，无主宰，非自然，唯心识所造。一念无明动，等于电的开关一样，一个指头拨动了，可以发出一个核子弹，可以使半个甚至整个地球的人类死掉。无明这一念，莫名其妙这一念一动，它的动力就缘行，行动起来就不会停止，难以收拾。行缘识……一路下来，十二因缘用圆圈来写，就是一个轮回。

中国的十二时辰，子、丑、寅、卯、辰、巳、午、未、申、酉、戌、亥。半夜子时，一阳初动，然后一路下来，像十二因缘一样。所以十二因缘是个轮回，圆圈、昼夜，也像一年的十二个月，春夏秋冬，生命的旋转轮回变化。

《易经》上所说的“循环往复”，就是轮回。所以《易经》也讲因果，“无平不陂，无往不复”，一个东西打出去一定会回来，无往不复，就是果报。这个地球也是这样，向上丢一个东西，它会落地，那是地球有地心吸力阻碍了，停在地上。假如在太空，没有地球的地心引力，这个烟灰缸丢出去，一点力量也没有，它转一个圆圈，又回到丢出去的这个地方。太空人到太空就有这个经验，这是证明物理的道理，太空没有地心吸力了，一切东西都是转圆圈的。所以《易经》的道理，老祖宗们的智慧之高呀！早就懂了。“无平不陂”，没有一个平路，就不会有斜陡的路；“无往不复”，有出去就有回来。一切都是循环往复的，也就是轮回。十二因缘也是这样，他要我们懂十二因缘的道理。

你们禅修的时候，要自己仔细去参透，如果思想定不下来，不参禅、不念佛，也是可以呀！你把佛学的理真搞通了，你也会开悟的，一样也可以成就的。这是属于修十念法里的“念法”，三皈依的皈依法，这些都是法。你们佛学搞了半天，很会讲，但是妄念又断不了，又不参皈依法，那有什么用呢？所以你看通了十二因缘的道理，十二因缘中“发起假想施设言论”，这一段道理告诉你，建立了这一个次序。这一套理论的后面，你要把它参通、参透。“说为作者及与受者”是要受三世的果报。“有如是名”，“名”就是文字言语的名称，“如是种”，过去的种子，变成现在的现行。

所以我经常讲，一般人研究佛学，不管他学问多好，或者名望多高，或者是年纪多大，一个人真正能够相信三世因果、六道轮回，不是盲目地迷信，而是真参通了，才叫做信佛的人、信佛法的人。我这个话讲了几十年，很沉痛，包括过去的老法师、法师、活佛、大喇嘛，有的被我一追问，他们说：唉！给你讲个真话吧！这个理上我还信，但是自己还没有看过前生呀！所以像这样学佛都是有问题的。

佛法的基础建立在三世因果、六道轮回上，“欲知前生事，今生受者是”，今生自己一切的遭遇、行为、脾气、动作、长相，都是前世自己所造的业。所以看相、算命为什么会准？因为是算你前生的异熟果。有个秘密，现代净土宗的祖师印光大师，他绝对不讲迷信，但他算命是第一人，他算得最好，他可以算到人的前生去。大家那个时候不注意，后来才晓得印光法师讲过，算命要算得准，有一本书《地支论》一定要看，这一本书我找了几十年也没找到。十二地支之论，不是佛经，所以印光法师不大肯给人算命。你前生是什么？他一算就知道了。这个事情不好玩，如果看他前生是只麻雀、蚯蚓，那有什么好玩？不好玩。

你不要说不在乎，轮回给你转一下，快得很，转你到在乎的地方。虽然无作者、无受者，那要你证到了那个性空，才谈这个话；没有证到，受起来还是难受得很。业果是本空，但是当你受的时候，真是受不了，对不对？缘起的时候，硬是有作者、有受者，所以“有如是名，如是种，如是性”。

譬如我们这一群人，有些人喜欢吃青菜，有些人喜欢鱼，有些人喜欢吃辣椒，有些人喜欢吃大蒜，这都是业。为什么有人胃不接受？这都是业果报应，异熟因果的细账。所以“如是饮食，如是领受，若苦若乐”，这些才决定“如是长寿”，寿命的长短；“如是久住”，才决定能活多久，等等。这每一点都是异熟因果，虽然说无作者、无受者，可是因果历然。“纵使经百劫，所作业不亡，因缘会遇时，果报还自受。”

“又于此中有二种果及二因。二种果者，一自体果、二受用境界果。二种因者，一牵引因、二生起因。自体果者，谓于今世诸异熟生六处等法。”

我们现在所得的生命，是前生果报来的，果有两种，“自体果”及“受用境界果”。今世的生命是前世异熟果报所得的生命，“六处”是指六根，大家六根都不同。大家同样都有眼睛，但有些人天生色盲，我们一百个人，一百双眼睛，站在这里看同一个东西，拿科学仪器来测验，各人的感受不同，心里感受的作用也不同。为什么？因为各人的自体果感受不同。所以有人吃东西，唉！这太咸了；有人吃就感觉淡一点，因为舌的自体果不同。有人思想偏激，有人宽大，有人高明，有人笨，这些六根六处等法之不同，是“自体果”不同之故。

“受用境界果者，谓爱非爱业，增上所起六触所生诸受。”

我们生在这个世界上，自己本身的六根，各人不同。同样是女孩子，有的高头大马，有的长得又小又矮，有的那么漂亮，有的那么丑，各人不同。有的人虽然长得丑，但有许多人喜欢他。《庄子》里讲到，有一个人丑得不得了，可是好多女人都愿意嫁给他，乃至已为人妇的都愿意离婚来嫁给他。奇怪吧！什么道理呢？是他的异熟果。我们在座的，大多钱不多，够生活而已，天天想钞票，但异熟果的钞票却沾不拢来。有人就是钱多，出门还会撞到钱，这是可遇不可求的，一切皆是异熟增上，是“受用境界果”的不同，这是另一种果。

受用境界的果报，有你所喜爱的，也有“非爱”，就是你讨厌的这些业报，都是“增上所起”。过去有那样的前生，这一生生在这个家庭，又碰到这样的父母来培养你，都是增上缘所生起。“六触所生”是六根接触到外境所生的诸受，各人感受不同。同样的气候，有些体质好的，穿一件衣服正舒服；有些身体差的，风帽都戴起来了。这就是说“六触所生诸受”的异熟果不同，所以叫“受用境界果”不同。

仔细观察人生，你才晓得佛法之精细，告诉你的每个现象都是精细又科学的。你以这个现象看一切世间之受，同样一个气温，有人舒服，有人难过。更有人一身是病，一生都在病中。简直是活地狱，都在受罪嘛！但他还是宁愿活着，哀求医生想办法，让他活下去，宁可难受一点。这就是果报还没有受完，“受用境界果”和“自体果”是果的两种，这还是归纳性的。这两种果如果写书的话，去调查现实的资料做参考，是非常科学的，可以写很厚的一本书。

你为什么那样愚痴

“牵引因者，谓于二果发起愚痴，愚痴为先，生福非福，及不动行。行能摄受后有之识，令生有芽，谓能摄受识种子故，令其展转摄受后有名色种子，六处种子，触受种子。为令当来生支想所摄识、名色、六处、触、受次第生故，令先摄受彼法种子，如是一切名牵引因。”

因也有“牵引因”和“生起因”两种。“牵引因”就是攀缘，连续的关系，一个钩一个，如挂钩一样，相续连接。佛法的文化是分析的，佛说的很详细。中国的《易经》则是一个互字，互卦，相互的关系，两个这样钩住，要我们看清楚什么叫“牵引因”。自体果和受用境界果引发了“愚痴”，因为你自己的前生后果都看不清楚。有人学佛学了很多年，佛法是怎么样修他还不知道，这不是愚痴吗？一片无明，多愚痴啊！未证菩提以前，一切众生皆是愚痴众生，都在睡觉，还没有睡醒，真彻悟才叫睡醒，所以佛者觉也。

四个字一句，“愚痴为先，生福非福，及不动行”，不要念成“愚痴为先生……”如果愚痴为先生的话，我给你们讲个笑话。禅宗有个公案，有个居士去见一个大禅师，听说学佛的人要吃素，我是喜欢吃肉呀！师父，你说吃肉好、还是吃素好？禅师说，“吃是先生的禄”，你命中该有此禄；“不吃是你的福”，不吃是你的福报，不杀生当然更好。这个公案就是说“先生福”的道理。

因为我们的无明，“愚痴为先”，所以生出来或有福或没有福，人世间认为受用境界好叫做有福，受用境界差叫做无福。怎么叫“及不动行”？很坚固牢固地继续造业，动摇不了，这是不动行。行是不动的动，因为动得太快了，所以切断不了。等于我们妄想，为什么大家想清净，而妄想停不了呢？妄想妄念来得太多、太快了，所以你动摇不了它。行业、行念太快了，行是行识，因为无明缘行，行缘识，无明动了，引发了识的种子。意识的种子发芽了，以后名色呀，六入呀，十二因缘，一个一个连续的关系，叫做“牵引因”。

这就是上次我给大家讲的，大家学了佛学而不会用，真可惜。如果你打起坐来，不会做工夫的话，你就参佛学也可以呀！一念之间就是十二因缘，一呼一吸之间叫做一念。一念有无数刹那，勉强叫它是八万四千刹那，又说一弹指有六十五个刹那。所以刹那之快，令人吃惊，眼一眨等于六十五个刹那，这一刹那之间就有十二因缘，谁能够说得出来？你们参参看，平常这个问题参过、想过没有？（同学答：没有。）没有，那免谈了。你看多可惜啊！你们说念过佛学院，佛经、佛教刊物都看过，有什么用？台湾佛教刊物很多，不要他们寄来，已经寄来了，我也不想打开来看，因为都是十二因缘、六根、六尘、十八界等翻来覆去，都是这一套，写过来、写过去，没有第二套东西，证明自己都没有用功。

你们参究一下，一念之间有十二因缘，上座参究一下吧。所以佛经上说，声闻众弟子，当佛在世的时候，一听佛说十二因缘，听圣教量，听佛的说法，立刻就证果了。佛说法是讲道理呀！他在理上说，听众言下就顿悟了，就成道了。你说那是他因缘福报好，碰到佛呀！但是现在佛经还在，并没有差别太远，你也看了，怎么说没有福报呢？因为你没有回转在自己身心上做工夫，问题是在这里呀！

上次告诉你，一念起来，做得了主吗？每个人都做不了主，就是无明，它莫名其妙就来了。尤其越打坐莫名其妙的念头越多，原来没想的什么念头都来了，所以叫做一念无明。这个无明本身就是个行呀！它是股力量，无明本身也是有分别的。譬如正念佛时，忽然想到有一双旧皮鞋不知放到哪里去了，然后想，唉！不要乱想呀！妄念。无明缘行，行缘识，这里头就有名色，旧皮鞋，不要乱想，名色都有了。所以这一念之间，十二因缘、生老病死都齐全的。你参参看，这就是教你学因明逻辑了。这一念之间就具备了十二个次序的逻辑，就轮回十二道，一念无明起，就有那么可怕。但是你不要搞错了，以为这个念最好不要来；不错，这一念就是无明，如果念不来则是无记，无记是大昏沉，又不对了。

所以同样的佛学道理，你们都用不上，上了佛学院又有什么用啊？你们在理上不能入，行上也一样不能到呀！号称学佛，不是自欺欺人吗？现在佛经上告诉你，在这个观法上，正思维是可以证入的。所以我告诉你们，一念就具备十二因缘，何必参三世的十二因缘呢？那更多了。这就是为什么佛在世的时候，一听佛说四谛，五大比丘就证果了；然后说十二因缘，无数比丘也证果了。你以为他们得的都是苹果吗！他们是听了佛的一句话，当时回转来就参进去了，所以能证果。我们也看了，也听了，却没有用，可惜呀！

这一段道理，都是要自己在理上去参的，这一段就跳过去，并不是说不重要，是很重要的。大家听了，尤其是我们这一堂，少数是相应，多数是不相应。大家尽管是读书，但不一定是搞思想，学哲学硬要有哲学的头脑，学逻辑要有逻辑的头脑，否则的话，头脑越搞越昏，也还是不懂，然后还认为不重要。尤其是东方人，逻辑头脑很不够，所以这一段少数相应的可以自己研究。不过这一节很短，不相应、不大契机的，自己也研究看看，有问题来问我。

现在看下一栏七百八十四页第一行。

界 合相 界差别

“云何勤修界差别观者，寻思六事差别所缘毗钵舍那。谓依界差别增上正法，听闻受持增上力故，能正解了一切界义。谓种性义，及种子义、因义、性义，是其界义，如是名为寻思界义。又正寻思地等六界内外差别，发起胜解，如是名为寻思界事。”

界相，譬如十八界，界就是范围，是一个界限。我们这里有个墙，有个门，门内门外就是两界之界限。像六根、六尘、六识，中间是有界存在的。在理论上，界在哪里是一个逻辑问题，要寻思，要我们自己去参究，就是“寻思界义”；进一步再要“寻思界事”。

“又正寻思，地为坚相，乃至风为轻动相，识为了别相，空界为虚空相，遍满色相，无障碍相，是名寻思诸界自相。”

譬如我们坐禅，也可以参禅、参究，用界相这个大话题来参究。“寻思地为坚相”，譬如你腿坐到发麻了，腿也是地水火风构成的，骨头属于地大，血液属于水大，有气走不通是风大，有煖气是火大，地水火风皆在。观察界相，如修白骨观等，先由坚相的地大入手，觉得气脉跳动是“轻动相”，是风大之流动；感到腿发麻、腿痛是“了别相”；空是“虚空相”。正思维禅修的时候，参这个四大的界相，同样可以证入，这属于毗钵舍那，正观；不属于观想，不加一个想字。

毗钵舍那是正观，所谓周遍寻思，审择寻思，周遍观察，审择观察。普通常用一个名词叫反照或反省，认为是检查自己思想对不对、行为对不对，这样叫做反省，这是粗的；如果是细反省，就是周遍寻思，审择寻思，周遍观察，审择观察，也就是正观。正观同样可以证果的。

“又正寻思，此一切界，以要言之，皆是无常，乃至无我，是名寻思诸界共相。又正寻思，于一合相（念想）界差别性不了知者。”

注意！如果是自己的书，这一节可以把它标起来。《金刚经》讲到一合相，历代祖师解释《金刚经》的一合相，说来说去都不清楚。甚至有些邪门外道的解释说一合相为男女双修法，真该打。真正的一合相，是根尘相合，心息相合，心物相合。所以你们以后解释《金刚经》的一合相，就可以把这一节用上了。

既然是一合相，如我们两手相合，这个中间合得很紧，有没有界限呀？当然有，这个中间的“界差别性”，一般是不了知的。如化学试验，一杯水丢下两种药品混合，或面粉里放盐巴或放白糖，变成了一合相，这个中间有没有界的差别？以科学物理的道理，一样是有差别的。所以照科学物理方法，混合的药物都可以把它们分解开的，糖归糖，面粉又归面粉，说明这中间有界性的差别。所以说，对这个差别性，一般并不了知。（按：“合相”，有版本是“念想”，南师是以合相解说。）

“由界差别所合成身，发起高慢，便为颠倒黑品所摄，广说如前。”

我们这个身体，是由地水火风合拢来而成的。在界差别的所合成身，“发起高慢”，这是说，有些人自认英雄气概，顾盼自雄，自称英雄，看今天（一九八〇年十一月二十日）电视，江青上台受审的时候，还自觉是皇后，因为她的界差别相，自生高慢，是属恶业。

“与上相违，便无颠倒，白品所摄，广说如前，如是名为寻思界品。”所以寻思界品，属于白品的话，就没有颠倒，一样可以证果。

“又正寻思，去来今世，六界为缘，得入母胎，如是名为寻思界时。”

又再参究，由这个法门来修、来参究，可以得宿命通，当然不是一下就能到的。所以“思入风云变态中”，要慢慢参，参自己色身怎么构成；当入胎的时候，过去、现在、未来三世，与地水火风空识，六界六缘所生，成胎而生此身，这叫“寻思界时”。

“又正寻思，如草木等众缘和合，围绕虚空，数名为舍，如是六界为所依故。筋骨血肉众缘和合，围绕虚空，假想等想施设言论，数名为身。”

要把我们这个身体都观察清楚，所以我要你们入手先看《显密圆通成佛心要》，上面简单扼要都有。可惜你们一听到密法，就只看密教部分，显教部分都不看，认为这些教理在佛学院都读过，以为懂了，其实没有懂。显教的寻思是同样可以入道的，现在讲到人生命的构成，外面的物理世界与我们色身的关系，在这个上面参究，一样可以证道。

“复由宿世诸业烦恼，及自种子以为因缘，如是名依观待道理，寻思诸界差别道理。”

再由身体内在的观察寻思反照，为什么我会是这个个性？为什么我脑筋这么笨？为什么我不能成道？为什么我不能证得菩提？用逻辑寻思的方法，一样一样地推究，由宿世晓得我今天头脑的聪明或笨，脾气大或小，多病或健康，都是由过去世的一切业的种子所带来的。这种修法名为“观待道理”，正观毗钵舍那，“待”是相对性，寻思诸界差别的道理。

“又正寻思，若于如是界差别观，善修善习，善多修习，能断憍慢。”

这是佛经的文字习惯，另一方面也可以看到佛菩萨说法的慈悲，一句一句地加重语气，等于你们现代化的演讲，“这可悲啊！真可悲啊，太可悲啦”。“界差别观，善修善习”，好好去修行，多去练习，“能断憍慢”。因为此中无我，没有什么好憍慢的，这是要亲证才算。

“又正寻思如是道理，有至教量，有内证智，有比度法，有成立法性，难思法性，安住法性，如是名依作用道理、证成道理、法尔道理，寻思诸界差别道理，是名勤修界差别观者，寻思六事差别所缘毗钵舍那。”

在参究做工夫的时候，有圣教量、佛经，可以佐证自己到达没有，自己就会知道，如人饮水，冷暖自知，这是“内证智”。这是可以比较的，看看高僧的传记，看其他高人的修行，到了气脉起变化，气质也变了，这是“比度法”来的，比量来的。“有成立法性”等属于“作用道理”，是工夫；“观待道理”是观察、反省；“证成道理”是自己到了哪一步工夫自己很清楚，自己内证智自知。不像你们还问：老师，我这是怎么回事呀？可见自己一点内证智都没有。“法尔道理”是诸佛菩萨境界自然如此，不思而得，不勉而中，自然清楚了。

如何修数息观

“云何勤修阿那波那念者。寻思六事差别所缘毗钵舍那。”

现在讲到数息观，天台宗所引用的这一法，智者大师也交代得很清楚。所谓“阿那波那”，就是数息观，又叫六妙门，数、随、止、观、还、净。可惜后世一修天台宗，大家就抓住前面的“数”，搞了一辈子，打坐都在那里数钱一样，数自己的气，一、二、三……数了半天。你数气干什么？你不是跟自己来赌气吗？有个气进来，出去，又空掉了，你尽在数它干嘛？智者大师交代得很清楚，是你们自己看不清楚。数息是你心散乱的时候，姑且借这个气息相依的数，让自己慢慢静下来，粗的呼吸慢慢变细以后，就不要再数下去了。

第二步“随”就来了，静得差不多，你就不要再当会计了，数了半天，“一坐数千息”，数了一辈子，总是数不好。太笨了，多可惜呀！他明明告诉你是六个步骤，数得差不多，心宁静了就随，跟着息走，不要再数了。

第三步是"止",慢慢随息久了,逐渐静下来,好像呼吸没有了,念也止了,呼吸也停了,很快的嘛!一念之间就是六妙门,可惜你们不懂,太不高明了。所以现在告诉你,毗钵舍那,观出入息。"息"就是一呼一吸之间。

"依入出息念增上正法,听闻受持增上力故,能正了知,于入出息所缘境界,系心了达,无忘明记,是阿那波那念义,如是名为寻思其义。"

数息虽是讲数,但是中间有一个道理,当你修数息观、数出入息的时候,呼吸这一口气,进来了知道;出去了,晓得出去了,这叫"能正了知"。在这个境界上,"系心了达",心念跟呼吸配合,和合为一。怎么叫和合为一?每一次呼出去知道,吸进来也知道,没有散乱,没有杂念岔进来,就是系呼吸于这个心上。"无忘明记",中间没有无记,没有忘记过,很清明地记着呼吸之往来,"是阿那波那念义",这个"念"就是随时知道息的往来,就是心息相依。阿那般那就是出入息。

这里头就是晓得自己念头呼吸往来,怎么叫"寻思其义"呢?就是参这个知性。我问你,为什么要去修这个息呀?修呼吸干什么?听呼吸练气功吗?呼吸属于哪一大?(同学答:风大。)是风大,风是什么法呢?是生灭法,呼吸有生有灭,也不停留。修行是求证无为之无生灭道,为什么以生灭法来修无为呢?此中要参呀!要能够这样参,正了知寻思其义。所以数息、止息等六妙法门讲气脉,讲气息,皆是方便而已,都属于生灭法,修就有,不修就没有,所以要"寻思其义"。

"又正寻思,入息出息在内可得,系属身故,外处摄故,内外差别,如是名为寻思其事。"

再正思维寻思,"入息"是气进来,"出息"是呼出去。这里有个问题,你们可以参一下,它为什么讲入息出息,不讲入气出气呢？为什么古人用这个息字呢？（有同学答：气是粗的呼吸，息是微细的。）不对，讲修气是风大，粗的为风，再细一点点的谓之气，最细最细的谓之息，普通是这样解释，是从文字表面上看的。你们要体会呀！做工夫的人，我们呼吸一出一入之间，有一刹那既不出又不入的，那就是息。心粗的时候不知道，心细一点点就知道了，息，休息也。听懂了吗？好好去体会，这一段才是息。（有同学问：是不是若即若无？）若即若无都加不上去，只要你有一点点若即若无，它就有出入相，是自然的现象；入出是呼吸两个之往来，真正重要的是体会那个息的境界。你们真能够做到的话，当下就得奢摩他，得止了，呼吸止了，心念也止了，显教、密宗一切殊胜法门的功德境界就出来了。可惜你们不懂，现在我把无上的道理，也是无上的秘法，都告诉你们了。密法，什么密法？没得密，就是因为你们不懂，所以就是密；懂了，就如六祖讲的，“密在汝边”，密在你那里，不在我这里，懂了吧！

入出息“在内可得”，在身体内部你感觉得到，“系属身故”，因为这个呼吸来往靠鼻子，它是身体上的。虽然有时鼻子不呼吸，有时打起坐来，身体里头跳动，气发动，感觉得到。我问你，为什么感觉得到？（同学答：系属身故。）系属身故，因它这个时候属于身体内部的一种。假使没有了身体呢？人死了，这个身体烂掉了，这个风大、息还有没有？（同学答：没有了。）是身体上烂肉没有而已，风大，整个物理世界之风大，照样存在啊，对不对？所以“外处摄故，内外差别”，没有身体的时候，这风大本身没有变呀！只是内外有差别罢了。

所以你看《楞严经》就进一步了，讲物理世界，讲得好呀！“性风真空，性空真风”，尽虚空，遍法界，无所不在，“随众生心，应所知量，循业发现”，因众生心不同、业力不同而感受不同。说得多好呀！有一些学者研究《楞严经》，说它是伪经，是假的，这是因为他们自己没有读懂，不是文字没有读懂，而是道理没有亲身证得，进不去。

在这里弥勒菩萨告诉我们，身上这个呼吸之气，同外面空气之气是连带在一起的，这是讲粗的。真正要是讲到细的，那又是一门学问了。我们一呼一吸，里头多少东西，你知道吗？鼻子吸一口气进来，这里头有多少氧气？多少碳气？氧气和碳气在你身体里头又是怎么作用的？人为什么打哈欠？因为脑子里氧气不够了。所以我经常告诉你们，现在是科学时代，学佛不懂科学那就免谈了。

有关我们这个气的一出一入，这个里头显教、密教的经典都没有讲，那又是另外一套法门，要是懂了这个，你修行做起工夫来就更得力了。所以这个气“外处摄故，内外差别”，是指风大；这个数息的出入息，是身体内部的。但外面仍有风，内外有差别，这样去参究，就是“名为寻思其事”。

本论的文字很科学，六事寻思，先义后事，先参透这个理，然后还要去求证它的事实。

掌握呼吸之间的息

“又正寻思，入息有二，出息有二。若风入内，名为入息，若风出外，名为出息。复正了知，如是为长入息出息，如是为短入息出息，如是息遍一切身分，是名寻思诸息自相。”

就是你们学道家、密宗的修气脉，也是一样，你们以为呼吸才叫息吗？刚才跟你们讲过的，息是鼻子既不呼又不吸的中间停止那一段。停止的这一段慢慢增长，成为内在息，内在息就是一般所讲的气脉。“正了知”，了解了身体里面哪一部分气脉在动，“如是息遍一切身分”，了知全身都有气息。所以人的呼吸不一定全靠鼻子。假使地下挖个洞，让人站进去，只要把土埋到心脏部分，这人就死了，因为身体下面一半的呼吸没有了。人的皮肤都在呼吸的，前后阴，甚至每个细胞都在呼吸。所以懂了这个原理，修气脉很容易的。

什么叫气脉？古人不懂现代的科学，现在要使气脉通，可以利用物理科学使它通。像我说的，可以利用氧气把它逼通，很快的。但是你不懂可别乱搞，像我拿氧气来试，钱也花了，命也拼了，自己冒险测验的，这就是“寻思诸息自相”。

“又正寻思，入息灭已，有出息生；出息灭已，有入息生。入出息转，系属命根，及有识身。此入出息及所依止，皆是无常，是名寻思诸息共相。”

刚才讲过，要研究入息停了，就是“出息生”，出息是这一口气出去，没有了，这个中间有一刹那停止的息；然后再“入息生”，就是吸进来的气。这个一出一入之间，互相转换，连续的关系，构成了生命，属于命根的长养气，还不是根本气。人的生命是很短的，把鼻子、喉咙之气呼出去而不吸进来，人立刻死亡，所以呼吸、氧气很重要，因为现行生命的根是靠呼吸维持的。

煖、寿、识相依，煖与风息是连带关系的，火风二大连在一起，地水二大连在一起。所以人死的时候，先是地大沉重了，老了，脚都走不动，手都拿不动了，要死的人手脚无知觉，不知手脚在哪里，因为那个地大散了。地大一散掉，冷汗先出来，大小便也冒出来了。地水两个完了以后，火大走了，身体慢慢开始变冷。身体冷到哪里，风大这个气就完结到哪里，喉咙“喀”一声就断气了。风大最后一走，识接着就走了。

你们要做工夫，就要在这个四大方面好好研究。你看婴儿一出娘胎，好小；脐带一剪断，被空气一刺激，马上变大了，是空气压迫进去的关系。婴儿“哇”那一声，十万八千个毛孔，如十万八千根针插进来一样，那个气立刻依身体膨胀了，这是生之苦也；你们吃过这个苦头都忘了。这样好好的寻思也可以忆起来的，找回来那个境界。我们同学之中，有人入胎的时候还记得，出胎也记得，生下来还记得，也有这种人的。由于出入息不能永恒，都是无常，所以无自性，“寻思诸息共相”，要观察清楚。这一段是安那般那、毗钵舍那的范围，是观的境界。所谓观就是要精细参究其中的含义。

“又正寻思，若于如是入息出息，不住正念，为恶寻思扰乱其心，便为颠倒黑品所摄，是有诤法，广说如前。与上相违，便无颠倒白品所摄，是无诤法，广说如前，如是名为寻思其品。”

一呼一吸是一念，一念之间不住正念，就会胡思乱想。这是戒呀！尤其声闻出家比丘，入息出息不住正念的话，被恶寻思扰乱，就会成为恶业，是黑品，这是戒定慧的戒。内心妄念多，黑品所摄，为有诤法；相反的，能住正念的就是善业，所以正念念念清净，甚至把念观空。

“又正寻思，去来今世，入出息转，系属身心，身心系属入息出息，如是名为寻思其时。”

当我们修数息观的时候，正寻思去来今世之出入息，在这一呼一吸往来之间，我们才能活着，才有这个身心。换句话说，我们有身心，所以才有出入息。这个样子叫做“寻思其时”，但出入息无自性，其体性空。

“又正寻思，此中都无持入息者，持出息者，入息出息，系属于彼，唯于从因从缘所生诸行，发起假想施设言论，说有能持入出息者，如是名依观待道理寻思其理。”这都是重复的，与上面一样。

“又正寻思，若于如是入出息念，善修善习，善多修习，能断寻思。”

你能修出入息，以这个方法修行，多多练习修好了，自然“能断寻思”，没有妄想。

“又正寻思如是道理，有至教量，有内证智，有比度法，有成立法性，难思法性，安住法性，不应思议，不应分别，唯应信解。”这是弥勒菩萨吩咐你的话，“唯应信解”。

“如是名依作用道理、证成道理、法尔道理寻思其理，是名勤修阿那波那念者，寻思六事差别所缘毗钵舍那。”

这样参究这个理，就是修止观的正观。

“如是依止净行所缘，寻思六事差别观已，数数于内，令心寂静，数数复于如所寻思，以胜观行审谛伺察，彼由奢摩他为依止故，令毗钵舍那速得清净。”总而言之，要修定，以修定为根本。

“复由毗钵舍那为依止故，令奢摩他增长广大。”

观慧，有定，以观发起了真正的清净智慧。相反的，你观慧成就了，也能使定的三昧增长广大，所以理越通，慧力、定力越大。

“若依止善巧所缘，及净惑所缘，寻思六事差别所缘毗钵舍那，于其自处，我后当说。”这是弥勒菩萨讲的，他说将来再说。

第十五讲

修定 修慧 修加行

个性不同 修法不同

修行为何不可拖延

止相止时 观相观时

如何举 何时舍

头脑清醒的老年

清除障碍的加行

贪心重应修不净观

修定 修慧 修加行

从这一段起，有许多地方可以跳过去、念过去，因为不是正式修持最重要的地方。现在是讲声闻乘的修定修慧，佛法的果就是慧成就，最后就是般若，佛法与一切宗教以及外道的不共法是般若，般若是慧，是修慧来的。打坐是修止、修定的一个初步练习，不算佛法的不共法，它是共法。

现在讲修慧的重要。修慧的初步就是修毗钵舍那，修观行，观的修行，现在都是讲修观的部分，这个基本不要忘记了。有人不晓得自己在搞些什么，尤其你们大家，前后都没有复习，都是莫名其妙，所以要认真，既要预习，下课后更要复习。

打坐是修定的初步，很粗浅，那是共法。修定固然很难，但仍不算太难；修慧看起来很容易，但是事实上很难。

“复次此中有九种白品所摄加行，与此相违，当知即是九种黑品所摄加行。云何名为白品所摄九种加行。一相应加行、二串习加行、三不缓加行、四无倒加行、五应时加行、六解了加行、七无厌足加行、八不舍轭加行、九正加行。”

这是白品的善法加行。“不舍轭”，“轭”是牛拉车时挂在脖子上的一个圈，随时要挂着，不能舍轭。也就是老子所说的“圣人终日行，不离辎重”，一放逸就不行。

“由此九种白品所摄加行故，能令其心速疾得定，令三摩地转更升进。”

观行不成就，大家不能得定，那是因为理不透，所以毗钵舍那是如此重要。而要想修观行，要修这九种白品，都是善法所包含的这些加行，可以使此心很快得定。我们真正不能得定的原因，不是身体不能定，是心不能定。定不一定是三昧，心真得定了以后，各种三昧越来越向上升华。

“又由此故，于所应往地，及随所应得，速疾能往能得，无有稽迟。”

修了九种善品加行的原故，你想进入哪一种定境，或者小乘的九次第定，或大乘的菩萨十地，你应该到的，都会到。“及随所应得”，随你的意念所要得的，很快地能够得到，不会慢的，是很快的。

“黑品所摄九种加行，不能令心速疾得定，不令三摩地转更升进。又由此故，于所应往地，及随所应得，极大稽迟，不能速疾往趣获得。”

同样一个修行，修黑品的业，永远不能得定，也永远不能得到随所应得的境界。所谓黑品，恶业，都是在轮回，在散乱烦恼中过的。这个理由先讲明，如果是修白业，结果自然不同。佛过世以后的后世佛学，诸大菩萨所著的论，都是非常合逻辑的，看起来很啰唆。如果是中国文化，讲了一面，另一面就懂了。可是他们不是，详细告诉你正面是怎么样之后，反面虽然是同样那几句话，也再给你讲一遍。现在一点一点地分析。

个性不同　修法不同

“云何名为相应加行。谓若贪行者，应于不净安住其心。若瞋行者，应于慈愍安住其心。若痴行者，应于缘起安住其心。若憍慢行者，应于界差别安住其心。若寻思行者，应于阿那波那念安住其心。若等分行者，或薄尘行者，应随所乐攀缘一境安住其心，勤修加行。如是名为相应加行。”

这些都是修行的加行法，加行法就有这么多。欲念重的人，贪念重的人，贪恋这个世间的，第一就是要修不净观。不净观、白骨观为什么那么重要？为了要打破自己无始以来的贪欲念的习气，必须要修。当然有许多人修了不净观，自己没有见过那个场面，认为也蛮可爱的，对不对？你们也到医学院看人家解剖，回家吃饭，吃不吃得下？照吃不误，所以不净观对你们没有用，纵然白骨也风流。那怎么办呢？不净观不一定要到尸陀林去看死人，广义的不净，就是对一切都厌恶。贪念重的人多多体会世间的不净，就会起厌恶之心。

所以在别的经典上说，学佛的第一步，看你有没有发起厌离心，厌恶这个世界的一切，认为都是不净。譬如人世间是非多，烦恼多，都是不净，这是广义的不净。狭义的不净，先要你看这个死人，看肉体烂了、肿了的，这个不净观是先了身；先了自己这个色身之贪念，晓得色身总归要坏的，总归是那个样子。广义的不净观就包括很多了。不净观仍属于加行，还不是正思维，但是非修这个加行不可，必须要修的。

瞋心大的，对一切众生要修慈愍观，你们慈愍观修不修得起来呀？你们脾气大得很，心肠狠得很，一点都动不了。重点在“安住其心”这四个字上，这都很难，既不能安，又不能住，偶然第一念蛮好的。孟子说“恻隐之心，人皆有之”，但是并不一定。还有人觉得杀人很好玩，在刑场要枪毙人犯的时候，有些人还拿馒头在那里等着，要沾那个杀头流出来的热血，而且赶快吃下去，听说很补，哪里还会有慈悲观？你不要觉得自己不会有瞋心，每个人都有瞋心，而且很大。

痴心大的人，要修缘起观，看一切都是因缘所生法。因缘所生法大家都会讲，没有看过，没有用心去体会过，认为佛经说的我们一看就懂，所以这些佛法不必修了。其实你们回转过来仔细一想，为什么诸佛菩萨都是那么讲？为什么再三地强调呢？我们先回转过来反省一下，每一种法不是修不起来，而是不肯去修，而且更不会达到"安住其心"。问题就来了，明知道是空，"看得破，忍不过，想得到，做不来"，明知道要慈悲，但想得到，做不来。"安住其心"都没有做到，因此定慧都不相应。

人天生就有憍慢，憍慢的人是天生业力习气带来的，"应于界差别安住其心"，所以六道轮回，三界天人各有各的差别我慢；我们看人家看不起，上界的人看我们更看不起。就饮食而言，我们看狗吃大便很香，由于我们的界，地位比狗高，所以看它脏；天人看我们吃饭，像我们看狗吃饭一样，也觉得很脏。把这个界差别弄清楚，就没有什么憍慢心了。

思想太多的人应修"阿那波那念"，就是听呼吸、数呼吸的法门，藉呼吸来清净自心。但是有人数了几年下来，越数思想越乱，所以"安住其心"四个字是这样的重要。"若等分行者"，如果贪瞋痴慢都一样的重，或都一样的轻，应修的法门是"随所乐攀缘一境"，专注一点，安住其心，这些都是"勤修加行"。现在像我们大家，加行都没有做到，何况得止呢？

这些都叫"相应加行"，相应是与你学佛修定修慧相关联的，就是相应，互相关联，有感应，所以这个是白品所摄，就是善业道。

"云何名为串习加行。谓于奢摩他、毗钵舍那，已曾数习，乃至少分，非于一切皆初修业。所以者何。初修业者，虽于相应所缘境界勤修加行，而有诸盖数数现行，身心粗重，由是因缘，不能令心速疾得定，如是名为串习加行。"

我们修行要累积功德，像赚钱一样，一点一点赚来的；慢慢的，一串一串加上来，所以叫串习。对于修止修观，或者已经修习过了，或者“乃至少分”，有一点点影子了。但是只能说你在定慧上练习，先串习好，对于其他一切功德业力并没有开始修习。菩萨道的菩萨万行，你碰都还没有碰过。

什么叫“初修业者”？就是初修善业的人。大家开始修行，修善业，虽然念佛也在念，打坐也在坐，念咒子的也在念，“而有诸盖数数现行”，但是财、色、名、食、睡，贪、瞋、痴、慢、疑大小五盖，等等，把你盖住了。“数数现行”，五盖随时起来，三天打鱼，两天晒网，打坐有一两堂比较好一点，然后觉得自己很有功劳，应该轻松一下。一轻松，七八天半个月过去了，身心也粗重了。

再看年纪大的人，病也多了，走路脚抬不起来，拖着走，因为身体粗重。年轻人身体健康的话，很轻，所以跳得高，很容易把他抱起来；抱死人就抱不起来，这一口气不来身体就重了。所以人活得越老，身体越粗重，再不然就是肚子大了。相反的，有工夫、修持到的，身心都会很轻灵，身轻如叶；心也很灵敏，不会笨笨的，如果讨论问题，反应也很敏捷。那些身心粗重不灵敏的人，因五盖数数现行，“不能令心速疾得定”。因不能得定，所以要多练习，定慧是要功德才能慢慢累积起来的；修行的功夫累积起来，就是功德。

修行为何不可拖延

“云何名为不缓加行。谓无间方便、慇重方便，勤修观行，若从定出，或为乞食，或为恭敬承事师长，或为看病，或为随顺修和敬业，或为所余，如是等类诸所作事，而心于彼所作事业，不全随顺，不全趣向，不全临入，唯有速疾令事究竟，还复精勤宴坐寂静，修诸观行。若有苾刍、苾刍尼、邬波索迦、刹帝利、婆罗门等，种种异众，共相会遇，虽久杂处，现相语议，而不相续，安立言论，唯乐远离，勤修观行。”

这一节是说，你不能拖延修行时间，不管中间什么原因，都不可以。等于我们现在大家修行，不能藉口拖延，要想尽办法不间断，随时随地要用功，尊重自己，勤修观行。

举个例子，比如有些人打坐坐得很好，打坐不算是修行，是加行，他虽然修行修得很好，为了生活，下山去化缘乞食，或者老师有事去帮忙，或者父母亲戚有病回去照顾，或者团体有事，需要参加帮忙，种种理由。虽然环境扰乱你，你身体也在帮忙做事，但心在修行，心还要做工夫才对。“而心于彼所作事业，不全随顺，不全趣向，不全临入”，这样要求自己，赶快修到定慧的境界。所以随时抓住空闲的时间，“修诸观行”，打坐去了，求清净，应该做的工夫不能间断。

近事男“邬波索迦”，就是修行的居士们，一般学佛的人。“刹帝利”是当帝王的、军人等。“婆罗门”是宗教的教主、传教师等。“种种异众，共相会遇”，人世间有许多关系往来，种种聚会，大家见面的时候各种应酬。虽然如此，此心没有离开修持，“唯乐远离，勤修观行”，在一切环境中，此心不变，努力求进步。

“又能如是勇猛精进，谓我于今定当趣证，所应证得，不应慢缓。”

要发狠心，下决心，发愿，我这一生，或者这几年，非证入一个境界不可。不应该宽容自己。或者说等一下，我现在还在这里读书，这个学期不谈，下个学期我再努力一点。这种观念就不对了。

“何以故。我有多种横死因缘，所谓身中或风或热，或痰发动，或所饮食不正消化，住在身中，或宿食病。”

什么理由呢？因为一个人生命常有意外，随时会死掉的。你们自己检查自己，不要认为现在年轻健康，如果四大不调，可能中风，就是气的问题；血压高，或者高烧，火力大，水力不够，风力不和，或痰发动，随时都有可能生病。我们人身体都有痰，老年人肺部或气管痰多了，用管子抽痰，最后痰堵住不能呼吸了，死了。或饮食不正，看到好菜猛吃，硬塞则不消化。佛是大医王，什么病症都很清楚。

其实每人每天三餐，肠胃里并没有消化完，吃得越多，越容易得病。出家人过午不食，中午一大碗一大碗地吃，所以吃多了，肚子也大了，虽然夜里有十二个钟头不吃，但消化不完的那个渣子就留在肠子里，成“宿食病”。道家说，“若要不死，肠里无屎”，大肠用 X 光一照，透明的，都没有东西，健康得很。普通人都是一大堆废物在肠里，发出很多种颜色，红黄绿都有。消化不良，肠胃坏了，就是宿食病。

所以修瑜珈的人，每礼拜总有一两天不吃饭，光喝水，把肠子洗干净。瑜珈术也有练习专门洗胃的功夫，一条纱布很长，消毒过的，咽下到胃里去，而后拉出来，把胃洗干净，那个味道很难闻。如果讲佛法，第一位到中国来显神通的和尚佛图澄，他老人家胸口有一块棉花，把棉花拉开，灯光就出来了，可以看书，看完了又把它塞起来。有时候到水边，把肠胃拿出来洗一洗，洗干净再装进去。所以“不正消化”会患宿食病，是很可怕的，这是内在的问题。

“或为于外蛇蝎、蚰蜒、百足等类诸恶毒虫之所蛆螫。”

或者被蜈蚣等外面百足类咬伤，或者感染外来的传染病。

“或复为人非人等类之所惊恐，因斯夭没。”

或被车子撞了，被人杀了，或受非人、鬼等惊吓。有些人身上有紫斑，就有人讲是因为夜里给鬼掐了，起来一块青的，就是紫斑症。我们的生命是那么的脆弱，内内外外有许多意外情况，随时会让我们死去。不要说自己身体好，没有关系。没有关系？这个身体，地、水、火、风少一样都不行。

“于如是等诸横死处，恒常思维，修无常想，住不放逸。由住如是不放逸故，恒自思维，我之寿命，傥得更经七日、六日、五日、四日、三日、二日、一日、一时、半时、须臾，或半须臾，或经食顷，或从入息至于出息，或从出息至于入息，乃至存活经尔所时，于佛圣教，精勤作意修习瑜伽，齐尔所时，于佛圣教，我当决定多有所作，如是名为不缓加行。”

随时要想到，寿命无常，一口气不来，生命就没有了，所以对于佛圣教要精勤作意，修止，修观。

“云何名为无倒加行。谓如善达修瑜伽行，诸瑜伽师之所开悟，即如是学，于法于义，不颠倒取，无有我慢，亦不安住自所见取，无邪僻执，于尊教诲，终不轻毁，如是名为无倒加行。”

什么叫“无倒加行”？就是依照教师的指导，无颠倒行，无颠倒见，没有我慢，也不会执著自己的意见。对于亲近的教师，你如果认定他是可以指导你的，就不可以轻毁。不是背后骂才叫毁，如果身心行为没有照他的教法去做，就是毁。

止相止时　观相观时

“云何名为应时加行。谓于时时间修习止相，于时时间修习观相，于时时间修习举相，于时时间修习舍相。又能如实了知其止，止相、止时。了知其观，观相、观时。了知其举，举相、举时。了知其舍，舍相、舍时。”

这一段就难懂了，应时时加行，修行人随时随地要了解自己现在是什么境界，做的什么事。你说我不知道，佛菩萨在教理上不是都告诉你了吗？要随时随地修止、修观。要知道“举相、举时”，昏沉时，把自己提上来，不能掉举；太沉没了必须举起来。如果精进太多太旺了，三天三夜都睡不着怎么办？那就要修习舍相，把它空掉，就是要把高亢的精神空下去，难啊！要调伏到中庸很难。精神越旺，散乱心越重；精神不够就昏沉，爱睡觉了。所以要想办法把它调好。

要彻彻底底认识，什么是得止？什么是止的相？都要知道。你现在是在得止，还是在昏沉？自己要晓得，搞清楚。这个止相境界应该止多久才对？都要搞清楚。譬如一般人讲修气脉，气脉通了，转河车，要转到什么时候呢？老是在那里玩气脉吗？到哪个时候是该玩？不该玩的时候又要怎么办呢？方法、时间，知不知道？不知道就是盲修瞎炼，最后的果位是堕落；充其量生天，成为天阿修罗。所以要知道止的“止相、止时”。

修观行、修观、修慧时，“观，观相、观时”也要搞清楚，所以要修一切法门。譬如有时候感冒，修止观时要用哪个法门呢？这个法门既可以修成就，又可以去病，你就要懂呀！不能说有老师在，不懂没关系，我有多少时间给你问呀？这里几十个，那里几百个，把我分了也不够。为什么自己不学呢？所以观相、观时都要了知。

该怎么样就怎么样，“举，举相、举时”，是要提高精神，方法是什么要了知。关于“舍，舍相、舍时”，这就麻烦了，应该怎么办？下面会告诉你。

“云何为止。谓九相心住，能令其心无相无分别，寂静极寂静，等住寂止，纯一无杂，故名为止。”

得止有简单九种心住现状，心住不是心停掉，是住；心停掉了不叫定，那叫死亡。心住，住在哪里？等于人家问你，你现在住在哪里？我住在这里。心住有九种，心一住了，“能令其心无相”，不是空，也不是有，不是黑暗，也不是光明，没有分别，无相，静到极点了。“等住寂止”，由心住到止，流水一样，止在那里，“千江有水千江月，万里无云万里天”，清风不来，微波不兴，一塘清水。“纯一无杂”，专一在这个境界，没有杂乱，不是不知。如果什么都不知，那完全是在昏沉中了。真得止的人，一定是端容正直；佛菩萨之相，一定是庄严慈祥。如果坐起来背如弯弓，头如骷髅，那会是有道吗？我从小就多带一只眼睛出去访道，你们自己也要戴一副择法眼，有道无道，般若慧眼一看就知道了。

“云何止相。谓有二种，一所缘相、二因缘相。所缘相者，谓奢摩他品所知事同分影像，是名所缘相。由此所缘，令心寂静。”

这就是前面讲过的有分别影像、无分别影像。如观佛像或明点，在意识上很清明；定是心定，不是身体静止就算定。有些人坐在那里，自得其乐的那个样子，注意一看，就知道他是在自身感受上搞，哪里是定？所以内外是一致的，身心轻灵，分别影像在意识一定，外表看起来很轻松，佛菩萨的慈悲喜舍相就出来了。这个里头很清楚的，是有分别的，懂得的人一看就知道了。像你们有些人，一副死相，脸上气色暗淡，没有生机；如果是有定境的人，那是定相，一望而知。你可以看他的所缘相，或止在一点上，或定在一个境界上，由此所缘，此心就定下来了。

“因缘相者，谓依奢摩他所熏习心，为令后时奢摩他定皆清净故，修习瑜伽毗钵舍那所有加行，是名因缘相。”

因静定，因止然后起观，就是“依奢摩他”，已经得止了，有分别影像所缘的境界清明了。“所熏习心”，那所缘的境界不是定，是因这个明点熏习心，习惯了，止住了，是收敛心的第一步。收敛此心，使它专一，心一境性，再熏习，定久了以后，再起观。观是正思维，这境界很定，如果没有定，你光用思维，则变成推理、妄想了，就不是观了。差别就在这里，懂不懂？不懂也算了，已经过去了，这是"止相"。

"云何止时。谓心掉举时，或恐掉举时，是修止时。又依毗钵舍那所熏习心，为诸寻思之所扰恼，及诸事业所扰恼时，是修止时。"

当心太散乱、掉举时，或恐怕心快要散乱了，就是修止的时候。譬如这个人很爱紧张，紧张就是心散乱了，心散乱的人就爱紧张。或者怕自己会起掉举，这个时候需要多修止。"又依毗钵舍那所熏习心"，由于修观，学问好，因为理懂得了，思想多了，就被思想扰乱，而不能得定。"及诸事业所扰恼时"，或者一个人因为他发心利世做事，被这些事业扰乱了。这个时候就要注意自己，要修止了，多修止，唯有修止，不要修观了。

"云何为观。谓四行三门六事差别所缘观行。"

前面已经说明过，修观要有影像才行，连这一点影像都没有，那怎么叫修观呢？自己可以翻到前面对照一下。

"云何观相。谓有二种，一所缘相，二因缘相。所缘相者，谓毗钵舍那品所知事同分影像，由此所缘，令慧观察。"

前面讲到修观的时候，关于"毗钵舍那品"那一章，里头所告诉我们的"同分影像"，已经讲过了，就是修这个同分影像，是在有分别影像、无分别影像之间。"由此所缘，令慧观察"，智慧就会增长。

"因缘相者，谓依毗钵舍那所熏习心，为令后时，毗钵舍那皆清净故，修习内心奢摩他定所有加行。"

修观练习久了，工夫到了，将来任何时间要修观都可以；虽然也在起心动念，但都清净，此心是定的，永远是清净的。

在观中可以修定，同样的，在定中也可以修观，这叫观相。凡夫研究佛学，很有学问，佛学思想算不算观呢？也算观；可是凡夫没有止，没有定，观就变成妄想，因为没有定相。所以《楞严经》叫它是干慧，是干的，没有"定"水的滋润，没有定，就没有用。所以真有学问又有智慧的，无所不通，无所不知，原因是他永远在定中。所以慧越来越大，慧大了以后，他的定境也越来越大，定慧两个就是这样的。

"云何观时。谓心沉没时，或恐沉没时，是修观时。"

什么时候要修观？就是爱昏沉的时候，爱睡觉的时候。有人认为一被蒙头万事休，这就是道，道就道吧！慢慢变猪去吧！心昏沉时，或恐怕自己快要昏沉时，就要修观。

"又依奢摩他所熏习心，先应于彼所知事境如实觉了，故于尔时，是修观时。"

依你平常所修的定力，在定的境界里，无一丝毫的事不知，此时就是修观的时候。

修观，我们主要的要知道，在心境太昏沉、精神太低落时，当然马上要修观。怎么观呢？观不起来怎么办呢？譬如有时候因病昏沉了，发高烧，或感冒发炎了，如果住的地方没有医药，那你应该作什么观把病去掉呢？这就要有本事了，否则佛法唯心造这个话就是骗人的，总要有办法才行。因病而心沉没，在医药发达的地方，全靠医药可把病治好。不过，那是靠物的因缘帮助你，不是心的因缘帮助你的，这就是一个问题。

如何举　何时舍

"云何为举。谓由随取一种净妙所缘境界，显示劝导庆慰其心。"

心太沉没了，赶快修举，什么叫举呢？此处只讲原则，没有教你方法，要你自己用脑子去想。“由随取一种净妙所缘境界”，这就包括很多了，可以说是真善美的境界。在你太昏沉的情形下，如果你一向喜欢跳舞，你也可以观跳舞呀！等到跳舞跳累了，你人虽坐在这里，身上都会出汗的。那样就差不多了，你就可以不跳，免观跳舞了，又回到你主修的这个法门上，打坐去。举这个例子是做比方啦，虽然讲修行，实际上就是调心，八万四千法门不过是调心而已，如何使这个心调顺，调到返本还源，调伏下来。

举个例子，民国三十八年（西元一九四九年）我在基隆，那是台湾的雨港，冬天一到，一下雨接连两三个月，床上被褥都是发霉的，一股霉味；书本摆在书柜里，拿出来都翻不开了，都黏起来了。湿气太重，人也容易昏沉，身心都感觉粗重了。像你们的身体也不灵敏，在那个境界，自己还不知道；我说你们身体不好，你们还辩说蛮好的，饭都吃三碗呀！那只不过是乱吃而已。

我那个时候在基隆，湿气太重，就要想办法，那个时代也没有除湿机，就算有我也买不起。于是我就作火观，想把湿水烧干；但火观观不起来，等于一大塘水，你的火只有火柴棒一点点，没有办法去掉那么多湿气。后来去买个小电灯泡，悬在打坐的头顶上方，自己就坐在电灯泡下面。电灯泡在衣柜里可以烤烤衣服，放在打坐的头顶上方，我烤了七天，身体也变干燥了些。这都是只要去想办法就可以解决的。你万一到一个山洞里去打坐，湿气也很重，连电灯泡都没有，我问你，那怎么办？要想办法呀！不要愣住了，柴火都没有的，那怎么办？这些都是方便，也就是举，举就是把心提起来。

“云何举相。谓由净妙所缘境界，策励其心，及彼随顺发勤精进。”这文字都看懂了吧？用不着解释了。

“云何举时。谓心沉下时，或恐沉下时，是修举时。”

要搞清楚，这是昏沉，或者是病，自己要检查清楚。所以修行非常难，要有高度的智慧。现在说的都是原则，至于细小的地方，由你自己去想办法。

“云何为舍。谓于所缘，心无染污，心平等性，于止观品调柔正直，任运转性，及调柔心有堪能性，令心随与任运作用。”

什么是舍？随时可以放下，随时可以丢开，任运自在就是舍。内心对任何境界都任运而转，说放下就放下，随时放下。提得起，放得下；说要就要，说不要马上就丢，就是任运而转。难！这是舍，是舍的原理。

“云何舍相。谓由所缘令心上舍，及于所缘不发所有太过精进。”

做工夫太过用功时会出毛病，这个时候也要舍，舍掉心中的念头。过与不及都是毛病，太过分也不行的，掉举是太过，昏沉是不及，这都是心不能调顺。

“云何舍时。谓于奢摩他、毗钵舍那品，所有掉举心已解脱，是修舍时，如是名为应时加行。”

什么时候修舍？在你修定、修观的当中，掉举、昏沉等已完全解脱而任运自在时，就是修舍的时候了。舍也就是儒家所讲的“苟日新，日日新，又日新”，不断地增进，也是舍心之一。这样叫做“应时加行”。

“云何名为解了加行。谓于如是所说诸相，善取善了，善取了已，欲入定时，即便能入。欲住定时，即便能住，欲起定时，即便能起。或时弃舍诸三摩地所行影像，作意思维诸不定地，所有本性，所缘境界，如是名为解了加行。”

理解到一切，理上都知道了，要切断就切断，这叫做“解了加行”。所谓一切境界“善取善了”，该提起就提起，善取；该放下就放下，善了。工夫境界上附带来的，该要就要，不该要的就不要。要做到要入定就入定，要住定就住定，要多久就可以多久，要起定也可以起定。把意识影像，作意思维的境界，一切境界，随时任运而转，这叫做“解了加行”。

头脑清醒的老年

“云何名为无厌足加行。谓于善法无有厌足，修断无废，于展转上展转胜处，多住希求，不唯获得少小静定，便于中路而生退屈，于余所作，常有进求，如是名为无厌足加行。”

修道做工夫、修功德，没有满足的时候，不要得少为足。“修断无废”，断一切恶业，修一切善业，中途没有废弃。不要得了一点点好处，就以为自己了不起了。我经常说有些同学“穷得富不得”，穷的时候蛮好的，刚刚有一点工夫上路，自己就觉得了不起，天上天下唯我独尊了，我得道了。很多人都是这个毛病，这是小根小器，给他一点水，滴一下就满了。就像那小草一样，给它一点水还会发绿，水多一点，它就烂掉了，因为不是那个根器。

“云何名为不舍轭加行。谓于一切所受学处，无穿无缺，虽见少年颜容端正可爱母邑，而不取相，不取随好，于食平等，勤修觉悟，少事少业，少诸散乱，于久所作，久所说等，能自随忆，令他随忆，如是等法，说名不舍轭加行。”

修行，始终要给自己一点苦吃，“轭”好像背上背一个刑具一样。第一是对男女色的爱好不取，能够远离情爱欲。第二“于食平等”，不贪吃，心起平等，任何东西不贪，只当做医药吃，来维持这个生命。要知时知量，不要因为持戒功德而过午不食，结果虽然晚上不吃，早上、中午拼命地吃，吃得比人家三餐之量还多，这就不平等了。第三“勤修觉悟”，永远保持脑子清醒，不失念，不昏沉。如果对任何一事一物容易忘记，就是无明；无记也就是失念。

善、恶、无记三业是同等的，修行只有增上善业，要去掉恶业，更要去掉无记。无记就是失念，如记忆力差了，总是在昏沉中。尽管人是聪明的，头脑很好，实际上在昏沉；业力的昏沉，比普通的昏沉还要可怕，所以要修觉悟。佛者觉也，那个头脑永远是清醒的，反应永远是灵敏的。如果反应迟钝，讲一句话考虑半天也搞不清楚，这就是问题了。所以要在这些地方检查自己，你不是认为自己聪明吗？但是都告诉你了，也都讲解给你听了，你却不懂，所以要“勤修觉悟”才行。

一切外缘减少，“少事少业”，自然就减少散乱，能够把以前所做的事、所说的话，一注意就记起来了，所以能得宿命通。

昨天下午一位老朋友来，他说：佛法说的真不错呀！这位老朋友前几天不舒服，到台大医院住院，他儿子、媳妇抱孙子到医院去看他。这个孙子才两岁四个月，到了台大医院说：“这个地方我来过。”他妈妈说：“你是在这里出生的呀！”他说：“不是，我是在这里死的。”老朋友说：真有前世呀！不止如此，这孩子记忆力很强，他在一岁多时，有次《民族晚报》送来了，这个小孩子就说：“这是《民族晚报》。”他本来是托他外婆带，有一次外婆有事，就把他带回来给他爷爷看顾一下。他家是在小巷子里，他外公、外婆都不大认得路，他一岁多就认得自己家的路，带外公、外婆到他家里来。看！多怪的事，所以这位老朋友就问我，真有入胎、出胎不迷的人吗？我说：是有这样的人，这个就是了。

人老就进入昏沉，有时甚至是大昏沉的境界，愈老头脑愈昏沉，所以真修行的人，头脑是愈来愈清醒的；拿心理学来讲，就是脑力愈来愈强愈清楚。“如是等法，说名不舍轭加行”，这就是孟子说的一句话，修行是“必有事焉”，要管理此心，照顾此心此念，有一点放逸都不行。

“由此诸法，能正随顺心一境性，不舍其轭，令心不散，不令其心驰流外境，不令其心内不调柔，如是名为不舍轭加行。”

要随时反照自己，心一境性，心才得定，心住在一个境界，自己要修某一种境界，就定在某一种境界上，心不散乱，心不驰流外境。而我们呢？外境逗你一下，你心就动了，心应该不依他起，不随外境流走，这是对外；对内“不令其心内不调柔”。我们这里有些人，一天都很规矩，外境引不动他，但是问问自己看，心里头平安吗？心里的贪瞋痴慢疑都有，又生气，又恨自己的，看别人又讨厌，内心毛病多得很，心里烦得要死，内心不能调柔。所以，除了不驰留外境以外，对内还要内柔软，“如是名为不舍轭加行”。

清除障碍的加行

“云何名正加行。谓于所缘数起胜解，是名正加行。”

起心动念处，自己随时观照清楚，都是善念，并且随时能够空得掉，放得下，就是“正加行”。

“如有勤修不净观者，数正除遣于诸不净，作意思维诸不净相，由随相行毗钵舍那而起作意，于所缘境，数数除遣，数数现前。”

勤修不净观的人，像你们吧，昨天去医学院看人体解剖，回来还能吃得下饭，这并不是说你们不能修不净观，你们想想看，那个死人摆在你前面，当时你心里感受怎么样？现在的感受又怎么样？想一下吧！（有同学回答：感受不大一样。）只是不大一样吗？所以你们并没有作不净观嘛！去看了人体的解剖，并不晓得要作不净观。你想想看，如果那死人现在睡在你的床上，与你一起睡，你感受怎么样？再回转来想，自己现在变成那个死人，那又怎么样？像我现在这个老师，就变成昨天你们看到的那个死人，那你感受又怎么样？老师像腊肉一样地坐在这里，老师还会可爱吗？你用不净观把它观起来，然后自己也变成那个死人，那才叫不净观呀！你们以为去看一下解剖就是不净吗？所以你们看了也没有用，修行道理都不懂。

不净观真修起来的时候，你会万念皆空，自己就像那个被解剖的死人一样，被医生剖开了，里面之脏啊，相当难过，对不对？我都看得很清楚的，像我有病的时候，我一动念，一想，我已变成那个死人，什么都不管了。所以为什么你们不净观观不起来？看了死人也没有用，不净观还是观不起来。换句话说，活佛坐在这里，你们亲眼见到也没有用，不会成功的。这是同样的道理，知道吗？即使你亲眼见到活佛，或者活佛就躺在你旁边，对你也没有用，得不到好处的，因为你心意识没有作意起观行，所以没有用，这个意思懂吧？

经常修不净观的人，“数正除遣于诸不净，作意思维诸不净相”，五遍行的作意，你要作意观起来，作意起诸不净相，由于不净观现前了，我本身就是那个死人，又烂又脏又臭的那个样子。“由随相行”，由这个观起来的随相，然后起慧观，知道那是因缘所生。所以有人对我好也好，世界上的事情有也好，没有也好，反对我的也好，不好也好，一下都变成毗钵舍那，就到了止。“于所缘境，数数除遣，数数现前”，对于一切外缘琐事都放下了，观起来的不净观也把它空掉了。然后观白骨，最后白骨也化空了，空了以后空境就现前了，就住在空境上，这才叫修不净观。我如果不讲，你们就不会多想一下、多去研究一下吗？以为看了一下死人就叫做不净观了。你们刚刚答复我的意思就是这样，对不对？

“其正除遣，复有五种，一内摄其心故，二不念作意故，三于余作意故，四对治作意故，五无相界作意故。当知此中由九相心住毗钵舍那而为上首故，名内摄其心。”

修止修观的情形，以这九种为大原则，《瑜伽师地论》很科学的，如果画一个表格，就看出它分析的精详，把原则、理论、方法都告诉你了。所以在修持上，讲到唯识时，先要把这部一百卷的论研究好，再来研究其他的唯识经论。这时你再看《八识规矩颂》、《成唯识论》，等等，一看就明白了。《瑜伽师地论》是唯识学里的根本大论，不先看它，怎么学唯识啊？

“由于最初背一切相，无乱安住故，名不念作意。由缘余定地境，思维余定地故，名于余作意。由思维不净对治于净，乃至思维阿那波那念对治寻思，思维虚空界对治诸色故，名对治作意。”

为什么修不净观呢？因为要把心中一切杂念去除净尽，而进入清净境界。不净观做到了，心的杂念不起了，意识清净了，走入净土境界，修不净观就是“对治于净”。

下面翻看第七百九十五页。

“云何净障。谓即如是正修加行诸瑜伽师，由四因缘能令其心净除诸障。何等为四。一遍知自性故，二遍知因缘故，三遍知过患故，四修习对治故。云何遍知诸障自性。谓能遍知障有四种，一怯弱障，二盖覆障，三寻思障，四自举障。怯弱障者，谓于出离及于远离勤修行时，所有染污思慕不乐希望忧恼。盖覆障者，谓贪欲等五盖。寻思障者，谓欲寻思等染污寻思。”

达赖六世有一首情歌：

曾虑多情损梵行 入山又恐别倾城
世间安得双全法 不负如来不负卿

“曾虑多情损梵行”，他怕男女之间太多情了，会妨碍修行，就决心入山去修行。“入山又恐别倾城”，入山去修道，又怕对不起情人，那怎么办呢？“世间安得双全法，不负如来不负卿”，世上没有什么双全的办法。人都有这个毛病，世上的人修道，功名富贵也要，也要发财，也要成道，都是如此。这就是“寻思障”，是“染污寻思”，各种思想上的障碍停不了。“净障”就是清除心中的各种障碍。

“自举障者，谓于少分下劣智见，安隐住中，而自高举，谓我能得，余则不尔，乃至广说，如前应知，是名遍知诸障自性。”

有人把自己抬举得很高，有一点学问，有一点工夫，有一点境界，就得少为足，以为就是道了，以为自己已经明心见性了。刚刚打坐发现一点光明，嘿！以为这个就是自性光明；等到害病痛苦的时候，这一点点光明又黑暗了，那不就是自性黑暗了吗?！其实那是生理上的变化，不是自性的光明啊！所以有些人到了这个地步，认为能够放光了，已经成佛了，那是不折不扣的病态。

有一个人写信给我，说打坐一身发暖，冬天只穿一件衣服。有人把一件皮夹克放在那里，他在皮夹克上坐了一个钟头，结果把皮夹克烤焦了。他问：老师，这个是不是得煖？我说：这个是得了烤焦，不是得煖，煖不是这样的。如果这是得煖，像我们这么一大堂人，如果都得煖了，那台北消防队就要来了。煖是身煖，不是发烧呀！也不是把东西烤焦啊！心煖是心里有快乐，常乐我净，这才叫得煖。得煖以后，第二步得顶，得顶并不是头顶倒过来走路，也不是头顶长得好高。

二三十年前有一个修道人，修道家工夫的，他是监察委员，每年除夕闭关，到年初七才出来。他打坐是坐在床上，慢慢他浮起来，头顶顶到了屋顶，坐在空中。不过，那并不是得顶呀！况且还没有人真看到，只是一传十，十传百。但你一问之下，都是听人家说的，世间的事都是这样。所以人不要得少为足，得一点点，以为自己得道了，然后只有我能，你们都做不到。这些都是修道的障碍。

"云何遍知诸障因缘。谓能遍知初怯弱障有六因缘，一由先业增上力故，或由疾病所扰恼故，其身羸劣。"

内向、胆子小、智慧不够，注意！这些都是修道的障碍，是"怯弱障"，有六个因缘。第一是前生少修福报，少修功德，先业的种子带来，前生前世业力增上力故，所以这一生多病。人肯多布施医药，他生来世会得健康长寿无病的果报。这一生你招呼一下病人、替人拿一点药都不干，他生来世算不定就又弱又多病，病了又缺乏人照顾，甚至没有人理你。所以因缘果报经典好好看一下，这一生多布施钱财的，他生都是富有；这一生多做法布施，法宝多流通，他生法缘特别好。

像我这一生法缘特别好，不管哪个善知识看到我，都拉住我，要把法传给我。我说：我不修这个呀！"你修也好，不修也好，我就是把这个法传给你，你不修，就找人流通吧！"我一生是善知识找我的较多；我也访问过善知识的，因为真善知识有的不会来找的。我想一定是我前生对法不悭吝的结果，所以我对于法一向没有秘密，秘密我都公开了。原因在于，第一，古人留下来的这个心血，在我手里把它断绝了，就对不起那位作者，传法的人。第二，道是天下之公道，大家都要知道。可是一般人不是如此，我曾有个学生，拿到一本好书，然后说不要给老师看见，从此我不准他来了。这不是对老师的问题，知道吗？是他这一种心性的问题。多布施医药，多救人病苦，他生来世就健康。前生好事都不做，病人也不照应，所以这一生多病多恼，身体一天到晚都是病，"百年三万六千日，不在愁中即病中”，这是修道的第一障。

“二太过加行，三不修加行，四初修加行，五烦恼炽盛，六于远离犹未串习。遍知盖覆、寻思、自举障因缘者，谓于随顺盖覆、寻思、及自举障处所法中，非理作意，多分串习，是名盖覆、寻思、自举障之因缘。”

为什么这五盖把你盖住而不能成道呢？你们用世间法的心思太多，用在佛法中的串习力太少，所以有寻思障，还有其他等等障碍的因缘。这一段你们应该看得懂，不要浪费时间，自己多看几道就懂了，我们抓要紧的讲。

三十二卷又是教我们白骨观、不净观的。你看《瑜伽师地论》反复地提到这个观行，所以我劝你们修，你们还不吃这一套，就因为这个原因，弥勒菩萨和诸佛菩萨才再三地提到这个观行。现在这一段我一直念过去，念到重要的就特别提出来；而且念到你们不懂的，你们就要问，不问就念过去了。

“本地分中声闻地，第三瑜伽处之三”，第八百零五页。

贪心重应修不净观

“云何初修业者始修业时，于修作意，如应安立。”开始修行怎么修？怎么开始作意？动第一个念的方法要如何作意？

“随所安立正修行，时最初触证，于断喜乐，心一境性。”“触证”是感触，身体上的感受，也就是求得效果。

“谓善通达修瑜伽师，最初于彼，依瑜伽行，初修业者，如是教诲。善来贤首，汝等今者，应依三种取相因缘，或见或闻，或心比度，增上分别，取五种相。一厌离相，二欣乐相，三过患相，四光明相，五了别事相。”

一位高明的善知识，知道如何教人。关于教人，你们要学了，尤其出家的同学。这都是教育法，自己自修或教育别人的方法，也告诉你了。一个善知识教化初学的人，要依“三种取相因缘”，就是说，或者自己看见的，或听别人讲，或心里推理思想来推测。“增上分别”，不是不用分别，你还没有成就当然就要分别。“取五种相”，第一要先告诉人，对世间法要厌离等等五种相。

“问：若依瑜伽行，初修业者，是其贪行，由不净观方可调伏。云何教彼取五种相。”假定有人问，初修善业，修道，自己贪心重，贪修道也是贪。调伏贪欲之心要修不净观，为什么让他取五种相的境界呢？

“答：应如是教诲，善来贤首，汝等随所依止彼彼聚落村邑而住于中，若闻所余彼彼村邑聚落，或男或女，先受安乐，后遭苦厄，或彼男女，自遭重病，命终殒殁……”希望你们自己能仔细地看下去，我们现抽一位同学来问问看，这一段重点在说什么。（一位同学讲了大概）

由世间多苦少乐，乐易失难得，苦空、无常、无主、不自在等世间之苦相，生起厌离心，叫我们观察这个社会，观察这个人生，这种种苦，刀兵、瘟疫、疾病、死亡，一切都是自己所有的。

“即汝自身先所触证，猛利乐受，后还退失。”

“触证”就是现在人讲的享受，看社会上一切享受，很快就过去了，包括寿命，这个文字就是这样，叫我们发起厌离心。

这一段必须要看下去，一连好几页，之后又转到做工夫。这都是讲有关真修实证工夫的。

第十六讲

不净观的窍门　白骨烧化吹散

四大的转化

先修风大观

修气　修神通

修风修呼吸　躲过了死亡

修定引发的身体反应

气充满　心喜乐　作意成功

得色界定后的身心变化

需要入世修的四种人

修行人为何生入异类中

由现在起大部分都是念过去，很恳切地希望大家自己能够看。我想一个真正研究佛学、佛法的人，这些观念都会知道的。现在只是念一遍，提起注意。这些不是佛学，不是讲思想学问的，是要拿自己身心方面来求证的，所以这些理论要非常注意。我们一般学佛的人，最严重的问题，就是把它当逻辑思想学问看过去了，用不到身心上来，所以问题都出在这里。现在念过去、跳过去，并不是说这些不重要；换句话说是更重要，希望大家特别注意，都是非常非常重要的。

现在从三十二卷八百一十六页开始，讲到不净观，先由不净观等等修起，这些都是要真修实证的工夫。

不净观的窍门　白骨烧化吹散

"复令其心于内寂静，如是名为于外身中修循身观，依他外身而发起故。后复应于自身内外诸不净物，善取其相，令心明了。"

不净观、白骨观，是先看外境，依他人的不净而起观，再回到自己的身上来。开始修都是着相的。

"又于他身内外不净，善取其相，令心明了，于自所爱，汝当发起如是胜解。"

他身就是指外面的，就是你所爱的人，儿女、夫妇、兄弟、父母，等等。

“复于死已，出送冢间，至冢间已，弃之在地，弃在地已，至青瘀位，至脓烂位，广说乃至骨锁位，发起胜解。数数发起此胜解已，复令其心于内寂静。如是名为于内外身修循身观，依自他身，若内若外而发起故。”

你们那天看了解剖回来，大家心里都凉了半截，虽然还吃得下饭，那个味道已经不同了。几十年前，碰到一个德国人来跟我谈，他说：他到中国一年，就想写一本关于中国的书，他认为自己已经懂了中国。我告诉他，你多住一年，看清楚一点再写吧。他住了两年以后又说：哎呀！不行，我还要住一年。三年以后他说还是不行，中国不容易了解。他就跟我谈另外一个问题，他说中国文化很伟大，哲学、宗教都很伟大，外国人认为中国没有宗教是错误的。但其中有一点他不懂，中国人为什么怕鬼？人死了变鬼，还不是像人一样的吗？鬼有什么可怕呢？听起来好像外国人不怕鬼。我就说：你这个问题很难讲，我问你，你在夜里独自到坟上去，那个时候没有月亮，天又黑，凄风苦雨的，那是个什么味道？他说：哦！那个很可怕，很难受。我说中国人怕鬼就是怕那个状况。他说：这样啊！那是一样的嘛！我说：你有鼻子，我们也有鼻子呀！人就是人，那个心理是一样的。所以与外国人讲话很困难，往往把自己的文化介绍错了。

同样的道理，你们那天看了解剖，虽然饭是吃得下，但心情不同了，保持住这个心情，还没有达到完全寂静。所以看了外界，明白了一切外界，内心要达到寂静，保持那个寂静的心境，“如是名为于内外身修循身观”，详细讲太细了。

由于看见别人死了，或者自己生病住医院，看到隔壁床上的病人，白床单一盖推了出去，你是什么心情？那个叫做“兔死狐悲”，想到下一个算不定就是自己了。于是依自己，或依他身，从内到外发起了观。

“汝复应于四无色蕴，由闻思增上力分别取相，于其三分发起胜解，一于奢摩他品，二于无散乱品，三于毗钵舍那品。”

这完全是讲修持，要照次序来修，是科学性的。当然如果你是上根利器，一下子就跳过去几步，那是另外一件事，否则都要走渐修法门这条路，由不净观、白骨观把人生了解清楚。这个不是普通的了解，硬是都观察清楚了，之后才可能得止。譬如你们打坐，偶然得了一点点清净，但不坐就没有了；或者虽不下座，一下也就没有了，随时散乱，这是理不透之故，所以不能得止。

“于奢摩他品者：谓若汝心于内略时，起无相无分别寂静想行，及无作用，无思慕，无躁动，离诸烦恼，寂灭乐想行。于所缘境，无乱受等四无色蕴，刹那刹那展转各异。”

这一段一直到下栏，我现在告诉大家，我不想念下去，你们可以看得懂。但是你们不要认为这些理很好懂，所以跳过去不念了；真正修持的人，就在这容易懂的理上，回到自己身心上，在身上、心内好好去体会一番。假定有人一边看几行，一边把这个道理回转到自己身心内外去体会，这样看经就对了，佛经就不是白看，你这个工夫、功用、修证，马上就会有进步了。

可惜一般人看佛经，看的是纸，看完了，理是理，经是经，我是我，所以不相干。这个话很容易听懂，但很难做到。你们也有读过佛学院的，也看过佛经，如果佛学学得不上身，那是没有用的。所以烦恼妄想习气一样大，转动不了，这个道理要注意。现在讲与我们修持有关系的。

下面看八百二十五页。

“次复发起火烧胜解，谓此身分无量无边品类差别。”

这个地方是讲真工夫了。这是说，白骨观还没有观好，观起来的影像没有观完全。你只要有一点观起来，马上做火化的观，把自己这个白骨火化了，这样你感受又不同了。所以大家理不通，然后智慧又不太高明，再不然就说还没有问过老师，所以该做的都没有做。如果碰不到我呢？你要烧就烧烧看嘛！反正是观想的，也不会烧掉你。可是大家对这个东西小心得很，还当珍珠宝贝那么留着。

“为大火聚，无量无边品类烧烬，火既灭已，复起余骨余灰胜解，复起无量无边胜解，碎此骨灰以为细末。复起无量大风胜解，飘散此末，遍诸方维。”

这就是要你一步一步来观想，白骨自己化掉，变成灰，灰被大风吹散了，而且不是电风扇那个风，是整个宇宙起了大风轮。

“既飘散已，不复观见所飘骨灰，及能飘风，唯观有余渺茫空界，如是由其胜解作意。”

风也静了，骨灰也散光了，身体也空了，住在一个空的境界上。观想真达到这个程度时，身体感觉没有了，只是一片空，这个都是实际的工夫。但是这个是你作意出来的，是你观想出来的，这个叫做“胜解作意”，是自己做得了主的，要空就空，要有就有。如果做不了主，那就不对了，那属于精神病状态。

“依于内外不净加行，入界差别，于其身相住循身观，从是趣入真实作意。”

这是又进一步了，内就是自己，外就是外境。再回转来，由定的境界一念又起，跟着身相走，是“界差别”。后世道家、密宗的修气、修脉，就是这样来的，这是“循身观”。这不是胜解作意，是比较世俗的真实。是什么意思呢？就是身体坐在这里有感觉，腿发麻发胀是很真实的。所以你腿发麻就作白骨观，你把它一化，就不麻了；甚至你作意的力量，使这两条腿还会发乐呢！那是舒服之感，那个舒服是乐得很哦！不过，这还没有到达内触妙乐的境界，可是已经发起了乐，所以不会想把腿放下来，坐多久都可以，都定得下去。那么现在回转来，藉由这个胜解趣入真实作意。

四大的转化

“谓由如是胜解作意，于内外身住循身观，由胜解力，我此所作无量无边，水界、火界、地界、风界、虚空界相。”

由这个胜解作意，把四大观再重新观过。像昨天住在美国那位老太太的报告，她自己工夫已经到达这里，与经典都相符，已经问到《楞严经》的重点。《楞严经》是讲原则，“性火真空，性空真火”，尽虚空，遍法界，循业发现，没有方位，无所不在。你说现在这个虚空里头，我们手这么一动，这里头有没有火啊？有电，对不对？摩擦就有电，电就在这个地方，空中就会燃烧，连你的手都会烧掉。

所谓“空不异色”，这虚空是物理世界有相的虚空哦！我们现在手在虚空中动，这个有相的虚空，不是佛所说那个毕竟空的空，而是理念上的虚空，这个虚空是有相的。“空不异色”，这个有相空里头有地水火风四大。像我们这个房子，这个墙壁，这个骨头，这些都是实在的吗？都是空的。这些东西如果烧掉了，或者被水漂走，或者被风吹散，一样归于虚空。虚空还是个相哦！我们现在看到的仍是有形的虚空，还是一个物理的东西。所以要修止，必须把地、水、火、风、空这个色身转化了。这一段是讲原理，至于实际的方法，要你们自己去研究，去参，再不然去找明师指点。

这里由胜解力讲到地、水、火、风、空五大，《楞严经》讲到七大，地、水、火、风、空、觉、识。现在我们看看，他教我们如何去观。

“我从无始生死流转，所经诸界无量无边，甚过于此。”

这是个信念问题，所以佛法基础建立在三世因果、六道轮回。你要晓得，我们这个生命在轮回中，不知生生死死已经过多少次了。

“谓由父母兄弟姊妹眷属丧亡，及由亲友财宝禄位离散失坏，悲泣雨泪，又饮母乳。”

我们多生多劫，吃妈妈的奶水不晓得多少次，乃至变狗的时候，吃母狗的奶。

“又由作贼，拥逼劫掠，穿墙解结，由是因缘，遭无量度截手刖足，斩头劓鼻，种种解割身诸支节，由是因缘，血流无量，如是所有泪乳血摄水界水聚，四大海水皆悉盈满，于百分中不及其一，广说如前。”

佛经上说，我们多生累劫以来生生死死，把自己所流的血聚拢来，比四大海水还要多。我们无始以来的生命，累积起来算，是一个连电脑都算不清的账，四大海水又算得了什么。

“又于诸有，诸趣死生，经无量火焚烧尸骸，如是火聚亦无比况。”

这是说，我们生生死死，使用这个物质，地水火风，不晓得用了多少。这一段叫我们要做实际的观察，在禅定、静定的境界中，把对自己身体内的观察，同这个理论思想配合起来，把它观空。

先修风大观

现在看八百廿六页第五行。

“又于阿那波那念正加行中初修业者，先于舍宅前后窗门，或打铁师，或锻金银师，喉筒橐袋，或外风聚入出往来，善取相已。”

这是讲修定，初修的人先修风大观，就是从数息观开始，听呼吸。要我们怎么做呢？修加行。我们对自己呼吸往来，只听到声音，里头有没有风你们也不知道，所以叫你们先观外界，看看打铁的风箱。我们年轻的时候，站在打铁店门口，看打铁师傅拉那个风箱，嘘——噗，嘘——噗，那个东西你们看过没有？乡下长大的看过，城里长大的再也看不到了。空气在风箱里头吹，他说你先看这个风的作用，就像人体呼吸是在身体内部，气的进出主要靠鼻子，呼！呼！才把生命维持住，所以先叫我们看风箱的作用。“或外风聚入出往来，善取相已”，这个时候要你执著，你可以着相，把风大这个相，风箱的机械作用看清楚，才晓得自己身体内部气的往来也是这个样子。

“由缘于内入出息念，于入出息而起胜解。”

这个风一来一往，从我们鼻子进来出去，中间并无停留之处，因为是空的嘛！“起胜解”就是要这样了解。

“彼复先于微细息风经心胸处，粗穴往来而起胜解。”

打坐的时候，我们呼吸经过整个肺部，鼻孔是粗的洞穴，呼吸的时候，听这个呼吸。所以道家、密宗修气脉的时候，都要先把这个道理了解清楚。

“然后渐渐于众多风而起胜解，所谓乃至一切毛孔风皆随入而起胜解，如是所有一切身分。”

进一步，你慢慢拿身体来求证，晓得有时候呼吸调顺了，好像不呼不吸了，然后晓得把鼻子呼吸自然停一下，是你故意作意把呼吸停住一下。呼吸如果停住一秒钟，你那个妄念等于一秒钟没有，妄念的加油站是通过气，初步是如此，不是究竟。所以你把呼吸停住，不呼不吸，思想就跳动得比较慢了，好像大的妄念不起了。然后就晓得妄念与呼吸之气，有这样大的关系。等到你呼吸能够息止，清净下来，慢慢就能够体会身体毛孔本身就在呼吸，九窍也都在呼吸。九个窍，头部七个，下面两个，前后阴都在呼吸，这是大的穴窍在呼吸，没有一个地方不呼吸往来，除非有病。

本论说得很清楚，你如果看这部经论，回转过来在自己身体上一做工夫，你才知道诸佛菩萨把如何修持的工夫都告诉你了，你才慢慢体会。当然普通人修持到这一步，已经不得了了，你们如果能够达到这一步，就会表演气功了，身体也会发光了；至于皮肤、脸上、身上都是光，润滑又细嫩，那是不成问题的。所以要从身体内部慢慢反观，完全要你用着相法门去修。密宗把这一套传出来，就是传法，道家也是，像现在，我在传这个法门，你们每人都要拿红包给我了。（一笑）

所以你从身内观了以后，所有一切身上各部分，每个骨节，每个地方，假如你做呼吸观的工夫，工夫到了这个程度，“一切身分”，身上哪个地方有风湿，哪个地方气脉不通，哪个地方有毛病，或胃不通，或感冒了，你立刻就觉察到了。因为出毛病的地方，它的气就通不过了，所以呼吸法门修到了这一步，工夫已经不错了。这是讲工夫，见道还谈不上。

修气　修神通

“风聚所随，风聚所摄，风聚藏隐，无量风聚于中积集。”

文章看来很啰唆，都是讲实际的工夫，要实际去体会。“风聚所随”，你气到哪里，血液感觉的力量就会到达那里；“风聚所摄”，气到哪里，可以吸引气住在那里。所以有时候气功练得好，譬如练太极拳、内功拳、少林拳也一样，把手按在河水上，河水表面马上显一个坑印，手提起来，水会跟着手心上来，什么道理呢？就是“风聚所摄”。当风要进来的时候，你站在风口的话，你就完了。

譬如新疆乌鲁木齐，我们晓得中国的地理，有个风口在那里，等于是地球的呼吸通道之一。每年清明节前后，地球要呼吸一次，住在那边的人都晓得，那里有一个风洞。什么人去过呢？清朝的纪晓岚，他曾被流放到那里，他亲自记录的，地球要呼吸了，所谓“大块噫气”，地球是活的，它在呼吸。地球先呼气，再吸气。那股气一出来，不管人、马、骆驼，都被这股气吹跑了。吹到哪里去呢？向西北方吹去，吹向北极那个地方去了。等到相当时间之后，才吸气回转来，这时又听到那个风旋声。

我问过一个蒙古喇嘛，他曾做过章嘉活佛的侍者，我说：这是真的吗？他说：当然是真的，还不仅呼吸，蒙古的湖泊还会搬家呢！他说像台湾的青草湖、日月潭这样大的湖，搬家的时候，那个湖水就立起来，变成一个冰砖一样，鱼啊、虾啊，都在里头。那个湖，连那个坑洞都在滚动，一路滚，咚！咚！滚到某一个坑洼地方，又成湖水了，鱼啊、虾啊，还都在里头。我说：你不是说笑话吧？他说：是真的，湖从那个地方滚过来，鱼虾掉在沙漠里，我们还捡来吃。所以海上有海上的风光，沙漠有沙漠的风光，天地间，物理世界的事，我们所知道的太少了。

现在是讲“风聚所摄”，风气修到了极点，一个人可以隐身的。大修行人，心风得自在者，就有这个境界，坐在那里，你当面也看不见他，你看到是空的，他把自己收摄了，这一切都是唯心所造，是心的功能。“风聚藏隐”，气脉修好，就能够隐身了，无量的风聚集在一念，就是这个气；气等于是电的能量，并不是呼吸的气，呼吸之气是粗的；气到了最后，不呼不吸了，那就是电能，因为风通火的力量。我们这个身体内外，有无量无数的气的功能，在我们生命里起作用，就是“无量风聚于中积集”的原故。“中”不是身体之中，是心念中心。

“如妬罗棉，或叠絮等，诸轻飘物，于是诸想而起胜解。”

“妬罗棉”是植物，像棉花一类，絮就是柳絮一样。他说气在身体内部是这样柔软，所以打坐坐得好的人可以返老还童，比较年轻，相貌会转得清净光明，都是风气随心聚散的作用。后来密宗、道家专门注重练气，就是这个道理。气在生命里聚集，很轻灵、飘浮；“胜解”是你理解到了，理论到了，如果事实也到了，就是证到这个工夫了。

修这个工夫，也证到了这个工夫，并不是菩提，这还只是讲物理四大与心风自在的功用。有的阿罗汉，一得定就有神通了；双腿盘坐，心气合一，意念一动，盘着腿就移到另一个位子去了，不必起来走路。下面还有一套工夫，教你们修神通的，只是你们自己看不懂。所以大家想修得神通，那是要做工夫来的呀！要有定力呀！由打坐开始，你那个腿都不通，还想修神通吗？

“彼若于内入息出息，流转不绝，作意思维，尔时名为于其内身住循身观。”

在你作风观、修气、修安那般那的时候，一出一入的呼吸气“流转不绝”。在没有完全停掉时，“作意思维”，这时你观想也好，修定也好，工夫还是初步，这个叫做“于其内身住循身观”。这时的气，还是跟着身体经脉在走。

“若复于他死尸骸中，青瘀等位，入息出息流转断绝，作意思惟，尔时名为于其外身住循身观”。

如果人死了，那股气就没有了，因为死人身体内的风散了，没有风他就死亡了。所以为什么说年纪大了血压高，肩膀端起来，两条腿重了，因为气达不到那一部分了。气不到，没有气，没有电能，气通不过了，就是衰老的现象。你们现在年纪轻轻，眼睛近视，换句话说，你们的眼睛有些神经地方已经没得风了，气已经到不了了。如果工夫做好了，气脉通了，那些不通气的眼部神经又有气了，视力就恢复了；耳朵也一样，都是这股气。假如我不给你们讲明白，你们看这些经典，一定看不懂的。

这中间又有一个道理，这是学理，其实也都是讲事实。因为你们每一样工夫都没有求证过，所以我经常讲，你们学佛是白学的，不只是在这里白学，在过去也是白学，将来是不是白学不知道。至少到今天为止，也算是在佛学院吧！我非常感慨，因为你们学了都用不到身心上来。等于到了饭店门口，看了半天，人家在吃好菜，你吃不到；菜谱也买来，也知道怎么做，可是你吃不到。（南师拿起《大藏经》本，指着它说）这个就是食谱，依它做起来，吃进去，到身心上来才是工夫，才是求证。

前面讲的工夫，一是在身内，现在是指死人，这个叫“于其外身住循身观”。

修风修呼吸 躲过了死亡

“若复于自临欲死时，而起胜解，或于已死，入息出息无有流转，而起胜解，或于未死，入息出息无有流转，而起胜解。由法尔故，尔时名为，于内外身住循身观”。

弥勒菩萨还是留了一手，他老人家即使亲自坐在这里，我也会说，“你还是留了一手”，这个里头都是密法。进一步说，“自临欲死”，或“已死”，已经死了的人，观察他入气、出气流转的情形，他身上当然没有气了；不过在将死的时候，他那余息还没有断，身体还有一点暖的地方仍有一点气，等到完全冷却就是死了。“无有流转，而起胜解”，这里头的秘密就在这里。“或于未死”，或在刚要死的时候，“入息出息无有流转”，好像自己快要断气的时候，“而起胜解”。这个里头有一个秘密，生命可以保持，就在于平常的修持，密法里就有方法，在一个时辰中（两个钟头），硬把气定住，不让它失散，因为气一散就完了。躲过这一个时辰，生命可以转活回来，当然这是要有方法的，所以平常要修持，要有定力，要有工夫。如果没有练过这个工夫，而平常参禅、念佛，那个念力特别强的时候，也是可以把它调回来。可是这一定，起码要一个时辰，过了该死亡的时辰，阎王拿你也没办法，天地拿你也没办法，这个里头就是所谓的密法了。所以古今不传之秘在这里，叫天生之机，等于说与宇宙抗拒，把生命抢回来。如果大彻大悟了，“由法尔故”，了解天然如此，“于内外身住循身观”就是这个意思。

“遍于一切正加行中，应修如是上品助伴，上品所摄，无倒加行，所余一切，如前应知。”

注意这个话，所以这些工夫，都属于修行的正加行。你说不懂加行，那你学佛有什么用？“般若空”，怎么空得了？“有”，怎么有得起来？这就是加行。你们凡是修行的，不管出家在家，真正修行应该修这些上品助伴的加行法门，使你得定，帮助你，使你悟道。没有这些加行，没有加过工，还是不行。“无倒加行”就是正道，不是颠倒的。至于练气功，那是修气分化出来的，走的是偏路，对色身有助，与心地法门不同。偏路不算正路，但也有好处，只是走了冤枉路，走了颠倒路。

“如是所有初修业者，蒙正教诲，修正行时，安住炽然，正知具念，调伏一切世间贪忧。”

这里说，修风、修气、修呼吸是很重要的，因为人体是以根本依的气为命根，先要把气质变化。所以初修的人得到善知识的正教诲，不是歪教诲，走的是正路，减少了很多冤枉路，是真正修行。“安住炽然”，炽是形容火光一样，智慧光明如火一样爆发。“正知具念”，正知正见的念头随时都在，烦恼自然少了，脾气也变了，瞋心重的人没有瞋心了。贪、瞋、痴都是内在的一股气质，气质就是业力，所以气质变了，当然就是贪欲调伏了。

“若于如是正加行中，恒常修作，毕竟修作，无倒作意，非喧闹等所能动乱，是名炽然。”

修安般正加行要随时在修，毕竟在修，不颠倒作意。这个时候听呼吸、修气，是在作意，但是它是胜解作意、正作意，因为你知道在作意、在修。什么叫“炽然”？就是说，当你修气到了息的程度，任何喧闹的环境都扰乱不了你，乃至说你在战场上，或碰到原子弹丢下来，明知道你的色身要散掉的时候，你都不会乱，定住了。至于说这个工夫做到了，能不能有神通抗拒原子弹？不知道，我还没有试过，还没有证明过。在理论上应该说原子弹对它没有办法才对。这个生命的四大功能大得很，因为都是阿赖耶识的功能所变的，是依报，大家应该知道。

普通佛学所说的四大皆空，就是指这个空，你可以把四大化空，也可以化有。所以一般人认为四大皆空就落于佛学的歪见解，认为空者就是没有，那是把佛学解释错误了，把缘起性空当成了没有，那是断见。千万要注意啊！这是佛学、佛法最关键的地方。所以现在世界上一般思想家以及讲佛学的，他们的观念究竟对不对，一听就听出来了。那些错误的观念，一路就统统错下去了。

所谓“炽然”，是说你这个正定正观的功力，像火光一样旺盛，就是《大般若经》上说的“大般若如大火炬”。那个得了道的人，智慧境界就像大火在烧一样，东西不管好的、坏的，丢进去都变成火光了。小根器的人，火力还不够，不能炽然，因为没有般若正观定力之故。所以这些经文要特别注意。

“若于如是正加行中，修奢摩他、毗钵舍那，审谛了知乱不乱相，如是名为正知具念。”

在修静虑、修止的时候，自然很清楚这个道理，因为你工夫到了，理更深入了，这个叫“正知具念”。

“若能善取诸厌离相，诸欣乐相，如是乃名调伏一切世间贪忧。”

身心内外证到这个境界时，对于欲界世间的一切，真发生了厌离，恳切地想跳出来；这不是普通心理的灰心不如意，因为对于“欣乐相”，自己身心的快乐，也深知是无常的，所以对世间一切不再执著。这时身心内在的修定境界有把握了，身心气质都转变了，就是“调伏一切世间贪忧”，这才叫做降伏其心，调伏了粗俗的心，世俗的心。

这些都还是世间定，注意！还在加行法里，不过，贪欲、烦恼忧愁已经调伏了，清净了，心念永远是平等的。在座所有修道的人，如果修到了这一步，那都是现成的罗汉了。罗汉不限出家或在家，只要身心修持到这个境界，就是罗汉境界。这也就是所谓的贤圣僧众，佛也吩咐过，不在于你的外表形相，也可能还是世俗的表相。

“由是因缘，宣说彼能安住炽然，乃至调伏世间贪忧。先发如是正加行时，心一境性，身心轻安，微劣而转，难可觉了。”

所以修呼吸风大观还是在止的境界里，到了心一境性，身心才是轻安、轻灵。“微劣而转”，虽然心一境性，下意识当中仍有些微细杂念、偏差的念，因为习气还在。这个时候八十八结使并没有完全解开，只是调伏下去而已，沉下去了，根根并没有拔除。所以万一你们将来用功到了这个境界，不要认为已经到家了、悟道了，那就很糟糕了，因为根根还没有拔除，只是调伏而已。所以"微劣而转，难可觉了"，也就是你那阿赖耶识的种子习气还在转动，只是你自己察觉不到罢了。

修定引发的身体反应

"复由修习胜奢摩他毗钵舍那，身心澄净，身心调柔，身心轻安，即前微劣心一境性，身心轻安，渐更增长，能引强盛，易可觉了，心一境性，身心轻安。"

这个千万注意，到了这一步要再加用功，再努力修止修观，不断地增进，达到身心两方面澄净。身的澄净谈何容易！脸色气相，连骨头都转了，都转澄净了，心也澄净了。"身心调柔"，澄净以后才能调伏柔软，骨节都柔软了。有人天生骨节柔软，是他多生累劫的业力轻。有人的骨头硬得比钢筋水泥还硬，那也是天生不同，多生累劫的业力种子带来的。

再进一步，"身心轻安"，与前面的轻安又不同了，修持到这个程度，前面的身心轻安还有微细的杂念在，但是自己察觉不到，以为自己没有什么杂念。到了现在这一步，那个觉性，灵明觉知之性，比较强盛了，所以对于微细的杂念挑得出来，一觉察，立刻就"了"。这一节再三提"心一境性，身心轻安"，并不是重复，文字虽然一样，但是一步一步的程序不同。因为在文字上，没有别的文字可用，我们人世间只有这些文字，就只好如此运用来形容它。

"谓由因力展转，引发方便道理，彼于尔时，不久当起强盛易了，身心轻安，心一境性，如是乃至有彼前相，于其顶上，似重而起，非损恼相。"

你们之中也有几个人偶然撞到了这个境界，身心轻安了，因为是“因力展转”。什么力啊？就是定的力量，“引发方便道理”，在方法上懂了一点，修持方法进步了。此时自己感觉心境特别定，贪、瞋、痴等妄念一旦起来就知道了，马上能够自己把它转化消灭。有时候头顶发胀或痛，感觉头有好几斤重；先是牙齿这一面重，在座的雷先生就有这个经验。打坐做工夫到了那个时候，像我那几十个牙齿，胀痛得像在跳舞一样，我生气了，难道我做工夫是替牙做的吗？立刻找牙医，把牙齿统统都拔了。

像这几天美国那位老太太写信来说，她有一颗坏牙齿，因为工夫到了这一步，夜里睡的时候，她感觉牙齿掉了，掉在嘴里，懒得管它，到了早晨醒来时，自己那股气又把它吸回去了。她前两天说，这一次真的掉了，本来还与医生约好来拔牙的，现在告诉医生，这个牙齿大概怕她花钱，总算自己掉了，一点都没有感觉。有时当工夫到了头部，痛苦一节一节地来，你本来鼻子敏感的，到这里就加重了；头也发重，痛苦得很。不过这里只告诉你头发重，“于其顶上，似重而起”，但它是“非损恼相”，这不是烦恼相，要认清楚这不是病。

所以到这个时候，我在《静坐修道与长生不老》这一本书上也告诉过你们，眼睛不好的，眼睛的病就来了；耳朵不好的，耳朵的病就来了；哪一部分不好，哪一部分的病就来了。当然你业力重的，里头有发炎啊！如果基因有先天性梅毒的话，跟随这个气上到脑子里头，人就白痴了，或者中风了，就很严重。除非你业力把它修改了，身上的先天性梅毒，由修气、修风观的成就，一样可以把它摧化掉，那就要有很大的认知与正信了。

所以修行修持到这里都是实际的工夫，不是那么简单的。

我如果不跟你们讲，你们文字一看就过去了，不晓得看些什么东西。注意！这一步境界，气脉到了头上，那个难受，他告诉你要认清楚“非损恼相”，那个是病，也不是病，古人有些是能忍过去的。

“即由此相于内起故，能障乐断诸烦恼品、心粗重性，皆得除灭。能对治彼，心调柔性，心轻安性，皆得生起。”

到气脉至顶时，在道家认为已经不得了了，“三花聚顶，五气朝元”，这个时候开眼闭眼都有光明。你如果认为光就是道，那就错了；光只不过是一种修持功德境界，属于四大变化，与正观知性不相干，正观的知性不在观上。这个时候“诸烦恼品、心粗重性，皆得除灭”，你心中比较没有妄念了，贪瞋痴的烦恼没有了，不是根拔除了，而是粗重的没有了，表层的好像没有了。由于能对治，心也调柔了，心轻安统统生起了。心中纵然碰到贪瞋痴外界刺激的烦恼，但心懒得动了，也懒得生气，一念之间就算了，可以对治了。但是必须待头轮，头部的气脉通了，到达这一步，才会“心调柔性，心轻安性，皆得生起”。

气充满 心喜乐 作意成功

“由此生故，有能随顺起身轻安，风大偏增，众多大种来入身中，因此大种入身中故，能障乐断诸烦恼品、身粗重性，皆得除遣。能对治彼，身调柔性，身轻安性，遍满身中，状如充溢。”

再进一步的轻安，“风大偏增”，宇宙的气流、天地的气，与自身相合一，就是《庄子》讲的“与天地精神相往来”。这个时候，不但风大进来，法界的地、水、火、风都与你色身交通往来，你自然等于吃了十方诸佛给你的多种营养，使你可以变化，能脱胎换骨。由于地、水、火、风四大种“入身中故”，能障碍你的这些魔障进不来了，隔断了，一切烦恼没有了，色身的粗重也没有了。修持到了这里，就可以祛病延年了，当然无病，想要健康长寿一点，也不成问题了。

这个时候，自己等于气脉转化清净，十个指头以及全身，气都充满了，气充满不是胖起来，胖起来是肉多了，那还是粗重的，那是欲界，这里说的是气充满了。你看老年人，十个手指头都扁了，皮就皱拢来。修行到这个时候则不同，十个指头都鼓圆了，气充满了，自己也晓得气充满了，感觉轻灵一点，可以在空中飞或在空中飘了。

"彼初起时，令心踊跃，令心悦预，欢喜俱行，令心喜乐，所缘境性，于心中现，从此已后，彼初所起轻安势力，渐渐舒缓，有妙轻安随身而行，在身中转。"

气充满以后，开始你会欢喜得跳起来，高兴极了，才感觉到人生的味道，一切无烦恼。所以这种境界"欢喜俱行"，欢喜会哈哈大笑。但是注意，你现在看了佛经，还是要自制的，晓得这个也是境界，如不晓得这个理，就会把自己笑疯了，那就叫做走火入魔，这个地方要特别谨慎注意。

当你看了佛经，懂了这些修持道理以后，到这个境界时就想笑，自己就要警觉不要笑，有什么好笑？一念觉，也就算了。"所缘境性，于心中现"，你要什么境界，想要观想什么境界，心中就会呈现什么境界。你要观想极乐世界的境界，它就呈现了。观想出来以后，这个轻安力量习惯了，这个境界也习惯了。等于吃饭一样，吃惯了，又像喝酒一样，喝惯了，不在乎了。"渐渐舒缓"，习惯了以后，进一步又有别的境界变化，这个进步好像是退步。

要注意，每一次进步的中间，好像有的进步慢慢舒缓，"有妙轻安"，那就不同了，说不出来了。"随身而行，在身中转"，你们普通讲气脉，奇经八脉打通了，在这个时候无所谓打通，那是属于小事；而十种一切入，都在色身上自由往来，就是三十七菩提道品中的四如意道的味道。

“由是因缘，心踊跃性，渐次退减，由奢摩他所摄持故，心于所缘，寂静行转。”

这个快乐轻安，又向身体内部深入进去了，心的踊跃渐减，慢慢得止、得定的境界更深了，更平淡了。

“从是已后，于瑜伽行初修业者，名有作意，始得堕在有作意数。”

工夫到了这个境界，修瑜珈的、修禅的，才可以说你作意算是建立了，才算进入“作意数”，有一点工夫了。因为你有了作意，要入这个定境，念头一动就可以达到，才算是作意这一部分修成了。这个作意是胜解的作意，不是凡夫的作意；凡夫的起心动念也是作意，那是凡夫境界，那是散乱；而胜解作意是在理上，在定境上，做得了主。

得色界定后的身心变化

“何以故。由此最初获得色界定地所摄，少分微妙正作意故。”

要知道，色身地水火风能够转变到这样，你已经由欲界跳到色界定了，升华到色界了。欲界，你看到的欲是坏的，但是升华是要靠欲界的这个欲火起来，再把它化掉，化掉了以后再慢慢经过这个风大的修持，才能跳出欲界，进入到色界里头去。这里都把消息透露得很清楚了，当然弥勒菩萨透露了一半，我又加了一部分，已经是全部了。靠你们自己的功德，看你们自己的福报，慢慢参吧！到这个时候进入了色界定地。所以一直要你们把“三界天人表”参看清楚，这是到初禅天、二禅天的境界去了，“少分微妙正作意故”，因为色界的微妙正作意到了。还有一点要注意，就是说你上了色界天的边缘，还要努力进修。

“由是因缘，名有作意。得此作意，初修业者，有是相状，谓已获得色界所摄少分定心。”

有作意，有禅定的正思维，有这个境界，已经得到色界一部分定境了。

“获得少分身心轻安，心一境性，有力有能，善修净惑所缘加行，令心相续，滋润而转，为奢摩他之所摄护，能净诸行。虽行种种可爱境中，猛利贪缠亦不生起。”

真达到净土的边缘，这个净土不是西方极乐净土，是心境上、唯心作意上的净土。

这完全是止的境界，定力、定境到了这个时候，就是正行到了最可爱的境界。如果你是男人，就算美女之中再精选出的大美女，裸体站在你前面，你也动不了欲念；你觉得她是小妹妹一样，对她那个爱是慈悲的爱，没有欲念，因为没有欲了。假如以女性来讲，也是同样的道理，这是讲狭义的男女之色欲。广义的欲，金钱、名誉、地位，甚至皇帝给你当你也不要了，这个时候真不要了，人间的富贵已经看不上了。所以到这个时候，在色界定境上，对欲是这个样子，甚至最猛利的诱惑，心念都不起了，心念没有了，欲界的诱惑已经看不上了，太低级了，因为你那个定境高了，达到了定生喜乐。

“虽少生起，依止少分微劣对治，暂作意时，即能除遣。如可爱境，可憎、可愚、可生憍慢，可寻思境，当知亦尔。”

对于太猛烈的魔境界，偶然动一下念，你那个强胜的觉性，当下即知，这念头就没有了，就丢掉了，自己会自动除遣。不仅男女色欲之境界，功名富贵等等都如此，你工夫到了这里，脾气也发不起来了，也不可能有憎恨了。纵使偶然动一下念，自己那个觉性马上对治，对自己已经不客气了，怎么可以起这个念头呢？一觉，那个坏念头马上就消失了。随时在清净智慧上，没有愚痴，也没有惰慢心，也没有妄念思想来，也没有自觉了不起而看不起其他众生，都不会了。“当知亦尔”，都是这个样子。

“宴坐静室，暂持其心，身心轻安，疾疾生起。”

这个时候需要闭关了，你们要住茅棚闭关，一定要到这个程度才行。所以禅宗告诉你，“不破本参不入山，不到重关不闭关”，到了这个境界，以工夫来说，在禅宗来讲，是接近重关境界。什么是重关？就是到达色界天的境界。所以这个时候要“宴坐静室，暂持其心”，永远保持进步再进步，“身心轻安，疾疾生起”。看！刚刚讲一段，有多少个“身心轻安”！都是同样四个字，因为人世间之文字有限。但是，这其中每个“身心轻安”的层次、程度都不同，这里是色界的身心轻安，“疾疾生起”是很快地生起，一步一步，进步得更加快。

“不极为诸身粗重性之所逼恼，不极数起诸盖现行，不极现行思慕，不乐忧虑俱行诸想作意，虽从定起，出外经行，而有少分轻安余势，随身心转。”

这个身体原来会发麻，气不通，到此已经没有这一回事了，身体粗重的烦恼没有了。假使住在关房茅棚里，下座经行，或有事去办，这个身心轻安不会丢掉的，定境总是始终有的。

“如是等类，当知是名有作意者清净相状。”修持止观的作意，到这个时候才究竟得清净。

哎呀！我的外婆啊！讲得好吃力！你们一定会觉得很好听，这个好听是怎么讲出来的呀？你们看不懂的，为什么我会把它看懂？要在这里参呀！好听吗？听了有罪过的呀！所以这个地方不准你乱听，不要随便带人来听，没有这个程度不能听，听了反而害了他。好！下面再进一步了。

第三十三卷，“本地分中声闻地，第四瑜伽处之一”。

“复次此嗢柁南曰：七作意离欲，及诸定广辩，二定五神通，生差别诸相。”定境、神通怎么修呢？这个里头都有，但是你们别太高兴了，不要以为这一下就可以晓得修神通了，没有用的。上面所讲的这些修持，你们没有到达，这神通是白修的，不要修成神通的兄弟，变成神经了，千万注意。你要知道，前面这些白骨观、不净观，等等，没有修持到，你只不过知道这个理而已。

“观察于诸谛，如实而通达，广分别于修，究竟为其后。”现在就告诉你们，罗汉境界、声闻境界的二定五神通，是怎么个修法。

需要入世修的四种人

“已得作意诸瑜伽师”，就是已经到达前面所讲的作意成就的境界。有人问：我们是什么境界呢？我们是学静坐而已。得止了没有？（同学回答：没有。）没有，那还好，总算有自知之明。观法懂不懂呢？会观吧？（同学答：不会。）也不会，能不能作意呢？不要讲别的，你观想作意，作不作得起来？（有一位同学答：作得起来。）作得起来？很久不动吗？（答：没有办法。）对啊！你作意想起来的那个女朋友，是迷迷糊糊的，形像并不现前啊！要像活的站在你前面，才算现前，而且是两个钟头不动。想不想得出来？（同学答：想不出来。）你连那么喜欢的女朋友都想不起来，你这个作意，是作个什么意呀？我讲这个话，你懂了没有？

换句话说，你拿这个做例子，你观佛像、观明点，这个作意能够不动，行住坐卧，身心轻安；上面所讲的，一步一步、一层一层都到达了，这才是作意成就。它是缘起的，性空中之缘起，就是性空缘起；在密宗叫"生起次第"，平地上建立起来。你要晓得，《无量寿经》中阿弥陀佛四十八愿，那个是净土作意，是由阿弥陀佛的愿力作意所造的净土之业，是与同愿的众生共同善业作意所造的。我们这个世界的众生，业力苦难，是我们这个世界的共业作意所造成的。这是作意的道理。

所以佛法真修是有的，不是修空洞的作意。在观成以后，再把它空掉，那是在后面了，那已经到大阿罗汉舍念清净，已经到了佛菩萨境界了。《瑜伽师地论》有一百卷，现在才三十三卷开始，你不要听到这里就说《瑜伽师地论》我已经懂了。懂了？青蛙跳进水——"噗通"，不通！所以你要注意，不要得少为足。上面一切作意工夫，每句话都给你交代了，只有"已得作意诸瑜伽师"，已经修持到这个程度的人，才能再谈下一步。

"已入如是少分乐断，从此已后，唯有二趣，更无所余。"已经得到上面这些成就的，只有两个出路可选。

"何等为二。一者世间，二出世间。"

修持到上面这个程度，我们大家已经听得望尘莫及了，对不对？如已修到那个境界，下面有两条路可以走，一是世间，一是出世间。

"彼初修业诸瑜伽师，由此作意，或念我当往世间趣，或念我当往出世趣，复多修习如是作意，如如于此，极多修习。如是如是所有轻安，心一境性，经历彼彼日夜等位，转复增广。"

这个时候可以选择出世或者入世，换句话说，你有了上面这个定力，才有本事出世也可，入世也可。不是说衣服一换，头发一剃光就叫出世，你还在世间呀！所有的盖都把你盖住的，至少现在此刻就被我盖住了。你要脱离了这一切盖，然后世间法、出世间法才可以选择。

如果佛经你真的懂了，那你怎么办？所以真的佛法最好不能让你们懂。现在给你们一个戒律，在这里听了课以后，不要拿有色眼镜去看出家人或是天下的修行人。不可认为这些人都不行啊！那你就罪过了；你也同样不行，你只不过在这里做一个声闻众，听了一点点，得了一点点皮毛而已。在这里听了课，就看不起外面的人，那是不可以的，千万注意，这是一个戒律，要尊重任何的人。

这些修道的人，到了这个程度，可以作意，或念我应该出世，或念我应该入世，然后再求进步，更求进步，日夜不断地努力去修。

“若此作意，坚固相续，强盛而转，发起清净所缘胜解，于奢摩他品，及毗钵舍那品，善取其相，彼于尔时，或乐往世间道发起加行，或乐往出世道发起加行。”

在这个时候才有资格考虑入世还是出世，这还不包括你要不要剃头发当和尚。不管你入世或是出世，还是在修加行，还没有证得阿罗汉果；要搞清楚，你只是在修道，还没有证果，果位还没有得到。这个果位不一定是出世才可得，入世一样可以得，不管出世入世都可以证得。在这个时候，依各人的业力再考虑入世或出世。

“问：此中几种补特伽罗，即于现法，乐往世间道，发起加行，非出世道。”“补特伽罗”，就是数取趣，代表一切众生。问：有几种众生，几种根器的人，在现在这个境界“乐往世间道”，愿意发起走世间道的路线，或不愿走出世间的路线。

“答：略有四种补特伽罗。何等为四。一、一切外道。二、于正法中根性羸劣，先修正行。三、根性虽利，善根未熟。四、一切菩萨，乐当来世证大菩提，非于现法。如是四种补特伽罗，于现法中，乐往世间道，发起加行。”

有四种根器的人，喜欢走世间法的路线。第一种，一切外道，多世累劫以来是外道根性，愿意走世间法的路线。第二种，虽然多生累劫来是佛法正修的根性，但是他根性太笨、太弱了，虽然照样学佛修行，外表都很好，只是这个头脑智慧羸劣，太差了，应该在世法里磨炼磨炼，而增长其智慧，所以走世间法的路。第三种，根性虽利，聪明绝顶，但没有善根，没有福报。注意！有智慧没有善根，善根没有成熟，福报不够，还是应该走世间法的路，多培养福报。第四种，本来就是大菩萨，菩萨道大都不愿走出世间的路。大菩萨来现身，如观音、文殊、普贤，都是现身在家相；只有一位菩萨现出家相，就是地藏王菩萨，因为他要下地狱度众生。大菩萨生生世世都走世间道的，为了他世证得菩提大道，所以他就入世。一共是这四种人，走世间法的路线。

修行人为何生入异类中

“此乐往世间道发起加行者，复有二种。一者具缚，谓诸异生。二不具缚，谓诸有学。”

这四种愿走入世修的人，对于世间法的修持又分两种。一种是“具缚”，有烦恼缠缚，有业力把它缚住，这一类的就是走世间之异生道，狗里头、猪里头、魔鬼里头都有修行人。各类中的一切众生，许多是再来的，再来的都是声闻道，都有定力的，所以吃肉不要乱吃，吃到修行人的肉是会发酸的。这也就是说，各道中都有修行人再生再来。

但是他为什么变异生而不能变人呢？因为他有“具缚”，

他多生累劫的业力果报还没有还完。可是他在异类中仍然还在修行,你不要认为异类中没有修行的人,不但猫狗牛羊,连苍蝇蚂蚁中都有修行人。第二类是“不具缚”,他本来没有欠别人,没有业债了,但是他为了修道所以才变异类生,或变人,或变什么。这一类不具缚的人,已经到达了有学位还是努力在修的阶段,还没有到无学位,无学位就是罗汉境界了。

“此复云何。谓先于欲界观为粗性,于初静虑,若定若生,观为静性,发起加行,离欲界欲。如是乃至发起加行,离无所有处欲,当知亦尔。”

这是什么道理啊?因为这类人在开始初修禅定当中,“观为静性”,贪图清净,只拿到清净这点境界,所以想离开这个欲界。换句话说,就是一味地贪图清净,什么都不管,一个人去修定,以为这个就是修道。由于贪图这个定的境界,就发起加行,“离无所有处欲”,想离开四禅八定里无所有处定的这个境界。“当知亦尔”,不过,这个还在有学位的阶段。

“又依静虑等,能引无想定等,及发五神通等。”

因为得了定,在禅定的境界里,能引发无想定,觉得世间一切厌烦,最后觉得修无想定算了。释迦牟尼佛也修过无想定三年,无想定是什么念都切断了,是外道定,所以生无想天并非究竟,只是把意识压制下去而已。佛在未成道以前,修无想定三年,修非想非非想定也三年,他都修到了;知非即舍,他认为这个不是道,就把它丢了。所以这些定都不是究竟的菩提道果,而落入外道之中了。

神通是靠定力而发的,有些修行人由于定境而得了神通,以为自己有了神通,就是得道了,其实没有证到道。所以你们要注意,学佛的大戒是绝不准用神通,因为一般众生看到神通,认为神通就是道。神通是道的花呀!不是果,只是道的余波而已。所以有了定境，初禅以上发起了五种神通，若用这五神通的话，他就堕落了，变外道，变魔道，是很可怜的。为什么呢？因为他多生累劫的善根不够，善根不够智慧就发不起来。所以你们要知道，为什么脑子笨、智慧低啊？多生累劫的善根善行不够，真的福德才是真的智慧，要了解，大智慧就是有福报，由真福报而得来的。

“又即依此，若生若相，皆当广说，为离欲界欲，勤修观行诸瑜伽师，由七作意，方能获得离欲界欲。”

这些问题很重要，五通怎么发起来的？是怎么一个情形？要详细加以说明。

弥勒菩萨说：我告诉你们，修行做工夫的人，真想离开欲界的欲望，注意起心动念，并有修行的方法，有七种作意，努力修去，才可能达到离开欲界的欲。这一段下面一气连下去，下次再讲吧！

第十七讲

四大分散的过程
死亡时的特殊现象
中阴身的时光
再投胎为人
人为什么要修道
要离开欲 先了解欲
欲的各种现象
修初禅的有寻有伺境界

近来我们《瑜伽师地论》所讲的，要特别注意，都是学佛修持程序上最重要的地方。有同学提出来，要我说有关生死的问题，关于生死的问题已经提过很多次了，大家应该都知道吧。

你们要研究生死问题的话，第一部书，就要看佛给阿难说的《佛说胞胎经》。人怎么入胎的？人怎么生出来的？这部经典是单行本。第二关于处胎部分，在《大宝积经》里面有《佛为阿难说处胎会》，讲得很详细，可以说佛对医学、生理学以及各种科学都讲得非常清楚，也有其独到之处。所以胎儿在娘胎，七天一个变化，每七天的神经气脉怎么样变化，都有个名称，一直到三十八个七天，然后就出生了。

佛又在别的经典上说，一个人生命得来不易，入胎、住胎、出胎都很不容易。尤其对于怀孕的生理状况，胎儿的胎位，乃至于说子宫的部位、高矮、寒热，为什么会流产，或胎死腹中，等等，都讲得很详细。不过只是散落在各种经典里头，有关生的部分讲得很多。

四大分散的过程

关于死的部分，在各个经典也都有，现在你们研究佛学，正式的经典都没有看过，譬如《瑜伽师地论》，也把死亡方面的情形详细地讲了。佛为这个问题测验过弟子们，要大家回答生命无常的道理。佛对他们的说法做了结论，生命就在呼吸之间，一口气出去不进来就死亡，这还是正常的死亡；另外不正常的死亡，像横死的、夭折的，各种各样死的，太多太多了。佛也说过，人的身体是地水火风四大构成的，风就是气，每一大种都会生一百一十种病，大种就是物理的功能，所以四大所构成的人身，就有四百四十种病。任何一种病都可以使人死亡，由此可知生命就是那么脆弱，那么难得，那么宝贵。

现在不讲各种不同的死亡，只讲正规的死亡。人到了真正死亡的时候，地大先分散，身体手脚感觉都没有了。我们读古书就可以体会到。《论语》中，曾子有病快要死了，对弟子们说："启予足，启予手。"要学生把他的脚放好，手摆好。又说："《诗》云：战战兢兢，如临深渊，如履薄冰，而今而后，吾知免夫！小子。"他说，现在我快要死了，今后不会再犯错了。临死还孜孜为善，平时也没有恶念，现在更不会犯错了。这个情形就是地大分散，身体知觉失去了。

第二就是水大分散。你们要注意，人生命的形成与死亡时作用是相反的。在水大分散的时候，这个临死的人身上就出汗了，是冷汗，大小便也出来了。这是人最后一次大便，因为上下不相交，中气脱开，肛门也就松开，大小便就自然出来了。所以有些年纪大的人，小便憋不住了，洒在裤子里，自己也不知道。老年人到这个时候非常痛苦，包括将来你自己，包括你父母，到这个时候小便先已控制不了了。

学佛的人更要知道，老年人放连声屁，就是下行气亏虚了。水大分散死相出来时，六根先坏，瞳孔放大，即使站得很近，在要死的人看来，很远很远。耳神经也跟着坏了，当面跟他讲的话，他听来非常遥远，听不清楚。

在地大分散时，人进入昏迷的状态，也进入半梦的状态；或者有山压下来的感觉，或者觉得被铁板夹住了，很痛苦。等到水大分散出冷汗的时候，这独影意识已经不太清楚了，意识跟着四大的分散渐渐昏迷了。不过独影意识的作用还有一点点，觉得自己好像掉到海里了，害怕得很。

水大一分散，接着火大分散和风大分散一齐来，身体慢慢开始冷却了，冷到什么地方，风大的气就断到什么地方。所以大家研究唯识的，都知道煖、寿、识，老年人身体有许多地方发冷，尤其是下部。因为人都是从下部慢慢死亡上来的，先是路走不动了，身体越来越粗重。所以为什么禅定修好的身体会轻安？因为没有粗重了。

最后地水火风一齐分散，喉部有痰堵住，呼吸也困难了。你看医院里快死的人，大部分都发生肺部积水，气就快要堵住了，现在医学的方法就是喉管切开，管子插进去抽痰。当脑子氧气不够时，就要上氧气了。氧气就是风大，所以听到某人上氧气了，就差不多了；不过也有救转过来的。

死亡时的特殊现象

人在断气的时候，各种影像都来了，如在狂风暴雨中跑，各种难过痛苦、恐怖的境界都来了。假定平常有宗教意识的，所谓地狱啊，牛头马面啊，上帝派人来找啊，这些境界自然都会显现了，实际上都是你意识中所变现出来的。四大分散最后一口气完了，据说非常舒服，人有轻松解脱之感。但是只一刹那间就过了，人就不知道了，古人形容如脱壳乌龟飞上天。

什么是脱壳乌龟？当年在大陆地区，有人要吃乌龟，方法很残忍，把乌龟用夹板夹住，再用火烧它的尾巴，乌龟受不了，就拼命逃跑，因为壳子给夹板夹住了，只有肉身逃出去了，叫脱壳乌龟。出来当然也是死亡，据说人死的时候，也像乌龟脱壳一样痛苦，脱，脱，脱到最后那一刹那，就非常舒服、轻灵。

人到地、水、火、风完全分散死亡的时候，刹那间欲念非常强烈，淫欲的念特别会发起，而且很重。平常人到了中年、晚年，性欲的感受与观念都慢慢退减了，可是到了死亡的时候，这个欲念强烈发起，在完全死的那一刹那，发起的现象是很复杂的，这是死亡。简单地讲是如此。

当全身冷却了，可以测验六道轮回，最后身体还有一点煖，就是前七识都走了，第八阿赖耶识并没有完全离开身体。如头顶还有温煖，最后很慈祥舒服的样子，这是往生天道；往生净土的人也是如此。如果全身都凉了，面部、额头还有点煖，但人很痛苦；或者因观念、或家庭、家人、家事，或对人有怨恨，死的时候样子很难看，虽也是上生，不过是进入阿修罗道。这个差别很微妙，因为有些是痴相，痴痴呆呆的，也是生阿修罗道。全身冷却，胸口最后冷的是人道中再来。如果全身都冷却了，肚脐下面还煖的，是入畜生道，属于下三道，这一类的死亡就不是那么从容了。我们讲从容是规律化的，有时候如果死亡很快，又不那么规律，譬如车祸撞死的，突然血压高死的，来得很快，属于不规律的死亡。死后转生畜生道的，大半不是寿终正寝，不是好好死的，或者死的时候形状很难看。

过去有些人，是很好家庭的人，八九十岁了，最后死的时候，硬是爬到地上，有的硬要爬到狗窝、猪窝，才躺下来断气。现在医学发达了，医院的管理，这种事情是不许可的，认为是精神分裂，马上打镇定剂，所以就观察不到了，这些讲的是入畜生道。如果全身冷却了，膝盖头最后冷却，是饿鬼道；脚底心最后冷却，是地狱道。可是这下三道，由于各种怪死现象，各式各样都有，这个最后冷却的部位也就很难检查出来，没有机会给你去摸了。这是死亡时大概的情形。

在刚刚断气时，阿赖耶识还没有完全离开这个人的身体，所以佛经的规矩，人刚断了气，不准搬动，起码要过一两天，因为这时你碰到他的身体，他还有感觉。所以中国几千年前的《礼记》中就有规定，一个人寿终正寝，三天以后才能搬动，再换衣服。中国的古礼，换衣服时，儿孙子女在旁边，媳妇都要走开的。身子抹干净换衣服，一个女婿一条被子，七八个女儿就要盖七八床的被子了。衣服春夏秋冬都要，裤子要穿好几条，大儿子所谓做"尸"，自己呆呆地站着，把衣服都穿在他身上，再整个脱下来，穿到死者身上。这是顺便把古礼说明一下。

为什么三天以后才能移动呢？因为有一种病叫做"假死"，三天以后也许又复活了，这些中国人都知道。佛家讲的就更清楚了，你们都念过《八识规矩颂》，阿赖耶识"去后来先做主公"，对不对？阿赖耶识最后才走，所以不准马上碰他，最好也不要哭，也不要叫，因为他仍然知道，只是很远很吃力地听到，不是用耳朵听到，是意识那个中阴身、那个灵魂听到，听了也会悲伤的。

按照佛家的规矩，这个时候如果有修持的人指头按在临终人头顶中间那个穴道，叫他从这个地方走，或者有法师用引磬慢慢敲，对他说你现在发现光明就跟这个光明走，一边念佛。这个时候需要人提醒，佛家有临终助念的方法，因为大家年轻，出家人当然很不愿意学这个事。严格讲起来，整个佛法的重点是大慈悲，所以要出家人、法师们经常做这个事。这是指导死去的人，引导他，引起他注意，所以此时念经是有作用的。可是现在年轻的一代，很少有这个慈悲的心了，过去有这样的做法，在旁边念啊、念啊，但是有时不懂得方法，反而变成乱搞一通。

死亡时四大分散大概要多少时间呢？拿我们世间的时间计算，大概要两天，因业力不同，时间长短各人不同。这个时候人好像一觉醒来一样，如梦初觉，醒过来以后这个叫中阴身，也叫中有身。为什么叫中阴身呢？人死后，另起的生命还没有生起，中间存在的这一段，就是中阴身，普通叫做灵魂。

中阴身的时光

在死亡后中阴身快要形成以前，像睡梦快醒的时候，刹那间有强烈的光出现，比太阳、电光，什么光都强烈。实际上真做工夫、有修持的人，平常在定静中，已经很习惯这个光明了，那是自性所发生的功能。可是普通人受不了这个强烈的光，这个光一下子就没有了，又成黑暗了，阳面和阴面是接连来的。中阴身眼耳鼻舌身意样样都有，与我们做梦的情况相似。

我们做梦的时候，觉得被人打，也会感觉痛对不对？梦中想到伤心的事而哭，醒后枕头上还有眼泪对不对？实际上中阴身的活动同这个一样，所以中阴身一形成，他自然有中阴身的神通，山河墙壁都障碍不了他。也等于得道的人，一念动，要到哪里就到哪里，没有时空的障碍，念头一想就到了。

所以我们说修持好了，一念可以往生西方极乐世界，因为物理世界的光速、电速、声速，都不及念速，念是很快的，中阴身就有这个功能。中阴身等于有五神通，所以家里的人哭啊、闹啊，他都听到，也看到，不过就是看不到自己的尸体。也许我们在哭时，他还来安慰我们说：算了，我已经死了，你不要哭了。不过他劝你，你也听不见，这个叫中阴身。

中阴身发现光的时候，就有很强烈的欲望，是性欲的欲望；欲界的生命来源就是一个欲，这个欲的作用是很厉害的。中阴身此时对光、声、色，什么都看得见，毫无阻碍。假定平常是有修持的人，在自性中阴身形成以前，一见到光，他认识了自性，一念一空而定住，入了定，生死来去，六道轮回，天上人间就可以任意做主。这要平常修定有工夫才行；没有修持，没有工夫，到这个时候很乱，没有不乱的。我们这样讲听起来很轻松，当时那个境界是很难受的，就像现在，我们在一个不舒服的环境里，一秒钟都受不了，死亡的环境就更难了。

但是有两种人没有中阴身，一是至善，一是至恶。至善的人，一死马上上天，中间没有停留；至恶的人，一死就下地狱去了，也没有中阴身。普通的人，善恶兼半，或者善恶无记三业都有，就会经过中阴身的阶段。

在中阴身将生未生之间，看你信仰什么宗教，那个佛啊、菩萨啊、上帝啊、圣母啊、关公啊、天使、魔鬼、牛头马面，都可以看到。这段时间，你一生所做的好事、坏事、无记，从娘胎开始，就如电影一样，一幕一幕反映出来。不但如此，过去世的业力你也知道了，都翻出来，不过很快的，快到像我们做梦一样的过去了。我们梦中梦了十几年的事，实际上很少超过五秒钟的，最长顶多三十秒钟，已经算是很长的梦了，可是这几秒钟梦到的事情，却是人世间几十年的经历。

这是有科学证明的，譬如像你们在座的，至少活了二十几年了，你回想过去所经过的事，现在觉得很快，对不对？所以这是同样的道理。中阴身那个时候，将一生所经历过的事情，一下就反映出来。这个中间，佛经告诉你“无主宰，非自然”，你如果相信阎王，阎王也出来了；相信上帝，就会受到审判；如果理透了，知道一切唯心造，那就是你的业力做主。平常你做的坏事，别人不知道的，这个时候自己很清楚，骗不了自己，这就是业力的道理。

中阴身有两个地方不能去，一个是产门，一个是菩提道场，其他地方都可以去。你们谈恋爱的要小心，当你们拥抱的时候，旁边不晓得有多少中阴身站在那里看戏，等待来投胎入产门。所以你们要小心，不要以为没有人看到，“十目所视，十手所指”，那是真的。中阴身不是鬼，与鬼不是同一道。

另一个不能去的是菩提道场，不是普通的道场，是大菩提道场去不了。这是什么理由呢？以前像我们年轻的时候，就问倒一位大喇嘛。第二天我就参通了，知道中阴身入产门就不叫中阴身了，因为投胎了嘛；中阴身入了菩提道场，他开悟成佛了嘛，也就不叫中阴身了。中阴身这两个地方不能去就是这个道理，所以万事要自己思维，把它参透。

中阴身七天一个生死，最多七七四十九天一定转生，普通不会到四十九天。讲到中阴身的入胎，我们现在再讲一点欲界的入胎，不止人，昆虫、蚂蚁、畜生，都是由男女两性生爱生欲这个动力而生这个生命，这个叫做欲界。植物也有雌雄交配，才能结果子，欲界都是这个欲。

中阴身在欲界里，当因缘成熟时，譬如男女两人有性行为的时候，与你有缘的中阴身就感应来了，看到男女做爱，看得清清楚楚。在靠近时，看不见男女了，只看见二人生殖器的部分。此时贪恋男性爱欲的，自觉与那个男性做爱，就投胎为女性；如果对这个女性有爱欲的，就投胎为男性。不男不女的是另外一种业力，这个很微妙，大家还年轻，慢慢研究性心理学才会懂的。这个业力，细算这个账还不止如此，有很多很多的因素，遗传也有一部分的因素。所以现代心理学讲女孩子比较爱父亲，男孩子爱的是母亲。

再投胎为人

佛也说过，《瑜伽师地论》也有讲到投胎的情形。譬如在入胎的时候，忽然像梦境一样，看到一个地方风景很美，宫殿庄严，就进去了，即投胎在富贵人家。另有觉得狂风暴雨，又有人在追赶，看到一间小茅棚或一个洞，就钻进去躲，或许就生在很穷苦的人家，或者四肢不全，等等。也有很爱钱财的，看到很多钱，他也要去抢一把，就入胎了；爱吃的人，看到一盘红烧牛肉，好啊！偷一块吃，就是爱欲一动，像磁铁吸引力一样，就入胎了，变人。如你的业力该变狗的，看到的男女不是狗，也是人，一动念爱他，就变狗了，一切一切都是以欲爱为中心，这是欲界。

色界的入胎又是另外一个道理，这个里头只讲爱欲这一面，贪瞋痴慢疑各方面都有。有些人瞋心的业力重，看人都是恨、讨厌，也吸引进去了，就是三缘和合，一引就入胎了。

入胎以后中阴身就没有了，又昏迷了，像死亡一样，什么都不知道，在里面大概闷了十个月。有些有定力的人，像阿罗汉及大菩萨，尚有隔阴之迷，在中阴身阶段迷掉了，以前的修行都忘了。能够入胎不迷，住胎不迷，出胎不迷，那个是定慧之力，只有大菩萨再来投胎才可能。

有些人出胎的过程都知道，老古出版过一本书，说美国的调查，用催眠把人恢复记忆，讲自己前生及住胎的情形，说得多半很相近。如果业力轻的胎儿，住在胎里也有读书、跳舞、开运动会的。所以母亲怀孕的时候，会感觉孩子在里面乱动，他那个境界和人在梦中的境界一样，虽是很小的天地，对他就是一个大天地。

还有胎儿在胎里受到各种刺激，母亲吃的各种饮食，胎儿会有感觉。母亲吃了冷的，喝了凉水，胎儿像上冰山，喝了热的烫的，像下油锅，十八层地狱在里头都受到过。所以中国人讲胎教绝对有关系，现代医学也证明，胎儿在肚子里什么都听得到，所以父母两个人生气啊，讲甜言蜜语啊，胎儿听得清清楚楚的，不过他出胎的时候忘记了。假使这个母亲怀胎时，另有情人谈情说爱，这个胎儿也清清楚楚，谁都瞒得了，但瞒不了这个胎儿。可是这个胎儿出胎以后，什么也不知道了。尤其一出了产门，小家伙受空气刺激，脐带剪断，就“哇”的叫起来。当脐带一剪断，立刻就要把婴儿嘴里泥土一样的脏东西挖干净；挖不干净，婴儿吞了下去，就变成胎毒。

现在我们晓得人的生命是三缘和合，因缘所生，无主宰，非自然，一切都是业力所生，唯心所造。六道轮回的差别、生命的选择靠自己的修持，所以佛法大小乘，第一步是能够解脱生死，解脱心物的缠绕。

讲到因缘所生的生命，直到现在，世间上的学问尚无完整的答案。人类开始没有文化，也没有文字教育，可是这种追求生命来源的思想，个个都会有，天生都有。开始解答这些问题的是宗教，深地地再加研究，对答案不满意，所以就产生了哲学。哲学由理性的研究推翻了宗教的外衣，来追求宇宙生命的来源。后来哲学家也摸到了边缘，摸来摸去还是拿不到证据。科学家说：你不要管哪个宗教家，他是胡乱相信的，你们哲学家想的也不一定对，你靠脑子想，你那个知识本身就是问题，所以科学要求实证。

人类的文化在宗教、哲学、科学三大领域摸了几千年，各自都说自己解决了生命问题，现在谁也没有解决，仍然是在宗教、哲学、科学的路子上转，对不对？是不是这样？佛家说自己了生死，我们看学佛的人那么多，谁了了生死？佛说出这些道理来，是佛已经了了，我们并没有了，你们必须要把这些道理都求证过。

有一点很奇妙的是，人类的文化越进步，许多宗教的理论就越站不住；而科学越是进步，佛说的理论却越站得住，越证明他对，不过表达方式不同，名称不同而已。

人的生命来源是因缘而生，无主宰，非自然，可是现在医学讲人类是遗传来的。达尔文说人类是由细胞、猴子进化来的，那是达尔文的祖宗，我们不是。弗洛伊德说人类都是性的问题，那是弗洛伊德的性心理，有些人并不是性的问题。

我的朋友之中有几对夫妇，有一对还在，七八十岁了，没有孩子，一辈子学问很好，感情很好，虽然是一对夫妇，但一辈子像出家人，没有性这一回事，有爱没有欲。当然也许是性能力的问题，但是一个真正有学问的人，脑子用得多的人，或者艺术家，智慧发达的人，欲是比较少的；欲重的人，多半智慧少。如果又有智慧又能享受欲，那是天人的境界，非凡夫所能望其项背。所以愚人多欲，圣人少欲，但是愚人多了之后，一年生一个出来，生一大串，古人几十个儿女的很多，没有什么稀奇。

与生命有关的因缘有四个：(一)亲因缘：是中阴身带来的种子，加上父精母卵，三缘和合才能成为一个生命。有人问，试管婴儿也是欲来的吗？男女两性的欲是粗浅的欲，大的欲是各种欲念。譬如中阴身在投胎的时候，看这个画很美，美啊！就被它拉进去了，那个吸力就是这个因缘。(二)增上缘：家庭的教育，社会的环境，这些都是增上缘。(三)所缘缘：因缘本身是种子，就是亲因缘，生下来以后，由种子起现行，过去带来的种性，脾气坏的可能更坏，或因中阴身受了某种刺激，也可能会变好一些。但是，如果不再加上教导，长大了也会越来越坏。这就是由过去的因缘，连锁关系，种子生现行，现行熏种子，连续不断的，所以叫做所缘缘。(四)等无间缘：这个所缘缘在六道轮回中，生生死死，死死生生，永无穷尽，称为等无间缘。因缘有这四种。

人为什么要修道

我们讲了半天，为什么人要修道？就是求解脱，要跳出生死轮回，真解脱是要在现行之中解脱生死。刚才有位同学来问，我们修行人现在就在生死中。对啊！是分段生死，六道轮回就是分段生死。换句话说，我们自性不生不灭，不垢不净，真如自性本来没有什么生死，不生也不死，既无所谓有，也无所谓空。但是一念动之后，一动一乱，越动越乱，乱了以后，就永远在那里轮回旋转，越旋转得快，越解脱不了。就像电风扇上停了一只苍蝇，电扇一开，这个苍蝇飞不出来了；飞不出来，永远解脱不了。所以我们要寻求解脱，要从六道轮回的生生死死中解脱出来。因为在这轮回之中，转动速度太快，在五蕴中这个叫行蕴，行蕴是很难解脱的。无明缘行，念头一动，行就来了；行缘识，识缘名色，四大就来了，十二因缘接着都来了，属于分段的生死。

修行走的是变易生死，像现在打坐腿发麻，修道的人有各种生理的变化，实际上每一秒钟人都在生死中，不过是在变易生死中变化，慢慢转变。关于变易生死，修得大阿罗汉果就可以解脱变易生死，不过，解脱生死不是了生死。怎么叫了生死？大乘菩萨成佛以后，返还真如自性，不生不灭，就是了脱生死了。

对于了生死，认为打起坐来就说我不到这个世界来了，不来？你到哪里去啊？就算你生了天，还是在生死中呀！反正在三界中就统统是在生死轮回中。所以修定修观就是要了这个生死。

再说现行的生死，一昼夜就是一个小生死；再小一点的生死,就是在一念之间。一个念起来,即生即灭,生死本来就是一念无明。所以不知这个念起在何处,不知其来处,当然无法了生死;也就是孔子说的,“不知生,焉知死”。佛法是教我们如何了生死,了了生死以后,所谓证到了智慧,证到了神通,那么宇宙的来源、生命的来源,都清清楚楚了,因为一切都包含在一个自性的功能里。佛法所讲的基本道理,就是以三世因果、六道轮回为主,整个生死的道理就是如此。中国禅宗首先提出来,标榜了生死这个重点,也就是因为这个道理。

现在《瑜伽师地论》这里讲的,最重要的关键就是修定、修观,一步一步都是切实的工夫。这一段一定要好好研究,将来考试重点就在这几卷当中。我还要提起你们的注意,看看哪位同学记得,上面讲的修定、修止观,做工夫修行,起步要修什么?(同学答:作意。)作意是原理,(同学答:不净观、白骨观。)不净观到白骨观,一路怎么修,这是渐修的法门,而且这也是科学化的程序,一步一步地引进,一步一步的境界,一步一步的工夫,已经统统都告诉你们了。

上次也讲到,在快要得定的时候,就是真正得定以前,头会发重,对不对?身体、心理等的变化情况,统统都说到了。你们特别要注意这一段,要反复研究,一辈子修行都用得着,这样才可以说是真正在学佛了;不然,对不起,不管在家出家,学佛都是假的,理论都了解,没有起行,那就永远不会成功。

上次讲卷三十三,出世法及世间法的定与神通,讲到“由七作意方能获得离欲界欲”,下面接下来八百三十二页。

要离开欲 先了解欲

“何等名为七种作意。谓了相作意、胜解作意、远离作意、摄乐作意、观察作意、加行究竟作意、加行究竟果作意。”

作意有七种，如参话头、念佛，都是作意，是意在造作。作意在密宗叫生起次第，无中生有，把它生起来，到达了返本还原，彻悟了，就是圆满次第，证得了菩提。观想也是作意的一种作用而已。

“云何名为了相作意。谓若作意能正觉了欲界粗相，初静虑静相。”

随时随地有觉醒，就是“了相作意”，用清醒的念头去了解欲界之粗相，最粗的是男女之间的性欲爱欲；其次的粗相是功名富贵，好享受，喜欢万事不管，贪安乐的欲，放逸也是欲。总而言之，离欲界的欲是最难的，达到离欲的境界时，已经升华到色界天的境界了，已经在光明中。不但是相在光明中，头脑作意思想，永远是清醒的，不会有昏沉了，也不会落于善恶无记中。再以身体来讲，到了这个程度，头脑永远是清醒的，头不会痛，六根明利，这就是“初静虑静相”，初禅就到了。

初禅在教理是什么境界呢？在《瑜伽师地论》里为“心一境性”，此心永远在清净境界，无论是在作意的那个观想境界也好，乃至不观想境界也好，永远是清明的。初静虑是念住，欲界粗的妄想没有了，初禅就是到达这样的境界。

“云何觉了欲界粗相。谓正寻思欲界六事。何等为六。一义、二事、三相、四品、五时、六理。”

作意就是生起次第，功德智慧生起，也就是觉察了欲界六方面的粗相。这个欲是广义的欲，不是光指男女之间的欲，饮食男女只不过是粗相中最粗的相之一。

“云何寻思诸欲粗义。谓正寻思如是诸欲有多过患，有多损恼，有多疫疠，有多灾害，于诸欲中多过患义，广说乃至多灾害义，是名粗义。”

第一是义，怎么研究欲界的粗相义呢？我们要了解，在欲界的生活，起心动念，样样都是被欲所左右，种子是在起现行。这个欲分两种，一是共业的欲，一是别业的欲。譬如大家都想吃饭，都想吃好吃的，这是欲界中共业的欲。而其中你喜欢吃辣的，我喜欢甜一点，这是共业中的别业，各人喜欢的口味不同，这些都是欲。每人对颜色爱好也不同，这是色欲不同，共业中的别业不同，所以都要检查清楚，才能够晓得自己毛病在哪里，才容易把毛病除掉，才能够解脱，所以粗义要了解。

这是讲的义，因为心里有很多贪欲，无始带来的贪欲，产生很多过患，使自己有了很多损害与烦恼。虽然烦恼是只损害自己的，别人有时候也会受你影响，但那是轻微的，对自己损恼才可怕，才是最重要。因有欲所以才会有疫疠，会多生病，又多灾害。对欲的过失、过患，都要了解它的道理，正确了解欲的毛病。义就是道理、原理，这个要了解。

“云何寻思诸欲粗事。谓正寻思，于诸欲中有内贪欲，于诸欲中有外贪欲。”

第二是事，欲这件事有两种，一种是内贪欲，一种是外贪欲。内贪欲是内在的先天个性带来的，像对某种事特别爱好，如欲界中，第一关最难通过的，是男女之间的性欲。但你要晓得，佛是大智慧人，你如果研究佛法，尤其《大藏经·戒律》这一部分，对于人类犯错误性行为的内容，佛什么都知道，我看了只有合掌赞叹，顶礼膜拜。我们现在世间发生的各种恋情，什么同性恋啦，怪招术啦，各种性行为，佛经里头都有。我们看了那些佛经，才晓得人类原来有这种种怪癖的行为，这是个疯狂的世界，懂了佛经，才知道这是平常的事。而且佛在世带领的弟子们，经常有这些行为出来，当然逃不过佛的眼睛，好的坏的，他都知道，真是智慧明了。

所谓内贪欲，是有些人属于内向的贪欲，外表看来这个人什么都不要，仔细研究他的心理，他什么都要。只有他自己反省出来，才能把这个根根挖掉；不是自己反省出来的话，那根根是不会找出来的。所以了相很难，了了了时无可了，了不了，就不得了。另有些是外贪欲，由于外在环境的影响而起了贪欲。

欲的各种现象

“云何寻思诸欲自相。谓正寻思，此为烦恼欲，此为事欲。”研究清楚自己心理的状况，有些属于烦恼欲，这种欲会引起你的烦恼。烦恼不是痛苦，比痛苦轻一点，是会损害自己的精神，自起烦恼就属于烦恼欲。有些属于事欲，因事而引起的欲。

“此复三种，谓顺乐受处、顺苦受处、顺不苦不乐受处。顺乐受处，是贪欲依处，是想心倒依处。”

譬如一个人茶来伸手，饭来张口，这是现代人讲求物质的享受、精神的享受，是贪欲最根本所依的地方。实际是思想上的、心理上的，构成了一切颠倒想依处。

“顺苦受处，是瞋恚依处，是忿恨依处。”顺苦也是欲呀！现代人喜欢“马杀鸡”（按摩），明明是挨人家打，打轻一点就说很舒服，等于我们捏那个香港脚一样，一直捏到流血，但是感觉很舒服，这叫做“顺苦受处”，它属于瞋恚的依处。又如爱发脾气，有时候那个脾气发了以后，觉得很舒服，那个就是虐待狂，或者虐待别人而自己痛快，或自己被虐待自己也很痛快。瞋恚依处是它的根本，也是忿恨的依处，心中很气愤，高声大骂才痛快，都属于“顺苦受处。”

“顺不苦不乐受处，是愚痴依处，是覆、恼、诳、谄、无惭、无愧依处，是见倒依处”。

一天到晚傻傻的，把傻傻笨笨当成享受。有些人被别人打一下也没关系，他也蛮舒服的，就是不苦不乐的依处。下面是《百法明门论》中的随烦恼，"覆"是覆盖，犯了错或犯了罪，遮掩起来，只要没有人知道就好了。实际上已吃了亏，自己还觉得蛮好。"恼"是恼恨，很多人对于轻微恼恨还觉得蛮好，认为打是情、骂是爱呀！恼依处，不苦不乐依处，都属于欲。"诳"是骗你一下，什么我好爱你呀！其实都是假的，你听了还是蛮舒服的。"谄"是谄媚。这些属于观念上的错误，见地上颠倒的依处。

"即正寻思如是诸欲，极恶诸受之所随逐，极恶烦恼之所随逐，是名寻思诸欲自相。"

修行的时候，起心动念要研究清楚，因为有爱欲，所以生理上有四大苦乐的感受不同，感受跟随你来而不自知。我们看到佛经都是在讲理，其实都是在教你做工夫，教你把自己心理状况解剖得清清楚楚。这些随烦恼像毒蛇一样，既然是毒蛇，自然不能去摸它，才不会被它咬。这些是诸欲之自相，也就是欲本身的形相。《瑜伽师地论》属于唯识法相，每一样名相都讲得很清楚。

"云何寻思诸欲共相。谓正寻思此一切欲，生苦、老苦，广说乃至求不得苦等所随逐，等所随缚。诸受欲者，于圆满欲驱迫而转，亦未解脱生等法故，虽彼诸欲，胜妙圆满而暂时有，是名寻思诸欲共相。"

我们生在欲界中，都想生下来永远不死，不要生病，不要有生老病死苦，但都没有办法。生老病死苦是欲来的，欲是基本的因，生老病死苦是果，此因必得此果。乃至人生的八苦，爱别离苦、求不得苦……越是喜欢的东西，越会失掉。大家共同都喜欢的是钱，可是大家都穷，这是求不得苦。喜爱的人偏要分离，这是爱别离苦。都在苦，没有哪一样不苦，这是欲反面的共相。因为我有欲求，又因为得不到，就觉得痛苦。就像赚了钱，结果又丢掉了，不免发生烦恼，苦相就来了，所以欲反应了共相。

“云何寻思诸欲粗品，谓正寻思如是诸欲皆堕黑品，犹如骨锁，如凝血肉，如草炬火，如一分炭火，如大毒蛇，如梦所见，如假借得诸庄严具，如树端果。追求诸欲诸有情类，于诸欲中，受追求所作苦，受防护所作苦，受亲爱失坏所作苦，受无厌足所作苦……”

一切的欲都是业，恶念是恶业，恶念堕在黑品。希望大家自己仔细看，不要当文字看过去，这是教你一门修法，是从自己心理上观察清楚，先求解脱的修法，非常重要。如果当成教理，则思想是思想，学问是学问，佛学是佛学，那就和自己毫不相干了。

下面看八百三十九页第六行。

“如初静虑定有七种作意，如是第二、第三、第四静虑定，及空无边处、识无边处、无所有处、非想非非想处定，当知各有七种作意。”修初禅，有七种作意；同样的，四禅八定，每一个境界都有七种作意。所以心理状况是非常非常的难解脱，绝不是想像的那么容易。

修初禅的有寻有伺境界

“若于有寻有伺初静虑地觉了粗相，于无寻无伺第二静虑地觉了静相，为欲证入第二静虑，应知是名了相作意。”

初禅是有寻有伺地境界，对于离欲七种作意的心理状况，只见到了粗相；到了第二禅无寻无伺地，才真正见到了静定境界的相。换句话说，我们现在打坐，觉得自己很静，这个连初禅的定都不到，要到了二禅你才能真正觉了静相。要想由初禅证入二禅，这个是“了相作意”。

“谓已证入初静虑定，已得初静虑者，于诸寻伺观为粗性，能正了知，若在定地，于缘最初率尔而起，匆务行境，粗意言性，是名为寻。”

寻、伺这两个东西要注意，这里特别解释，寻、伺就是我们的思想，是心里做工夫。什么叫寻？我平常有个比喻，拿手电筒到暗处找东西，这里看一下，那里看一下，这是寻。伺呢？电灯打开了，整个看得很清楚，全面看到，这个是伺。这只是比喻，他这里说得更清楚，用义理告诉你道理。

他说在得了初禅定境界时，寻伺的作用，在心理上，就像自己反省、观察的作用，分为寻、伺两种情况。寻的情况，是自己反省观照心念哪里来，这个能够看见，能够找的这个，是粗的现象；找到了，哦！原来是这个样子呀！这个叫了知，了知还是寻的境界。

假如人身心在定的境界里，“于缘最初率尔而起”，就像我们打坐正好的时候，突然电话响了，这个叫率尔而起，是忽然来的。又如坐得很好的时候，念头根本没有，而忽然想起“新竹的贡丸很好吃”。从来也没有想贡丸不贡丸，现在是在这里打坐，而且又是吃素，却突然想起来贡丸，这个是比喻，也是率尔而起。“匆务行境”是说念头是很快的，一下子想到新竹的贡丸，一下子又想到台南的海鲜，然后又想到哪里杀人了，匆匆的，心里抓到外境。“粗意言性”，这个是性质的性，不是明心见性的性，就是在这种心理上，引发了呼吸也变粗了，情绪也是浮动的。“粗意”是意识上粗的境界，自己心里在说话了，“是名为寻”，这叫寻的境界。

“即于彼缘，随彼而起，随彼而行，徐历行境，细意言性，是名为伺。”

工夫久了，率尔而起这种粗的妄想不来了，像有些人打坐久一点，觉得没有什么妄想了，一切都静静的，很想清静下去，这个时候是伺的境界。“即于彼缘”，你所缘的这一念清净，“随彼而起，随彼而行”，意识随时保持在清净境界上，“徐历行境”，悠哉游哉，心境在悠然的境界里。这个境界性质很细，这个境界叫做伺。

“又正了知如是寻伺，是心法性，心生时生，共有相应，同一缘转。”

把寻、伺的心理境界认识清楚了，你那个能知之性，了解自己现在到了什么情况，也很清楚现在心理的现况，这是属于意识的现量所起的作用。“心生时生”，念头一动就有这个境界，念头想清净，就清净现前，还是唯心所生。因为心清净了，慢慢身体内部也静了，呼吸、气息也平静下去了。

“又正了知如是寻伺，依内而生，外处所摄。”

再进一步，了解自己身体内在的心理状况，了知就是明白，自己要明白，这个寻伺境界是我们自己的心理状况，是自己生出来的。“外处所摄”，因为依他起的力量还是很强，外境一引动你就变了，寻伺就变了。所以外境的物理世界，引动你的力量还是很大。

“又正了知，如是一切，过去、未来、现在所摄，从因而生，从缘而生，或增或减，不久安住，暂时而有，率尔现前。”

这是很详细的心理学，思想心理动念的本身，一切过去、未来、现在的这个时间性，不是你意识所能改变得了的。所以《百法明门论》中有心不相应行法的，时间就是你改变不了的，你不能把一万年缩成一念。虽然一万年一想就来，那是说理论上可以，但一万年还是一万年，你一念还是一念。而且都是因缘而生，忽然而起。偶然浮起的这一念，很短暂，这突然而起的一个莫名其妙的念头，一弹指就过去了。

“令心躁扰，令心散动，不静行转，求上地时，苦住随逐，是故皆是黑品所摄，随逐诸欲。”

本来自己在静定中好好的，工夫刚刚进步，这种率尔的念头突然来了，贪、瞋、痴、慢、疑等，不一定哪一个烦恼魔障忽然就来了。所谓魔障这个名词，大家一遇到什么事，就推过给魔障，魔障才不负这个责呢！因为这是自己心里所起的，不是魔障。烦恼一旦来了，令心躁扰、烦躁；它是率尔而起，莫名其妙来的，使你烦恼，扰乱了你，使你的心散乱。“不静行转”，心不静了，所以你有了这么一步清净的工夫，要想再上进时，你就要赶快舍掉现有的境界，否则就跟着堕落了。这样的境界，属于恶业、黑品业，还是欲界的。因为你心想清净，以为清净就是道，“苦住随逐”，这个清净就变成欲了，所以还在欲界中。

“离生喜乐，少分胜利，随所在地，自性能令有如是相，于常常时，于恒恒时，有寻有伺心行所缘，躁扰而转，不得寂静，以如是等种种行相，于诸寻伺觉了粗相。”

在这个时候，虽然有点初禅离生喜乐的样子，离开了现有这个人生境界，好像得到一点清明，又欢喜又快乐；可是你如果没有分析清楚，而被清净境界之欲所转，同样会堕落，不能再上进了。“于常常时，于恒恒时”，这还是寻伺心，会引起你的烦躁，心绪不得寂静。

下面是讲修二定五神通的方法，下次再讲，你们自己要先研究。现在对修行的分析，那么详细清楚，如果修行再不上路，那就变成茶叶蛋了，不是笨蛋。

第十八讲

世间定的重要
静虑与定的不同之处
七日七夜为什么
无寻无伺入二禅
三禅以上的舍和乐
禅定与三灾八难
什么是真正的虚空
有心定与无心定　无想定与灭尽定
得神通了

世间定的重要

在修定做工夫方面，如何才能达到离欲的境界？这个离欲是广义的欲，所谓“皈依法，离欲尊”，欲也是包括了一切。讲到离欲，它还是属于世间定的范围，还没有超出世间，还是属于凡夫定。所谓凡夫，并不是指人类的普通人，而是包括三界的天人，都算是凡夫。修定必须先要做到世间定，没有得到世间定，就讲自己得了出世间定，那是妄语，因为做工夫是有程序的。讲大乘思想的，如果说大话，等于是空洞的哲学家。这并不是说每个哲学家都是空洞的，假定空洞的哲学家说了大话，然后有条理、有程序、有法则地加以实验，那就不同了。因为工夫是个科学，所以不要看不起世间凡夫定，那是必须要做到的。

下面看八百四十一页第三行。

“复次此中离欲者，欲有二种，一者烦恼欲，二者事欲。离有二种，一者相应离，二者境界离。”

这一段是关于离欲方面，可以念下去，有不懂的地方马上问。欲有两种，要把这两种欲的观念搞清楚。离欲的离也有两种，每个观念的逻辑非常清楚，就是因明非常清楚。欲有两种，一烦恼欲，二事欲。怎么离开这两种欲呢？有两种离的方法，一相应离，二境界离。

“离恶不善法者，烦恼欲因所生种种恶不善法，即身恶行、语恶行等，持杖持刀，斗讼诤竞，谄诳诈伪起妄语等，由断彼故，说名为离恶不善法。”

恶法就是坏的，不善法也是恶。所谓恶法、不善法的来源，是心理上的烦恼欲，因烦恼欲而产生了种种恶以及不善法。有恶言恶行等，就是身体言语的坏行为，像拿刀杀人，这些都是恶法，要离恶法，就是断除一切恶法。在做工夫时，要先去掉这种烦恼思想，然后才能免除恶法。

“有寻有伺者，由于寻伺未见过失，自地犹有对治欲界诸善寻伺，是故说名有寻有伺。”

有寻有伺就是做工夫的境界，是我们反省自己的行为状态。我们的心理状态，起心动念构成习惯，同时也有一个监察的意识，自己觉得对或不对，这是属于寻伺的作用。由于自己反省，才不会有行为的过失。“自地”是自己心意识心理，有对治自己毛病的意向，要修正自己的毛病，所以叫修持。另一个名称就叫有寻有伺。

“所言离者，谓已获得加行究竟作意故。”

离，还是属于加行，是有意地要离开恶业，趋向于善，使我们达到修定加行的工夫。“究竟作意”是向善法上走，比较彻底。

“所言生者，由此为因，由此为缘，无间所生，故名离生。言喜乐者，谓已获得所希求义，及于喜中未见过失，一切粗重已除遣故。及已获得广大轻安，身心调畅有堪能故，说名喜乐。”

我们打坐为什么心境上不能发出喜？因为都在烦恼中，像在阴霾的天气里头，因为有欲而生出恶法、不善法等。如果真能够离开了这些欲、恶、不善，等等，不生这些恶与不善，就可以得喜乐。所谓喜乐，就是达到自己所要求的清净的境界，自己心境达到了至善，所以为善最乐。平常没有发现的过错，在这个时候自己很清楚，也没有了，很干净了，心地上的阴霾散掉了。因此不再粗重，获得了身心的轻安，一天到晚都是舒畅的，不会烦闷，不会这里病、那里难过，这些都没有了。“有堪能故”，堪能就是可能，可能得定，可能入道，可能证果，这个境界就是喜乐。

静虑与定的不同之处

“所言初者，谓从欲界最初上进，创首获得，依顺次数，说名为初。”

初相如何了呢？由欲界起步，一步一步上升，跳出欲界、色界、无色界，依次顺序地跳出，欲界是开始的初步。

“言静虑者，谓于一所缘系念寂静，正审思虑，故名静虑。”

静虑就是禅定境界。为什么翻译成静虑呢？这个名词的含义，是使我们认识自己用功的目标，就是在寂静之中作意于一缘的境界。譬如你观佛像，或者念佛，或者观个明点，或者观白骨，或者数息、随息，等等，这个方法就是你的心所缘。选定一个所缘后，这个心念与所缘的明点合而为一，昼夜十二时，行住坐卧中，“于一所缘系念寂静”，所缘与念头配合为一，这个心永远与所缘相依。譬如修六妙门，随息时，永远是心息相依，心念与气息没有分离。“系念”这个“系”字要特别注意，是把这个念像拿绳子拴在息上面一样，或者与一个明点拴牢，慢慢达到身心寂静的境界。

这个里头有个觉性，觉性就是自己反照或是参究，自己很清楚现在这个境界对不对，这个时候是系念，心与所缘合一。如果这个时候不是合一，自己都会觉察出来，这叫“正审思虑”。所以禅定境界传统译作静虑，有个虑在其中，在寂静里系心一缘，所以叫做静虑，是完全正静正知，是清楚的，不是昏沉的。

“言具足者，谓已获得加行究竟果作意故。”

系心一缘在整个禅定过程上是加行道，在大彻大悟证得菩提来讲，这个还是加行道。不过中国后代有些禅宗，所谓言下顿悟，悟后起修，那就是《楞严经》的道理，理则顿悟，事须渐修，悟后还是回转来走修定这个路。不过呢，因为理已经透了，做工夫就快了；没有说理透的人比理未透的人做起工夫来还要慢的道理。具足就是福德资粮、智慧资粮两样都具足，已经得到了加行究竟果作意，就是加行的果位到了。也就是说，作意加行想证得一个什么境界，就证得了；或想得个什么定，就得了定；或要开发慧力，慧力就开了；或者要开发神通力，神通力就有了。这个境界是加行究竟果作意，称得上具足；具足等于一个空的杯子，把水注满了，叫做具足。

“言安住者，谓于后时，由所修习多成办故，得随所乐，得无艰难，得无梗涩，于静虑定，其心昼夜能正随顺，趣向临入，随所欲乐，乃至七日七夜能正安住，故名安住。”

安住，等于我们普通讲入定；普通讲入定是笼统的说法，这里分析得很精详。什么是具足以后得安住呢？就是说你已得到加行究竟果作意了，也就是身心调顺，身心空了，永远住在一片光明大定中。在这光明中得到了具足，晓得自己所到的程度，合于佛法的哪个阶层，都清楚了，可是要把这一个成果定住。“谓于后时，由所修习多成办故”，能这样的话，你所修的各种工夫，尤其你主修的，都能够随时达到。假定你是修明点，或者修白骨观，最后到达空；修念佛的，像《禅秘要法》所说的，最后是与佛的境界完全合一，这不是普通的念佛。这个境界是主修，然后你定在这个念上，就成就了。其他的定境界，要修什么，随时可以到达，多可成功。这个境界，随时随地，随你意乐，想进入哪一种定境、哪一种三昧，就可以进入，没有困难，也没有阻碍。

所以在禅定境界中，修行人的心昼夜都在定境界里，要定就定。要想进入哪一种定境界去，“随所欲乐”，就是随心所欲，这个欲是禅定上界的欲，不是下界的欲。譬如密宗有一种欲乐定，意识想在这个定境界享受一番，明知是享受，故意去享受，可以七日七夜都定住在欲乐定中。

七日七夜为什么

这里有一个问题，就是“七日七夜”的问题，在净土宗也是七日一心不乱便得往生，这里也指七日七夜。为什么七日七夜那么重要？尤其女性生理上，月经周期都拿七天来计算。又为什么胎儿入胎七天一个变化？为什么中阴身死亡也是七个七天？西方宗教七天是安息日，都有它的理由。《易经》就有说明，“七日来复”是一个周期，其中道理很多，乃至于得定，七日七夜在一个定境界，可安住下来不变。你说，那还得了！打坐可以入定七日七夜，那已经很长了。看来是很了不起，你们一定好喜欢；其实那个入定的本人，只觉得是一弹指间而已，只不过休息了一下而已。在定境界里，一万年缩短为一弹指之间，“故名安住”，这样叫做安住于定。

“复次于有寻有伺三摩地相，心能弃舍，于无寻无伺三摩地相，系念安住，于诸匆务所行境界，能正远离，于不匆务所行境界，安住其心，一味寂静极寂静转故，是故说言寻伺寂静故，内等净故。”

再其次说，我们大家都在打坐练习修定，都是在有寻有伺的境界。比喻来说，有寻有伺像水上按葫芦，这边按下去，从那边浮上来。我们大家现在打坐的境界就是这样，都在玩水上的葫芦。一个念头刚刚按下去了，另一个杂念又来了，连有寻有伺的境界都还达不到。

严格地讲，有寻有伺的境界，是粗的妄念比较平静了，心中能够检查出来意识根上那些阴影。像贪瞋欲、烦恼欲、事相欲等，阴影的根本可以检查出来了，这个才叫有寻有伺。这个前面也说过的，做工夫的人，对于有寻有伺定境界的“三摩地相”，也就是三昧中的各种心理状况，自己都知道了。但是“心能弃舍”，说舍就舍，说切断就切断，当下就放掉了有寻有伺，而住在无寻无伺的三摩地相上。“系念安住”，随时随地都在无寻无伺的境界上，很自然地安住在这个境界里。

这样能不能做事呢？可以呀，外界一切事务境界，“能正远离”，心中随时能够丢得开。正远离是随时都在清净境界中。他为什么不说清净境界而说很正的远离呢？因为这跟清净境界稍有不同，故说能正远离。在“于不匆务”境界，比较不匆忙的时候，心能够安住；此心一味在那个极寂静上面转，这个境界就是寻伺的道理。“内等净故”，内在意识慢慢都清净了，干净了。

“又彼即于无寻无伺三摩地串修习故，超过寻伺有间缺位，能正获得无间缺位，是故说言心一趣故。”

这里再详细告诉我们，修持到达了无寻无伺，随时在一味清净、很寂静的境界上，但不要刻意。因为工夫尚不能连成一串，有时候工夫好一点，这个境界维持得长，工夫差一点时，会一下有了，一下又散乱了。所以要“串修习”，要慢慢练习，把这个身心慢慢转过来，练习成连贯性的一串。“超过寻伺有间缺位”，中间没有间断，才能真正得到无间缺，行住坐卧都在这个境界里，这个叫“心一趣”，心在一缘的境界上。

无寻无伺入二禅

“无寻无伺者，一切寻伺悉皆断故。”

什么叫无寻无伺呢？一切用心的境界，不需要用心，自然合于这个标准，这叫无寻无伺。

“所言定者，谓已获得加行究竟作意故。所言生者，由此为因，由此为缘，无间所生，故名定生。”

定生喜乐是二禅境界，定怎么生出喜乐呢？先说定，就是已得到修加行法的究竟作意了。譬如说修明点，这个明点永远是清亮的，身心是轻安的，加行究竟作意作到了，这个所谓的生起次第，是我有意作观想形成的。什么是定生？“由此为因”，是由系心一缘所生出的，也就是由定而生出的。如因为念佛，而生出念佛的正相，念佛的境界现前了。等于选定了一个佛的形相，画像也好，铜像也好，或者一位佛的真正肉身；选好后去修止，修念佛，系心一缘，修到这个境界现前了，身心轻安，这是定生；也就是密宗所谓的生起次第，从无中生出来。

假如修六妙门，修呼吸的，这个时候，气机内生，身心空灵气机充满，到了息的境界了。此时不呼也不吸，觉得身体是在空中飘的，随时到达这个境界，就是所谓的定生，由定境界生出来的。刚才我们已经说明了，或者念佛，或观佛像的境界，或观明点的光明境界，由这个因、这个缘，加上无间断串习用功所生出来的，这叫定生。

“言喜乐者，谓已获得所希求义。”

你所希望达到的境界，已经做到了，当然得喜乐；如穷人得宝，宝已经拿到了，当然欢喜。

“又于喜中，未见过失，有欣有喜，一切寻伺，初静虑地诸烦恼品所有粗重，皆远离故，能对治彼广大轻安，身心调柔，有堪能乐，所随逐故，名有喜乐，依顺次数此为第二，如是一切如前应知。”

喜是自己起心动念不再有错了，像孔子讲的“随心所欲不逾矩”，不会有过失了。孟子讲“四十不动心”，不动心不过是无寻无伺的境界。开始修道的，那种想要定又定不了的情况，心中好烦恼；得到喜乐时，所有粗重境界远离，不会再来了，因而产生身心内外广大的轻安相。心调顺，身柔软，每个骨节、每个小细胞都柔软了。得定的人骨节都柔软得像面条一样，还可以像拉面一样，拉得很长，膀子可以拉长出去，不拉又会慢慢缩回来，变成面筋一样了。“有堪能乐，所随逐故”，有一种特别又非常的乐感，身体上快乐又舒服，心理上也是无比的欢喜。堪能乐是跟着你的，只要你有这个工夫，这个乐境界就来了；没有这个工夫，乐就发不起来，所以叫定生喜乐。这个定境界生出了喜乐，喜乐是由定境界所生、所成长、所培养出来的，这是第二禅。

“复次彼于喜相深见过失，是故说言，于喜离欲。”

第三禅是离喜妙乐，喜等于穷人得宝，中了爱国奖券头奖，一定很高兴；但是奖金用惯了以后，没有什么特别了，也是一样平常。这个喜也是一样，喜相习惯了，也平常了。到第三禅的境界，心中觉得穷人得宝那个喜相很多余，自己觉得好笑。就好像本来想买又买不到的东西，现在买到了，很高兴，也知道这个高兴以及喜相本身也是欲，要认识清楚。这个时候到了三禅，喜相没有了，就是离了喜的欲。

“又于尔时，远离二种乱心灾患，能于离喜第三静虑摄持其心，第二静虑已离寻伺，今于此中复离于喜，是故说言安住于舍，如是二法，能扰乱心，障无间舍。”

这是说，在这个时候，有喜乐两种灾患。初禅的离生喜乐，二禅的定生喜乐，都很喜乐舒服。可是更上一层楼，回头一看，有什么可喜的?！就像千万富翁看见穷小子中了二百万就那么高兴，太好笑了，认为没有什么可喜的。所以自己再进一步，回顾喜乐两种，反而变成灾患了，因为那也是欲。于是离了喜乐，到了第三禅以上的境界。由于第二禅离开了寻伺，因喜乐二法能扰乱其心，变成了灾患，也使你心不得清净；到了第三禅离喜妙乐，就离弃了喜，三禅的妙乐与二禅的乐并不相同。

你们道理听懂了可不要说大话，万一有一位同学到了离生喜乐的境界，你说：那又算什么呢？那还是有喜乐二障呀！所以就怕教理学通了以后，专门拿教理去量别人，这个不是圣人，那个也不是圣人，不晓得自己是什么人。可是一般学佛、学宗教的人，懂了一点宗教的教义，看别人都不对，都是魔鬼。他拿一把圣人的尺度，专门去量别人，从来不把自己先量量看，一量自己，才晓得自己比谁都差。所以这是反照自己用功的，懂了这些不要去量别人，这是教你们自修的，不是要你们去批评别人的。

"初静虑中有寻伺故，令无间舍，不自在转。第二静虑由有喜故，令无间舍，不自在转。"

初禅的境界，因为还用心，还要用力，属于有寻有伺，所以这个不间断的舍，还不能自在转，也就是不能够做到，还不自在，放也放不下，提也提不起来。初修行就是这样，都有这个痛苦。到了第二禅境界，由于心中还有喜乐，所以"令无间舍，不自在转"，还是有间断性的，做不到无间断舍，还不自在。

"是故此舍，初二静虑说名无有，由是因缘，修静虑者，第三静虑方名有舍。由有舍故，如如安住所有正念，如是如是彼喜俱行想及作意，不复现行。"

到了第三禅，才可以放下，放下什么？是放下喜乐境界，都完全放下，可以“如如安住所有正念”。在如如安住所有正念中，正知正念“如是如是”，就是这样这样，那个喜乐的心情，乃至于禅定工夫到的那个有意作意的境界，“不复现行”，不再需要了。譬如你作意观想一个白骨或是一尊佛像，本来很用力观，或者很用心，到那个时候不需要作意了，它自然现前了。而且现前还要除掉它呢！佛来斩佛，魔来斩魔，都请开了，因为要进入圆满次第了，要进入空灵去了，所以这些都要舍掉。

工夫的次序是科学性的、呆板的，一步硬是一步，乐是乐，喜是喜，绝不相同。所以我经常感叹，中国大乘佛法一流行，说大话的人太多了，都是吹大牛，自认为了不起。可是自己任何不对、不行的地方，都反省不到，检查不出来。我们懂了这些，就要多观察反省自己。

三禅以上的舍和乐

“若复于此第三静虑，不善修故，或时失念，彼喜俱行想及作意，时复现行，寻即速疾以慧通达，能正了知，随所生起，能不忍受，方便弃舍，除遣变吐，心住上舍。”

到了第三禅境界，如果你不好好把握观照身心来修持，还会有失念的时候。这就是说，这个喜乐的境界随时会起来，要以很快的智慧能力，“能正了知，随所生起”，念头一起，喜乐一起，就把它切断丢掉，就像我们吃菜吃到了渣子一样，要把它吐出来。“心住上舍”，一步一步放下，一步一步上进。

“是故说有正念正知，彼于尔时住如是舍，正念正知，亲近修习，多修习故，令心踊跃，俱行喜受便得除灭，离喜寂静，最极寂静，与喜相违心受生起，彼于尔时色身意身，领纳受乐，及轻安乐，是故说言有身受乐。”

修行要有正念正知，该舍的要舍，多多修习，就可丢掉喜的感受，而达到最寂静境界。色身是父母所生的肉身，意身是法身所起的意生身；从究竟来说，我们这个身，也可以说是意生身，但是也离不开父母所生的这个色身。“领纳受乐，及轻安乐”是说色身上也有快感，意生身上也有快感，也就是法身化身的快乐，所以是常乐我净。这个时候还是世间法的乐，还没有谈到佛法。所以“有身受乐”，虽然离不开这个肉身，但是并不一定完全在肉身上得乐，而是因乐而产生的意身的乐。

譬如男女相爱而生乐，三缘和合受胎，当时由色身受乐，三缘和合而产生第二个生命，但是这第二个生命的感受不是乐了，与这个第三缘没有关系了。可是当时的境界，与这三缘的得乐还是有关系。以世间法来说，许多境界你们是不懂的，其中的道理是一样的。所以到了这个时候，色身意生身“领纳受乐”，自己感受了乐，这是禅定之乐，发起无比的轻安，色身也轻安，意生身也轻安。所以道家用“冲举”两个字来形容，人可以轻灵到飞身而起的程度。道家称这是“陆地飞升”，因此叫它“有身受乐”。这个身，法报化三身都可以讲。

“第三静虑已下诸地，无如是乐，及无间舍；第三静虑已上诸地，此无间舍虽复可得，而无有乐，下地乐舍俱无有故。”

三禅以下的二禅、初禅境界，就是“下地”，没有这样的乐和舍。三禅以上的无间舍，是永远都在放下的空的境界；虽然得到那个舍的境界，但没有乐了。这个没有乐是以世间乐来讲的，因为它已经超越世间的乐，无法比拟了。也因为那个境界不是人类的知识可以想象的，必须自己到那个程度才知道。在初禅、二禅的境界里，是想象不到三禅以上那个境界的。

“上地有舍而无乐故，是故说言于是处所，谓第三静虑，诸圣宣说。”

所以三禅以上是舍，是放下所有的一切，“舍”就是布施。

《梵网经》上大乘戒第一条，就是舍心，就是空掉，一切放开，一切放下。"上地有舍而无乐"，因为那个境界已经放下了，而喜乐放下的那个境界是无法讲的，只有一个舍，一切都舍掉的。拿现代话来说，无限的发展，无限的开拓，那个不能讲成喜，不能讲成乐，而是无法说，是无比无限的好。

"谓依于此，已得安住补特伽罗，具足舍念及以正知，住身受乐，第三静虑具足安住，言诸圣者，谓佛世尊及佛弟子。"

到了第三禅以上的境界，虽然也是世间定，但与出世间定有连带的关系。"诸圣"就是佛世尊及诸菩萨，他们弘扬佛法，告诉我们的，也都是这个，是在这个境界上定住了。所以诸佛菩萨与大阿罗汉有时候可以请假不来，躲到那个境界去了，躲多少大劫都可以。但我们就躲不掉了，躲个一百年多好呢！不过你要晓得，在八万四千大劫这个定境界里头，他们的感觉也只不过一弹指间而已。这些不是理论，要工夫做到才算。

一切修行的众生，"具足舍念及以正知"，要随时舍念清净，要随时在正知正见上修。修禅定的人，为什么达不到禅定境界？因为四大没有发起乐，身体都在痛苦中。如果能到达"住身受乐"的境界，自然烦恼不起，一切烦恼不动了。"诸圣者"，因为其他宗教也用圣者，所以特别解释一下，此处所谓圣者，是指佛世尊以及证到大阿罗汉的弟子们。

关于《禅秘要法》，有法师与同学们要求，到今天为止已有三次了，要我来讲，我没有答应讲，因为前年我已经给你们讲过了，所以不想再讲。大家同学们请求再讲，因为想在色身上做实地工夫；而且又有人说，他以前一味想修空观，所以前年我讲的时候，他没有好好听，经过了这些岁月，现在晓得可惜了。虽然也有录音，但也不清楚了。

其实我到现在都还没有答应，要讲可以，我有一个条件，除非你找两三个人，像记录《论语别裁》一样地记录下来，这件事不容易呀！第一先要一字不漏地记下来，而后再经整理修改，有时候要经七八道的工夫。不是一字不漏记录下来就行了，那没有用的，《论语别裁》的记录就动用了五六个人的修改，改完了又改。光就记录来说就不容易了，多半是眼高手低，即使自己学问满肚子，也不一定有这个能力。所以记录的人才很难找的，而且要动脑筋重新整理编排，使人看得懂，这要很大的本事呀，像我还没有这个本事。因为万一讲的人讲漏了，还要补充的，这不是好做的工作。所以答应记录的人好好考虑考虑，下次再作决定。《禅秘要法》有很多步工夫，要一点一点都很清楚才行。现在我们不管这些，还是讲《瑜伽师地论》吧。

禅定与三灾八难

“复次此中对治种类势相似故，略不宣说乐断对治，但说对治所作乐断。”

什么叫对治法门？佛法一切都是对治法门，也就是禅宗祖师所讲的“佛说一切法，为度一切心，我无一切心，何用一切法”，所以八万四千法门都属于对治法门。对治就是对症下药，在教育方面就是对机说教，拿教理来讲就是对治法，医治毛病用的。对治的种类，在表面看起来都差不多，实际上是有区别的。现在不讲乐于断除烦恼的对治法，只说用对治法断一切烦恼的结果，所得到法喜的快乐。

“何等名为此中对治。所谓舍念及以正知，由即于此数修习故，便能弃舍，令不出离第三静虑。”

这个对治是怎么样的？就是舍念及正知。大乘小乘都一样，《梵网经》第二条重戒，就是要布施、舍心。佛的十大弟子都是声闻众，千二百五十人也都是声闻众，修小乘道想证个声闻果，谈何容易啊！能够随时舍念清净，能够随时正知如如，才算是正知正见。随时修舍，就是禅宗所讲的“放下”，也要随时提起正念。

“第三静虑地中胜乐，是故说言由乐断故。修静虑者，即于尔时所有苦乐皆得超越。”

要修舍念以及正知正念，到了第三禅是离喜妙乐，这个乐是胜乐，是借用世间法之乐来比喻，但这个乐的境界，不是世界上的这个世间乐。这个时候自然能够断除一切烦恼，所谓烦恼的因、烦恼的事都断了，苦乐境界都超越了，是不苦也不乐的境界，叫做至乐、胜乐。

“由是因缘，若先所断，若今所断，总集说言乐断苦断，先喜忧没，谓入第四静虑定时，乐受断故。入第二静虑定时，苦受断故。入第三静虑定时，喜受没故。入初静虑定时，忧受没故。今于此中，且约苦乐二受断故，说有所余非苦乐受，是故说言，彼于尔时不苦不乐。”

文字看起来很麻烦，其实讲得很清楚，修定的人到了第三禅，再把所有苦乐统统超越了，就进入了第四禅的境界。到了第四禅的境界时，则可随时随地进入下地定，下界的定，或第二禅定的境界，或第三禅定，或初禅定的境界，都可以自由出入。虽然一切定境随时可以出入变动，但不能说已得自在，不过已经比较能够自在了。

总而言之，在这个境界身体的感受，心理喜乐的感受，身心喜乐的两种状态，随时要切断就切断了，随时要进入任何境界都可以，所以叫做“不苦不乐”。

“从初静虑，一切下地灾患已断，谓寻伺喜乐，入息出息，由彼断故，此中舍念清净鲜白，由是因缘，正入第四静虑定时，心住无动，一切动乱皆悉远离，是故说言舍念清净。”

由初禅开始，下地的灾患已断，因为初禅以下还在欲界中，到了初禅，欲界所发生的灾患已经没有了。但是初禅仍有灾难逃不过的，譬如地球要坏的时候，火烧初禅，初禅天还逃不开这种灾难，火灾来了，初禅天的天庭一样坏掉。等于我们最近看到意大利大地震，地裂开了，高楼连房子都掉进去，这是地球上明显的小灾难。

当地球要坏的时候，有三灾八难，火可以烧到初禅天的境界。三灾过了，又到了空劫，没有地球了，然后经过二十小劫，又形成了这个地球，地球又活了几万亿年，成、住、坏、空，各二十劫。当它又坏时，火灾先来，再来水灾，水淹到二禅天。第三灾是风灾，三禅天都靠不住，会被风吹垮的，为业风所飘。四禅是舍念清净，才能免难。

做工夫也是一样，得到初禅的话，仍抗拒不了火灾，碰到身体上精气不能化的，欲火突然大动，男性女性都一样会漏丹，初禅境界一下子就垮了，这是火灾。到达第二禅境界时，水淹二禅，就沉没下去，又垮了，照样六道轮回。到达第三禅境界，气脉没有调顺好，一样会毁掉，这是风灾。只有到第四禅，一切都舍了，好坏、祸福都舍掉，舍念清净，加上佛法的慧观，可证到有余依涅槃寂静之乐，才可以脱离三灾八难。

所以跳出三界外，不在五行中，有那么简单吗？打了几天坐，学了一小点佛法；尤其你们佛法连半点都不够，半调都没有，那怎么行呢？所以大家要把这个理搞透，把这些事相搞清楚。关于三灾八难，第几禅天是什么灾，详细资料在“意地”里就有。所谓意识地，一个意识就包含了三千大千世界，整个都是一个意识境界，凡夫境界里也有。如果本论一百卷全部研究完了，可以做大法师，这一套《瑜伽师地论》就是最好的一部佛学和佛法。

本论所讲的初禅是很严格的，所讲初禅的标准已经是比较详细了，经过二禅三禅，在到达四禅时，“寻伺喜乐”都断了。所谓寻伺，就是跳动的心理，此时妄念的生灭没有了，喜乐境界也清净了；入息出息也不流行了。道家也有所谓胎息、龟息等境界，都是自然清净的说法；密宗修宝瓶气，也可以达到不呼不吸；道家修到呼吸可以完全闭住，等于世间法中练瑜珈术到了最高层。如果把此人钉进棺材里，埋在地下几天，挖出来还是活着的，这就是有意把呼吸停止的原故，在道家叫做龟息。

我曾经做过实验，乌龟压在桌脚下，很久很久才慢慢把头伸出来，我们很仔细地听，可以听到它吸气，很长地吸一口气，很久才吸一口，它靠气息一出一入，就把生命维持了。所以压它很久也死不了，这就是所谓的龟息绵绵。

出入息真不流行时，杂念也相应的比较清净了，因为念与息连着的，所以念头越乱，呼吸越快、越粗。你们可以试试看，把鼻子捏住，闭气，这时连思想都好像闷住了，出入息有这个道理。“清净鲜白”是真清净，干净了。由这个因缘，证入第四静虑定时，意识心住，念头妄想不动，一切不动，呼吸往来自然也不动了。所以真正入定的人，与死的人相似；在达到三禅定以上时，拿根鸡毛置于鼻孔下，不会动的，鼻子的呼吸静止了，杂念也相应地静止了，舍念清净，这是一个很好的考验。

自己有时觉得好像呼吸停止了，你捏住鼻子看看，差不多十秒钟你就会受不了，脸都涨红了，这是硬闭的，不算数。修持硬要达到出入息净，念也清净，两个相互为用，则“一切动乱皆悉远离”，一切都不动了，所以舍念清净。

什么是真正的虚空

“第四等言，如前所说初静虑等，应知其相。”对于初禅、二禅、三禅、四禅等的每一个境界的情况，就是相状，都应该知道。

“复次以于虚空起胜解故，所有青黄赤白等相，应显色想，由不显现故，及厌离欲故，皆能超越，是故说言色想出过故，由不显现超越彼想以为因故，所有种种众多品类，因诸类色和合积集，有障碍想，皆得除遣，是故说言有对想灭没故，由远离彼想以为因故。”

什么叫虚空呢？你们注意！你们现在打坐，有时候闭着眼睛也觉得有虚空境界，但是有没有虚空之相呢？（同学答：有。）对，一定有，而且你们看到的虚空还是灰蒙蒙的，有色相，不是青黄赤白的。我们眼睛看物理世界的虚空是有色相的，这是属于物理世界的虚空。换句话说，打坐所达到的虚空境界，还是物理的虚空，是有色相的。“色不异空，空不异色”，所谓异色，就是这个境界非那个境界，因为你还住在色相的物理虚空境界，所以还有美感，有青黄赤白各种颜色，各种色相。有色相就不是真正的虚空；舍念清净的定，是真正虚空定的虚空，连这些色相都舍掉了。因为舍念而到达虚空清净，了不可得，一切色相皆空，色蕴空了，住在虚空境界，所有一切妄想都没有了。

“所有于彼种种聚中差别想转，谓饮食、瓶、衣、乘、庄严具、城舍、军、园、山林等想，于是一切不作意转，是故说言种种想不作意故，除遣如是有色有对种种想已，起无边想虚空胜解，是故说言入无边空。”

为什么许多人喜欢住在山林里头修啊？你说这些人好不好色啊？（同学答：好色。）对的，这个风景清幽呀！这个环境山色好美呀！他这个就是欲，更好色。当然他所好的色不同，不是男色，也不是女色，他是好山林之色。看到花草啊，树木啊，多美啊！他已经把自己困在里头了，而不自知，这照样是没有解脱色相。真解脱色相的人，坐在闹热的地方，与坐在牛栏狗屎旁或住在山林中是一样的，没有分别。这不是不动心，知道是臭的，可是没有关系了。

我当年从峨眉山下来，我的老师要我陪他到重庆。从成都到重庆，好像现在到美国一样，到美国还可以坐在飞机上睡十几个钟头，醒来就到了；那个时候去重庆是坐汽车，人又多，位子给老师坐，自己在车上站了两天，小便不敢去，一离开位子，回来就没位子了。第一天晚上住在旅馆，喝茶时老师先看看我，然后问我，今天下来，与在峨眉山上是一样还是两样？我说我没有感觉两样，我也觉得与峨眉山上一样的清净。

本来境界是一样的，如果说这里很乱，还要找个山上去住，就有色相了；因为有个有色，就相对的有个无色，所以有个爱美的色相境界就不是了。

色无边处定过了，就进入空无边处定。现在大家坐起来，眼睛闭住，偶然有点空空的，这是很有边的呀！不是空无边处，比“复青大厦”的空还要小一点。这个边，大概有烧饼那么大，既有色相，也有境界。

“由已超过近分加行究竟作意，入上根本加行究竟果作意定，是故说言空无边处具足安住。”

这就是叫你认识清楚四禅八定，什么叫做空无边处定？是没有色相，毕竟清净。

“当知此中依于近分，乃至未入上根本定，唯缘虚空。若已得入上根本定，亦缘虚空，亦缘自他所有诸蕴。又近分中，亦缘下地所有诸蕴。”

进入了空定，一步一步地上进，在虚空里头，“亦缘自他所有诸蕴”，也可以回转来，住在诸蕴中，包括下面的色受想行识。这一点讲得很短，不详细跟我们讲，因为一般的修行人很难到达，所以只把大概原则告诉我们。

“复次若由此识于无边空发起胜解，当知此识，无边空相胜解相应……”

下面跳过去不念了，由空无边处定，识无边处定，无所有处定，一直到非想非非想处定。简单明了，说了这四定其中一个定的原则，下面就跳过去了。大概原理懂了，到了那个境界里头，下面四步定的工夫，你自己去研究，就会清楚了。

下面看八百四十七页第六行。

有心定与无心定　无想定与灭尽定

“复次依静虑等，当知能入二无心定，一者无想定、二者灭尽定。”

禅定修到了，可以证到两种无心定的境界，就是无想定与灭尽定，都属于无心定的境界，大原则是无心定。

“无想定者，唯诸异生，由弃背想作意，方便能入。”

这是第一个无想定。一切奇人，或是鬼、妖、神等，他们或人或鬼或仙，他们不是正道，而是外道；这些都属于异生，他们都可以做到无想定。由于弃背想的作意，抛弃了思想，硬是不准自己思想，由这个随时压制自己思想的作意方便，能够进入无想定。但要注意的是，无想定是外道定；不要说外道定你就看不起，你查查三界天人表，无想定还是色界的上界，外道定能生到色界天也是很不容易的啊！

但是，不要认为无想定很容易修到，那是很不容易的，人真能做到没有“想”，这个色身可以变成化石，成为不生不死。

中国有望夫石，丈夫出门，太太站在门口天天盼望，后来就变成呆呆的化石了，中国好几个地方都有望夫石。真的还是假的不管，理论上是有可能。她想丈夫，进入了无想，远远望，天天望，想丈夫想痴了，没有思想了，慢慢身体变成化石了，这也是一个外道的异生境界。

注意啊！吃素的人，吃草、吃叶，摘了一朵花来吃，算不定你就摘到一个无想定果位的生命；算不定一棵青菜，就是一个无想定的人变的。所以对于异生境界，一定要了解。

“灭尽定者，唯诸圣者，由止息想受作意方便能入。”

得道的佛弟子们，得道的罗汉圣人，由于止息了想、妄念，有意地把身体的感受控制住，也就是用方便，能入灭尽定。这是讲有两种方法，两种定的原则。

“如是二定，由二作意方便能入。谓无想定，由弃背想作意以为上首，勤修加行，渐次能入。”

这两种定，有两种作意，放弃了思想作意是第一要点。虽然压制了自己的思想，抛弃了自己的思想，变成呆呆的，一天到晚都是没有思想的这个作意，但光是这个作意还是不行；还要勤修加行，还有许多加工的方法，渐渐可以进入无想定。

“若灭尽定，由从非想非非想处，欲求上进，暂时止息所缘作意以为上首，勤修加行，渐次能入。”

灭尽定是阿罗汉境界最高的禅定，是四禅八定的最高处，是到了非想非非想处定。非想，不是想；非非想，不是没有想，不是一般人认为的没有思想的那个境界，它还有一灵不昧，似知非知，非知似知这样一个境界。由非想非非想定境界再求上进，“暂时止息所缘作意”是第一条件，“勤修加行”是第二个条件，才可以渐次能入灭尽定。

“若诸异生作如是念，诸想如病，诸想如痈，诸想如箭，唯有无想寂静微妙，摄受如是背想作意，于所念起一切想中，精勤修习不念作意，由此修习为因缘故，加行道中是有心住。”

有些异生认为，思想是一种毛病，是个过患，所以自己起心动念都会害怕，认为思想像生疮又像箭一样，所以要把思想抛弃，只想求一个清净，求一个不思不想的清净境界。以这样的观念而做到自己念头随时可以清净，自己一起心动念就厌恶抛弃，由这样的修持，慢慢修习不念的作意，不起念头，不动心，这种修行叫做修无想定加行道中的有心位。因为他的心有意做到无想，不起思想，不动心，所以这还不算是无心位。

明朝有位理学家学孟子的不动心，他有一次病倒了，也不吃，也不拉，一身发冷，石头一样硬硬的。他是做学问讲修养的，练习不动心，儒家同佛家一样，也有做工夫的。《明儒学案》记载，有一天夜里，他忽然做梦，看到一位老头子，相貌非凡，问他：你病好一点没有？他说好像这两天好一点。长者说：我不问你身体的病，我问你心病。他说我没有心病啊！长者说：你怎么没有心病？你把心压制得像石头一样。他说：这个怎么是病？这是学古圣人不动心，是我平生得力之处。长者说：不动心是这个道理吗？你要知道此心是天机活泼泼的，你硬压制自己不动心，那是假的，所以你压制久了，不但心成病，身也病了，这就是毛病啊，你把学问搞错了。长者自称青城丈人，不知道是儒家还是道家，或是佛家的人，把他骂了一顿。

他听了这一番话，自己吓得一身冷汗，十几年做工夫都走错了路，现在晓得了，此心是天机活泼泼的。他一生中遇了不少异人，儒家、道家都有，所以学问很有成就，成理学家。他佛法也懂，最后成就了。在他要死的时候，是预知时至，无疾而终。可是死后有人在别处曾碰到他，他说是来玩玩的，所以儒释道三家，功用到达了都一样。

这是讲无想定。所以压制自心不起念，会变成病态，甚至像石头那样的境界，这还是属于有心位，因为这是有心作到无想的。

“入定无间，心不复转，如是出离想作意为先，已离遍净贪，未离广果贪，诸心心法灭，是名无想定，由是方便证得此定。”

入无想定，此心压制不动无间，因此他跳出了思想的境界，不用作意了。你把三界天人表拿来看，他做了几十年的这种工夫，当这个肉身坏了，他往生哪里呢？超过了遍净天，进入了广果天、无想天的那个天人境界。但仍属于外道定，这个天人境界离开了“遍净贪”，没有离开“广果贪”。“诸心心法灭，是名无想定”，一切心都不起了，起心动念压下了，这是无想定。

“若诸圣者已得非想非非想处，复欲暂时住寂静住，从非有想非无想处，心求上进，心上进时，求上所缘竟无所得，无所得故，灭而不转。”

无心定有两种境界，一者是无想定，刚才已讲过；第二是灭尽定，超过了非想非非想的境界。再向上进步，说空嘛，非空；非空嘛，即空，一切自然切断，而无所得。

“如是有学，已离无所有处贪，或阿罗汉，求暂住想作意为先，诸心心法灭，是名灭尽定，由是方便证得此定。”

这样努力修学，离了无所有处贪，或者证得阿罗汉果，对人世间实在有点厌烦了，不是不来，是请个长假，所以心入灭尽定。

得神通了

“复次依止静虑发五通等，云何能发。”

一听到神通，你们就高兴了，神通怎么来呢？是要修定来的，依定而发神通。神通怎么发？为什么叫发通？因为神通是自性本来有的，修定才把它开发出来。

"谓静虑者，已得根本清净静虑，即以如是清净静虑为所依止，于五通增上正法，听闻受持，令善究竟。"

这只是告诉你原则，方法没有泄漏，要你自己去参了。怎么样发通呢？已经得了定，得了根本清净定境界，在清净定的境界里，"于五通增上正法，听闻受持"。什么是增上正法？你慢慢去参，在全部一百卷里头，反复全部研究了，方法就告诉你了，露给你了。但是还比较粗浅，在这里只给你提一点点，吊一下你的胃口。其实他也有告诉你，要你把一百卷的书研究得滚瓜烂熟，自然就可以找出方法来了。要把善知识、诸佛菩萨的教导，搞清楚才可以。

"谓于神境通、宿住通、天耳通、死生智通、心差别通等，作意思维。复由定地所起作意，了知于义，了知于法。由了知义，了知法故，如是如是修治其心，由此修习多修习故，有时有分，发生修果五神通等。"

关于修各种神通，还是先要通理，再通方法，才可能修到神通境界。

"又即如是了知于义，了知于法，为欲引发诸神通等，修十二想。何等十二。一轻举想、二柔软想、三空界想、四身心符顺想、五胜解想、六先所受行次第随念想、七种种品类集会音声想、八光明色相想、九烦恼所作色变异想、十解脱想、十一胜处想、十二遍处想。"

想修得神通，只懂理还不行，这个里头有方法的，共有十二个想。第一就是轻举想，想自己坐在虚空中，慢慢人就可以坐在虚空中了。二是柔软想，骨节都柔软，软得像棉花糖一样。三是空界想，身空了，与虚空相合了。四是身心符顺想，身心合一，飞行自在。五是胜解想，智慧开发。六是先所受行次第随念想，前生的事都追想得起来。七是种种品类集会音声想，鬼说话、魔说话，都可以听懂。想学法文，叫一位法国的鬼来教你，法文就通了，什么文都是这样。八是光明色相想，身心内外一片光明。九是烦恼所作色变异想，如找不到情人，就能变出一个情人来，想要什么样的，你随便一想，就变那个样子站在你前面。乃至你家里不用请女佣，家里有客人来，你心里一想，变出一个女佣，就端茶出来了。道家、密宗都有这一套。如果你在山上住茅棚，不想有人来打扰，因你有神通了，晓得有人来找你，就在山门外变出一只老虎，就把来人吓住，上不来了。如何能做到呢？心风得自在，心气得自在，才可以做到。

十是解脱想，十一是胜处想，十二是遍处想。这十二想下面都有解释，你们可以自己研究下去。你要天天观想，茶几也空了，墙壁也空了，砰！人就进去了，但不会把额头撞一个包，修禅定方法都教你这样做。美国现在就有一个人在那里表演，人坐在那里，用心想，把东西搬过来，这是搬运法。你们不要乱想，不要乱搞，听归听，乱想乱搞，想出神经了，我也救不了你们。要注意他的“已得根本清净静虑”这句话，前面已经说过，就是要先得到根本清净定的境界，才能修神通。所以经文要深入研究才可以，搬运法也是靠定的念力才能修成的。

第十九讲

修神通的开头两步
空界想　身心符顺
得了神足通
宿命通的境界
天耳通和天眼通的修法
修成了他心通
得道人的神通　外道的神通
什么人会生天界
初步了解意地

有一件事，是关于做人处事的道理。我们这里同学，服务是很周到的，到我那里把手巾、茶杯早二十分钟就拿上来了，任务就算了啦。但是在二十分钟这个中间，我要喝茶，茶杯也找不到，手巾也找不到。在下面的老同学也是这样，很早就把它们拿上来，找个好位子自己坐下来等上课。你们那个脑筋到底怎么了？做人做事都做不好，还学什么佛啊？那学的是糊涂佛，都是糊里糊涂。“事师仪轨”你们也看了嘛！学了半天，出去都是要为人师表的，现在当学生的资格都不够，那不是笑话吗？这是一件事，大家多注意吧。

还有，《禅秘要法》这次要详细讲，算不定这个礼拜课讲完，下个礼拜就讲。不过，真正要修持的人来听，不公开的，不只是真正修持的人，还要磕头、供养。我对你们太方便了，你们反而轻视了法，这样就没有用了。听课的时候都要打坐听，要坐两个钟头，坐得住的就来听，坐不住就不要来。而且不能用录音机，平常不留心，过后再听录音带，是机器听还是耳朵听？妈妈给我们一对耳朵，不好好听，靠机器有什么用？那不如弄个机器开悟成佛，多好！都是搞空事，看见就令人烦，学是智慧之学，不是搞别的事情。

现在还是讲卷三十三无心定的两种，在八百四十九页上，修神通的十二想，我念过去，不懂就要问；不要过后再问，又说都听不懂。

修神通的开头两步

第一，“轻举想者，谓由此想，于身发起轻举胜解，如妬罗绵，或如叠絮，或似风轮，发起如是轻胜解已，由胜解作意，于彼彼处，飘转其身，谓从床上飘置几上，复从几上飘置床上，如是从床飘置草座，复从草座飘置于床。”

轻举想，人身可以凌空飘起来。（同学问：轻举想是坐在那里想呢，还是自己真的这样飘起来？）是自己作意飘起来，这是修神足通，神可以凌空地飞起来。武侠小说上的“踏雪无痕”、“蜻蜓点水”，那还是轻举最初的。人最后修成功可以在虚空中走路，叫做轻举，身体举了起来。我每次要你们不懂就问，结果你们听是听过了，一个一个愣头愣脑，都没有懂，但也不会问。现在学生怎么那么乖？又不懂，又不问，你们不是浪费时间吗？这个文字是很容易懂，但是深入很难。

这一部分都是修神通方面的，轻举就是飞空，像佛殿的壁画，不是有飞空的天女吗？轻举想就是这个飞空。“谓由此想，于身发起轻举胜解”，注意这一句话，我再重新加重地念一遍，你们懂了吧！这又是秘密法了，不是你心里想而已，你虽然心想，但是身体并不飞升啊！因为这是作意来的，观想来的。

但是身上气脉没有通，你想是想，身体还是飞不起来。文字上神通是这样修的，可是这个里头有方便法门，他没有讲，“由此想，于身发起轻举胜解”这句话，他是说“于身”，不是说“于意”。这就要注意了，读佛经不能马虎的，每一个字都要小心，不要以为文字懂了就算看懂了。换句话说，这里就是打个问号，就要求法了，怎么样是“于身发起轻举胜解”呢？当然你没有得定以前，修这个神通也没有用，也修不成，不过告诉你是这样修的。

他是说，自己发起了轻举，再作轻举胜解意，自己把身体想成如妬罗绵——印度的一种很轻的棉花一样。这并不是说没有身体，还是有这个身体，不过身体已经变成妬罗绵一样轻了；或如叠絮，像一堆柳絮一样；或者把自己身体观想成气泡、气球，飘空了；或者像一阵风一样。能够发起这样的轻举想，轻功胜解已经做到了，由于胜解作意，把身体变得那么轻灵，飘起来了。

先前修禅定的工夫，得轻安喜乐，舍念清净，再进步到这里，得到了四禅八定，但不一定有神通。有些罗汉没有神通但得了道，道是道，神通是神通。有些罗汉有道也有神通，这种神通有的是报通，就是前生，或多生多世以前已经有神通的修行成果，所以他一得定，本身就发起神通，不必去修。又有的人是修通，得了道也得了定，由这个定才开始修，最后修得了神通。

刚才给你们讲的这些，都是修的方法和原则。如果这样作意成功了，修到身体如棉花一样的轻灵境界，他的身体是柔软的，柔若无骨，虽有骨头的感觉，但已经像棉花一样的柔软了。到这个境界再练第二步，坐在这里，把自己飘到窗边的桌子上，意念一想，这个身体就像棉花一样飞过去了。然后想到这里玩玩，就能坐到这里来，盘腿坐也可以，站着也可以，想到哪里就到哪里。“草座”就是坐在蒲团上，再飞到床上也可以，这是第一个轻举的修法。这只是讲原则，方法在哪里？方法的秘密也在当中。

把报身修成这样，也是唯心所造，不是不唯心所造，要把这个理论弄清楚，佛法是唯心所造。现在你们大家的身体就是软不了，胖子想要变瘦，连想瘦都不会想，也想不起来，变不了，观不起来。然后就想修神通，天天坐在那里想，飘起来，飘起来，那不想成精神病才怪呢！因为连身上气脉你还没有修成，修定也没有成功，还妄想修神通，怎么可能？

第二，“柔软想者，谓由此想，于身发起柔软胜解，或如绵囊，或如毛毳，或如熟练。”

这是于身发起柔软的胜解，是胜解，不是作意。胜解是理路、道理，最高的道理要研究清楚，像白骨观，生理学上的骨节，每个地方都要观清楚。譬如中风似的耳朵嗡嗡叫，耳朵有耳膜，每个部位都搞清楚，为什么嗡嗡叫？找出原因。然后打起坐来，一定，一感觉，知道它的原因，然后要用气，或者地、水、火、风等其他的方法观想，而能把它打通，而且也真把它打通了。这个理论要研究清楚，叫做胜解，就是最好的见解，所以修不是盲修瞎炼，身体的胜解先要了解。柔软想也是这个样子，懂得了这个理，理通了而起修。

把身体想成一个丝织品，只有一张皮，里头是空的。或像“毛毳”那么软，或是像“熟练”，就是绸子。练是丝绸，古代丝织品，很薄很薄，裱画用的边叫绢，比绢还要薄。丝织品有绸，有锦缎，练是最薄的一层，生的练还硬一点，熟的练是煮熟过的丝，很软很薄，身体要软得像熟练这样。这个身体为什么要修柔软想呢？因为要身体柔软，像武侠小说说的缩骨功，连小小门缝都可以进去。

佛涅槃以后，阿难还没有开悟，但是佛所说的法都记在阿难脑子里了。后来五百罗汉结集，非阿难来不可；可是阿难没有悟道，五百罗汉都是得了道的。迦叶尊者对阿难说，我们可以等七天，你七天开悟了就可以进来，不然没有资格进来。五百罗汉入定等他，他在外面下了狠心，精进用功，七天开悟了，就来敲门。迦叶尊者说：你进来啊！门没有开，但他进去了，就是神通自在。所以柔软想，是由一个小门缝就进去了；空界想，是没有门缝也可以进去，山河墙壁都不能障碍，一想就进去了。阿难一进来，五百罗汉就恭喜他，在结集场合，悟了道才可以说话，因为他自己也求证过，对佛说的法，说出来不会错了。

“此柔软想，长养摄受前轻举想，于摄受时，令轻举想增长广大。”

因为要身体飞起来，同时也要柔软，而“长养”就是帮助前面所说的轻举想，保养它，使飞空的工夫更增长。你如果会飞空，但没有柔软想，万一从空中掉下来，人不是摔断了吗？因为柔软想，所以空中掉下来也没有关系。这也是使轻举想加大，飞得更高了。普通修到这样，多半都还在地球气层内飞的境界；要飞出地球气层以外，是要另外修过，那就与到太空是同一个物理道理。如果超过地球以外，游离子层一旦脱开，任何肉体都化得无影无踪了。过去中国叫罡风、罡气，人碰到罡风罡气就完了，连骨头影子都没有了，不是烧化，而是就没有了。

你现在爬到最高的山上，如果缺乏氧气就不得了啦，学过飞行的就知道，到了最高空，只要几秒钟没有氧气，头发就统统掉光；再久一点，再过一下子，什么都毁坏掉了。我们是完全靠空气而活着的，你要飞过这个地球以外的话，则要另外一套工夫了，要真神通，这都是事实。佛经是讲求证的，平常讲什么性空啊、缘起啊，你起也起不了，空也空不了。所以刚才那位同学以文字来解说，也没有错，但不够深入，不过这种说法，出去当法师有资格了。现在一般法师就是这样，过去法师也不过如此，都是依文解义，根据文字解释而已。修证佛法只根据文字解释是不够的，佛法经典是个记录，是佛当场对弟子们的说法和讲话，告诉弟子们如何修持，而且必须听懂真义，才知道如何去修。

空界想 身心符顺

第三，“空界想者，谓由此想，先于自身发起轻举柔软二胜解已，随所欲往，若于中间有诸色聚能为障碍，尔时便起胜解作意，于彼色中作空胜解，能无碍往。”

我刚讲过空界想，山河墙壁都没有障碍。修到这样时，想到地球中心玩，想到龙宫去玩，一念就下去了，水也没有障碍你，河也障碍不了你；就像阿难一样，悟道了，门没有开就进去了。阿难上台说法“如是我闻……”就是阿难当时听到佛是这样讲的，说完了，大家记录下来，再问五百罗汉有没有错？大家同意就通过，这就是结集记录的佛经，所以每一本经前面都加“如是我闻”四个字。

这个空界想，就是去掉物理障碍才能修神通。开始修这个想的时候，“先于自身”，就是自己这个身体，发起轻举、柔软两个胜解，要理论和工夫都做到才行。这是要点，不能含糊不清，所以我也在考验你们读书留意不留意，读佛经更要留意。像你们吧，我发觉你们的身体硬得很，粗重得不得了，粗重就是业力，就是笨重，骨节脑筋都笨，这就是业力重。

如果自身发起了前面那两项轻举和柔软，“随所欲往”，想到阿里山的中间去看一下，就钻到里头去看了，或许山中间有珍宝，都可以把它抓出来。但修到了这个时候，珍宝都不想要了，玩玩就玩玩。“若于中间”，譬如你想到山中间去，而中间有一块比金刚钻还硬的地方，你钻不进去。“诸色聚”就是矿，地球上有很多矿，尤其在台湾，太平洋边上，像花莲、台东有许多矿。

当你要进到中间，被硬的矿物质障碍了，这个时候必须起胜解作意，你要把理通了，“于彼色中作空胜解，能无碍住”，碰到诸色聚障碍住的时候，一念一定，把它观空了，身体照样可以进去。觉得像一阵风就飘过去了，这个时候身体也空了，色聚障碍也空了。天眼通的人看这个山就像玻璃似的，是透明的。阿里山在天眼通定中一看，可以看透，山的任何一面都可以看到，一点也没有障碍。所以山也空，身也空。“空界想”这个想，不是凡夫的思想，你不要乱想、乱搞，乱搞发了神经，我不负责。

第四，“身心符顺想者，谓由此想，或以其心符顺于身，或以其身符顺于心，由此令身转转轻举，转转柔软，转转堪任，转转光洁，随顺于心，系属于心，依心而转。”

身心符顺就是身心和顺，我们现在虽然在学佛，也学打坐，身心并不符顺。我们研究自己的身体和心，心里想不要生病，而这个身体四大天天生病；等到身体健康一点，烦恼情绪又来了，身心不和顺，不和合，不符合。

但是一般人不晓得心与身是分开的，是两回事，一般人是很昏头的，这必须要做工夫，稍稍有体会才可能晓得。身与心这两兄弟，不是心理出毛病，就是身体出毛病，身心不能符顺。如果身心符顺，就是身体也可以控制了，心也可以控制了。怎么修呢？这是修神通之一；这当然是神通，因为心符顺于身了。

譬如修止，修一个法门，修安那般那，修到最后随息观，就是心息相依，心就要依附于气。但是你们不到两三下，气还是在呼吸，心就跑掉了，对不对？它们两个不能配合。要身心完全配合，也就是心与气配合，呼吸就不动了，心也配合不动了。在这个时候，身体慢慢转变，所以“以其心符顺于身，或以其身符顺于心”。要晓得身是大原则，由地水火风四样构成，以这四大色身来配合于心，硬是把心定住了，呼吸不往来了。所以能够做到身符顺于心，心就能控制了，做到了身心合一，心气合一。这个气是代名词，不是呼吸之气，是心风能够自在。

这样使身体"转转轻举"，转转是形容词，一层一层，所以道家也用"九转还丹"，一步一步进转，身体越来越轻盈，可以飞空了。"转转柔软"，身体越来越柔软。"转转堪任"，这个肉身可以担当一切，起神通作用。如果这个时候说，我发愿活一千年，当然还做不到，还不能堪任，因为那又是另外一种修法。什么是"转转堪任"呢？譬如我这个手掌，假使前面有一个巨石，有一万斤重，就算压下来，这个手也不会坏，是能这样的堪任。但是此身要留住活个五百年，或者永远活下去，像迦叶尊者一样，在鸡足山入定等弥勒佛下生，你还没有这个本事，因为那还有另一套的修法。

此身"转转光洁"，脸上、身体上光滑又柔软，有光明相，光洁干净，一点渣子都没有。像我们一般人身上有很多的渣子，女性的月经、大小便、眼屎、鼻涕，很多脏的东西。修到这个时候都没有了，身体光明清洁。"随顺于心，系属于心，依心而转"，心想把身体怎么变就可以怎么变。这个时候入定，不一定是打坐，就算是倒立莲花，头在下面，说要入定就入定了。据说有一位禅宗祖师，就是倒立而死，头顶在地上，衣服并没有下垂，这是身心合一。

得了神足通

第五，"胜解想者，谓由此想，远作近解，近作远解，粗作细解，细作粗解，地作水解，水作地解，如是一一差别大种，展转相作，广如变化，所作胜解，或色变化，或声变化。"

前面不是有轻举胜解、柔软胜解吗？这里怎么又来个胜解想呢？由于前面这四层的神通胜解，观想成功了，定力修到了，就可以破除时间和空间的观念。现在晚上八点多钟，纽约天亮了，我有朋友住在纽约的，还在床上睡觉，我手一伸，就可以把他的床拿到这里来。还可以拍拍他，叫醒他，远可以近，近可以远；空间可缩小，可放大；水可以变火，火可以变水。地水火风可以转变，可以把地变空，把空变出地来；或者把色相变成声音，或者把声音变成色相，就是心风自在，念一动就可以变出种种的变化。

换句话说，你假使在山上住茅棚，工夫已修到了这个程度，有朋友上山来看你，但你不想见，于是你意念一动，变成一只老虎在路边，把他吓得不敢上山了。人说是龙虎护法，实际上龙虎是你意念神通变化出来的，心风自在，一变就出来。有时或者依物而变，手帕一丢，就变出一座山；你那个朋友，刚上到山口，看不到路，以为走错了，只好回去。

所以为什么我们世俗人找菩萨、找得道的人找不到呢？不会见你的，你没有这个功德这个智慧，你是老几啊？所以见不到的。因为他有这五种想，轻举想、柔软想、空界想、身心符顺想、胜解想，他有神通变化。

“由此五想，修习成满，领受种种妙神境通，或从一身，示现多身，谓由现化胜解想故；或从多身，示现一身，谓由隐化胜解想故。”

把这五种变化“想”修炼好，修持成功了，可以有种种的神通，这里叫做“神境通”，也就是五通中的神足通。示现很多个同一身相的我，也许一千个坐在这里，或者把几千个人变为一身，或者把自己化成千百万亿，也可以隐身，使你看不见。隐身是人坐在这里，但是看不见，只看到一张椅子；或者把自己变成一个枕头，或变一个眼镜摆在这里。你发现这个人不见了，只好走了；当然你不能把眼镜带走，那样他就在你口袋里做怪了。

“或以其身，于诸墙壁垣城等类，厚障隔事，直过无碍。或于其地，出没如水。或于其水，断流往返，履上如地。或如飞鸟，结跏趺坐，腾扬虚空。或于广大威德势力，日月光轮，以手扪摸。”

有神境通的，或穿过山河墙壁没有障碍，土地里出入，像在河里游泳一样，无碍自在。或过河时，手一指把水分开了，就从河床上走过去，或者在水面上走过去。或者双腿盘坐在空中飞一圈，木讷祖师就玩过这个，在空中飞翔。或者高兴起来，跳到天上，手摸日月，把太阳月亮当成乒乓球一样玩玩；或者太阳边上有黑点，你跑上去把黑点抓掉，丢开了。（同学问：这个时候超过罡风了吗？）这个时候早过了。

“或以其身，乃至梵世，自在回转。”

这个身体可以到色界天了，这叫神足通，到了色界天，也可到梵世，自在回转。

“当知如是种种神变，皆由轻举、柔软、空界、身心符顺想、所摄受胜解想故，随其所应，一切能作，此中以身于其梵世，略有二种自在回转。”

由所说的几种想，就可以修到这个程度，随时可以上天去玩玩，不要买飞机票，也不要办出境证，随时可以到梵世、梵天上去玩，超过了玉皇大帝那里，到色界天去玩就要有这种神变，并有两种自在回转。

“一者往来自在回转，二于梵世诸四大种一分造色，如其所乐，随胜解力自在回转。”

进入到梵世去有两种自在回转，第一种，只要一念动，要进入梵世就进入了，要回来就回来。第二种，此身也无所谓飞上飞下了，到了梵天上面，已经不是欲界四大之身了，没有人境的观念了。色界我们觉得很远，他一下就拿来了，就在面前了，等于用手去拿杯子一样方便。所以佛经上说，佛在世的时候，大家要看他方佛土，佛用手那么一端，十方各个佛世界，如掌中庵摩罗果，大家都看见了，然后又把它们送回去。那个世界被佛拿过来给大家看的时候，那个世界的人并没有感觉，大家照旧好好地生活在那里。

这是什么神通呢？由胜解力，有理、有事，是定慧的功德修到这个程度的。所以他说进入梵世天，“随胜解力，自在回转”；梵世天有他的四大种，有他的物理世界，不同于欲界世间的四大种物理世界。“一分造色”，是把自己的身心，意念一动，造成功一切，跟梵世的物理世界一样，就是唯识所谓的“法处所摄色”。“如其所乐”，你的意念爱怎么变就怎么变，比较的说法就是心风得自在那样。这一段是说初步的神足通。

宿命通的境界

第六，“先所受行次第随念想者，谓由此想，从童子位迄至于今，随忆念转，自在无碍。”

大家要注意“受行”两个字，是五蕴中的受蕴和行蕴，要把这两种功能修好。这两个字眼是要点，要特别注意，尤其将来出去做法师的更要特别注意，带领大家说法，一字之差成五百年野狐身，就叫做野狐禅。所以要注意，经文上每句每字都不能马虎的。现在讲了半天的神通，这神通是唯心所变的，都是受蕴的作用所变的。不要认为受蕴是坏的，这五蕴都是一心的作用，所以把受蕴一变过来，就起神通境界的功能，叫做神而通之。

这是宿命通，修这个想，就要参念头，正思维，在定的境界追想。回想我自己在十一二岁还没有学佛时，就已经知道做这个工夫了。小时候读书，一边走路，我会忽然呆住站在那里，我在想，奇怪，我自己刚才在想什么？怎么会想到这里来？譬如想到吃糖，回家去拿糖时，我就站住了，我刚才在想什么？怎么会想起糖来？我会倒回去想，在想糖以前在想什么？在想这个。这个以前我想的又是什么？哦！想书中的某一段理……很多很多，一直推问下去，我都呆住了。人的思想很奇怪，我一下下想得那么多，倒转地去推，那个时候我还没有学佛修道。所以要想有宿命通，自己前生是什么？多生多世做过什么人？变过什么？就是用这个方法。

像你坐在这里，你想想看，你早晨第一个念头想什么？早就忘了，你背书也背不来，读书也没有这个本事。所以我到现在有时书背不来，我静一下，一想，那本书是什么封面？什么颜色？然后第几页第几行，就出来了，就背来了。其实我不是背书，是心意识中的影像出现，在你问到我时，我心中就呈现了那本书第几页第几行的那个字。就是这样追想回去，懂吧？所以你们这样一来，记忆力也强了，思想也清明了，心念也不乱起了。

本书这里讲“从童子位迄至于今，随忆念转，自在无碍”，想小时候的事，慢慢回忆就忆起来了；当然还是先要修定，不然会想得精神错乱的。慢慢回忆，乃至回忆到我怎么投胎、怎么出胎，前生的事都知道了。宿命通是这样修来的，是由念来的，不是空念呀！这一点秘密告诉你们。如果搞空念，你怎么可能晓得宿命呢？你昨天的事都忘记了，还有什么可能得宿命通呢？所以平常一定要自己研究经文，自己看。

大家注意，修神通这一段，听过以后就把它放在一边，记住了就是，不要乱学，学不好的。学成了神经错乱，不要来找我，我是没有办法的，因为无药可救，所以不要乱搞。先要把前面那些工夫，那些真正的见地，真正的定境，都求证到，也就是真正用得道罗汉所修的方法去修。不但这本经典这样说，很多经典都明白告诉你这个修法，尤其许多禅定的经典上，都讲过宿命通的修法。追忆，慢慢忆念，但不是用妄念追忆，而是在四禅八定的定境界忆念。如果到了定的境界，一念，一追忆作意，就统统知道了，这个人前生同你什么关系都清楚了，这就是宿命通。

如果这个人前生是狗或猪，或者前生是你爸爸妈妈，或者前生是你冤家啦、亲人啦，这时候都很清楚了，这就是宿命通。我有一个朋友说，假使晓得前生是狗，吃过大便，现在想起来都会吐，多难过呀！我宁可不要宿命通。这话也有道理。

当清楚了解宿命通之后，就了解生命的前后变化，世界上的确是冤亲平等，没有什么差别和了不起。所以家人不是冤就是缘，就像《红楼梦》上的两句话，“不是冤家不聚头，冤家聚头几时休”，没有休了的时候，除了空。

“随彼彼位，若行、若住、若坐、若卧，广说一切先所受行，随其粗略，次第无越，忆念了知，于此修习，多修习故，证得修果，于无量种宿世所住，广说乃至所有行相，所有宣说，皆能随念。”

不但这一生，连过去生住在哪里，做过什么事，好的坏的都知道了；过去讲过什么话，都可以回忆起来。所以我们才晓得自性本体不增不减，假如我们追忆过去，忘记了，那个自性就有增有减了。所以大家读了书记不得，不能怨自己笨，是你业力的关系，无明无记业太重。所以书读了半天，字也写不好，书也记不得，文章也写不好，话也说不来，都是白学的，都在无记、一团无明中。这是讲修神通，有关了知过去的宿命通。

天耳通和天眼通的修法

第七，“种种品类集会音声想者，谓由此想，遍于彼彼村邑聚落，或长者众，或邑义众，或余大众，或广长处，或家或室，种种品类诸众集会，所出种种杂类音声，名喧噪声，或于大河，众流激湍波浪音声，善取其相，以修所成定地作意，于诸天人，若远若近，圣非圣声，力励听采，于此修习多修习故，证得修果清净天耳，由是能闻人间天上，若远若近，一切音声。”

天耳通的修法，打坐时先用耳根，像修观音法门，听到一切音声，一念清净，但是不要去注意；注意就是妄想，脑子会受损的，耳朵会听聋的，或者神经受损。在定境中那个声音，自己慢慢听，愈清净愈无声。许多修道的人，都在山边林下，尤其在溪流边上，听风声、水声。溪流有很多种，有些溪流水声很优美，大陆上有些溪流比音乐还好听。在溪边摆个蒲团，坐在上面，开始还听到声音，慢慢再听，外来声音没有了，一切音声都听不见了。

听不见的时候，忽然要听就有声音，不听就没有声音，乃至听山外的声音，听都市中的声音，家里人讲话的声音，慢慢听到诸天的人、非人，天上人间，乃至菩萨诸佛的说法声。你坐在这里，自己就是收音机，听得清清楚楚，这叫天耳通。人间天上、若远若近，一切音声都听到了。

第八，“光明色相想者，谓于如前所说种种诸光明相，极善取已，即于彼相作意思维。又于种种诸有情类，善不善等业用差别，善取其相，即于彼相作意思维，是名光明色相想。于此修习多修习故，证得修果死生智通，由是清净天眼通故，见诸有情，广说乃至身坏已后，往生善趣，天世间中。”

这是讲天眼通，前面所讲此身的光明，是四大由白骨观化成光，由光则随欲所变，各种光都出来了，乃至佛的各种光明。

要作意思维这个光明之相，先修一切光明想。譬如作日轮观、月轮观、白骨观等，真的光明生起来了，光明还要化空。缘起性空，性空缘起，生起次第做到了，归到圆满次第；圆满次第做到了，又归到生起次第。随欲作用，一切光明想，一想就成就，就可以得天眼通。有天眼通就证到“死生智通”，就是死后到哪里投胎，以及如何去天道中投胎，都看得清清楚楚。眼通证到了，可以看到将死的人，虽尚活着，已经投胎了三分之一；有人将变畜生的话，尾巴已经长出来了，都看得清清楚楚。

神通是不准用的，神通用了不得了，不止是犯戒，你自己就不得了。天眼通到了最高处，天上人间一切事，就如电视机一样，那个开关一按，自己就进入那个要进的光明定，什么都看见了。

修成了他心通

第九，“烦恼所作色变异想者，谓由此想，于贪恚痴忿恨覆恼诳谄悭嫉，及以憍害无惭无愧，诸余烦恼及随烦恼，缠绕其心诸有情类，种种色位，色相变异，解了分别。”

说到神通，其实我们凡夫都有的。所谓“烦恼所作色变异想”，就是心里有烦恼，脸上就表现出来了，动作也出来了，这种神通大家不修就有，个个都有。比如说，由于贪心起了，那两个眼睛滴溜溜的，在街上看到烧饼好吃，贪相马上呈现出来。“恚”是讨厌一个人，那个脸色就看出来了。“覆”是逃避，讲错话或做错事，脸都红了，还说没有没有，那就是盖覆；然后还争辩，强词夺理说一大堆道理来掩饰，盖覆自己的缺点。

“诳”是说谎话，说大话。“谄”不一定是拍马屁，故意讲好听的话给你听，所谓增加你的自尊心，安慰你，让你安心，其实都是犯了谄媚的烦恼。乃至“无惭、无愧”，这些烦恼在《百法明门论》里头都有，是很明显的心理状况。还有一些随烦恼，你自己也检查不出来，那是随着根本烦恼而来的。不但人如此，乃至狗猫，都看得出来“种种色位”，种种形色，眼色、肉体色相，等等。“色相变异”，色相就是面貌、身体，身体为什么变了？为什么得癌症？不论什么病，都是果报来的，唯心来的。你们要注意啊！“解了分别”，一望而知，一看你就明白了。

“如是色类，有贪欲者，有色分位，色相变异，谓诸根躁扰，诸根掉举，言常含笑。如是色类，有瞋恚者，有色分位，色相变异，谓面恒颦蹙，语音謇涩，言常变色。”

一切众生四大还在，就叫做有色分位，色就是地水火风，肉体还存在，就是地水火风还在，就是有色相可得，有色相的变异。

因为有贪欲等的心念之故，一个人心理起作用时，六根就有变化了。譬如说出家人不要乱看，要端端正正的；但是实在很想看，偷偷瞄一下，这样一来，六根就动了。虽然心还没有乱，六根先掉举起来，讲话态度就不同了。又因为贪心起，“言常含笑”，想把人家的东西骗到自己这里来。就如店员一样，对顾客说“这个东西好呀！喜欢吗？很便宜呀”，就来了，“言常含笑”，这个就可以看出来，是贪心起来了。

有瞋恚心的，那个脸上，讨债的面孔就出来了，脸色发青，额头皱起，一发脾气讲话声音都变了，脸色也变了，一看就看出来了。

“如是色类，有愚痴者，有色分位，色相变异，谓多分暗哑，事义暗昧，言不辩了，语多下俚。”

愚痴的人也看得出来，声音不对了，跟他讲道理，他会乱说一通，世界上正理只有一条，他的歪理却有万条千条，他会讲很多的歪理。我常说，有很多朋友，跟他们讲一件事情，主题都掌握不到，他们已经说了一大堆理由了。常常碰到这样的聪明人，实际上他是事理搞不清楚，“言不辩了，语多下俚”，讲话也粗里粗气。

“由如是等行相流类，广说乃至无惭愧等所缠绕者，有色分位，色相变异，善取其相。复于彼相作意思维，于此修习多修习故，发生修果心差别智。由此智故，于他有情补特伽罗，随所寻思，随所伺察，心意识等，皆如实知。”

对于他人各种行相的表现，多加分析了解，这样练习、修持，他心通就来了，别人一起心动念，你这里已经有感应，知道了。上面举的例子，世间的人讲话，他心理一变，脸色就变了，不但修持的人是如此，一般人也都看得出来，只不过他心通是功力较深的层次。所以他心通修到的人，你不要讲话，在他前面一站，他已经知道你想要讲什么了。有人在外国死去变鬼，但心中想什么，他心通功力深的，立刻就知道了，这就是他心通。

得道人的神通　外道的神通

第十、十一、十二，“解脱、胜处、遍处想者，如前三摩呬多地，应知修相，由于此想，亲近修习，多修习故，能引最胜诸圣神通，若变事通，若化事通，若胜解通。”

在天眼、天耳、他心、宿命、神足，这五通都成就之后，最后是漏尽通，智慧的成就。前面三摩呬多地，就是三昧定慧等持的境界做到了，自然发起“诸圣神通”，就是漏尽通；是圣人境界，神而明之，神而通之。所以开悟证道的人，没有读过的书，拿来一看都懂了，就是漏尽通的胜解神通。古人许多得了道的，没有作过诗文的，一得了道就会作诗作文了，这就是胜解通，一切都会了。

"及能引发无诤愿智，四无碍解。谓法无碍解、义无碍解、辞无碍解、辩无碍解等，种种功德。"

像须菩提一样得无诤三昧，无诤就是没有诤论。你讲空也对，你讲有也对，那不是故意对，是真把空的理懂透了，再懂得了有；把有的理懂透了，又懂得了空，悟到了空。都对呀！因此无诤，不生不灭的果上没有诤论，一切法到达没有障碍。所以一切道理到他那里，没有解决不了的，辩才无碍，言辞表达，一切清清楚楚，都无碍了，都成就了。

"又圣非圣二神境通有差别者，谓圣神通，随所变事，随所化事，随所胜解，一切皆能如实成办，无有改异，堪任有用。"

圣人境界的神通，与非圣人境界的神通是有差别的。非圣人有神通吗？有呀！虽没有悟道，可是他禅定工夫到了；禅定是共法，他虽没有悟道，没有证得菩提，可是他得定了，得了定也可能引发神通。所以外道也有得神通的，其他宗教中的特殊修行信徒，也可能得些小神通。譬如有些宗教徒的祷告，他说圣灵降体，那个是禅定的一点点境界，不过他解释为圣灵。所以非圣者也有少部分神通，或相似神通，因为五通与定境是圣与非圣的共法，所以五通并不稀奇。修瑜珈术、催眠术，外国有很多预知未来的人，那都是报通，由业报得来的。

得道圣人的神通，一切变化自在，都能够实实在在地做到，而且不会变动，因为他认清楚了真理，所以不会变动，神通也是实在而有用的。没有得道的人的神通有没有用呢？也有用，这个有用，是神通对菩提道、善法而言，是有用的。

"非圣神通不能如是，犹如幻化，唯可观见，不堪受用。"

得道圣人的神通，比喻来说，等于出阳神，他变化一杯茶来给你喝，你喝时是真的茶，烫就是烫，冷就是冷，喝下去有病能够治病。非圣的神通做不到，因为他的神通是幻化的，一杯茶喝进来，不是真的茶，没有东西的。就像你做梦，梦到吃东西，你也觉得很饱，醒来似乎还有味道，不过肠胃还是空的，对不对？这就是非圣神通，是普通人的神通。

“当知如是十二种想，亲近修习多修习故，随其所应，便能引发五种神通，及能引发不共异生，如其所应诸圣功德。”

如果这十二种想修成功的话，就能引发五种神通，及“引发不共异生”。什么是“不共”？就是不共法，也就是道、般若、阿耨多罗三藐三菩提。什么是“引发不共异生”？就是引发他得道成圣。如果这十二种想部分修到有了神通境界，鬼神都可以与你沟通了。那是真的，到了这个境界，你说我要打坐了，护法神你给我护个法吧，不要让人进来。他就给你护法，当然你看不见。

十二种修神通想，只告诉你原则，原则都懂了吧？你们听了大概都心向往之，我希望你们好好修持，不修持是没得用的，佛学都搞不清，修持的影子都没有，还说什么神通！

什么人会生天界

“复次此中于初静虑下中上品善修习已，随其所应，当生梵众天、梵辅天、大梵天，众同分中。”

三界天人表拿来对一下看，得到初禅的人，死后可以生到色界；初禅又分下中上三品，梵众天、梵辅天、大梵天，属于色界。生到色界后，“众同分中”，与那些天人一样，也变成天人了，在六道里属于天道。

“于第二静虑下中上品善修习已，随其所应，当生少光天、无量光天、光净天，众同分中。于第三静虑下中上品善修习已，随其所应，当生少净天、无量净天、遍净天，众同分中。于第四静虑下中上品善修习已，随其所应，当生无云天、福生天、广果天，众同分中。”

得到二禅或三禅的人，也都有上中下三品，各生色界各天，而得四禅的人，生色界无云天、福生天及广果天。

色界天的广果天属于凡夫天，凡夫怎么能够生到广果天呢？所谓凡夫天，是修到至善的凡人，心很清净，也接近于定，所以能生天。有些外道，修持到最后，虽然不悟菩提性空真理，而他的功德是一样的，也可以生到广果天，所以色界天里这一层是属于凡夫天。大家不要小看别的宗教徒或外道，他们也可能修得色界天人的果报，我们自称学佛，还不一定能做得到呢！

注意！这只讲禅定的工夫，没有讲到智慧，这只是天人果报。你们打坐，修到了四禅八定，不过是天人的果报而已，可是也不错了。这天人果报谈何容易啊！像你们男的女的，修定修到了，变成了男天人的，一个天人都有很多天女相配，越是戒律精严，果报越大，是属于十善业之果报。当然也有女众天，配属的男众也很多。这个道理你们可以查本论有寻有伺地。

“若不还者，以无漏第四静虑，间杂熏修有漏第四静虑，即于此中，下品、中品、上品、上胜品、上极品，善修习已，随其所应，当生五净居天，众同分中。谓无烦、无热、善现、善见、色究竟天。”

住色界不还者，是不还果，不再来人间了，不还天有五天，即无烦、无热、善现、善见、色究竟天，是小乘三果圣人所居，又称五净居天。这是第四静虑，无漏以及仍间杂稍微有漏的果位。有漏是有意去修的，因为在八十八结使中，稍微还有一点点存留未净，故称有漏；无漏是完全无意无心的境界。

“若于空处、识处、无所有处、非想非非想处，下中上品善修习已，当生空处、识处、无所有处、非想非非想处，随行天众同分中。由彼诸天无有形色，是故亦无处所差别，然住所作有其差别。于无想定善修习已，当生无想有情天，众同分中。”

空处、识处等属于无色界，无色界的天人境界，连光影都没有了，所以无国土，无定位。可是无色界的众生也有差别，这个差别是修持的功力和善行功力的差别。无想定修好，可生无想天，仍属色界天。

“复次此中云何应知离欲者相。谓离欲者，身业安住，诸根无动，威仪进止，无有躁扰。”

现在又回转来再讲离欲的重要，我们修道第一个要修到离欲，“皈依法，离欲尊”，什么叫离欲呢？比丘戒，三千威仪要做到，所以笑不露齿，走路要规规矩矩，不准左右乱看，比丘威仪进止，无有躁扰，要做到这个样子；受戒就是要遵守这些规律，因为还未修到定。修行要想得定，先要从外形开始，先把外形规范好，才能进入内部，所以说由戒才能够到定。当你真修得了定，一定是“身业安住，诸根无动，威仪进止，无有躁扰”，内外一致了。

“于一威仪，能经时久，不多惊惧，终不数数易脱威仪，言词柔软，言词寂静，不乐喧杂，不乐众集，言语安详，眼见色已，唯觉了色，不因觉了而起色贪。”

打坐也是一个威仪，你们一次坐几分钟啊？（同学答：五十分钟。）五十分钟都坐得弯腰驼背了，然后再有人吼你一下，你就被吓住了，这就不对了。真得离欲的人，于行住坐卧中的任何一个威仪中，都能经久而不会惊惧。“终不数数易脱威仪”，这个“易”是变易的易，言语之间柔软，不会吼叫。离欲的人都不看好色相吗？也看，是过眼云烟，毫不保留，过去就不留了。

“如是耳闻声已，鼻嗅香已，舌尝味已，身觉触已，唯觉了声，乃至其触，不因觉了而起声贪，乃至触贪。能无所畏，觉慧幽深，轻安广大，身心隐密，无有贪婪，无有愤发，能有堪忍，不为种种欲寻思等诸恶寻思扰乱其心。如是等类，当知名为离欲者相。”

不管耳闻、鼻嗅等等一切，身心“隐密”，没有贪念；离欲的人身上气脉发动了，他也不会告诉你，也不会宣传。

关于修定做工夫，白骨观也讲了，各种定法也讲了，四禅八定也讲了，到了离欲境界，都还属于世间定法，是佛弟子与世间凡夫修定的共法。

下面讲不共法的佛法，第三十四卷，“本地分中，声闻地第十三，第四瑜伽处之二”，八百五十五页。

“如是已辩往世间道，若乐往趣出世间道，应当依止四圣谛境。”

前面说的是世间道，下面这一卷才是讲出世间法。声闻弟子，四谛、十二因缘，等等，你们都熟得很，虽然觉得已经听了很久了，可是一项都没有证到。就算你证得了出世间道，那还是属于佛法中的外道，因为你没有基础；所以要由声闻道修起，再回心向大，转成菩萨道。宗喀巴大师的《菩提道次第广论》、阿底峡尊者的《菩提道炬论》，统统都是由《瑜伽师地论》中抓出一点而著作的。所以你们把这一百卷的经典研究清楚，整个佛法的系统、理论和修持，显教、密教的修法都有了。不要说你这一辈子用不完，你万辈子也用不完。十方三世诸佛所有修持佛法的，都离不开这个内容。

这一百卷的论述，我们讲到三十四卷还是声闻地；声闻地后是独觉地，再后面所有的都是菩萨地。菩萨地每一地的修行工夫、见地、次序、行愿，统统都有。现在不跟大家讲那么多，下个礼拜开始就讲你们想要听的《禅秘要法》，办法已公布了，公文也出来了，你们等一下自己去看。这是不公开的，除了真正修持的人之外，其他的不必参加。

现在我们倒转回来，看第四卷，“本地分中有寻有伺等三地之一”，七十五页。前三卷是由前五识讲到第六识意地。意地包括了三界。

初步了解意地

“已说意地，云何有寻有伺地、云何无寻唯伺地、云何无寻无伺地。总嗢柁南曰：界相如理不如理，杂染等起最为后。”

这是说每一个思想、心理作用的境界，它的界限、逻辑的范围，都是如理的合理的范围；不如理是不合理，不在这个范围。这完全是逻辑。在有寻有伺、无寻唯伺、无寻无伺之间，有时候还有些夹杂。

“如是三地，略以五门施设建立，一界施设建立、二相施设建立、三如理作意施设建立、四不如理作意施设建立、五杂染等起施设建立。”

上段所说意地中，有五种含义。一是指范围，二是指现象，三是如理，就是逻辑与内涵。四是不合理，不对，不合逻辑，它的内涵是错的。五是中间有些不太正确的杂染。

“云何界施设建立。别嗢柁南曰：数、处、寿、量、受用、生，自体、因缘、果、分别。”

什么是“界施设建立”？人的思想有寻有伺，就是凡夫，凡夫的思想都是有寻有伺的，思想东想西想，有觉有观。数：数量，处：空间，量：范围大小，寿：寿命，受用：自身的受用。如果在地狱，那个数、处、量、寿、受用，每一层都不同。譬如东方人与西方人，因政治环境和社会环境的不同，数、处、量、寿、受用都不同。为什么不同呢？因为自体、因缘、果报、分别都不同。

这个经文很难看懂，千古以来人们都觉得难看懂。有个文学家跟我说：在美国那位所谓的中国密宗大师，听说你在讲《瑜伽师地论》，他就告诉我，《瑜伽师地论》重要得很啊！修显教、密教，不管修哪一宗，不懂《瑜伽师地论》都是白修的啊！我说：他到底还不错，还晓得《瑜伽师地论》很重要。你看本论里，所讲都很科学，每一点都说得很清楚。

"当知界建立由八相，一数建立、二处建立、三有情量建立、四有情寿建立、五有情受用建立、六生建立、七自体建立、八因缘果建立。云何数建立。略有三界，谓欲界、色界、无色界。如是三种名堕摄界。"

界建立由八个相，数建立是三界，属于"堕摄界"，是堕落的意思，没有跳出三界外；跳出三界外就成佛了，归回自性本体，归了本位。

"非堕摄界者，谓方便，并萨迦耶灭及无戏论无漏界。"

有方便才不会堕落，菩萨有一切方便，但是不愿意跳出三界。菩萨为什么不愿意跳出三界呢？为了三界中有苦恼众生需要救度。"萨迦耶"是我见，我见灭了的人，无我的人，就"无戏论"，就是不执空也不执有；也不说只有净土好，或只有密宗好，或只有禅宗好，这样都是戏论。只有"无漏界"的人，才是不堕落的，因为跳出了三界，也就是三界任意寄居，否则都是"堕摄界"。

一，"数建立"，就是三界，第一个先讲地狱，与天人大梵天来比，先比寿命长短。跳过六行看下面。

二，"处所建立者，于欲界中有三十六处……"，有三十六处都叫欲界，包括天人、地狱，等等。欲界的众生思想都不定，有觉有受，感觉空不了，思想妄念也空不了，所以叫有寻有伺。

"复次色界有十八处……"（七十七页），色界天有十八天处。

"复有超过净宫，大自在住处，有十地菩萨，由极熏修第十地故，得生其中。复次无色界有四处所，或无处所。"（七十八页）

大梵天的天主是观自在菩萨的化身，那里有十地菩萨。无色界有四处所，或无处所。这是讲界的分别。我们有感觉有思想，一切众生有寻有伺，所以果报始终在三界中。

三，"有情量建立者，谓赡部洲人，身量不定，或时高大，或时卑小，然随自肘三肘半量。东毗提诃，身量决定，亦随自肘三肘半量，身又高大，如东毗提诃如是……"

有情世界人与人有差别，身量不同，人生来有高有矮，有胖有瘦，是用自己的手肘去量三肘半。"东毗提诃"就是东胜神洲。

"帝释身量，半拘卢舍，时分天身量，亦半拘卢舍……"

帝释高大，我们仰起头来都看不到他的手，玉皇大帝身量比我们大得好多。一层一层的天人，身量越来越高大。

四，"寿建立者……或于一时寿无量岁，或于一时寿八万岁，或于一时寿量渐减，乃至十岁。东毗提诃人，寿量决定二百五十岁……"

南赡部洲人寿不定，三十天为一个月，十二个月为一年一岁。也可以修到无量寿岁，一生也可以修到八万岁。末劫时，人的寿命减至十岁而已。东胜神洲人，一生寿命二百五十岁；西瞿陀尼洲人，一生五百岁；北拘卢洲人，一生可以活一千岁。

"又人间五十岁，是四大王众天一日一夜，以此日夜，三十日夜为一月，十二月为一岁，彼诸天众，寿量五百岁。人间百岁，是三十三天一日一夜，以此日夜如前说。"

人的寿命一般是五十岁，一路一路往上增加。

五，“受用建立者，略有三种，谓受用苦乐、受用饮食、受用淫欲。受用苦乐者，谓那落迦有情，多分受用极治罚苦。”

受用有苦乐、饮食、淫欲三种。地狱就是那洛迦，里头没有淫欲，因为天天在受罪，没有空闲去想这个淫欲之事。

“旁生有情，多分受用相食啖苦。”

畜生里，有吃不饱之苦，所以只有少分的淫欲；只有人是乱来的。

“饿鬼有情，多分受用极饥渴苦，人趣有情，多分受用匮乏追求种种之苦，天趣有情，多分受用衰恼坠没之苦。”

三界的苦，各有不同，你们研究本论的三界六道各种状况，可以写很多书。每一层天的天人，婚姻制度也有，寿命也有，这是佛学知识。你说这些佛学知识与我们修持有什么关系呢？这些看起来都是神话，但与你们修持有绝对的关系，所以要注意的。

这个礼拜五还是《瑜伽师地论》，下个礼拜起就改为《禅秘要法》的课程了。

第二十讲

三界六道的苦与乐
修禅定的苦与乐
转苦为乐
圣人境界之乐
段食 思食 识食
三界男女之欲与生育
神通的变化 修道的变化
结语

我们讲《瑜伽师地论》，是偏重在修持做工夫修定方面。而且打坐做工夫、修定等方面，是偏向于世间法和出世间法的共法方面。也就是说，所修的是世间定的方面。现在回转来，讲定法和善法的修持与三界天人的关系。大家要注意，现在学佛的人，都马马虎虎地把天人之间、天人境界随便看过去了，这是不妥当的，所以要注意。

现在再看卷四“有情受用建立”，受用就是我们平常所讲的生命的享受。

三界六道的苦与乐

地狱是分等次的，地狱里都是苦，没有乐。十八层地狱并不是像十八层大楼那样，层是等次，指受苦的情形的多少和不同。畜生道互相食啖，也是苦；饿鬼道众生，永远吃不到食物。我们看到的水，饿鬼看到则是火；我们所谓的清水，天人看来是脏的东西。

为什么如此呢？因为三界之中的一切，是唯心所变，唯识所现；这个道理只有你得定，得了神通，才会看得清楚。所以人世间究竟哪一样是干净，哪一部分是不干净，很难断定。

人道中所受的，是贫穷的苦，求不得的苦；天人境界，天人也有死亡堕落之苦。再提起大家注意，受用是生命的享受，有苦乐、饮食、淫欲三种差别。所以，在佛法还没有来的时候，中国的圣人已经说过，“饮食男女，人之大欲存焉”。岂止是人而已，一切众生都是在这个欲的境界里生活。

那么知道了这些，与修道做工夫有什么关系呢？你们一般研究佛学，以为没有关系，书一念就过去了；这完全错了，知道了这个以后，你正好做工夫，测验自己生理与心理的变化。其实感觉上的苦乐，都是受用的果报，譬如在座有些同学，三天之中两天病，“不在愁中即病中”，就是受用的业报。身体健康的人，没有病，头脑又清醒，一万人里头没有几个。其他多半都在病痛中，这就是受用的业果。

所以学佛修持做工夫，自己心理上的贪、瞋、痴、慢，生理上的苦乐，这些受用业果，究竟转化了多少？这是你修持做工夫的立刻考验。有没有进步，自己马上就是个镜子，所以佛理不通是不行的。

你们初打坐时，腿发麻发胀，受用苦嘛！为什么腿麻胀呢？是你身上的业气粗重，脑筋笨，智慧不开，情绪变化无常，这就是在地狱里了。你以为一定要下地狱才受这个业报吗？你身上就有地狱业，也有天人的业、人道的业、畜生的业，都有的。把佛法这些基础以及佛学知识，都要先弄懂才行。

再翻过来好几页，是讲地狱的苦，看起来好像说神话，实际上你仔细研究了地狱就晓得，我们平常活着就是在地狱中。睡觉睡久了，脖子扭了，那个扭是很难过的，就像在地狱中被绳子绞歪一样的难过。尤其女性月经来以前，情绪低落，一点精神都没有，那不是已经下了地狱吗？还要什么时候才是下呀？

真的下了地狱，那个苦更大万倍，所以要赶紧求超脱。这些内容要好好地看，拿自己的身心来体会就知道了。现在讲卷四第八十九页，中间跳过去了，你们自己要看，看了不要当知识，要记住，做工夫要体会。

“又人趣中受生有情，多受如是匮乏之苦，所谓俱生饥渴匮乏苦，所欲不果匮乏苦，粗疏饮食匮乏苦，逼切追求摄受等匮乏苦，时节变异，若寒若热匮乏苦，无有舍宅覆障，所作淋漏匮乏苦，黑暗等障，所作事业皆悉休废匮乏苦。”

前面已经讲了，人世间的众生受各种的苦，气候一变，身体扛不住了，生病了。另外又有种种的匮乏苦，人世间的众生都是在贫穷中过了一生，样样没有。地狱、畜生、饿鬼、人道，都生活在苦中。天道苦不苦呢？下面告诉你。

“有诸天子将欲没时，五相先现，一衣无垢染，有垢染现，二鬘旧不萎，今乃萎悴，三两腋汗流，四身便臭秽，五天及天子不乐本座。”

活了一千年、一万年的天人，要死的时候，先呈现五衰之相，天人的衣服就是皮肤，本来干净的，要死以前脏了，有老斑出现了。天人生出来，头上自然有花冠，要死以前花冠就萎缩了。其实何必一定是天人，我们人也有天人成分啊！我们的皮肤，年纪轻的时候很光滑，老了就有老斑出来，皮肤也皱了，眼睛老花了，耳朵不灵敏，听不见了。

我们小的时候听说：阎王给老人三封信，第一封，牙齿掉了；第二封，眼睛花了；第三封，耳朵听不见。天人的花冠就是头发，头发年纪大一点就枯黄，变白了，《桃花源记》讲“黄发垂髫”，天人也是一样。天人的大小便本来不臭的，快要死以前臭了，汗臭也出来了。再后来天人及天子，坐立不安了；何必天人，我们老年人在人世间也坐立不安了，坐的时候要枕头靠着，站久了都不舒服，天人也是如此。

“时彼天子偃卧林间，所有婇女与余天子共为游戏。”

这个时候天人要躺到野外去，这些天女就看出来他快要死了。这是讲这一类天人的痛苦，天人也逃不了生死，乃至到无色界也是如此。所以没有跳出三界外，永远在轮回中，永远脱离不了痛苦。

可是你要了解，就说生天吧，也没有什么了不起。我从小到现在学佛，就算看到妖怪的庙子，我都要合掌；狐狸都能修成精怪，比我的工夫好多了，我都恭敬他们的，对土地公也恭敬。不要说皈依了三宝就看不起外道；当然恭敬合掌不是皈依他，值得恭敬就恭敬，他善事比我们做得多，才能有这个果报。我们算老几啊？可是一般人皈依了三宝就不拜鬼神了，鬼神也就不会理你，你一点善行功德也没有，他理你干什么！

我们固然比饿鬼好一点，不过，我有时候想想，我们比饿鬼还不如呢！你要把自己想通，这些地方要研究清楚，跳出三界外谈何容易啊！你说不成道要往生净土，连生天道都需要大的定力跟功德，何况佛净土，那更难了。不要说别的，就是想再来做个聪明人、富贵人，都是很难的。像我们这一堂人一样，多半穷，然后越穷越看不起人，常说他算什么，我又不求他。可是你又算老几？人家也不要你去求他。所以，不要傲慢，这些地方都要研究透彻才行。

这一段都是讲天人境界，为什么给你们讲这个呢？因为学佛的基本以及六道轮回的现象，都要认识清楚。

现在翻到第五卷，“本地分中有寻有伺等三地之二”，其中的资料都是与修定有关系的，而且每一点都关系到做工夫。

修禅定的苦与乐

有寻有伺即有觉有观，以现代话来讲，就是有感觉、知觉。所以我们现在打坐做工夫，都是在这个境界里，并没有跳出这个有寻有伺地的境界。

“复次于色界中，初静虑地受生诸天，即受彼地离生喜乐。”

我们修定，修到了初禅定，到了色界了。如果讲修定工夫的成果，修定就能生天，难道不用做好事了吗？而且如果要做好事，要培养福报，那怎么能够又要做好事，又去修定呢？（同学答：起心动念，念念善心。）

那是说空话，没有用。比如说我现在观想很多好吃的东西，请你们吃，你们吃到了吗？没有啊。所以密宗的观想，我也学过，如果说这样叫布施，我也会。譬如请诸佛菩萨来，我观想十供来供养，我一毛钱都不花，我尽量供养，尽量磕头。这种观想有什么用呢？这不过是修法的练习而已。

所以司马迁讲过一句话，“我欲载之空言，不如见之于行事之深切著明者也”，空洞的理想、说空话，不如以行动去救人。如果说你发慈悲，天天在修慈悲心，那都是空想。我这个话要注意，学宗教、学佛的人，都容易落于虚无缥缈的幻想中，一讲到实际做事时，每个人都在逃避现实，那有什么用？怎么会修得成功？

但是有个偷巧的办法，就是禅定，因为功德和福德都是从定来。为什么呢？得定是得消极的福德，与菩萨行不同；菩萨行是不准贪着禅定的，那是犯戒的。菩萨境界就是司马迁的这个话，说空言不如见之于行动，就是必须要有实际的作为，切实地做到。在菩萨戒，贪着禅定是不可以的；在小乘戒，禅定是培养福德。

菩萨戒也承认禅定是培养福德，因为你修禅定时，起心动念没有恶念了，所以它是功德。但为什么是消极的呢？因为在你禅定时，众生不知造了多少恶业，原子弹、“死光”等杀人武器都发明了。可是不能说你没有能力发明这些东西，只因为你在禅定中，虽然不积极行善，倒也不去造恶业了，所以算是消极行了善。

大家想想看，一个人活在世上，哪里有不求人的呢？我们每天都在麻烦别人。生下来靠父母带大，就是在求人，求父母呀！一路长大都在求人。有些人自以为高雅，不爱名，不爱利，自己上班赚钱生活。请问，没有老板给你工作机会，你有班上吗？所以佛法要你报四重恩。我经常想，一个人活着，要妨碍很多人，当然也是大家彼此牺牲才能活下去，学佛要把道理参通，才能起菩萨行。不要以为什么都不管只管自己就对了。

你在这里有很多人供养你呀！什么人把环境弄得干干净净的呀？什么人出的钱呀？你何德何能来吃这一碗饭啊？你要把这个想清楚，不然你学佛，来生恐怕会变成一个糊涂蛋。你这样能往生吗？假使你往生了，我也一把就把你抓回来，你账还没有还呢！怎么能往生？要注意啊！禅定功德是消极的。

我是跟你们讲道理，不要认为是在骂人；如果你认为是骂人，你观念就错了，你就造了业了。我不过严重又慎重地将理告诉你们，学佛要参通，不然学什么佛呀？讲很严重的话，是怕你们轻心地听过去，以为只有什么八识啊、般若啊才是佛法；一百个识也没有用！因为你不认识就没有用，千万要注意。

“第二静虑地诸天，受定生喜乐。第三静虑地诸天，受离喜妙乐。第四静虑地诸天，受舍念清净寂静无动之乐。”

得初禅的人就受生色界初禅天，得受“离生喜乐”的果报。第二禅生二禅诸天，受“定生喜乐”的果报。第三禅的境界，受

"离喜妙乐"的果报。第四禅生色界诸天,受"舍念清净"的果报,也受"寂静无动之乐"的果报。这四禅天要搞清楚,同你们做工夫有绝对的关系。

"无色界诸天,受极寂静解脱之乐。"

定境超过色界,到了无色界时,果报是寂静解脱之乐。

"又由六种殊胜故,苦乐殊胜应知。"

天人境界有很多阶层,在多种阶层当中,苦乐都不同。天人的苦乐,等于我们人一样,贫有贫之苦乐,富有富之苦乐,各个的享受苦乐都不同,这都是修行的果报。

"一形量殊胜,二柔软殊胜,三缘殊胜,四时殊胜,五心殊胜,六所依殊胜。"

文字大概看懂吧?(同学答:不懂。)文字的确是不好懂,难怪那位文学家会跟我说,他听《瑜伽师地论》的课都会睡觉。开始我还骂他头脑不好,后来我翻开了本论再仔细一看,我的天啊!要怎么看才会懂啊?

这一段是讲苦乐的形量、等差不同。假使我们学写文章,很简单,先把苦乐定一个原则,然后怎么苦、怎么乐。它这里的写法,是把相对的正反面都写,很科学。先讲苦,一个人生命受的苦,有六个原因。第一"形量",就是我们的形体身量。第二"柔软",相对就是硬化。第三"缘",就是外缘,有钱无钱、住的房子好不好。团体住在一起,这个看那个不顺眼,那个看这个不顺眼,也是缘,是不好的缘。如果说你们十个人同住一个房间,你爱其他九个同学,这九个同学也爱你,那你一天到晚就舒服了。但是你做得到吗?就算与妈妈的缘,也都会有好有坏的,缘坏的会吵架,这就是缘不殊胜。第四"时殊胜",譬如我们生在这一个时代,是很苦的时代。第五"心殊胜",心念思想不一样。第六"所依殊胜",所依不一样。所以你们真能把本论经文读懂了，才是真学佛。

转苦为乐

“何以故。如如身量渐增广大，如是如是苦转殊胜。如如依止渐更柔软，如是如是苦转殊胜。”

他说这个苦乐是相对的，身量增大则苦转殊胜。“殊胜”就是更加，身量大就更加苦了。“依止”就是顺其自然，则转柔软，老了，牙齿掉了，就柔软了；眼睛的机能退化了。苦就大了，就是这个道理。这一路下来就都读懂了吧？开了窍了吧？

“如苦殊胜如是，乐殊胜义，随其所应，广说应知。”

与苦相反的舒服这一面，就是乐。譬如口干了，不冷不热一杯水在手，喝它一口，舒服啊！这就是快感，就是舒服。香港脚发痒了，袜子一脱，手一抓，好舒服啊！那也是快感。至于说享受，以苦为乐，哪一个众生不以苦为乐啊？天人也是以苦为乐。吃饭有个菜好吃，好吃是乐，是舒服，到了第二天肚子痛，用力拉不出来，不好受呀！苦呀。

所以你要把人生切实地参透才好学佛，不然你讲空洞佛学有什么用呢？所以苦与乐是这样相对的。苦殊胜的相对，是乐殊胜，这个道理“随其所应”，互相地感应，“广说应知”，如我刚才说给你们的，吃饭的舒服，上厕所的痛苦，这就是广说，扩展开跟你们讲，你们就懂了。你们的身心要在这个地方切实体会。

“又乐有二种，一非圣财所生乐，二圣财所生乐。非圣财所生乐者，谓四种资具为缘得生，一适悦资具，二滋长资具，三清净资具，四住持资具。”

快乐有两种。我们感到快乐才是享受，所以人生所说的享受是讲快乐的，绝不是苦的。二十世纪的现代人是享受主义，现代人对过去、未来的人类而言，是个丢脸的时代，因为没文化、没思想，只有现实，只讲究享受，对这个时代交了白卷。这是工商业发达的结果。

这里说的享受是什么呢？现在告诉你，一种是圣财所生的乐，一种是非圣财所生的乐。非圣财的乐分四种，“一适悦资具”，资具是物质，生活的物质需要。“二滋长资具”，生命的营养，生命继续存在，还需要营养。“三清净资具”，现代人的用具都很清洁卫生，比古代好多了。古人所谓窗明几净，就很不错了，那个皇宫阴阴暗暗并不舒服；深山的神仙，一天到晚都泡在湿气里头，也不舒服。假使现代的话，暖气除湿机一开，多舒服啊，多清洁，多享受。“四住持资具”，饮食方面，中西餐，港式、日式等，多好呀！下面有解释。

一，“适悦资具者，谓车乘衣服诸庄严具，歌笑舞乐，涂香华鬘，种种上妙珍玩乐具，光明照曜，男女侍卫，种种库藏。”

一切生活用具都有了，像抗战的时候，有人升了官、发了财，一回老家，一下子五子登科了，车子、房子、金子、妻子、儿子都有了。人生在世，大家听歌、跳舞，有各种娱乐享受，住处富丽堂皇，用人又多。像现代的大老板一样，员工很多，什么都有。昨天有位同学写信来告诉我一件事，他说台湾有一位大企业家，在阳明山有别墅，像皇宫一样，佣人很多，客人一到，主人在楼上闭路电视一看，不想见就说不在，所以像皇帝一样，不容易见到。

我看了信就笑了一下，心中可怜这位朋友，大概没有享受过。在我看来，现在的物质都不是享受。老实讲，我比这个更舒服的环境都享受过，其实这一切都是假的，你要把它看清楚。可是你们没有经验过，没有资格讲这一切都是假的，没什么了不起。

以前大陆有大富人家，那种豪华，你不能想象，家中的用具，起码都是玉器、银器、金器，他们就随便丢在那里，不在乎，这叫豪华；对钻石、宝石、金砖，他们都不在乎，随便摆着。而懂得人生的人，看也不看，为什么？金砖是金砖，当不了饭吃，没有什么稀奇的。

二，"滋长资具者，谓无寻思轮石搥打，筑按摩等事。"

滋长资具，像现代的按摩、打太极拳、练气功，等等，都是保养身体滋长的，就是用这些方法，使这个生命滋长、成长。

三，"清净资具者，谓吉祥草、频螺果、螺贝满瓮等事。"

印度古人就比我们现代差得多了，那时中国瓷器还没有到印度，他们只有一种陶器。当时印度的享受是睡吉祥草，中国以前睡龙须草，比现代草席还要凉快舒服。古代的货币先是以贝壳代替钱币，汉朝以后是布币，钞票是元朝开始有的，这是世间之财，不是圣财。

四，"住持资具者，谓饮及食。"

住持是维持我们生命的饮食，这个是世间法，一般人的人生基本需求就是吃喝的问题。

圣人境界之乐

"圣财所生乐者"，《华严经》上有善财童子，就是圣财的意思，也是指道、佛法而言。

"谓七圣财为缘得生。何等为七。一信、二戒、三惭、四愧、五闻、六舍、七慧。"

我们现在把这段做一个大概的了解，归纳起来说，中国有两句话，一个是世间福报，中国叫洪福，红尘的福报，就是物质享受多；另一个是出世间的福报叫清福。清福不是说出家修道或住茅棚就是享受到清福，不是的。真正的清福是这一段的七个情况，是智慧的成就，道德的修养到了最高处。拿现代的观念来讲，可以说，精神的生命升华到圣洁的程度，这个就是最大的成就，就是圣财的成就，不是金钱可以买到的。下面看一百零一页第五行。

“复次三界有情所依之身，当云何观。”

意思是说，三界里头，我们对于自己的生命身体是怎么一个看法？重点来了，现在我们用功最大的苦恼，就是身体障碍去不掉。

对于所依之身的观念，基本上学佛的开始“当云何观”，应该如何看法？三界里的众生不是只有人，包括牛马、细菌、植物都在内。植物有生无命，没有灵性思想，但是你不能说它没有生。因此杀生的问题就很难说了，摘了花，摘了叶，植物并不舒服。所以真要不杀生，谈何容易！真不杀生，只有享受江上之清风、山间之明月，如此而已，那才是真达到不杀生了。

所以西藏人不吃小鱼，抓到小鱼放生，专门吃大的，理由是大鱼牺牲一个生命，养活我们很多人；小鱼，我们一口吃了很多生命。所以他们只选伤一只生命的业，不选伤很多生命的业，故而吃大的。吃菜照样是杀生，只是说不伤命，生与命是两个东西。

“谓如毒热痈，粗重所随故。即于此身，乐受生时，当云何观。谓如毒热痈，暂遇冷触。即于此身苦受生时，当云何观。谓如毒热痈，为热灰所触。即于此身不苦不乐受生时，当云何观。谓如毒热痈，离冷热等触，自性毒热而本住故。”

佛法在基本上，对生命之身的看法，同道家《庄子》的看法一样，认为生命是个累赘，是个毒瘤，一些粗重的业都由它而引发。当生命有快乐、快感的时候，“当云何观”？等于热烧的病疮，突然碰到一些清凉，只是暂时舒服一下而已，对于快乐享受是这样看待的。受苦时怎么看呢？就像发烧的疮，又碰到了热灰，苦上加苦，痛上加痛。在不苦不乐时，等于外境冷热没有了，也没有感触了，但身体的毒疮热恼还在。依这一段佛经来看，我们的生命都是在发烧热恼中，就像这个身心的毒疮都在发烧一样。

“薄伽梵说，当知乐受，坏苦故苦。苦受，苦苦故苦。不苦不乐受，行苦故苦。”

佛说，反正都是一个苦，人生就是苦，在享受快乐的时候，快乐很短暂，快感没有时，就感到痛苦；苦受时，苦上加苦，当然苦；不苦不乐受时，行蕴还在，生命还在连续转动，还是苦。

“复说有有爱味喜，有离爱味喜，有胜离爱味喜，如是等类，如经广说，应知堕二界摄。”

佛又说，世界上的生命，有的贪着现有的生命，抓住现实，对于现有的生命喜欢占有，占有了就很高兴，这是凡夫境界。凡夫个个想占有，拿狗来说，本来两只狗很好，一起玩，在吃的时候，就要占有。我们比狗高明吗？差不多一样的。

如果你碰到别人来抢你的爱人时，你会对他无比的仇恨，因为你想占有她，所以都一样。有时候人比畜生还不如，这属于“爱味喜”，得到了，占有了，就喜欢。当财产属于我，功名富贵属于我，一切都属于我，那是无比欢喜。所以朱元璋当和尚时化缘也化不到，苦得不得了；后来当了皇帝，天下一切都属于他了，在后宫太太前面说“想不到我朱元璋也有这么一天”，无比欢喜，就是爱味喜。

“离爱味喜”是圣人境界，离开一切，连此身都不要了，放下一分，自己就高兴一分，就是离爱味喜。

“有胜离爱味喜”，胜离爱味喜更高了，不但放下，还证得了道，一切自然而离，不离而离，在世间也无所沾染，这些情形，如经广说。

“又薄伽梵建立想受灭乐，为乐中第一，此依住乐，非谓受乐。”

什么叫建立？佛没有说法以前，并没有这个学术成立；佛说了法，大家知道修道了，成立了这个学说。人生有苦有乐，苦乐哪里来呢？因为有思想、感受、知觉。如果知觉、感觉灭了就得道，这就是灭了“想受”，寂灭最乐，是为第一。经典中有“生灭灭已，寂灭最乐”，这个寂灭乐也同我们快乐一样吗？完全不一样。

“又说有三种乐，谓离贪离瞋离痴等欲，此三种乐，唯无漏界中可得，是故此乐名为常乐，无漏界摄。”

三种乐就是真正离开了贪、瞋、痴，想要绝对离开贪、瞋、痴，“唯无漏界中可得”，只有得阿罗汉果的人才可以彻底离开贪、瞋、痴，否则总会有一点。在理论上离了贪、瞋、痴、慢、疑，得了道，叫常乐。所以有些学佛的人，看到有些经典中提到常字，就认为它是真常唯心，于是就把《楞严经》编入外道去了。其实这只是一个名词，是理论性建立的常，所以读经书都没有读通，我看到只有一叹。有人说，你可以写篇文章批驳，我这个人最傲慢，这种人还值得我写篇文章批驳吗？批评都懒了，不值一谈，因为他书都没有读通。所以你们以后自己要注意，不要搞错了，“常乐”是理论性建立的名词，属“无漏界摄”。

段食 思食 识食

“复次饮食受用者，谓三界将生已生有情，寿命安住，此中当知触、意思、识，三种食故，一切三界有情，寿命安住。段食一种，唯令欲界有情寿命安住。”

在饮食这方面，是三界有情赖以维持生命的，所以很重要。饮食有三种，就是触、意思、识三种。我们吃三餐是触食中的段食，抟食；吃东西到胃里，真正感觉味道的，只有三寸舌。中药有些很难吃，西药就进步多了，外面加了一层糖衣，舌头舔到是甜味，就舒服，咽下去就不会有感觉，这叫科学，这是触的道理。触食有内外之分，外触是外面碰到的东西，体内五脏六腑是内触。意思食，现代新的名称就是精神食粮，像有些人有读书习惯，几天不看书就很难过，看小说或正书或哲学书，都是思食的一种，带有触食的作用，是意识的境界。识食是入了定的人八万四千劫不需要吃饭，这是识食。我们气功练成也可以不吃饭，但是气功还是属于触食，而我们平常吃的习惯，都是属于最粗的触食。

说到有关精神方面的生命，有时候战场上的士兵，身上中弹了，但心一振作，不能死，一定要打进去占领这个地方；他成功了，哈哈一笑就死了。那段活着的是精神的生命，硬撑着不死，精神振奋，伤口随便拿什么一塞就算了，那就是修道的往生境界。如果以这个精神来修道，没有不成功的，这是思食的重要。另外观想有成就的人，可以入定，不吃饭照样活着；观想成功是本身就有思食，入了定则是识食维持生命。

这些都要研究清楚，你们学佛的人，佛经都没有研究好，只是一天到晚在五蕴、十八界、三十七道品抄来抄去，多讨厌！这三种食是三界有情生命安住之所依。段食就像我们的一天三餐，是分段的饮食，也叫抟食，用手抓来吃的；尤其印度人都是抟食。

段食是"欲界有情寿命安住"，欲界的众生才有分段的饮食。但是段食的方式也很可怜，像蟒蛇、老虎之类的，一辈子吃不到几餐好的，更难得有几餐吃饱。虎饿了才会吃人，吃饱的老虎睡觉去了，不吃人。许多动物的段食，很难吃饱，所以畜生道多半还是在饿鬼境界中，很可怜。像我们一天吃三餐，然后还觉得不够，又吃宵夜、甜点，舒服得很，在欲界里这也是一种享受。

“复于那落迦受生有情，有微细段食，谓腑藏中有微动风，由此因缘，彼得久住。”

地狱里的众生也是需要饮食的，它本身生命中的脏腑里，有一种气在动。你看乌龟，就是吃气维持生命的。另外像蛇、青蛙等，在冬眠几个月之中，就变成地狱、饿鬼道的众生那样了，意识还是有，也要吃饮食啊！只能靠脏腑里的一股气维持住生命。我们人饿的时候，看到东西口水流出来，一咽口水，已经吃了，就是吃了气。虽然不能像吃饭那么饱，咽一两下也饱一点。我们以前当兵曾经挨过饿，就有这个经验，就体会到饿鬼、地狱道众生吃的问题。

“饿鬼、旁生、人中，有粗段食，谓作分段而啖食之。复有微细食，谓住羯罗蓝等位有情及欲界诸天，由彼食已，所有段食，流入一切身分支节，寻即销化，无有便秽。”

有的众生是吃别人的生命。还有一种饮食，最细妙的，就是胎儿在羯罗蓝等位，也要吃，是母亲消化了的营养，靠脐带输送过去给他。欲界天人，四天王天乃至兜率天等天人，他们也吃，是微细、微妙的饮食，比我们的饮食好吃多了。这个微细的饮食，当我们工夫到了就会体会；当工夫真正到了可以不吃饮食的时候，其实就是吃这种微细饮食。这种也是段食，流到身体各部分去，马上消化了，但没有大小便。

欲界天的天食已经很高明了，很微细了，至于维摩居士，只要手一伸，就到香积国拿下饭来了，那不是你所能想象的，那是识食的境界了。唯识所变的神通饮食，只要你吃一口，你就可以长生不老了。所以，慢慢求吧！多修持吧！

三界男女之欲与生育

“复次淫欲受用者，诸那洛迦中所有有情，皆无淫事，所以者何。由彼有情长时无间，多受种种极猛利苦，由此因缘，彼诸有情，若男于女不起女欲，若女于男不起男欲，何况展转二二交会。”

地狱里头没有淫欲行为，男的女的彼此看见都相互讨厌，因为苦，苦啊！所以无男女想。更不会想两个辗转在一起，没有可能。这其中有个特殊的问题，就是欲界里的淫欲事到底是好是坏？这是一个问题。

“若鬼、旁生、人中，所有依身，苦乐相杂，故有淫欲，男女展转二二交会，不净流出。”

鬼道也有性欲，旁生、人都有性欲，因为都有依身；身体是依报，意识思想是正报，就是知觉感觉。男女二人交会在一起，则流出不净。

我插一个笑话。前几个月，有一个同学从美国回来，说了一个笑话给我们听。他说，人真是莫名其妙，有一个典故，阎王有一天判罪，判了老鼠两性的关系为每星期一次，其他很多动物都有时间规定。马就吵了起来，很多动物也吵闹了，要阎王给它们多几次，大家吵得很厉害。人等不及了，就去问阎王，阎王正被大家吵得很烦，看见人来问，他就说随便随便，所以人对两性的事就很随便了。

这个笑话我想大概是外国人编的，但也编得很有道理，真讲起来，人比畜生还要随便。为什么随便？其中大有问题，不要简单地看过去。我要你们多研究，要写书的人更要找资料，佛法里头资料太多、太丰富了。

“欲界诸天，虽行淫欲，无此不净，然于根门有风气出，烦恼便息。”

比人高的天人，他们也有淫欲，但没有漏丹、漏精的问题。而他们的性欲是所谓气交，漏不漏呢？还是漏，是气漏，并没有不净之质。人是漏精，欲界天人是漏气，所以你们做工夫，有时候也会有漏气的现象，就像天人境界漏气的道理一样。还有你们有时候梦中大便，那也是漏气的，不要认为自己没有在漏，虽然不漏精，但有时候是在漏气，很严重的。所以欲界天人是气交，人是精交。

“四大王众天，二二交会，热恼方息。如四大王众天，三十三天亦尔。时分天，唯互相抱，热恼便息。知足天，唯相执手，热恼便息。乐化天，相顾而笑，热恼便息。他化自在天，眼相顾视，热恼便息。”

交、抱、握、笑、视，是欲界天人性欲交会的方法，他们的淫欲受用。

“又三洲人，摄受妻妾，施设嫁娶。北拘卢洲，无我所故，无摄受故，一切有情，无摄受妻妾，亦无嫁娶。”

三大部洲的人，有占有欲，有婚姻制度。北拘卢洲的人，无我所，无占有性，无婚姻制度。

“如三洲人如是，大力鬼及欲界诸天亦尔，唯除乐化天及他化自在天。”

乐化天及他化自在天，没有人世间的婚姻制度，那里的天人也没有占有归属之欲。

“又一切欲界天众，无有处女胎藏，然四大王众天，于父母肩上，或于怀中，如五岁小儿，欻然化出。”

欲界天人生孩子时，不是从娘胎生，没有在女人胎藏中的事。四天王天生小孩，是在父母肩上生，不从下部生；人与欲界畜生才从下部生。四大王众天人，男女都可以生孩子，看他们两个谁愿意，谁就生。一生下来就像人世间五岁的小孩那么大，是忽然化生，忽然化出来的。不像我们的产房里，听到孕妇叫痛的声音，有些还会骂丈夫；有些女人痛得手在铁床上拉，那个力气不晓得怎么来的，铁床都拉弯了。你们这些都要去了解，才能讲修行，你们会看到人多么可怜，觉得为人好苦呀！而且会有一种心情，对自己的母亲无比的感恩，原来我是她那么受苦生出来的，会很难过。

四天王天的人生孩子，就不像人那么苦了，在父母的肩上或怀中，像烟一样，一冒就出来了。一生出来的婴儿就有五岁小孩那么大，已快接近化生的阶段了。

"三十三天如六岁，时分天如七岁，知足天如八岁，乐化天如九岁，他化自在天如十岁。"

不同天界的天人，孩子生出来都不同，一层比一层高了。

这里有一个问题来了，上面在形量殊胜的地方说，"如如身量渐增广大，如是如是苦转殊胜"，身量越大，受的苦报越大。那么天人不受苦报了吗？因为天人受乐也大，受乐越大，乐中之苦也大，所以还是在受苦，始终离不开八苦。天人有天人的痛苦，像人一样，没有房子也苦，有房子也苦，有时会比没有房子还要痛苦。像我们这五层楼，每月每层楼管理费就要很多。所以你们在这里享受都不知道，如果没有那么多办事的人，你们能在这里享受吗？有人还在那里不痛快，真是笨死了。办事的人更是痛苦，最近几天，说我们这里是营业的，要缴一大笔营业税。我发了脾气，我们这里哪算是营业的？像这些就是痛苦，你如果没有房子，他才不会来找你麻烦，所以由此你可以想到天人境界的苦，也是一样的。

神通的变化　修道的变化

"复次生建立者，谓三种欲生，或有众生现住欲尘，由此现住欲尘故，富贵自在。”

生命的存在有三种欲生，活在这个世界的有些众生，是住在欲界的欲尘境界里，因为我们住在欲尘，所以有些人富贵自在，有钱有功名。

“彼复云何。谓一切人及四大王众天，乃至知足天，是名第一欲生，或有众生变化欲尘，由此变化欲尘故，富贵自在。”

人类与四天王天，即中国讲的神明，以及知足天，是“第一欲生”，就是第一层。我们人类与四天王天，以及知足天的欲尘，是靠物理变化才得享受。

“彼复云何。谓乐化天，由彼诸天，为自己故，化为欲尘，非为他故，唯自变化诸欲尘故，富贵自在，是名第二欲生。或有众生他化欲尘，由他所化诸欲尘故，富贵自在。彼复云何。谓他化自在天，由彼诸天为自因缘，亦能变化，为他因缘，亦能变化，故于自化非为希奇，用他所化欲尘，为富贵自在，故说此天为他化自在，非彼诸天唯受用他所化欲尘，亦有受用自所化欲尘者，是名第三欲生。”

更高一层的天，如乐化天，是第二欲生，他化自在天，是第三欲生，能达到那个境界，等于有神通，想要黄金玩玩，自己吹一口气，黄金就变化出来了，这叫他化自在天。如果你带一个瓶子出门，要喝酒，对瓶子叫一声“酒来”，酒就来了；或者叫一个男的或女的出来唱歌，吹一口气就跳出来了。

中国《神仙传》上讲到的壶翁，出门就背个葫芦，休息时想喝酒了，把葫芦打开叫：“出来。”他的太太就出来了，所以不需要买飞机票就带走了。太太出来给他煮饭，吃饭喝酒后他睡觉了。太太看他睡觉了，也从怀里摸出一个小葫芦来，也叫：“出来。”她的情人就跳出来了。她说老头子睡觉了，我们来喝酒吧。等一下听见老头子翻身，太太叫声“进去”，情人就进了太太的葫芦里去了。老头子醒来，看到太太在这里，就叫："进去"，太太就进入葫芦里去，他带着葫芦就走了。

这种神仙是别有天地，你管他是神仙故事也好，假托说人生也好，人生就是那个样子，大家各有一套葫芦，谁都不晓得别人葫芦里卖的什么药。他化自在天也就是这样化的。

第一欲生，第二欲生，第三级的欲生，注意！我们打坐到了初禅发乐，一贪图乐，你就坠入欲界天去了。到了二禅的那个乐感，气脉更是发动，更乐，你就到了第二禅的欲里头来了。所以气脉发动，清净的快感，与你心理观念有一点配合，就起了贪图此乐的念头，于是就进入了欲界。所以打坐修持做工夫，是多么微细呀！你们现在打坐，气脉流通了，小心呀！看你流到哪一界去了，你智慧不够，佛法不通，就搞不清楚了。你以为那么容易吗？如果那么容易的话，我还能在这里吹吗？所以要搞清楚。

这里只讲初禅、二禅、三禅与贪欲的关系。至于本论所说有关六欲天上界的化乐天、他化自在天等原文，我认为很清楚了，但是对你们暂时不作解释，并非秘密不可讲，因为你们对初禅、二禅、三禅都还没有实证，这些留待以后再说吧。

"复有三种乐生。或有众生，用离生喜乐，灌洒其身，谓初静虑地诸天，是名第一乐生。"

乐生有三种，初禅得快感的时候，是第一乐生。

"或有众生，由定生喜乐，灌洒其身，谓第二静虑地诸天，是名第二乐生。"

喜乐灌洒其身，身上气脉自然通了，是二禅的乐，就是第二乐生。

"或有众生，以离喜乐，灌洒其身，谓第三静虑地诸天，是名第三乐生。"

离喜的乐洒灌其身，这是第三禅，就是第三乐生。

“问：何故建立三种欲生，三种乐生耶。”讲到这里，来个问题，为什么是三种？

“答：由三种求故，一欲求，二有求，三梵行求。谓若诸沙门或婆罗门堕欲求者，一切皆为三种欲生，更无增过。”

因为我们第八阿赖耶识自然有三种要求，要修道也是一种求。为什么要修道？为了要成佛，要成佛就是大欲求。想要得到清净舒服的快感，那就堕在欲界了。充其量你禅定修得好，道德高一点，生天变为欲界的天人，就不能求上进了，因为你的欲求给自己画了一个界限，堕在欲求中，所以堕在欲界。

“若诸沙门或婆罗门堕有求者，多分求乐，由贪乐故，一切皆为三种乐生。由诸世间为不苦不乐寂静生处，起追求者，极为鲜少，故此以上，不立为生。”

贪图乐，贪定中的乐感，或者追求比欲界功德高的天人果位，都是属于三种乐生之中的。而对于更上一层的不苦不乐寂静生处，很少有人追求，所以不立为生。

“若诸沙门或婆罗门，堕梵行求者，一切皆为求无漏界，或复有一堕邪梵行求者。”

一切的修行人，都是想求到一念不生的清净无漏境界；有些人修道，却堕入邪的梵行。其实修道都属于清净梵行，但是清净里头有邪门，邪道里也有清净。

“为求不动，空无边处、识无边处、无所有处、非想非非想处，起邪分别，谓为解脱。”

在四禅八定之中，见地，也就是见解的观念，如果错了一点点，就堕入外道邪门之中了。所以见地、智慧最重要，虽然你修的也是佛法，但有一点点偏差，就成了邪魔外道。所以

《楞严经》中，佛说声闻、缘觉都是外道；五十种阴魔，是属于识阴的阴魔，是见地上的差别，那不叫魔，而叫外道。学佛见解见地太难了，所以禅宗讲见地，“只贵子见正，不贵子行履”，只要见地对了，你修行的路没有不对的。所以学有为法的，像修密法啦，修各种有为法的修持啦，是很危险的。但是如果你说那我什么都不学，就学空，那你更危险了，变成拨无因果的空，更严重了。

“当知此是有上梵行求。无上梵行求者，谓求无漏界。”

那些都是求“有上梵行”的，而真正得道的罗汉，属于求“无上梵行”的。

今天研究到这一段，暂时保留着，以后还要再研究的。

结语

现在答复大家一个问题。有两位艺术家提出问题，艺术家的艺术境界，看世间上的一切都是美的；而修白骨观、不净观，看世界都是丑陋的，对不对？这两方面怎么去调和呢？

其实这是人们第六意识思想所起的观念，一切的美和丑都是思想分别的意识，这是见地的问题。现在先答复你在逻辑上的一个总论，为什么要修白骨观、不净观这个法门才能求得真善美？因为我们这个欲界人的生死来去，最后就是白骨，是不净，地大最后化空；艺术家及我们人类认为的美，只是以我们这个世界上人自己的观感来说的。

佛法告诉我们，生命有真美，那是超越了肉体，超越了这个物质世界。怎么去求呢？方法的第一步，先要把现在对身体的执著打破，把这个物质打破，才求出一个真的身体来。所以《禅秘要法》中修白骨观，到最后是佛的三身成就，是神光的生命，那才叫真的美。所以白骨观、不净观，是要先打破对身体的执著，目的是追求真正的至善至美。

至于修“安那般那”（出入息）入手，达到四禅八定，乃至灭尽定的境界，它最高的原则与白骨观、不净观几乎完全相同，但修证的方法在内涵上却有不同的变化。如果是直接修空观或者修缘起观，每个修证入手的方法，表面上与白骨观、不净观似乎相同，但实际的内涵是有差异的。

这是与修声闻乘有关的要点，顺便加以说明。

大家先要把见地弄清楚，因为你不在智慧上求，所以见地不清楚。《禅秘要法》先由不净观、白骨观起修，如果这个色身化不掉、甩不开，就连欲界都超脱不出来，怎么能发起修行一切的禅定喜乐呢？所谓得初禅之喜乐，喜也得不到，乐也得不到。《禅秘要法》叫我们初步每天观这个身体就像气泡一样，中间是空的，外面都是光。然后再观光明境界定，最后是如来大定，所以叫做《禅秘要法》。而我们呢，光是第一步白骨，啃了半天也啃不下去。

我年轻的时候，读书可没有你们这么笨，前几页看不懂，我就看后面；后面看了，再看后面的后面，有时候就再倒转回来看前面，就看懂了。你们呀！有时嘴里说自己笨，其实内心并没有这样认为；但是你们读书读不懂，就死盯在那里。你们就不会灵活一点，再翻几页去看看吗？把一本翻完总可以吧！你们就是不会这样读书，偷巧也不会，老老实实一个字一个字慢慢啃也不干，就想一学就会，所以很痛苦。总之，不管读经书或研究学问，都要好学深思才是正途。

下次要开始讲《禅秘要法》了，大家要好好准备，好好记录。

东方出版社南怀瑾作品

论语别裁（上下）
话说中庸
孟子与公孙丑
孟子与离娄
孟子与滕文公、告子
原本大学微言
孟子旁通
孟子与万章
孟子与尽心篇

维摩诘的花雨满天（上下）
《瑜伽师地论·声闻地》讲录
金刚经说什么
药师经的济世观
圆觉经略说
楞严大义今释
楞伽大义今释
禅话
禅海蠡测
禅与生命的认知初讲
南怀瑾与彼得·圣吉——关于禅、生命和认知的对话
禅宗与道家
答问青壮年参禅者
定慧初修
如何修证佛法
学佛者的基本信念
中国佛教发展史略述

老子他说（初续合集）
庄子諵譁（上下）

列子臆说(上中下)

我说参同契(上中下)

易经系传别讲

易经杂说

静坐修道与长生不老

道家、密宗与东方神秘学

中国道教发展史略述

小言黄帝内经与生命科学

漫谈中国文化——金融　企业　国学

廿一世纪初的前言后语

南怀瑾讲演录2004—2006

亦新亦旧的一代

人生的起点和终站

历史的经验

中国文化泛言

Basic Buddhism: *Exploring Buddhism and Zen*(《中国佛教发展史略述》英文版)

Tao and Longevity(《静坐修道与长生不老》英文版)